十三經注疏

注 王弼·韓康伯 疏 孔穎達

책임번역 成百曉 공동번역 申相厚

譯註 周易正義 3

주역정의

전통문화연구회

國譯委員

責任飜譯　成百曉
共同飜譯　申相厚
潤　　文　南賢熙
校　　訂　田炳秀　郭成龍
出　　版　鄭珍羅　金主賢
管　　理　咸明淑
普　　及　徐源英

東洋古典現代化와 十三經注疏 譯註

본회가 東洋古典의 飜譯과 教育, 情報化 등 古典現代化 사업을 시작한 지 어느덧 25년이 되었다. 그간 우리나라의 고전국역 상황을 보면, 東洋古典에 대한 번역문제는 1960년 중반에 한국고전번역을 정부에서 추진하면서 우선 四書五經 등 기본고전을 모범 번역하자는 논의가 있었지만 우리 고전이 아니라고 무산되었다.

1980년대에 韓國學 연구와 한국고전번역의 先決課題는 물론, 國際政治 관계나 經濟상의 이유로도 필요하다는 논의가 제기되었다. 그 후 1988년 본회가 발족하면서 東洋古典 번역을 착수하여, 1990년대 말경 본회에서 소위 '新注'의 四書三經을 註까지 懸吐完譯함으로써 東洋學과 韓國學徒들의 袖珍本이 되고 教育界와 文化界까지 파급되었다.

그 후 본회 창립 20주년이 되면서 다시 대화의 과제와 목표를 논의하면서, 단순한 韓國學의 선결과제를 넘어 東洋文化에 대한 源泉的이며 體系的인 檢討의 필요성이 대두되었으니, 이제 우리는 東洋文化의 先導的 역할을 담당할 준비를 갖추고 21세기에 先進文化强國 건설로 새 歷史를 이루자는 것이었다.

일반적으로 十三經은 核心的 儒家經典의 總稱이지만, 이는 東洋文化의 뿌리라 하겠다. 우리 역사상으로 十三經은 저 멀리 삼국시대에 이미 高句麗의 太學에서 기본 교과로 채택하였고, 百濟에서는 五經博士 制度를 두었고, 新羅 薛聰은 九經을 方言으로 읽었고, 高麗에서는 國子監이나 九齋學堂에서 교육하였으며, 朝鮮朝 成均館과 鄕校, 書堂과 書院에서는 四書五經 등을 교육하여 人材 등용과 국가정책에 절대적 영향을 끼쳤다.

이 十三經의 代表的 註釋書는 漢・唐 시기의 '古注'라 일컬어지는 十三經注疏와, 그 후 宋代의 朱子的 世界觀이 반영된 '集註'와 '集傳' 등의 '新注'가 두 개의 軸이라 할 수 있다.

그런데 우리는 조선조에서부터 朱子學 일변도의 學風으로 경도되어, 그 偏向性이 오늘에까지 이르렀음은 심히 不幸이라 하겠다. 中國에서는 明・淸 시기에 訓詁學, 考證學이라는 學風이 일어 十三經注疏가 經學硏究의 標準이 되었고, 日本에서는 反朱子的 見解와 陽明學의 영향을 받아 明治維新 때 이미 漢文大系 등의 古典整理 사업으로 '古注' 연구가

一般化된 사실을 간과해서는 안 되겠다.

이에 東洋文化의 核心이라 할 수 있는 十三經注疏를 譯註하고, 이를 통해 우리 文化의 傳統에 대해 體系的으로 이해하고 復元함으로써, 그간 편협했던 학술 風土를 넘어 多樣性과 客觀性을 모색하고, 아울러 古典現代化의 水準을 높이고 融合的이고 自生的인 韓國學을 진작시켜야 할 것이다.

오늘날 중국과 일본에서 번역하지 못한 십삼경주소를 본회에서 130여 책으로 10년 안에 完譯하고, 이와 이울러 韓中日 三國의 東洋古典語彙 情報網을 구축함으로써, 우리의 東洋學과 韓國學 연구에 礎石과 架橋가 되어 우리나라가 先進文化强國으로 昇華되고 世界文化 발전에까지 기여하기를 기대한다.

이 十三經注疏의 번역은 三經과 三禮와 春秋三傳과 ≪論語≫, ≪孟子≫, ≪孝經≫, ≪爾雅≫ 등의 十三經을 經은 물론이요 注와 疏까지 譯註하는 것으로, 原典의 傳統性과 번역의 現代性을 기본으로 하여 漢學元老와 新進學者의 協同硏究飜譯으로 추진하고자 한다.

또한 註釋은 宋代의 소위 '新注'와 비교하고, 明淸代의 注와 韓國 先賢의 注와 見解, 그리고 日本의 注를 가급적 반영하며, 深度 있는 硏究解題를 하기로 하였다. 한편 古典의 우리식 讀解文法인 懸吐를 經과 注에 달고 방대한 疏에는 편의상 構文을 이해할 수 있는 標點을 달며, 經·注·疏 전체에 대한 內容索引을 할 계획이다.

끝으로 오랫동안 飜譯과 校閱에 종사하여 오신 元老漢學者와 10여 년 이상 漢學을 연수한 新進學者로서, 이 십삼경주소의 연구번역에 참여하여 難解한 注疏의 譯註에 헌신하시는 모든 분들께 무한한 감사를 드린다.

또한 고전현대화에 대한 政府의 지대한 關心과 支援에 감사를 드리며, 그간 직간접으로 지도편달하여 주신 학계와 교육계 및 문화계 인사 여러분께 심심한 謝意를 표하며, 앞으로도 따뜻한 관심과 엄정한 叱正을 부탁드리며 내내 평강과 행복을 기원한다.

社團法人 傳統文化硏究會 會長 李啓晃

凡例

1. 본서는 十三經注疏 중 ≪譯註 周易正義≫의 제3책이다.
2. 본서의 底本은 阮元 校刻本 ≪周易正義≫(淸 嘉慶 21년(1816) 阮元 校刻 十三經注疏, 中華書局, 2009, 이하 '阮刻本'으로 약칭)로 하되, 北京大 整理本 ≪周易正義≫(十三經注疏整理委員會 整理, 北京大學出版社, 2000, 이하 '北京大本'으로 약칭)를 참고하였다.
3. 본서의 書名은 底本인 阮刻本의 〈重刻宋板注疏總目錄〉에는 '周易正義'로, 卷次名에는 '周易兼義'로 되어 있다. 그런데 阮刻本의 〈重刻宋板注疏總目錄〉과 ≪四庫全書總目提要≫ 등에는 '周易正義'로 되어 있고, 국내외 학자들의 견해도 '周易正義'가 적정하다고 밝히고 있어, 본서의 書名은 '周易正義'로 하고, 卷次名은 저본대로 '周易兼義'로 하였다. 그리고 '兼義'라는 명칭에 대해서는 ≪四庫全書總目提要≫에서도 그 이유를 알 수 없다 했고, 이를 밝혀낸 현대의 연구도 없다.
4. 본서는 원전의 傳統性과 번역의 現代性을 구현하기 위해 노력하였다.
5. 原文의 經과 注는 우리나라 전통 방식으로 懸吐하였다. 전통적으로 懸吐는 經에만 하고 小註나 疏에는 하지 않았으며, 또한 疏는 經과 注의 字句 해석이 중심이므로, 본서에서도 간략하게 標點만 하였다.
6. 原文은 저본의 體制에 따라 經, 注, 疏를 구분하고, 經은 大字로 표기하고, 注와 疏는 【注】와 【疏】로 표시하여 구분하였다.
7. 原文의 分節은, 經과 注는 저본의 분절을 따르고, 疏는 단락이 길 경우 의미 단락에 따라 역자 재량으로 분절하였다.
8. 저본의 反切 注는 생략하되, 문맥을 이해하기 위해 필요한 경우에만 살리고, 讀音이 특수하거나 僻字인 경우에는 ( ) 속에 한글로 音을 달아주었다.
9. 疏에서 설명 대상으로 인용한 經과 注의 단어나 구절은 번역하지 않고 원문 그대로 〔 〕 속에 넣어주었다.

   예 〔飛龍在天 上治〕 聖人이 윗자리에 거하여 다스림을 말한 것이다.

10. 飜譯은 原義에 충실하게 하되, 이해가 어려운 부분은 意譯 또는 補充譯을 하였다.
11. 飜譯文은 한글과 漢字를 混用하였으며, 맞춤법과 띄어쓰기는 한글 맞춤법과 표준어 규정을 따르는 것을 원칙으로 하였다.
12. 譯註는 校勘, 人物, 制度, 官職, 역사적 사건, 인용문의 出典, 異說, 故事, 전문용어, 難解語 등에 관한 사항을 밝혔다.
13. 校勘은 원문의 誤字, 脫字, 衍字, 倒文 등을 대상으로 하였다.
14. 校勘은 저본인 阮刻本의 校勘記 중 꼭 필요한 것만 선택하여 譯註에 반영하였다. 그 외에도 北京大本을 비롯한 여러 原典 자료를 참고하였으며, 이를 譯註에 밝혔다.
15. 阮刻本에서 校勘에 참고한 書目의 略稱은 다음과 같으며, 본서의 校勘註에도 약칭으로 표기하였다.
    - 古本 : 唐나라 이전 本으로 日本 足利學校에 所藏된 書寫本
    - 石經 : 唐나라 開成(836~840) 연간의 石刻本
    - 十行本 : 南宋(1127~1279) 시기 刊行本
    - 宋本 : 南宋 紹興(1131~1162) 연간의 石刻本으로 日本 足利學校 所藏本
    - 毛本 : 明나라 崇禎(1628~1644) 연간 毛晉의 汲古閣 校刊本
    - 閩本 : 明나라 嘉靖(1522~1566) 연간 閩中禦史 李元陽의 校刊本
    - 監本 : 明나라 萬曆(1573~1620) 연간 閩本의 重刻本
    - 岳本 : 廖氏의 世綵堂本에 대한 岳珂(1183~1243)의 校勘本
    - 錢本 : 明나라 錢孫保의 校本을 淸나라 盧文弨(1717~1795)가 傳校한 本
    - 錢交本 : 淸나라 錢曾(1629~1701)의 校勘本
    - 足利本 : 日本 足利學校 所藏本
    - 釋文 : 唐나라 陸德明(?~630)의 ≪經傳釋文≫
16. 본서의 校勘에 사용된 符號는 다음과 같다.
    ( )〔 〕: (저본의 誤字)〔교감한 正字〕
    〔 〕: 저본의 脫字 보충
    ( ) : 저본의 衍字
17. 본서에 사용된 주요 符號는 다음과 같다.
    " " : 對話, 각종 引用
    ' ' : " " 안에서 再引用, 强調

「　」: ‘　’ 안에서 再引用, 强調

(　): 원문에서는 讀音이 특수한 글자나 僻字의 音
　　번역문에서는 간단한 譯註

〔　〕: 번역문과 뜻은 같으나 音이 다른 漢字나 句節, 譯註에서 인용한 原文
　　疏에서 설명 대상으로 제시한 經이나 注의 단어나 구절

≪ ≫: 書名이나 典據

〈　〉: 篇章名, 作品名, 補充譯

【　】: 注와 疏의 표시

○ : 저본에 사용된 단락 구분 표시 遵用

18. 본서의 疏에 사용한 標點은, 中國의 출판본에 이미 상세 표점이 되어 있으므로, 한국에서 재래로 사용해오던 표점방식을 보완하여, 文理의 이해를 돕는 정도로 간략히 하였다. 본서에 사용된 標點은 다음과 같다.

. : 문장의 종결

, : 한 문장 안에서 句나 節의 구분이 필요한 곳

· : 대등한 명사나 구절의 병렬

“　”: 對話, 각종 引用

‘　’: “　” 안에서 再引用, 强調

「　」: ‘　’ 안에서 再引用, 强調

: : 疏 내용을 포괄하는 ‘正義曰’ 뒤에 사용

參考文獻

◇ 底本 및 주요 참고도서

- ≪周易正義≫, 阮元(清) 校刻, 十三經注疏(淸 嘉慶刊本), 中華書局, 2009.
- ≪周易正義≫, 十三經注疏整理委員會 整理, 北京大學出版社, 2000.
- ≪宋本周易注疏≫, 影印本, 中華書局, 1988.

◇ 十三經注疏

- ≪論語注疏≫, 阮元(清) 校刻, 十三經注疏(淸 嘉慶刊本), 中華書局, 2009.
- ≪孟子注疏≫, 阮元(清) 校刻, 十三經注疏(淸 嘉慶刊本), 中華書局, 2009.
- ≪毛詩正義≫, 阮元(清) 校刻, 十三經注疏(淸 嘉慶刊本), 中華書局, 2009.
- ≪尙書正義≫, 阮元(清) 校刻, 十三經注疏(淸 嘉慶刊本), 中華書局, 2009.
- ≪禮記正義≫, 阮元(清) 校刻, 十三經注疏(淸 嘉慶刊本), 中華書局, 2009.
- ≪儀禮注疏≫, 阮元(清) 校刻, 十三經注疏(淸 嘉慶刊本), 中華書局, 2009.
- ≪爾雅注疏≫, 阮元(清) 校刻, 十三經注疏(淸 嘉慶刊本), 中華書局, 2009.
- ≪周禮注疏≫, 阮元(清) 校刻, 十三經注疏(淸 嘉慶刊本), 中華書局, 2009.
- ≪春秋穀梁傳注疏≫, 阮元(清) 校刻, 十三經注疏(淸 嘉慶刊本), 中華書局, 2009.
- ≪春秋公羊傳注疏≫, 阮元(清) 校刻, 十三經注疏(淸 嘉慶刊本), 中華書局, 2009.
- ≪春秋左傳正義≫, 阮元(清) 校刻, 十三經注疏(淸 嘉慶刊本), 中華書局, 2009.
- ≪孝經注疏≫, 阮元(清) 校刻, 十三經注疏(淸 嘉慶刊本), 中華書局, 2009.

◇ 기타 원전자료

- ≪經書釋義≫, 李滉(朝鮮) 著, 洌巖 朴鍾鴻 親寫本, 열암기념사업회, 1983.
- ≪舊唐書≫, 劉昫(後晉) 等 撰, 標點校勘本, 中華書局, 1975.
- ≪老子道德經≫, 王弼(晉) 注, 影印本, 中華書局, 1985.

- ≪論語集註大全≫, 朱熹(宋) 集註, 胡廣(明) 等 編, 朝鮮 內閣本, 影印本, 學民文化社.
- ≪陶谷集≫, 李宜顯(朝鮮), 韓國文集叢刊 제180-181집, 民族文化推進會 刊, 1996.
- ≪孟子集註大全≫, 朱熹(宋) 集註, 胡廣(明) 等 編, 朝鮮 內閣本, 影印本, 學民文化社.
- ≪沙溪全書≫, 金長生(朝鮮), 遁巖書院, 1932.
- ≪四庫全書總目提要≫, 永瑢(淸) 外撰, 影印本, 臺灣商務印書館, 1983.
- ≪三國志≫, 陳壽(西晉) 撰, 裴松之(東晉) 注, 標點校勘本, 中華書局, 1990.
- ≪常變通攷≫, 柳長源(朝鮮) 著, 影印本, 迎春齋, 1991.
- ≪說文解字句讀≫, 王筠(淸) 注, 標點校勘本, 中華書局, 1988.
- ≪新唐書≫, 歐陽脩(宋)・宋祁(宋) 撰, 標點校勘本, 中華書局, 1975.
- ≪與猶堂全書≫, 丁若鏞(朝鮮), 茶山學術文化財團, 俟菴, 2013.
- ≪易緯乾鑿度≫, 鄭玄(漢) 注, 文淵閣四庫全書 제53책, 影印本, 臺灣商務印書館, 1983.
- ≪玉函山房輯佚書≫, 馬國翰(淸) 編, 影印本, 中和堂, 1974.
- ≪子夏易傳≫, 卜商(周) 撰, 影印本, 中華書局, 1991.
- ≪莊子集解≫, 郭慶藩(淸) 輯, 中國書店, 1988.
- ≪周易略例≫, 王弼(晉) 撰, 邢璹(唐) 注, 范欽(明) 訂, 標點校勘本, 藝文印書館, 1965.
- ≪周易傳義大全≫, 程頤(宋) 傳, 朱熹(宋) 本義, 胡廣(明) 等 編, 朝鮮 內閣本, 影印本, 學民文化社.
- ≪周易折中≫, 李光地(淸) 撰, 文淵閣四庫全書 제28책, 影印本, 臺灣商務印書館, 1983.
- ≪周易鄭康成注≫, 鄭玄(漢) 注, 王應麟(宋) 撰, 嚴靈峰 編, 成文出版有限公社, 1976.
- ≪周易正義≫, 王弼(晉) 注, 孔穎達(唐) 疏, 標點校勘本, 北京大學出版社, 2000.
- ≪周易集解≫, 李鼎祚(唐) 輯, 影印本, 中華書局, 1985.
- ≪朱子大全≫, 朱熹(宋) 撰, 影印本, 學民文化社, 2004.
- ≪朱子語類≫, 黎靖德(宋) 編, 標點校勘本, 中文出版社, 1970.
- ≪春秋經傳集解≫, 左丘明(周) 傳, 杜預(晉) 註, 林堯叟(宋)・朱申(宋・元) 附註, 朝鮮 金屬活字本(戊申字), 影印本, 保景文化社.
- ≪華西集≫, 李恒老(朝鮮), 韓國文集叢刊 제304-305집, 民族文化推進會 刊, 2003.

◇ 飜譯書・硏究書・論文類

- 高　亨, ≪周易大全今注≫, 齊魯書社, 1979.

- 구미숙, 〈왕필의 得意忘象에 관한 연구〉, ≪大同哲學≫, 42집, 2008.
- 金碩鎭, ≪대산 주역강의≫, 한길사, 1999.
- 김주창, 〈王弼 周易의 言象意 知識體系 理論 考察〉, ≪中國學論叢≫, 16집, 2003.
- 樓宇烈 校釋, ≪老子周易王弼注校釋≫, 華正書局, 1983.
- 방 인, 〈茶山의 道家易學비판〉, ≪哲學硏究≫, 108집, 2008.
- 방 인·장정욱 공역, ≪역주 주역사전≫ 1-8, 소명출판, 2007.
- 成百曉 譯註, ≪周易傳義≫, 傳統文化硏究會, 1999.
- 신동준, ≪주역론≫, 인간사랑, 2007.
- 廖名春·康學偉·梁韋弦 著, 심경호 역, ≪周易哲學史≫, 예문서원, 1994.
- 柳長源, 한국고전의례연구회 역주, ≪국역 상변통고≫, 신지서원, 2009.
- 임채우 역, ≪주역 : 왕필주≫, 길, 2006.
- ―――, 〈王弼 易 哲學 硏究 : 以簡御繁사상을 중심으로〉, 연세대학교 박사논문, 1996.
- ―――, 〈왕필 역 철학의 도가역학적 위상〉, ≪원불교사상과 종교문화≫, 40집, 2008.
- 주백곤, ≪역학철학사≫, 김학권 외 역, 소명출판, 2012.
- 한규성, ≪易學原理講話≫, 예문지, 1957.
- 황병기, 〈茶山 丁若鏞의 易象學〉, 연세대학교 박사논문, 2004.
- I.K.슈츠스키, 오진탁 역, ≪주역연구≫, 한겨레, 1988.

◇ 電子文獻 및 Web DB

- 한국고전종합DB (http://db.itkc.or.kr)
- 동양고전종합DB (http://db.cyberseodang.or.kr)
- 상우천고 (http://www.s-sangwoo.kr)
- 電子版 文淵閣四庫全書, 上海古籍出版社.

目 次

東洋古典現代化와 十三經注疏 譯註
凡 例
參考文獻

周易兼義 下經 夬傳 卷第五

43. 夬䷪ / 13
44. 姤䷫ / 32
45. 萃䷬ / 50
46. 升䷭ / 67
47. 困䷮ / 78
48. 井䷯ / 99
49. 革䷰ / 115
50. 鼎䷱ / 132
51. 震䷲ / 150
52. 艮䷳ / 169
53. 漸䷴ / 185
54. 歸妹䷵ / 201

周易兼義 下經 豐傳 卷第六

55. 豐䷶ / 219
56. 旅䷷ / 239
57. 巽䷸ / 253

58. 兌䷹ / 270
59. 渙䷺ / 282
60. 節䷻ / 298
61. 中孚䷼ / 310
62. 小過䷽ / 325
63. 旣濟䷾ / 344
64. 未濟䷿ / 360

附錄

1. 參考圖版 目錄 및 出處 / 375
2. '≪周易≫의 이해' 강의 / 376
3. ≪周易正義≫ 總目次(QR코드) / 376

周易兼義 下經 夬傳 卷第五

國子祭酒上護軍曲阜縣開國子 臣 孔穎達 奉勅撰正義
王弼 注

43. 夬䷪ 乾下兌上

夬(쾌)는 **揚于王庭**하여 **孚號有厲**하니 **告自邑**이요 **不利卽戎**이나 **利有攸往**하니라

夬는 王庭에서 드날려 明信한 법으로 호령하여 〈간사한 자들이〉 위태로우니, 자기 고을에만 고해야 하고 전쟁에 나아가는 것은 이롭지 않으나, 가는 바를 둠이 이롭다.

【注】 夬는 與剝反者也라 剝은 以柔變剛하여 至於剛幾盡하고 夬는 以剛決柔하여 如剝之消剛이라 剛隕則君子道消하고 柔消則小人道隕하니 君子道消면 則剛正之德을 不可得直道而用이요 刑罰之威를 不可得坦然而行이어니와 揚于王庭은 其道公也라

夬卦는 剝卦(䷖)와 반대이다. 剝卦는 柔로 剛을 변화하여 剛이 거의 다 없어짐에 이르렀고, 夬卦는 剛으로 柔를 결단하여 剝卦가 剛을 소멸시킨 것과 같다. 剛이 무너지면 君子의 道가 사라지고 柔가 사라지면 小人의 道가 무너지니, 君子의 道가 사라지면 剛正한 德을 곧은 道로 사용할 수가 없고 형벌의 위엄을 평탄하게 행할 수가 없지만, 王庭에서 드날림은 그 道가 공정한 것이다.

【疏】 '夬揚于王庭'至'利有攸往' ○正義曰：夬, 決也, 此陰消陽息之卦也. 陽長至五, 五陽共決一陰, 故名爲夬也. '揚于王庭'者, 明行決斷之法, 夬以剛決柔, 施之於人, 則是君子決小人也. 王庭, 是百官所在之處, 以君子決小人, 故可以顯然發揚決斷之事於王者之庭,[1] 示公正而无私隱也, 故曰"揚于王庭也." '孚號有厲'者, 號, 號令也. 行決之法, 先須號令. 夬以剛決柔, 則是用明信之法, 而宣其號令, 如此卽柔邪者危,[2] 故曰"孚號有厲"也. 以剛制斷, 行令於邑, 可也,[3] 若用剛卽戎, 尙力取勝, 爲物所疾, 以此用師, 必有不利, 故曰"告自邑, 不利卽戎." 雖不利卽戎, 然剛德不長, 則柔邪不消. 故陽爻宜有所往, 夬道乃成, 故曰"利有攸往"也.

1) 故可以顯然發揚決斷之事於王者之庭 : 阮元의 〈校勘記〉에 "孫志祖가 이르기를 '위의 「之」자는 마땅히 「其」가 되어야 한다.' 하였다."라고 하였는바, 孫志祖의 말을 따라 교감하면 이 句는 "그러므로 드러나게 드날려서 王者의 뜰에서 그 일을 결단할 수 있다.〔故可以顯然發揚 決斷其事於王者之庭〕"로 해석된다.

2) 如此卽柔邪者危 : '有厲'를 孔穎達은 '유약하고 간사한 자들에게 위태로움이 있음'으로 해석하였는바, 즉 이 위태로움을 上六의 위태로움으로 본 것이다.

　반면 程伊川과 朱子는 모두 '小人을 결단하는 君子에게 여전히 위태로움이 있음'으로 해석하고 이를 경계의 말로 보았다. ≪程傳≫은 다음과 같다. "君子의 道가 비록 자라고 盛하나 감히 경계와 대비를 잊어서는 안 된다. 그러므로 至誠으로 사람들에게 명하여 아직도 위태로운 길이 있음을 알게 하여야 하는 것이다. 비록 매우 盛한 이것(陽)으로 매우 쇠한 저것(陰)을 결단하나, 만약 쉽게 여기고 대비가 없으면 예상치 못한 뉘우침이 있을 것이다.〔君子之道 雖長盛 而不敢忘戒備 故至誠以命衆 使知尙有危道 雖以此之甚盛 決彼之甚衰 若易而无備 則有不虞之悔〕"

3) 以剛制斷……可也 : '告自邑'을 程伊川은 의리의 관점에서 해석하여 다음과 같이 주석하였다. "君子가 小人을 다스림은 小人이 不善하기 때문이니, 반드시 자기의 善한 道로써 이겨 고쳐야 한다. 그러므로 聖人이 亂을 다스릴 적에는 반드시 먼저 자신을 닦는 것이니, 舜임금이 文德을 편 것이 이것이다. 邑은 私邑이니, 자기 사읍에 告한다는 것은 먼저 스스로를 다스리는 것이다.〔君子之治小人 以其不善也 必以己之善道 勝革之 故聖人誅亂 必先修己 舜之敷文德是也 邑 私邑 告自邑 先自治也〕"

經의 〔夬揚于王庭〕에서 〔利有攸往〕까지

○ 正義曰 : '夬'는 결단함이니, 이는 陰이 사라지고 陽이 불어나는 卦이다. 陽이 자라 九五에 이르러서 다섯 陽이 함께 한 陰을 결단한다. 그러므로 이름을 '夬'라 한 것이다.

〔揚于王庭〕 결단하는 법을 분명히 행하는 것이다. 夬卦는 剛으로 柔를 결단하니, 이것을 사람에게 베풀면 이는 君子가 小人을 결단하는 것이다. '王庭'은 바로 百官들이 있는 곳이니, 君子로서 小人을 결단하므로 결단하는 일을 王者의 뜰에서 드러나게 드날려서 공정함을 보이고 사사로이 숨김이 없게 할 수 있는 것이다. 그러므로 "王庭에서 드날린다."라고 한 것이다.

〔孚號有厲〕 '號'는 호령함이니, 결단하는 법을 시행할 적에 먼저 모름지기 호령해야 하는 것이다. 夬卦는 剛으로써 柔를 결단하니, 그렇다면 이는 명확하고 信實한 법을 사용하여 그 호령을 베푸는 것이다. 이와 같이 하면 유약하고 간사한 자들이 위태롭다. 그러므로 "明信한 법으로 호령하여 〈간사한 자들이〉 위태롭다."라고 한 것이다.

剛으로 制斷하여 자기 고을에 명령을 행하는 것은 可하지만, 만약 剛을 사용하여 전쟁에 나아가서 무력을 숭상하여 이기기를 취하면 사람들에게 미움을 받으니, 이런 방식으로 군대를 사용하면 불리함이 반드시 있다. 그러므로 "자기 고을에만 고해야 하고 전쟁에 나아가는 것은 이롭지 않다."라고 한 것이다.

비록 전쟁에 나아가는 것은 이롭지 않으나 剛德이 자라지 않으면 유약한 자와 간사한 자들이 사라지지 않는다. 그러므로 陽爻가 마땅히 가는 바가 있어야 夬卦의 道가 마침내 이루어진다. 그러므로 "가는 바를 둠이 이롭다."라고 한 것이다.

彖曰 夬는 決也니 剛決柔也니 健而說(열)하면 決而和라

〈彖傳〉에 말하였다.

"'夬'는 결단함이다. 剛이 柔를 결단하는 것이니, 굳세면서 기뻐하면 결단하여 和하다.

【注】 健而說이면 則決而和矣라

굳세면서 기뻐하면 결단하여 和하다.

【疏】 '彖曰'至'決而和' ○ 正義曰 : '夬 決也 剛(夬)〔決〕[1]柔'者, 此就爻釋卦名也. '健而說 決而和'者, 此就二體之義, 明決而能和. 乾健而兌說, 健則能決, 說則能和, 故曰"決而和"也.

1) (夬)〔決〕: 저본에는 '夬'로 되어 있으나, 經文에도 '決'로 되어 있으며, 阮元의 〈校勘記〉에 "살펴보건대 '夬'는 '決'이 되어야 한다."라고 한 것에 의거하여 '決'로 바로잡았다.

經의 〔彖曰〕에서 〔決而和〕까지

○ 正義曰 : 〔夬 決也 剛決柔〕 이는 爻를 가지고 卦의 이름을 해석한 것이다.

〔健而說 決而和〕 이는 두 體의 뜻을 가지고 '결단하여 능히 和함'을 밝힌 것이다. 乾은

굳세고 兌는 기뻐하니, 굳세면 능히 결단하고 기뻐하면 능히 和하다. 그러므로 "결단하여 和하다."라고 한 것이다.

揚于王庭은 **柔乘五剛也**일새요

'王庭에서 드날림'은 柔가 다섯 剛을 타고 있기 때문이요

【注】 剛德齊長하고 一柔爲逆이면 衆所同誅하여 而无忌者也라 故로 可揚于王庭이라

剛의 德이 일제히 자라나고 한 柔가 逆을 하면 〈한 柔는〉 여럿이 함께 誅罰하는 대상이어서 〈이를 誅罰함에〉 꺼릴 것이 없다. 그러므로 王庭에서 드날릴 수 있는 것이다.

【疏】 正義曰 : 此因一陰而居五陽之上, 釋行決之法. 以剛德齊長, 一柔爲逆, 衆所同誅, 誅而无忌也, 故曰"揚于王庭." 言所以得顯然揚于王庭者, 只謂柔乘五剛也.

正義曰 : 이는 한 陰이 다섯 陽의 위에 있음으로 인하여 결단하는 법을 행함을 해석한 것이다. 剛의 德이 일제히 자라나고 한 柔가 逆을 하면 〈한 柔는〉 여럿이 함께 誅罰하는 대상이어서 誅罰함에 꺼릴 것이 없다. 그러므로 "王庭에서 드날린다."라고 한 것이다. '드러나게 王庭에서 드날릴 수 있는 까닭은 다만 柔가 다섯 剛을 탔기 때문임'을 말한 것이다.

孚號有厲는 **其危乃光也**요

'明信한 법으로 호령하여 〈간사한 자들이〉 위태로움'은 그 위태로움이 마침내 분명한 것이요,

【注】 剛正明信以宣其令이면 則柔邪者危라 故로 曰 其危乃光也라하니라

剛正과 明信으로 그 호령을 베풀면 유약하고 간사한 자들이 위태롭다. 그러므로 "그 위태로움이 마침내 분명하다."라고 한 것이다.

【疏】 正義曰 : 以明信而宣號令, 卽柔邪者危厲, 危厲之理, 分明可見, 故曰"其危乃光也."[1)]

1) 以明信而宣號令……故曰其危乃光也 : 王弼과 孔穎達은 '有厲'를 '유약하고 간사한 小人에게 위태로움이 있음'으로 해석하여 '其危乃光'을 '小人들의 위태로움이 분명히 드러남'으로 해석하였다.

반면 程伊川은 '有厲'를 '君子에게 아직도 위태로움이 있음'으로 해석하여 '其危乃光'을 "誠信을 다하여 무리들에게 號令해서 위태로움과 두려움이 있음을 알게 하면 君子의 道가 마침내 근심이 없어 光大해지는 것이다.〔盡誠信以命其衆 而知有危懼 則君子之道 乃无虞而光大也〕"라고 해석하였다.

正義曰 : 明信으로 호령을 베풀면 유약하고 간사한 자들이 위태로우니, 위태로운 이치를 분명히 볼 수 있다. 그러므로 "그 위태로움이 마침내 분명한 것이다."라고 한 것이다.

告自邑이요 不利卽戎은 所尙乃窮也요

'자기 고을에만 고해야 하고 전쟁에 나아가는 것은 이롭지 않음'은 숭상하는 바가 마침내 궁하기 때문이요,

【注】以剛斷制에 告令이 可也니 告自邑은 謂行令於邑也라 用剛卽戎은 尙力取勝也니 尙力取勝은 物所同疾也라

剛으로 制斷함에 호령을 告하는 것은 可하니, '告自邑'은 자기 고을에만 호령을 행함을 이른다. 剛을 사용하여 전쟁에 나아감은 무력을 숭상하여 이기기를 취하는 것이니, 무력을 숭상하여 이기기를 취함은 사람들이 똑같이 미워하는 바이다.

【疏】正義曰 : 剛克之道, 不可常行, 若專用威猛, 以此卽戎, 則便爲尙力取勝, 卽是決而不和, 其道窮矣. 行決所以惟告自邑, 不利卽戎者, 只謂所尙乃窮故也.

正義曰 : 剛으로 이기는 道는 항상 행해서는 안 된다. 만약 위엄과 사나움을 오로지 사용하여 이런 방식으로 전쟁에 나아가면 곧 무력을 숭상하여 이기기를 취함이 되니, 바로 결단하여 和하지 못한 것이어서 그 道가 窮하다. 결단을 행함에 있어 오직 자기 고을에만 고해야 하고, 전쟁에 나아가는 것은 이롭지 않은 까닭은 다만 숭상하는 바가 마침내 窮하기 때문이다.

利有攸往은 剛長乃終也라

'가는 바를 둠이 이로움'은 剛의 자람이 마침내 이루어지는 것이다."

【注】 剛德愈長하고 柔邪愈消라 故로 利有攸往하여 道乃成也라

剛의 德이 더욱 자라고 柔의 邪가 더욱 사라진다. 그러므로 가는 바를 둠이 이로워서 道가 마침내 이루어지는 것이다.

【疏】 正義曰 : (道)〔終〕[1), 成也, 剛長柔消, 夬道乃成也.[2)]

1) (道)〔終〕: 저본에는 '道'로 되어 있으나, 錢本·宋本에 의거하여 '終'으로 바로잡았다. (阮元의 〈校勘記〉 참조)

2) (道)〔終〕……夬道乃成也 : 王弼과 孔穎達은 '剛長乃終'의 '終'을 '成'으로 訓하였는데, 程伊川과 朱子는 '終極'으로 訓하였다. 程伊川은 "陽剛이 비록 盛하나 자람이 아직 끝나지 않아 아직도 한 陰이 남아 있으니, 다시 결단하여 제거하면 君子의 道가 純一되어 해치는 자가 없을 것이니, 바로 剛의 자람이 끝나는 것이다.〔陽剛雖盛 長猶未終 尙有一陰 更當決去 則君子之道純一而无害之者矣 乃剛長之終也〕"라고 하였고, 朱子는 "剛長乃終은 한 번 변하면 純乾이 됨을 이른다.〔剛長乃終 謂一變則爲純乾也〕"라고 하였다.

正義曰 : '終'은 이루어짐이니, 剛이 자라고 柔가 사라져서 夬卦의 道가 마침내 이루어진 것이다.

象曰 澤上於天이 夬니 君子以施祿及下하며 居德則(칙)忌하나니라

〈象傳〉에 말하였다. "못이 하늘로 올라감이 夬卦이니, 君子가 보고서 祿을 베풀어 아래에 미치며 德에 거하여 禁令을 밝힌다."

【注】 澤上於天은 夬之象也니 澤上於天이면 必來下潤이니 施祿及下之義也라 夬者는 明法而決斷之象也라 忌는 止也라 法明斷嚴이니 不可以慢이라 故로 居德以明禁也라 施而能嚴하고 嚴而能施하며 健而能說하고 決而能和는 美之道也라

'못이 하늘로 올라감'은 夬卦의 象이니, 못이 하늘로 올라가면 반드시 〈비가 되어〉 내려와서 아래로 적셔주니, 祿을 베풀어 아래에 미치는 뜻이다. '夬'는 법을 밝혀 결단하는 象이다. '忌'는 금지함이다. 법이 분명하고 결단이 엄해야 하니, 느슨히 할 수가 없다. 그러므로 德에 거하여 禁令을 밝히는 것이다. 베풀면서 능히 嚴하고 嚴하면서 능히 베풀며

굳세면서도 능히 기뻐하고 결단하면서도 능히 和함은 아름다운 道이다.

【疏】'象曰'至'居德則忌' ○ 正義曰：'澤上於天 夬'者, 澤性潤下, 雖復(부)澤上於天, 決來下潤, 此事必然, 故是夬之象也. '君子以施祿及下 居德則忌'者, 忌, 禁也. 決有二義, 象則澤來潤下, 彖則明法決斷, 所以君子法此夬義, 威惠兼施, 雖復施祿及下, 其在身居德, 復須明其禁令, 合於健而能說, 決而能和, 故曰"君子以施祿及下, 居德則忌"也.[1]

1) 決有二義……居德則忌也：孔穎達은 夬에 '決斷'과 '터짐〔決潰〕'의 두 가지 뜻이 있음을 밝히고, 〈象傳〉은 '터짐'의 뜻을 위주로 하고 〈彖傳〉은 '결단'의 뜻을 위주로 하였다고 분석하였다. 또 〈象傳〉의 '施祿及下'와 '居德則忌'에 대해서는, 君子는 '결단'과 '터짐'의 두 가지 象을 모두 본받으므로 '터짐'의 象을 본받아 '施祿及下'하고 '결단'의 象을 본받아 '居德則忌'하는 것이라고 해석하였다.

반면 程伊川과 朱子는 夬卦의 象을 '터짐'의 뜻에 한정하였는바, '居德則忌'에 대해서 朱子는 "未詳이다."라고 하였고, 程伊川은 "터지는 象을 보면 德에 거하여 禁忌를 법제화하니, 居德은 德에 편안히 처함이고 則은 約條를 만드는 것이고 忌는 방지함이니, 防禁을 約條로 만들어 세움을 이른다. 防禁이 있으면 터져 흩어짐이 없게 된다. 王弼은 '明忌'로 썼으니, 또한 통한다.〔觀其決潰之象 則以居德則忌 居德 謂安處其德 則 約也 忌 防也 謂約立防禁 有防禁則无潰散也 王弼作明忌 亦通〕"라고 하였다.

經의 〔象曰〕에서 〔居德則忌〕까지

○ 正義曰：〔澤上於天 夬〕 못의 성질이 윤택하고 내려가니, 비록 다시 못이 하늘로 올라가나 물이 터져 내려와서 아래로 적셔주니, 이 일이 필연적이다. 그러므로 이것이 夬卦의 象인 것이다.

〔君子以施祿及下 居德則忌〕 '忌'는 금지함이다. 決은 두 가지 뜻이 있으니, 〈象傳〉은 못이 내려와서 아래를 윤택하게 하는 것이고, 〈彖傳〉은 법을 밝혀 결단하는 것이다. 이 때문에 君子가 이 夬卦의 뜻을 본받아 위엄과 은혜를 함께 베풀어서, 비록 다시 祿을 베풀어 아래에 미치나 자신이 德에 居함에 있어서는 다시 모름지기 禁令을 밝혀서 '굳세면서도 능히 기뻐하고 결단하면서도 능히 화합함'에 부합하게 하여야 하는 것이다. 그러므로 "君子가 보고서 祿을 베풀어 아래에 미치며 德에 거하여 禁令을 밝힌다."라고 한 것이다.

初九는 壯于前趾하여 往不勝이니 爲咎니라

初九는 발을 前進함을 健壯하게 하여 가서 이기지 못하니 허물이 된다.

【注】 居健之初하고 爲決之始하니 宜審其策하여 以行其事라 壯其前趾하여 往而不勝이니 宜其咎也라

굳셈의 초기에 거하고 결단의 시초가 되었으니, 마땅히 계책을 자세히 살펴서 일을 행해야 한다. 그런데 발을 전진함을 건장하게 하여 가서 이기지 못하니 허물이 있는 것이 마땅하다.

【疏】 正義曰 : 初九居夬之初, 當須審其籌策, 然後乃往, 而體健處下, 徒欲果決壯健, 前進其趾, 以此而往, 必不克勝, 非決之謀, 所以爲咎, 故曰"初九, 壯于前趾, 往不勝, 爲咎"也.

正義曰 : 初九가 夬의 처음에 거하였으니, 마땅히 계책을 살핀 뒤에 가야 하는데, 體가 굳세고 아래에 처해서 한갓 壯健함을 果決하여 그 발을 전진하고자 하니, 이런 방식으로 나아가면 반드시 이기지 못하는바, 이는 결단하는 계책이 아니니, 이 때문에 허물이 된다. 그러므로 "初九는 발을 전진함을 건장하게 하여 가서 이기지 못하니 허물이 된다."라고 한 것이다.

象曰 不勝而往이 咎也라

〈象傳〉에 말하였다. "이기지 못하면서 가는 것이 허물이다."

【注】 不勝之理는 在往前也라

이기지 못하는 이치는 앞으로 감에 있는 것이다.

【疏】 正義曰 : 經稱"往不勝, 爲咎", 象云"不勝而往, 咎", 翻其文者, 蓋暴虎馮河, 孔子所忌,[1] 謬於用壯, 必無勝理. 孰知不勝, 果決而往, 所以致於咎過. 故注云"不勝之理, 在往前也."

1) 暴虎馮河 孔子所忌 : '暴虎'와 '馮河'는 모두 미련하고 무모한 행위를 의미한다. ≪論語≫ 〈述而〉에 "孔子께서 말씀하셨다. '맨손으로 범을 잡으려 하고 맨몸으로 黃河를 건너려 하여 죽어도 후회함이 없는 자를 나는 함께하지 않을 것이니, 반드시 전쟁하는 일에 임하여 두려워하며 도모하기를 좋아하여 成功하는 자와 함께할 것이다.'〔子曰 暴虎馮河 死而無悔者 吾不與也 必也臨事而懼 好謀而成者也〕"라고 보인다.

正義曰 : 經文에는 "가서 이기지 못하니 허물이 된다."라고 말하였는데, 〈象傳〉에서는 "이기지 못하면서 가는 것이 허물이다."라고 하여 그 글을 뒤집은 것은 〈다음과 같은 이유이다.〉 맨손으로 범을 잡으려 하고 맨몸으로 황하를 건너려 함은 孔子가 꺼리신 바이니, 건장함을 잘못 사용하면 이기는 이치가 반드시 없다. 이기지 못함은, 果決하게 가서 이 때문에 허물을 이루게 되는 것임을 누가 알겠는가. 그러므로 注에 "이기지 못하는 이치는 앞으로 감에 있는 것이다."라고 한 것이다.

九二는 **惕號**하여 **莫**(모)**夜有戎**이라도 **勿恤**이니라

九二는 두려워하여 부르짖으며 늦은 밤에 敵兵의 침공이 있을 것이라고 말하더라도 근심하지 않는다.

【注】 居健履中하니 以斯決事하면 能審己度而不疑者也라 故로 雖有惕懼號呼하여 莫夜有戎이라도 不憂不惑이라 故로 勿恤也라

健에 居하고 中을 밟고 있으니, 이로써 일을 결단하면 능히 자기 법도를 살펴 의심하지 않는 자이다. 그러므로 두려워하여 부르짖으며 늦은 밤에 적병의 침공이 있을 것이라고 말하더라도 근심하지 않고 의혹하지 않는다. 그러므로 근심하지 않는 것이다.

【疏】 正義曰 : 九二體健居中, 能決其事, 而无疑惑者也. 雖復有人惕懼號呼, 語之云莫夜必有戎卒來害己, 能審己度, 不惑不憂, 故勿恤也.[1)]

1) 雖復有人惕懼號呼……故勿恤也 : '惕號 莫夜有戎'을 王弼과 孔穎達은 '두려워하여 부르짖으며 늦은 밤에 적병의 침공이 있을 것이라고 말함'으로 해석하고, '勿恤'을 '그 말에 현혹되지 않아 근심하지 않음'으로 해석하였다.

반면 程伊川과 朱子는 '惕號'를 '안으로는 스스로 두려움을 품고 밖으로는 경계와 호령을 엄하게 함'의 의미로 보고, '莫夜有戎 勿恤'을 '이렇게 대비하기 때문에 늦은 밤에 적병의 침공이 있더라도 걱정이 없을 수 있음'의 의미로 보았다.

正義曰 : 九二가 體가 굳세고 中에 거하였으니, 능히 그 일을 결단하여 의혹함이 없는 자이다. 비록 다시 어떤 사람이 두려워하여 부르짖으며 말하기를 "늦은 밤에 반드시 적병이 와서 자기를 해치는 자가 있을 것이다."라고 하더라도 능히 자기의 법도를 살펴서 의혹하고 근심하지 않는다. 그러므로 근심하지 않는 것이다.

象曰 有戎勿恤은 **得中道也**일새라

〈象傳〉에 말하였다. "'敵兵의 침공이 있을 것이라고 말하더라도 근심하지 않음'은 中道를 얻었기 때문이다."

【疏】 正義曰 : '得中道'者, 決事而得中道, 故不以有戎爲憂, 故云"得中道也."

正義曰 : 〔得中道〕 일을 결단함에 中道를 얻었기 때문에 적병의 침공이 있는 것을 근심하지 않는다. 그러므로 "中道를 얻었기 때문이다."라고 말한 것이다.

九三은 **壯于頄**(구)니 **有凶**이라 **君子夬夬**니 **獨行**이면 **遇雨若濡**하여 **有慍**이나 **无咎**리라

九三은 광대뼈에 健壯하니 흉함이 있다. 君子는 夬하게 決斷하니, 혼자 가면 비를 만나 옷이 젖은 듯하여 〈자신에 대한〉 怨望과 恨이 있으나 허물할 곳이 없으리라.

【注】 頄는 面權也[1)]니 謂上六也니 最處體上故로 曰 權也라 剝之六三은 以應陽爲善이라 夫剛長則君子道興하고 陰盛則小人道長하니 然則處陰長而助陽則善이요 處剛長而助柔則凶矣라 夬爲剛長이어늘 而三獨應上六하여 助於小人이라 是以凶也라 君子處之면 必能棄夫情累하여 決之不疑라 故로 曰 夬夬也라 若不與衆陽爲群하고 而獨行殊志하여 應於小人이면 則受其困焉이니 遇雨若濡하여 有恨而无所咎也라

1) 頄 面權也 : '權'은 '顴(광대뼈)'이니, ≪集韻≫에 "頄는 얼굴의 광대뼈이다.〔頄 面顴也〕"라고 보이는바, '權'과 '顴'은 옛날에 통용되었다.

'頄'는 얼굴의 광대뼈이니, 上六을 이르는바, 卦體의 가장 위에 거했기 때문에 "광대뼈"라고 한 것이다. 剝卦(䷖)의 六三은 陽에 應하는 것이 善이 된다. 剛이 자라면 君子의 道가 일어나고 陰이 盛하면 小人의 道가 자라나니, 그렇다면 陰이 자라날 때에 처하여 陽을 도우면 善하고, 剛이 자라날 때에 처하여 柔를 도우면 흉한 것이다. 夬卦는 剛이 자라나는 것인데, 九三이 홀로 上六에 應하여 소인을 도와준다. 이 때문에 흉한 것이다.

군자가 이때에 처하면 반드시 情에 얽매임을 버려서 결단하고 의심하지 않을 수 있다. 그러므로 "夬하게 決斷한다."라고 한 것이다.

만약 여러 陽과 무리가 되지 않고 홀로 가서 뜻을 달리하여 소인에게 應하면 그 困厄을 받으니, 비를 만나 옷이 젖은 듯하여 怨望과 恨이 있으나 허물할 곳이 없는 것이다.

【疏】 '九三壯于頄'至'无咎' ○正義曰：'壯于頄 有凶'者, 頄, 面權也, 謂上六也. 言九三處夬之時, 獨應上六, 助於小人, 是以凶也. 若剝之六三, 處陰長之時而應上, 是助陽爲善.[1] 今九三處剛長之時, 獨助陰爲凶也.[2] '君子夬夬'者, 君子之人, (若)〔居〕[3]於此時, 能棄其情累, 不受於應, 在於決斷而无滯, 是夬夬也. '獨行 遇雨若濡 有慍 无咎'者, 若不能決斷, 殊於衆陽, 應於小人, 則受濡濕其衣, 自爲怨恨, 无咎責於人, 故曰"有慍无咎"也.[4]

1) 若剝之六三……是助陽爲善：剝卦(䷖)는 陰이 자라나 陽을 모두 깎아 없앰을 상징하는 바, 즉 初六부터 六五까지의 여러 陰爻가 上九를 깎는 것이다. 그런데 六三만은 上九와 正應이 되어 上九에 응하니, 이 때문에 다른 陰爻와 달리 홀로 허물이 없는 것이다. 六三의 爻辭는 다음과 같다. "六三은 陽을 깎는 때에 있더라도 허물이 없다.〔六三 剝之 无咎〕"

2) 壯于頄……獨助陰爲凶也：王弼과 孔穎達은 '頄'를 上六을 가리키는 것으로 보아 '壯于頄 有凶'을 '九三이 上六에 응하여 小人을 도와주므로 흉함'의 뜻으로 해석하였다.

반면 程伊川은 '頄'를 九三을 가리키는 것으로 보아 이 經文을 해석하기를 "頄는 광대뼈이니, 위에 있으나 위에 지극하지 않은 자이다. 九三이 下體의 위에 거하여 비록 위에 있으나 最上은 아니니, 위에 군주가 있는데 剛決을 自任하면 광대뼈에 건장한 자이니, 흉함이 있는 道이다.〔頄 顴骨也 在上而未極於上者也 三居下體之上 雖在上而未爲最上 上有君而自任其剛決 壯于頄者也 有凶之道也〕"라고 하였다.

반면 朱子는 '頄'를 '剛壯함이 面目에 나타남'의 의미로 보아 "九三이 결단할 때를 당하여 剛으로서 中을 지났으니, 이는 소인을 결단하고자 하여 剛壯함이 面目에 나타난 것이다. 이와 같이 하면 흉한 道가 있다.〔九三 當決之時 以剛而過乎中 是欲決小人而剛壯見于面目也 如是則有凶道矣〕"라고 하였다.

3) (若)〔居〕：저본에는 '若'으로 되어 있으나, 錢本·宋本에 의거하여 '居'로 바로잡았다. (阮元의 〈校勘記〉 참조)

4) 獨行……故曰有慍无咎也：'有慍无咎'를 王弼과 孔穎達은 '九三이 스스로 자신에 대한 원망과 한이 있으나 남을 탓할 수 없음'의 의미로 보았다. 남을 탓할 수 없는 이유는, 비를 만나 옷을 적신 것이 九三 스스로가 上六을 결단하지 못하고 홀로 上六에게 나아간 데에 연유한 것이기 때문이다.

반면 朱子는 "獨行遇雨 若濡有慍 无咎"를 해석하여 "여러 陽의 가운데에 있으면서 홀로 上六과 應하니, 만약 그 決斷을 果決하게 하여 사사로운 사랑에 얽매이지 않는다면 비록 上六과 합하여 홀로 감에 비를 만나서 '젖는 듯하여 君子에게 노여움을 받음'에 이르나 끝내는 반드시 小人을 決斷하여 제거해서 허물이 없을 것이다.〔在衆陽之中 獨與上六爲應 若能果決其決 不係私愛 則雖合於上六 如獨行遇雨 至於若濡而爲君子所慍 然終必能決去小人而无所咎也〕"라고 하였는바, '有慍无咎'를 '다른 陽에게 노여움을 받으나 끝내는 허물이 없음'의 뜻으로 본 것이다.

한편 程伊川은 經文에 착오가 있다고 보고 '君子夬夬'를 '遇雨'와 '若濡' 사이로 옮겨 경문을 "壯于頄 有凶 獨行遇雨 君子夬夬 若濡有慍 无咎"로 교감하였다. 程伊川의 주석에 따르면, '獨行遇雨'는 '九三이 홀로 上六에게 가서 陰과 陽이 화합함'의 의미가 되는바 이는 王弼・孔穎達의 해석과 같고, '君子夬夬'는 '군자는 이러한 때에 처하면 결단을 과결하게 함'의 의미가 되는바 이 역시 王弼・孔穎達의 해석과 같다. 반면 '若濡有慍 无咎'는 '君子夬夬'와 이어지게 해석하여 "비록 사사로이 친하나 마땅히 멀리하고 끊어서 마치 더러움에 젖는 듯이 여겨 노여워하고 미워하는 기색이 있어야 하니, 이와 같이 하면 허물이 없을 것이다.〔雖其私與 當遠絶之 若見濡汚 有慍惡之色 如此則无過咎也〕"라고 풀이하였다.

經의 〔九三壯于頄〕에서 〔无咎〕까지

○ 正義曰 : 〔壯于頄 有凶〕 '頄'는 얼굴의 광대뼈이니, 上六을 이른다. '九三이 夬의 때에 처해서 홀로 上六에 應하여 小人을 도와주니, 이 때문에 凶함'을 말한 것이다. 剝卦의 六三으로 말하면 陰이 자랄 때에 처하여 上九에 應하니 이는 陽을 도와 善이 되지만, 지금 九三은 剛이 자랄 때에 처하여 홀로 陰을 도와 흉함이 되는 것이다.

〔君子夬夬〕 君子인 사람이 이러한 때에 거하면서도 능히 情에 얽매임을 버려서 應을 받지 아니하여 決斷함에 막힘이 없으니, 이것이 '夬하게 결단함'인 것이다.

〔獨行 遇雨若濡 有慍 无咎〕 만약 능히 결단하지 못하고 여러 陽과 달리해서 소인에게 應하면 젖음을 받아 옷을 적셔서 스스로 怨望하고 恨하지만 남을 허물하고 責할 수가 없다. 그러므로 "〈자신에 대한〉 원망과 한이 있으나 허물할 곳이 없다."라고 한 것이다.

象曰 君子夬夬는 終无咎也라

〈象傳〉에 말하였다. "'君子가 夬하게 決斷함'은 끝내 허물이 없는 것이다."

【疏】 正義曰 : 衆陽決陰, 獨與上六相應, 是有咎也. 若能夬夬, 決之不疑, 則終无咎矣. 然則象云无咎, 自釋君子夬夬, 非經之无咎也.

正義曰 : 여러 陽이 陰을 결단하는데 〈九三이〉 홀로 上六과 서로 應하니, 이는 허물이 있는 것이다. 만약 능히 夬하게 決斷하고 결단하여 의심하지 않으면 끝내 허물이 없을 것이다. 그렇다면 〈象傳〉에서 말한 '无咎(허물이 없음)'는 '君子夬夬'를 따로 해석한 것이요, 經文의 '无咎(허물할 곳이 없음)'가 아니다.

九四는 臀无膚하여 其行次且니 牽羊悔亡이로되 聞言不信이로다

九四는 볼기짝에 살이 없어서 그 나아감이 주저하니, 羊에게 끌려가면 후회가 없을 것이나 말을 듣고도 믿지 않는다.

【注】 不剛而進하고 非己所據하여 必見侵傷하여 失其所安이라 故로 臀无膚하여 其行次且也라 羊者는 抵狠難移之物이니 謂五也라 五爲夬主하여 非下所侵이니 若牽於五면 則可得悔亡이나 而己剛亢하여 不能納言하고 自任所處하여 聞言不信하니 以斯而行이면 凶可知矣라

剛하게 나아가지 않고 자기가 점거할 곳이 아니어서 반드시 침해와 상해를 받아 그 편안한 곳을 잃는다. 그러므로 볼기짝에 살이 없어서 나아감이 주저하는 것이다.

羊은 들이받고 사나워 옮기기 어려운 물건이니, 九五를 이른다. 九五가 夬卦의 주체가 되어서 아래가 침해할 바가 아니니, 만약 九五에 끌려가면 후회가 없을 수 있으나 자기가 剛하고 높아서 남의 말을 받아들이지 못하고 처하는 바를 마음대로 하여 남의 말을 듣고도 믿지 않으니, 이러한 방식으로 행하면 흉함을 알 수 있다.

【疏】 '九四臀无膚'至'聞言不信' ○ 正義曰 : '臀无膚 其行次且'者, 九四據下三陽, 位又不正, (下)〔不〕[1]剛而進, 必見侵傷, 侵傷則居不得安, 若臀无膚矣. 次且, 行不前進也. 臀之无膚, 居旣失安, 行亦不進, 故曰"臀无膚, 其行次且"也. '牽羊悔亡 聞言不信'者, 羊者, 抵狠難移之物, 謂五也. 居尊當位, 爲夬之主, 下不敢侵, 若牽於五, 則可得悔亡, 故曰"牽羊悔亡."[2] 然四亦是剛陽, 各亢所處, 雖復聞牽羊之言, 不肯信服事於五, 故曰"聞言不信"也.

1) (下)〔不〕: 저본에는 '下'로 되어 있으나, 위의 王弼 注에 "不剛而進"이라고 한 것에 의거하여 '不'로 바로잡았다.

2) 牽羊悔亡……故曰牽羊悔亡 : '牽羊悔亡'을 王弼과 孔穎達은 '九四가 九五에게 끌려가면 후회가 없음'의 의미로 보았다.

그러나 程伊川과 朱子는 '九四가 羊을 끌 듯하면 후회가 없음'의 의미로 보았다. '양을 끌 듯함'에 대하여, 程伊川은 "羊은 떼 지어 다니는 물건이요 牽은 당기고 끄는 뜻이니, 만일 스스로 강하게 끌어당겨서 여럿을 따라가면 뉘우침이 없을 것임을 말한 것이다.〔羊者 群行之物 牽者 挽拽之義 言若能自强而牽挽 以從群行 則可以亡其悔〕"라고 설명하였고, 朱子는 "여러 陽과 다투어 나아가지 않고 편안히 그 뒤에 나오면 뉘우침이 없을 수 있다.……羊을 끌고 가는 자는 그 앞을 가로막으면 나아가지 않고, 풀어놓아 앞으로 가게 하고 그 뒤를 따라가면 갈 수 있다.〔若不與衆陽競進而安出其後 則可以亡其悔……牽羊者當其前 則不進 縱之使前而隨其後 則可以行矣〕"라고 하였다.

經의 〔九四臀无膚〕에서 〔聞言不信〕까지

○ 正義曰:〔臀无膚 其行次且〕 九四가 아래 세 陽을 점거하고 자리가 또 바르지 못하며 剛하게 나아가지 않아서 반드시 침해와 상해를 받을 것이니, 침해와 상해를 받으면 거처가 편안함을 얻지 못하여 볼기짝에 살이 없는 것과 같다. '次且'는 감에 앞으로 나아가지 못하는 것이다. 볼기짝에 살이 없어서 거처가 이미 편안함을 잃고 가는 것 또한 나아가지 못한다. 그러므로 "볼기짝에 살이 없어서 그 나아감이 주저한다."라고 한 것이다.

〔牽羊悔亡 聞言不信〕 '羊'은 들이받고 사나워 옮기기 어려운 물건이니, 九五를 이른다. 〈九五는〉 높은 자리에 거하고 자리에 합당하여 夬卦의 주체가 되어서 아래가 감히 침범하지 못하니, 〈九四가〉 만약 九五에 끌려가면 후회가 없을 수 있다. 그러므로 "羊에게 끌려가면 후회가 없을 것이다."라고 한 것이다. 그러나 九四 또한 剛陽이라서 각각 처한 바를 높여서 비록 다시 "羊에게 끌려가야 한다."는 말을 들으나 九五를 믿고 복종하여 섬기려 하지 않는다. 그러므로 "말을 듣고도 믿지 않는다."라고 한 것이다.

象曰 其行次且는 位不當也일새요 聞言不信은 聰不明也일새라

〈象傳〉에 말하였다. "'그 나아감이 주저함'은 자리가 마땅하지 않기 때문이요, '말을 듣고도 믿지 않음'은 귀가 밝지 못하기 때문이다."

【注】 同於噬嗑滅耳之凶이라

噬嗑卦의 귀가 없어짐의 흉함과 같은 것이다.

【疏】 '聰不明也' ○ 正義曰:'聰不明'者, 聰, 聽也, 良由聽之不明, 故聞言不信也.

經의 〔聽不明也〕

○ 正義曰 : 〔聽不明〕 '聽'은 들음이니, 진실로 들음이 밝지 못하기 때문에 말을 들어도 믿지 않는 것이다.

【疏】 ○ 注'同於噬嗑滅耳之凶' ○ 正義曰 : 四既聞言不信, 不肯牽係於五, 則必被侵克致凶. 而經无凶文, 象稱聽不明者, 與噬嗑上九辭同, 彼以不明釋凶, 知此亦爲凶也.[1)]

1) 經无凶文……知此亦爲凶也 : 噬嗑卦 上九 爻辭는 "上九는 차꼬를 메어 귀가 없어진 것이니, 흉하다.〔上九 何校滅耳 凶〕"인데, 〈象傳〉에서 이를 해석하여 "'차꼬를 메어 귀가 없어짐'은 귀가 밝지 못한 것이다.〔何校滅耳 聽不明也〕"라고 하여 '흉함'과 '귀가 밝지 못함'을 연계하였다.

○ 注의 〔同於噬嗑滅耳之凶〕

○ 正義曰 : 九四가 이미 말을 듣고도 믿지 아니하여 九五에게 끌려가려 하지 않으면 반드시 침해와 이김을 당하여 흉함을 부르게 될 것이다. 그러나 經文에 흉하다는 글이 없으므로 〈象傳〉에서 "聽不明"이라 한 것이니, 이는 噬嗑卦의 上九 爻辭와 같으니, 저 噬嗑卦에서 '밝지 못함'으로 흉함을 해석하였는바, 여기서도 흉함이 됨을 알 수 있는 것이다.

九五는 莧陸(현륙)夬夬니 中行无咎니라

九五는 莧陸을 夬하게 決斷하니 中道를 행하여 허물이 없다.

【注】 莧陸은 草之柔脆者也니 決之至易라 故로 曰 夬夬也라 夬之爲義 以剛決柔하니 以君子除小人者也라 而五處尊位하여 最比小人하여 躬自決者也라 以至尊而敵至賤이면 雖其克勝이나 未足多也요 處中而行하여 足以免咎而已니 未足光也라

'莧陸'은 풀 중에 부드러운 것이니, 決斷하기가 지극히 쉽다. 그러므로 "쾌하게 결단한다."라 한 것이다. 夬卦의 뜻은 剛으로 柔를 결단하는 것이니, 君

商陸(莧陸)

子로서 小人을 제거하는 것이다. 九五가 높은 자리에 처하여 소인과 가장 가까이 있어서 몸소 직접 결단하는 자이다. 지극히 높은 자로서 지극히 낮은 자를 상대하면 비록 이기더라도 훌륭하게 여길 것이 못 되고, 中에 처하여 행해서 허물을 면할 뿐이니, 光大한 것이 못 된다.

【疏】 '九五'至'无咎' ○ 正義曰 : 莧陸, 草之柔脆者也. 夬之爲義, 以剛決柔, 以君子除小人者也. 五處尊位, 爲夬之主, 親決上六, 決之至易也, 如決莧草然, 故曰"莧陸夬夬"也.[1] 但以至尊而敵於至賤, 雖其克勝, 不足貴也, 特以中行之故, 纔得无咎, 故曰"中行无咎."[2]

1) 莧陸……故曰莧陸夬夬也 : '莧陸'을 王弼과 孔穎達은 '풀 중에 부드러운 것'으로 해석하여 '莧陸夬夬'를 '부드러운 풀인 莧陸을 매우 쉽게 결단하는 것처럼 九五가 上六을 쉽게 결단하는 것'의 의미로 보았다.

程伊川과 朱子는 '莧陸'의 의미를 '쉽게 결단할 수 있는 대상'이라는 것에 한정하지 않고 '陰에 감동됨이 많은 물건'이라는 의미도 추가하였는바, 九五가 上六과 매우 가까워 上六을 가까이하기가 쉽기 때문이다. 莧陸에 이러한 상징이 추가되면 '莧陸夬夬'는 '陰氣에 감동됨이 많지만 쉽게 끊을 수 있는 莧陸처럼 九五가 上六과 가깝지만 결단을 果決하게 함'의 의미가 된다. 程伊川은 "陰에 감동됨이 많은 물건 중에 莧陸이 끊기가 쉬우므로 취하여 象으로 삼은 것이다.〔感陰多之物 莧陸爲易斷 故取爲象〕"라고 하였다.

2) 但以至尊而敵於至賤……故曰中行无咎 : '中行无咎'를 王弼과 孔穎達은 '九五가 上六을 결단한 것은 훌륭하게 여길 것이 못 되고 다만 中에 처하여 행하므로 허물을 면할 뿐임'의 의미로 해석하였다.

程伊川은 '九五가 上六을 가까이하지 않고 결단을 과결하게 하면 正道에 허물이 없을 것임'의 의미로 보아 "九五는 陰을 決斷하는 주체가 되어 도리어 陰을 가까이하면 그 허물이 크다. 그러므로 반드시 결단을 果決하게 하기를 莧陸과 같이 하면 中行의 德에 허물이 없음이 되니, 中行은 正道이다.〔五爲決陰之主而反比之 其咎大矣 故必決其決 如莧陸然 則於其中行之德 爲无咎也 中行 中道也〕"라고 하였다.

朱子는 '上六을 결단하되 중도에 맞게 함'의 의미로 보아 "만약 결단하고 결단하되 또 지나치게 포악하지 않게 하여 中行에 합하면 허물이 없을 것이니, 점치는 자에게 마땅히 이와 같이 하라고 경계한 것이다.〔若決而決之 而又不爲過暴 合於中行 則无咎矣 戒占者當如是也〕"라고 하였다.

經의 〔九五〕에서 〔无咎〕까지

○ 正義曰 : '莧陸'은 풀 중에 부드러운 것이다. 夬卦의 뜻은 剛으로 柔를 결단하는 것

이니, 君子로서 小人을 제거하는 것이다. 九五가 높은 자리에 처하여 夬卦의 주체가 되어서 친히 上六을 決斷하니, 이는 결단함이 지극히 쉬운 것이니, 莧草를 결단하는 것과 같다. 그러므로 "莧陸을 夬하게 決斷한다."라고 한 것이다.

다만 지극히 높은 자로서 지극히 천한 자를 상대하니, 비록 이기더라도 귀하게 여길 것이 못 되고 다만 中道를 행하기 때문에 겨우 허물이 없음을 얻은 것이다. 그러므로 "中道를 행하여 허물이 없다."라고 한 것이다.

【疏】 ○ 注'莧陸草之柔脆者' ○ 正義曰：'莧陸 草之柔脆者', 子夏傳云"莧陸, 木根, 草莖, 剛下柔上也", 馬融・鄭玄・王肅皆云"莧陸, 一名商陸", 皆以莧陸爲一. (黃)〔董〕[1]遇[2]云"莧, 人莧也. 陸, 商陸也", 以莧陸爲二.[3] 案注直云草之柔脆者, 亦以爲一, 同於子夏等也.

1) (黃)〔董〕: 저본에는 '黃'으로 되어 있으나, ≪周易集解纂疏≫에 의거하여 '董'으로 바로잡았다.(北京大 整理本 참조)
2) (黃)〔董〕遇 : 字가 季直으로, 弘農 사람이다. 後漢 獻帝 建安 연간에 孝廉으로 등용되었고 魏 明帝 때 大司農을 지냈다. ≪老子≫에 밝아 訓注를 지었다.
3) 子夏傳云……以莧陸爲二 : 孔穎達의 疏에 따르면, ≪子夏易傳≫에서는 '莧陸'을 '商陸'으로 본 것으로, 이는 '장록(자리공)'이라고 하는 宿根草이다. 뿌리가 죽지 않고 살아 있으므로 '나무의 뿌리'라고 하였고, 잎과 줄기는 가을에 서리를 맞으면 죽기 때문에 '풀의 줄기'라고 한 것이다. 그러나 董遇는 "莧은 人莧이고, 陸은 商陸이다."라 하여 莧陸을 두 가지로 보았는바, 人莧은 사람이 나물로 먹는 비름의 일종이다. 한편 孔穎達이 인용한 이 말은 현전하는 ≪子夏易傳≫에 보이지 않는다.

○ 注의〔莧陸草之柔脆者〕

○ 正義曰 :〔莧陸 草之柔脆〕≪子夏易傳≫에 "莧陸은 나무의 뿌리에 풀의 줄기이니, 아래는 剛하고 위는 부드럽다."라 하였고, 馬融・鄭玄・王肅은 모두 "莧陸은 일명 '商陸'이라 한다."라고 하여 모두 '莧陸'을 하나로 여겼다. 그러나 董遇는 "莧은 人莧이고, 陸은 商陸이다."라고 하여 '莧陸'을 두 가지로 여겼다. 살펴보건대, 注에 다만 "풀 중에 부드러운 것이다."라고 하였으니, 또한 하나로 여긴 것인바, 子夏 등(馬融・鄭玄・王肅)과 같다.

象曰 中行无咎는 中未光也라

〈象傳〉에 말하였다. "'中道를 행하여 허물이 없음'은 中이 光大하지 못한 것이다."

【疏】 正義曰 : '中未光'者, 雖復居中而行, 以其親決上六, 以尊敵卑, 未足以爲光大也.[1)]

1) 中未光者……未足以爲光大也 : '中未光也'를 王弼과 孔穎達은 '九五가 上六을 결단하는 것은 매우 쉬운 일이므로 光大함이 될 수 없음'의 의미로 보았다. 이때의 中은 九五가 처한 中의 자리를 의미한다.

반면 程伊川은 '中未光也'를 '九五의 마음에 치우친 바가 있어서 中道에 있어서는 光大함이 되지 못함'의 의미로 해석하였다. '마음에 치우친 바가 있다.'는 것은 九五가 上六과 親比하려는 마음이 있음을 말한다. ≪程傳≫은 다음과 같다. "사람은 마음이 바르고 뜻이 誠實하여야 中正한 道를 극진히 해서 充實하여 光輝한 것인데, 九五는 마음에 친한 바가 있으니, 義에 不可하므로 決斷하여 비록 밖에 행함에 있어서는 中正의 뜻을 잃지 않아서 허물이 없을 수 있으나 中道에 있어서는 光大함이 되지 못한다. 사람의 마음은 한 번이라도 하고자 하는 바가 있으면 道를 떠나게 되니, 夫子가 여기에서 사람에게 보여주신 뜻이 깊도다.〔夫人心正意誠 乃能極中正之道而充實光輝 五心有所比 以義之不可而決之 雖行於外 不失中正之義 可以无咎 然於中道 未得爲光大也 蓋人心一有所欲 則離道矣 夫子於此 示人之意 深矣〕"

正義曰 : 〔中未光〕 비록 다시 中에 거하여 행하나 직접 上六을 결단하여 높은 자로서 낮은 자를 상대해서 光大함이 될 수 없는 것이다.

上六은 无號니 終有凶하리라

上六은 울부짖을 필요가 없으니, 끝내 凶함이 있으리라.

【注】 處夬之極하여 小人在上하니 君子道長하여 衆所共棄라 故로 非號咷所能延也라

夬의 極에 처하여 小人이 위에 있으니, 君子의 道가 자라나서 사람들이 함께 버리는 바이다. 그러므로 울부짖음으로 능히 연장할 수 있는 것이 아니다.

【疏】 正義曰 : 上六, 居夬之極, 以小人而居群陽之上, 衆共棄也. 君子道長, 小人必凶, 非號咷所免, 故禁其號咷, 曰"无號, 終有凶"也.

正義曰 : 上六이 夬의 極에 거하여 小人으로서 여러 陽의 위에 있으니, 여러 사람이 함께 버리는 바이다. 君子의 道가 자라면 小人이 반드시 흉하니, 울부짖어 면할 수 있는 것이 아니다. 그러므로 그 울부짖음을 금하여 "울부짖을 필요가 없으니, 끝내 흉함이 있

으리라."라고 한 것이다.

象曰 无號之凶은 終不可長也라

〈象傳〉에 말하였다. "울부짖을 필요가 없는 흉함은 끝내 연장할 수가 없는 것이다."

【疏】 正義曰 : '終不可長'者, 長, 延也, 凶危若此, 非號咷所能延, 故曰"終不可長也."

正義曰 : 〔終不可長〕 '長'은 연장함이니, 흉함과 위태로움이 이와 같으면 울부짖음으로 능히 연장할 수 있는 것이 아니다. 그러므로 "끝내 연장할 수가 없는 것이다."라고 한 것이다.

44. 姤䷫ 巽下乾上

姤(구)는 女壯하니 勿用取女니라

姤는 여자가 健壯하니, 여자를 취함에 쓰지 말아야 한다.

【疏】正義曰：姤，遇也．此卦一柔而遇五剛，故名爲姤．施之於人，則是一女而遇五男，爲壯至甚，故戒之曰"此女壯甚，勿用取此女也."

正義曰：'姤'는 만남이다. 이 卦는 한 柔가 다섯 剛을 만났다. 그러므로 이름을 '姤'라 한 것이다. 이것을 사람에게 베풀면 이는 한 여자가 다섯 남자를 만나서 健壯함이 지극히 심한 것이다. 그러므로 경계하기를 "이 여자가 건장함이 심하니, 이러한 여자를 취함에 쓰지 말라."라고 한 것이다.

彖曰 姤는 遇也니 柔遇剛也라

〈彖傳〉에 말하였다.

"'姤'는 만남이니, 柔가 剛을 만난 것이다.

【注】施之於人이면 卽女遇男也니 一女而遇五男하여 爲壯至甚이라 故로 不可取也라

이것을 사람에게 베풀면 바로 여자가 남자를 만난 것이니, 한 여자가 다섯 남자를 만나서 건장함이 지극히 심하다. 그러므로 취해서는 안 되는 것이다.

【疏】正義曰：此就爻釋卦名，以初六一柔而上遇五剛，所以名遇，而用釋卦辭女壯勿用取女之義也．

正義曰：이는 爻를 가지고 卦의 이름을 해석한 것이다. '初六의 한 柔가 위에 다섯 剛을 만났기 때문에 遇라 이름한 것'을 가지고, 卦辭의 "여자가 건장하니, 여자를 취함에 쓰지 말아야 한다."의 뜻을 해석한 것이다.

勿用取女는 **不可與長也**일새라 **天地相遇**하면 **品物咸章也**요

'여자를 취함에 쓰지 말아야 함'은 더불어 長久할 수가 없기 때문이다. 하늘과 땅이 서로 만나면 品物이 모두 밝게 드러나고,

【注】 正乃功成也라

正道가 마침내 功이 이루어지는 것이다.

【疏】 '勿用取女'至'品物咸章也' ○ 正義曰 : '勿用取女 不可與長'者, 女之爲體, 婉娩貞順, 方可期之偕老, 淫壯若此, 不可與之長久, 故勿用取女. '天地相遇 品物咸章'者, 已下廣明遇義. 卦得遇名, 本由一柔與五剛相遇, 故遇辭非美, 就卦而取, 遂言遇不可用, 是勿用取女也. 故孔子更就天地, 歎美遇之爲義不可廢也. 天地若各亢所處, 不相交遇, 則萬品庶物, 无由彰顯, 必須二氣相遇, 乃得化生, 故曰"天地相遇, 品物咸章."

經의 〔勿用取女〕에서 〔品物咸章也〕까지

○ 正義曰 : 〔勿用取女 不可與長〕 여자의 體는 공손하고 貞順하여야 비로소 偕老를 기약할 수 있는데, 음탕하고 건장함이 이와 같으면 더불어 長久할 수 없다. 그러므로 여자를 취함에 쓰지 말아야 하는 것이다.

〔天地相遇 品物咸章〕 이하는 만남의 뜻을 넓혀 밝힌 것이다. 卦가 '遇'란 이름을 얻음은 본래 한 柔가 다섯 剛과 서로 만나기 때문이다. 그러므로 만남이라는 말은 아름다운 것이 아니니, 卦에 나아가 취하여 마침내 '만남을 써서는 안 됨'을 말하였는바, 이는 '여자를 취함에 쓰지 말라.'는 것이다. 그러므로 孔子는 다시 하늘과 땅에 나아가서 '만남의 뜻을 폐할(버릴) 수 없음'을 탄미하신 것이니, 하늘과 땅이 만약 각기 거처한 곳을 높여서 서로 사귀고 만나지 않으면 萬品과 庶物이 말미암아 밝게 드러날 수가 없는바, 반드시 〈하늘의 陽과 땅의 陰〉 두 기운이 서로 만나야 비로소 만물이 化生할 수 있다. 그러므로 "하늘과 땅이 서로 만나면 品物이 모두 밝게 드러난다."라고 한 것이다.

剛遇中正하면 **天下大行也**니

剛이 中正을 만나면 天下가 크게 행해지니,

【注】 化乃大行也라

교화가 마침내 크게 행해지는 것이다.

【疏】 正義曰 : 莊氏云"一女而遇五男, 旣不可取, 天地匹配, 則能成品物." 由是言之, 若剛遇中正之柔, 男得幽貞之女, 則天下人倫之化, 乃得大行也.[1)]

1) 若剛遇中正之柔……乃得大行也 : 程伊川은 이를 '九五와 九二가 中正으로 만난 것'으로 보아 "군주가 剛中한 신하를 얻고 신하가 中正한 군주를 만나, 군주와 신하가 剛陽으로 中正을 만난다면 그 道가 천하에 크게 행해질 것이다.〔君得剛中之臣 臣遇中正之君 君臣以剛陽遇中正 其道可以大行於天下矣〕"라고 하였다. 반면 朱子는 "九五를 가리킨 것이다.〔指九五〕"라고 하였다.

正義曰 : 莊氏가 말하기를 "한 여자가 다섯 남자를 만남은 이미 취할 수 없지만 하늘과 땅이 배필이 되면 品物을 이룰 수 있다."라고 하였다. 이것을 가지고 말하면, 만약 剛이 中正한 柔를 만나고 남자가 얌전하고 정조가 있는 여자를 얻으면 천하의 인륜의 교화가 비로소 크게 행해질 수 있는 것이다.

姤之時義大矣哉라

姤의 때와 義가 크다."

【注】 凡言義者는 不盡於所見하여 中有意謂者也라

무릇 '義'라고 말한 것은 나타난 바로는 다 표현할 수가 없고 가운데에 意謂(意義)가 있는 것이다.

【疏】 '姤之時義大矣哉' ○ 正義曰 : 上旣博美, 此又結歎, 欲就卦而取義. 但是一女而遇五男, 不足稱美, 博論天地相遇, 乃致品物咸章, 然後姤之時義大矣哉.

經의 〔姤之時義大矣哉〕

○ 正義曰 : 위에서는 이미 넓게 찬미하였고 여기에서는 또 끝맺어 감탄해서 卦를 가지고 뜻을 취하고자 한 것이다. 다만 한 여자가 다섯 남자를 만나는 것은 칭찬하여 아름답다 할 것이 못 되고, 하늘과 땅이 서로 만남을 널리 논해야 비로소 品物이 모두 밝게 드러나니, 그런 뒤에야 姤의 때와 義가 큰 것이다.

【疏】○ 注'凡言義者'至'有意謂者也' ○ 正義曰：注總爲稱義發例, 故曰"凡言"也. 就卦以驗名義, 只是女遇於男, 博尋遇之深旨, 乃至道該天地, 故云"不盡於所見, 中有意謂者也."

○ 注의 〔凡言義者〕에서 〔有意謂者也〕까지

○ 正義曰：注에서 義라 稱한 準例를 發明해서 총괄하여 "凡言"이라 한 것이다.

卦를 가지고 이름의 뜻을 징험해보면 다만 여자가 남자를 만나는 것인데, 만남의 깊은 뜻을 널리 찾아보면 비로소 지극한 道가 하늘과 땅을 모두 포함하게 된다. 그러므로 "나타난 바로는 다 표현할 수가 없고 가운데에 意謂(意義)가 있는 것이다."라고 한 것이다.

象曰 天下有風이 姤니 后以施命하여 誥四方하나니라

〈象傳〉에 말하였다. "하늘 아래에 바람이 있는 것이 姤卦이니, 人君이 보고서 명령을 베풀어 四方을 가르친다."

【疏】正義曰：風行天下, 則无物不遇, 故爲遇象. '后以施命 誥四方'者, 風行草偃,[1] 天之威令, 故人君法此, 以施教命, 誥於四方也.

1) 風行草偃：≪論語≫ 〈顔淵〉에 "君子의 德은 바람이요 小人의 德은 풀이다. 풀에 바람이 가해지면 풀은 반드시 눕는다.〔君子之德 風 小人之德 草 草上(尙)之風 必偃〕"라는 孔子의 말씀이 보인다.

正義曰：바람이 하늘 아래에 다니면 만나지 못하는 물건이 없다. 그러므로 만나는 象이 된 것이다.

〔后以施命 誥四方〕 바람이 지나가면 풀이 누움은 하늘의 위엄과 명령이다. 그러므로 人君이 이것을 본받아서 教命을 베풀어 四方에 가르치는 것이다.

初六은 繫于金柅(니)면 貞吉이요 有攸往이면 見凶하니 羸豕孚蹢躅(이시부척촉)하니라

初六은 金柅(쇠고동목)에 매여 있으면 貞하여 吉하고, 가는 바를 두면 凶함을 보니, 약한 돼지(암돼지)가 조급함에 힘써 날뛰는 것이다.

【注】金者는 堅剛之物이요 柅者는 制動之主니 謂九四也라 初六이 處遇之始하여 以一柔而

承五剛하여 體夫躁質이어늘 得遇而通하여 散而无主하니 自縱者也라 柔之爲物은 不可以不牽이요 臣妾之道는 不可以不貞이라 故로 必繫于正應이라야 乃得貞吉也라 若不牽于一하고 而有攸往行이면 則唯凶是見矣라 羸豕는 謂牝豕也니 群豕之中에 豭(가)强而牝弱이라 故로 謂之羸豕也라 孚는 猶務躁也라 夫陰質而躁恣者는 羸豕特甚焉하니 言以不貞之陰으로 失其所牽하여 其爲淫醜가 若羸豕之孚務蹢躅也라

'金'은 단단하고 강한 물건이요 '柅'는 制動하는 주체이니, 九四를 이른다. 初六이 만남의 시초에 처하여 한 柔가 다섯 剛을 받들어 조급한 자질을 體行하는데 만남을 얻어 통해서 흩어지고 주장함이 없으니, 제멋대로 방종한 자이다.

柔란 물건은 끌려가지 않으면 안 되고 臣妾의 道는 바르지 않으면 안 된다. 그러므로 반드시 正應에 매여 있어야 비로소 貞吉을 얻는 것이다. 만약 하나에 끌려가지 않고 가는 바를 두면 오직 흉함을 볼 뿐이다.

'羸豕'는 암퇘지를 이르니, 여러 돼지 중에 수놈은 강하고 암놈은 약하다. 그러므로 〈암놈을〉 '약한 돼지〔羸豕〕'라 한 것이다.

'孚'는 조급함에 힘쓰는 것과 같다. 陰의 質이면서 조급하고 방자한 것으로는 약한 돼지가 특별히 심하니, '바르지 못한 陰으로서 끌어주는 바를 잃어서 음탕하고 추악함이 마치 약한 돼지가 조급함에 힘써 날뛰는 것과 같음'을 말한 것이다.

【疏】 '初六繫于金柅'至'羸豕孚蹢躅' ○ 正義曰 : '繫于金柅 貞吉'者, 金者, 堅剛之物, 柅者, 制動之主, 謂九四也. 初六陰質, 若繫於正應, 以從於四, 則貞而吉矣, 故曰"繫于金柅, 貞吉"也. '有攸往 見凶'者, 若不牽於一, 而有所行往, 則惟凶是見矣, 故曰"有攸往, 見凶."[1] '羸豕孚蹢躅'者, 初六處遇之初, 以一柔而承五剛, 是不繫金柅, 有所往者也. 不繫而往, 則如羸豕之務躁而蹢躅然也, 故曰"羸豕孚蹢躅."[2] 羸豕, 謂牝豕也, 群豕之中, 豭强而牝弱也, 故謂牝豕爲羸豕. 陰質而淫躁, 牝豕特甚焉, 故取以爲喩.

1) 有攸往見凶者……見凶 : '有攸往 見凶'을 王弼과 孔穎達은 '初六이 九四에게 매여 있지 않고 가는 바를 두면 흉하게 됨'의 의미로 해석하였는데, 이는 朱子도 유사한바 ≪本義≫는 다음과 같다. "한 陰이 처음 생겼으니, 靜正하면 길하고 나아가면 흉하다. 그러므로 두 가지 뜻으로 小人을 경계하여 君子를 해치지 않으면 길하고 흉함이 없다고 한 것이다.〔一陰始生 靜正則吉 往進則凶 故以二義戒小人 使不害於君子則有吉而无凶〕"

반면 程伊川은 '見凶'을 '君子가 흉함을 당함'으로 보았는바 ≪程傳≫은 다음과 같다. "姤는 陰이 처음 생겨나 장차 자라는 卦이니, 한 陰이 생겨나면 자라서 점점 성해진다.

陰이 자라면 陽이 사라져, 小人의 道가 자라니, 제재하기를 마땅히 微弱하여 성하지 않을 때에 하여야 한다.……굳게 저지해서 나아가지 못하게 하면 陽剛貞正의 道가 吉할 것이요, 나아가게 하면 점점 성하여 陽을 해칠 것이니, 이는 흉함을 당하는 것이다.〔姤 陰始生而將長之卦 一陰生則長而漸盛 陰長則陽消 小人道長也 制之 當於其微而未盛之時……固止 使不得進 則陽剛貞正之道吉也 使之進往 則漸盛而害於陽 是見凶也〕"

2) 羸豕孚蹢躅者……故曰羸豕孚蹢躅 : '孚蹢躅'을 王弼과 孔穎達은 '조급함에 힘써서 날뜀'으로 해석하였는데, 程伊川은 '孚'를 '中心'의 의미로 보아 "羸豕孚蹢躅"을 다음과 같이 해석하였다. "羸豕孚蹢躅은 聖人이 거듭 경계하여 '陰이 비록 심히 미약하나 소홀히 해서는 안 됨'을 말한 것이다. 돼지는 陰이고 조급한 물건이므로 비유한 것이다. 약한 돼지는 비록 강하고 사납지 못하나, 그 中心은 蹢躅에 있으니, 蹢躅은 날뛰는 것이다. 陰이 微弱하고 아래에 있으니 약하다고 이를 만하나, 그 中心은 항상 陽을 사라지게 함에 있는 것이다.〔羸豕孚蹢躅 聖人重爲之戒 言陰雖甚微 不可忽也 豕 陰躁之物 故以爲況 羸弱之豕 雖未能强猛 然其中心在乎蹢躅 蹢躅 跳躑也 陰微而在下 可謂羸矣 然其中心常在乎消陽也〕"

經의 〔初六繫于金柅〕에서 〔羸豕孚蹢躅〕까지

○ 正義曰 : 〔繫于金柅 貞吉〕 '金'은 단단하고 강한 물건이요, '柅'은 制動하는 주체이니, 九四를 이른다. 初六은 陰의 자질이니, 만약 正應에 매여 있어서 九四를 따르면 貞하여 吉하다. 그러므로 "金柅에 매여 있으면 貞하여 吉하다."라고 한 것이다.

〔有攸往 見凶〕 만약 하나에 끌려가지 않고 가는 바를 두면 오직 흉함을 볼 뿐이다. 그러므로 "가는 바를 두면 흉함을 본다."라고 한 것이다.

〔羸豕孚蹢躅〕 初六이 만남의 초기에 처하여 한 柔로서 다섯 剛을 받드니, 이는 金柅에 매여 있지 아니하여 가는 바를 두는 자이다. 매여 있지 않고 가면 이는 약한 돼지가 조급함에 힘써 날뛰는 것과 같다. 그러므로 "약한 돼지가 조급함에 힘써 날뛰는 것이다."라고 한 것이다. '羸豕'는 암퇘지를 이르니, 여러 돼지 가운데에 수놈은 강하고 암놈은 약하다. 그러므로 암퇘지를 일러 '약한 돼지〔羸豕〕'라 한 것이다. 陰의 자질이면서 음탕하고 조급함은 암퇘지가 특별히 심하다. 그러므로 취하여 비유로 삼은 것이다.

【疏】 ○ 注'柅者制動之主'(者)[1] ○ 正義曰 : '柅者 制動之主'者, 柅之爲物, 衆說不同. 王肅之徒皆爲"織績之器, 婦人所用", 惟馬云"柅者, 在車之下, 所以止輪令不動者也." 王注云"柅, 制動之主", 蓋與馬同.[2]

1) (者) : 저본에는 '者'가 있으나 毛本에 의거하여 衍文으로 처리하였다.(阮元의 〈校勘記〉 참조)

2) 王注云……蓋與馬同 : 程伊川과 朱子도 '柅'를, 수레를 멈추게 하는 물건이라고 하였다.

○ 注의 〔柅者制動之主〕

○ 正義曰 : 〔柅者 制動之主〕 '柅'란 물건은 여러 說이 똑같지 않다. 王肅의 무리는 모두 "베를 짜고 길쌈하는 기구이니, 婦人이 사용하는 것이다."라고 하였고, 오직 馬融만 "'柅'는 수레의 아래에 있으니, 수레바퀴를 멈추게 해서 움직이지 않게 하는 것이다."라고 하였다. 王輔嗣(王弼)의 注에는 "'柅'는 制動하는 주체이다."라 하였으니, 馬融과 같은 것이다.

象曰 繫于金柅는 柔道牽也라

〈象傳〉에 말하였다. "'金柅에 매여 있음'은 陰柔의 道가 끌려가는 것이다."

【疏】 正義曰 : '柔道牽'者, 陰柔之道, 必須有所牽繫也.[1]

1) 柔道牽者……必須有所牽繫也 : '柔道牽'을 孔穎達은 '初六이 九四에게 끌려감'으로 보았는데, 初六 爻辭에 대한 王弼의 注에 "하나에 끌려가지 않고 가는 바를 두면 오직 흉함을 볼 뿐이다.〔若不牽于一 而有攸往行 則唯凶是見矣〕"라고 한 것을 보면, 王弼 역시 〈象傳〉을 孔穎達과 같은 의미로 해석하고 있음을 알 수 있다.

반면 程伊川과 朱子는 이를 '初六이 끌고서 나감'의 의미로 보았는바, 〈象傳〉을 '初六이 끌고 나가기 때문에 이를 저지하기 위하여 金柅에 매어놓음'의 뜻으로 해석한 것이다. ≪程傳≫은 다음과 같다. "牽은 끌고서 나아감이다. 陰이 처음 생겨 점점 나아감은 柔의 道가 끌고서 나아가는 것이니, 金柅에 매어놓음은 그 나아감을 저지하는 것이다. 〔牽者 引而進也 陰始生而漸進 柔道方牽也 繫之于金柅 所以止其進也〕"

正義曰 : 〔柔道牽〕 陰柔의 道는 반드시 끌려가는 바가 있어야 하는 것이다.

九二는 包有魚하니 无咎나 不利賓하니라

九二는 부엌에 魚物이 있으니 허물이 없으나, 손님에게는 이롭지 않다.

【注】 初陰而窮下라 故로 稱魚라 不正之陰이 處遇之始하여 不能逆近者也라 初自樂來應己之廚요 非爲犯奪이라 故로 无咎也라 擅人之物하여 以爲己惠는 義所不爲라 故로 不利賓也라

初六이 陰이면서 맨 아래에 있으므로 '魚'라 칭한 것이다. 바르지 못한 陰이 만남의 시

초에 처하여 가까운 자를 거스르지 못한다. 初六이 제 스스로 좋아하여 기꺼이 와서 자기의 부엌에 應하는 것이요, 자기가 범하여 빼앗는 것이 아니다. 그러므로 허물이 없는 것이다. 남의 물건을 차지하여 자기의 은혜로 삼는 것은 의리상 하지 않는 바이다. 그러므로 손님에게는 이롭지 않은 것이다.

【疏】正義曰 : '庖[1)]有魚 无咎'者, 初六以陰而處下, 故稱魚也. 以不正之陰, 處遇之始, 不能逆於所近, 故捨九四之正應, 樂充九二之庖廚, 故曰"九二, 庖有魚." 初自樂來, 爲己之廚, 非爲犯奪, 故得无咎也.[2)] '不利賓'者, 夫擅人之物, 以爲己惠, 義所不爲, 故不利賓也.[3)]

1) 庖 : 經文의 '包(부엌)'와 통용한다.

2) 以不正之陰……故得无咎也 : '庖(包)有魚'를 王弼과 孔穎達은 '初六이 스스로 기꺼이 와서 九二의 부엌에 있는 것'으로 해석하고, '无咎'를 '初六이 스스로 온 것이므로 九二에게는 허물이 없음'으로 해석하였다. 이 해석에서 初六과 九二의 만남은 바르지 않은 것이 된다.

   반면 程伊川과 朱子는 九二와 初六의 만남을 긍정적인 것으로 보았는바, 이에 대한 ≪程傳≫의 설명은 다음과 같다. "姤는 만남이니, 九二는 初六과 매우 가까이 있으니, 서로 만나는 자이다. 딴 卦에 있어서는 初는 四와 正應이 되지만 姤卦에 있어서는 만남을 중하게 여긴다. 서로 만나는 道는 專一함을 주장하니, 九二의 剛中이 만나기를 진실로 지성으로 한다. 그러나 陰柔인 初六은 여러 陽이 위에 있고 또 應하는 바가 있으니, 그 뜻에 應을 구한다. 陰柔의 質은 貞固함이 드무니, 九二가 初六에 있어 그 誠心을 얻기 어렵다. 만나는 바에 그 성심을 얻지 못한다면 만나는 道가 어그러진 것이다.〔姤 遇也 二與初密比 相遇者也 在他卦則初正應於四 在姤則以遇爲重 相遇之道 主於專一 二之剛中 遇固以誠 然初之陰柔 群陽在上而又有所應者 其志所求也 陰柔之質 鮮克貞固 二之於初 難得其誠心矣 所遇不得其誠心 遇道之乖也〕"

   이러한 해석에서 '庖有魚'는 '꾸러미에 어물을 싸듯이 九二가 初六을 견고하게 싸는 것'의 의미가 되는바, 이에 대한 ≪程傳≫의 설명은 다음과 같다. "包는 꾸러미요, 魚는 陰物 중에 좋은 것이다. 陽은 陰에 대하여 기뻐하고 아름답게 여기는 것이므로 물고기의 象을 취한 것이다. 九二가 初六에 있어 만일 견고하게 싸기를 꾸러미에 어물이 있듯이 하면 만남에 허물이 없을 것이다.〔包者 苴裹也 魚 陰物之美者 陽之於陰 其所悅美 故取魚象 二於初 若能固畜之 如包苴之有魚 則於遇爲无咎矣〕"

3) 不利賓者……故不利賓也 : '不利賓'을 王弼과 孔穎達은 '初六은 본래 九四의 물건인데 자기가 소유하였다고 해서 이것을 남에게 베풀어 자기의 은혜로 삼는 것은 의리상 할

수 없으므로 손님에게는 이롭지 않음'의 의미로 해석하였다.

반면 程伊川과 朱子는 이를 '九二가 初六을 견고하게 감싸서 딴마음을 먹지 못하게 해야 하니, 初六을 外人(손님)에게 미치게 하면 이롭지 않음'의 의미로 해석하였다. ≪程傳≫은 다음과 같다. "꾸러미에 있는 어물을 어찌 손님에까지 미치게 하겠는가. 이는 다시 外人에게 미치게 할 수 없음을 이른 것이다. 만나는 道는 마땅히 專一해야 하니, 둘이면 잡되다.〔包苴之魚 豈能及賓 謂不可更及外人也 遇道當專一 二則雜矣〕"

正義曰:〔庖有魚 无咎〕 初六이 陰으로서 아래에 처하였으므로 '魚'라 칭한 것이다. 바르지 못한 陰으로서 만남의 시초에 처하여 가까운 바를 거스르지 못한다. 그러므로 九四의 正應을 버리고 기꺼이 九二의 부엌을 채운다. 그러므로 "九二는 부엌에 魚物이 있다."라고 한 것이다. 初六이 제 스스로 기꺼이 와서 자기의 부엌이 된 것이요 자기가 범하여 빼앗은 것이 아니다. 그러므로 허물이 없을 수 있는 것이다.

〔不利賓〕 남의 물건을 차지하여 자기의 은혜로 삼는 것은 의리상 하지 않는 바이다. 그러므로 손님에게는 이롭지 않은 것이다.

象曰 包有魚는 義不及賓也라

〈象傳〉에 말하였다. "'부엌에 魚物이 있음'은 의리상 손님에게 미칠 수 없는 것이다."

【疏】 正義曰:'義不及賓'者, 言有他人之物, 於義不可及賓也.

正義曰:〔義不及賓〕 타인의 물건을 소유함은 의리에 있어서 손님에게 미칠 수 없는 것임을 말한 것이다.

九三은 臀无膚하여 其行次且니 厲하나 无大咎하리라

九三은 볼기짝에 살이 없어 그 나아감이 주저하니, 위태로우나 큰 허물이 없으리라.

【注】 處下體之極하고 而二據於初하여 不爲己(棄)〔乘〕[1)]하여 居不獲安하고 行(爲)〔無〕[2)]其應하여 不能牽據以固所處라 故로 曰 臀無膚하여 其行次且也라 然履得其位하여 非爲妄處요 不遇其時라 故使危厲요 災非己招라 是以로 无大咎也라

1) (棄)〔乘〕: 저본에는 '棄'로 되어 있으나, 岳本·宋本·古本·足利本에 의거하여 '乘'으

로 바로잡았다.(阮元의 〈校勘記〉 참조)

2) (爲)〔無〕: 저본에는 '爲'로 되어 있으나, 阮元의 〈校勘記〉에 "閩本·監本·毛本에는 '爲'가 '失'로 되어 있고, 岳本에는 '无'로 되어 있고, 古本에는 '無'로 되어 있다. 살펴보건대 '爲'는 바로 '無'의 오류이고, '失'은 '无'의 오류이다."라고 한 것에 의거하여 '無'로 바로잡았다.

下體의 極에 처하고 九二가 初六을 점거하고 있어서 자기가 탈 수 없어 거함에 편안한 곳을 얻지 못하고 나아감에 그 應이 없다. 그래서 끌어당겨 점거하여 거처하는 바를 견고히 하지 못한다. 그러므로 "볼기짝에 살이 없어 그 나아감이 주저한다."라고 한 것이다. 그러나 밟은 자리가 正位를 얻어서 망령된 곳이 되지 않고, 그 때를 만나지 못했으므로 위태롭게 된 것이며, 재앙이 자기가 부른 것이 아니기 때문에 큰 허물이 없는 것이다.

【疏】 正義曰 : 陽之所據者, 陰也. 九三處下體之上, 爲內卦之主,[1] 以乘於二, 无陰可據, 居不獲安, 上又无應, 不能牽據以固所處, 同於夬卦九四之失據,[2] 故曰"臀无膚, 其行次且"也.[3] 然(復)〔履〕[4]得其位, 非爲妄處, 特以不遇其時, 故致此危厲, 災非己招, 故无大咎, 故曰"厲无大咎."[5]

1) 九三處下體之上 爲內卦之主 : 뜻이 자세하지 않다. 六畫卦는 五爻가 尊位가 되므로 이를 '주장'이라 하며, 三畫卦는 홀로 陰이거나 홀로 陽인 것이 주장이 되는바, 震(☳)은 初九, 坎(☵)은 九二, 艮(☶)은 上九, 巽(☴)은 初六, 離(☲)는 六二, 兌(☱)는 上六이 주장이 된다. 홀로 陰이거나 홀로 陽인 爻가 없는 乾(☰)과 坤(☷)의 경우는 일반적으로 가운데 爻인 九二와 六二가 주장이 되는데, 다만 乾과 坤이 下卦에 있을 때는 각각 上九와 上六이 下體의 위에 있다 하여 주장이 되는 것으로 보이기도 하는바, 여기의 九三 역시 하체의 위에 있다 하여 內卦의 주장이 되었다고 한 듯하다.

2) 不能牽據以固所處 同於夬卦九四之失據 : 陰을 점거하지 못해 거처를 편안하게 하지 못하는 것이 夬卦의 九四와 姤卦의 九三이 서로 같다는 것이다. 夬卦 九四의 爻辭는 "九四는 볼기짝에 살이 없어서 그 나아감이 주저하니, 羊에게 끌려가면 후회가 없을 것이나 말을 듣고도 믿지 않는다.〔九四 臀无膚 其行次且 牽羊悔亡 聞言不信〕"인바, 夬卦의 九四는 아래에 陽만 셋이 있어서 점거할 陰이 없고 또 剛하게 나아가지도 못하므로 爻辭가 이러한 것이다.

3) 九三處下體之上……其行次且也 : 王弼과 孔穎達은 '其行次且'의 이유를 '위에 應이 없기 때문'으로 보았는데 이는 朱子도 같다.

반면 程伊川은 그 이유를 '初六을 쉽게 버리지 못하기 때문'으로 보고 다음과 같이 해석하였다. "九二와 初六이 이미 서로 만났으니, 九三은 初六을 좋아하나 九二와 매우 가까워 편안한 바가 아니요, 또 九二에게 시기와 미움을 당하여 그 거처가 불안하니, 볼기짝에 살이 없는 것과 같다. 처함이 이미 불안하면 마땅히 떠나야 하는데, 姤의 때에 거하여 뜻이 만나기를 구하며, 한 陰이 아래에 있으니, 이는 마음에 원하는 바이다. 그러므로 처함이 비록 불안하나 그 감을 또 머뭇거리는 것이다. '次且'는 나아감을 어렵게 여기는 모양이니, 대번에 버리지 못함을 이른다.〔二與初旣相遇 三說初而密比於二 非所安也 又爲二所忌惡(오) 其居不安 若臀之无膚也 處旣不安 則當去之 而居姤之時 志求乎遇 一陰在下 是所欲也 故處雖不安 而其行則又次且也 次且 進難之狀 謂不能遽舍也〕"

4) (復)〔履〕: 저본에는 '復'으로 되어 있으나, 注에도 '履'로 되어 있고, 毛本에 의거하여 '履'로 바로잡았다.(阮元의 〈校勘記〉 참조)

5) 然(復)〔履〕得其位……故曰厲无大咎 : 程伊川은 '厲无大咎'를 '위태롭게 여기면 큰 허물이 없음'의 의미로 해석하였는바, '厲'를 '初六과의 만남이 義가 아니므로 이를 위태롭게 여김'의 뜻으로 본 것이다. 《程傳》은 다음과 같다. "九三은 剛正으로 巽에 처하여 끝내 昏迷하지 않는 뜻이 있으니, 만일 그 不正함을 알고 위태로움과 두려움을 품어서 감히 妄動하지 않는다면 큰 허물이 없을 수 있다. 義가 아닌데 만나기를 구하면 진실로 이미 허물이 있으나 위태로움을 알고 중지하면 큰 허물에 이르지 않을 것이다.〔三剛正而處巽 有不終迷之義 若知其不正而懷危懼 不敢妄動 則可以无大咎也 非義求遇 固已有咎矣 知危而止 則不至於大也〕"

正義曰 : 陽이 점거하는 것은 陰이다. 九三이 下體의 위에 처하여 內卦의 주장이 되어서 九二를 타고 있어서 점거할 만한 陰이 없어 거함에 편안함을 얻지 못하고 위에 또 應이 없다. 그래서 끌어당겨 점거하여 거처하는 바를 견고히 하지 못하니 夬卦 九四가 점거할 곳을 잃은 것과 같다. 그러므로 "볼기짝에 살이 없어 그 나아감이 주저한다."라고 한 것이다.

그러나 밟고 있는 자리가 正位를 얻어서 망령된 곳이 되지 않고, 다만 때를 만나지 못하였으므로 이 위태로움을 부른 것이며, 재앙이 자기가 부른 것이 아니므로 큰 허물이 없다. 그러므로 "위태로우나 큰 허물이 없으리라."라고 한 것이다.

象曰 其行次且는 行未牽也일새라

〈象傳〉에 말하였다. "'그 나아감이 주저함'은 감에 끌어당기지 못하기 때문이다."

【疏】 正義曰 : '行未牽'者, 未能牽據, 故其行次且, 是行未牽也.[1]

1) 行未牽者……是行未牽也 : 程伊川은 "처음의 뜻이 初六을 만남을 구함에 있다. 그러므

로 그 감이 더딘 것이다. '未牽'은 그 감을 빨리하지 않는 것이니, 이미 위태로움을 알고 고쳤기 때문에 큰 허물에 이르지 않는 것이다.〔其始志在求遇於初 故其行遲遲 未牽 不促其行也 旣知危而改之 故未至於大咎也〕"라고 하였다.

正義曰 : 〔行未牽〕 끌어당겨 접거하지 못한다. 그러므로 그 나아감이 머뭇거리니, 이는 '감에 끌어당기지 못하는 것'이다.

九四는 包无魚하니 起凶하리라

九四는 부엌에 魚物이 없으니, 起動하면 흉하리라.

【注】 二有其魚故로 失之也라 无風而動하고 失應而作이라 是以凶也라

九二가 그 魚物을 소유하였으므로 〈九四가〉 그것을 잃은 것이다. 바람이 없이 動하고, 應을 잃고서 일어난다. 이 때문에 흉한 것이다.

【疏】 正義曰 : '庖无魚'者, 二擅其應, 故曰"庖无魚"也. 庖之无魚, 則是无民之義也. '起凶'者, 起, 動也. 无民而動, 失應而作, 是以凶也.[1)]

1) 起凶者……是以凶也 : 程伊川은 이에 대한 義理적 해석을 더욱 자세히 하여 다음과 같이 해석하였다. "九四는 만나는 때를 당하여 높은 지위에 있으면서 아랫사람을 잃었으니, 아랫사람이 離叛함은 자신의 失德으로 말미암은 것이다. 九四의 실수는 中正하지 못해서이니, 中正하지 못하여 百姓을 잃음은 흉한 이유이다. 初六이 九二를 따름은 가깝기 때문이니, 이 어찌 九四의 죄이겠는가? 그러나 九四의 입장에서 말하면 의리상 마땅히 허물이 있으니, 그 아래를 보호하지 못함은 道를 잃었기 때문이다. 어찌 윗사람이 道를 잃지 않고서 아랫사람이 이반하는 경우가 있겠는가. 만나는 道는 君·臣과 民·主, 夫·婦와 朋友가 다 있는데, 九四는 아래에서 離叛하기 때문에 百姓을 위주하여 말한 것이다. 윗사람이 되어 아랫사람이 離叛하면 반드시 흉함과 변란이 있을 것이다. '起'는 장차 생겨남을 이르니, 民心이 이미 離叛되면 難이 장차 일어날 것이다.〔四當姤遇之時 居上位而失其下 下之離 由己之失德也 四之失者 不中正也 以不中正而失其民 所以凶也 曰初之從二 以比近也 豈四之罪乎 曰 在四而言 義當有咎 不能保其下 由失道也 豈有上不失道而下離者乎 遇之道 君臣民主 夫婦朋友 皆在焉 四以下睽 故主民而言 爲上而下離 必有凶變 起者 將生之謂 民心旣離 難將作矣〕" 程伊川의 해석에서 '起凶'은 '흉함이 일어남'의 의미가 된다.

正義曰 : 〔庖无魚〕 九二가 九四의 應을 차지하였으므로 "부엌에 어물이 없다."라 말한

것이다. 부엌에 어물이 없음은 바로 백성이 없다는 뜻이다.

〔起凶〕'起'는 起動함이다. 백성이 없이 動하고, 應을 잃고서 일어난다. 이 때문에 흉한 것이다.

象曰 无魚之凶은 遠民也라

〈象傳〉에 말하였다. "魚物이 없는 흉함은 백성을 멀리한 것이다."

【疏】 正義曰 : '遠民'者, 陰爲陽之民, 爲二所據, 故曰"遠民也."

正義曰 : 〔遠民〕 陰은 陽의 백성이 되는데 九二에게 점거되었다. 그러므로 "백성을 멀리한 것이다."라고 한 것이다.

九五는 以杞包瓜로 含章이나 有隕自天이리라

九五는 杞나무와 뒤웅박〔包瓜〕으로써 아름다움을 머금고 있으나 떨어지게 함은 하늘로부터 한다.

包瓜(匏瓜)

【注】 杞之爲物은 生於肥地者也요 包瓜爲物은 繫而不食者也[1)]라 九五履得尊位로되 而不遇其應하여 得地而不食하고 含章而未發하니 不遇其應하면 命未流行이라 然處得其所하고 體剛居中하여 志不舍命하여 不可傾隕이라 故로 曰 有隕自天也라하니라

1) 包瓜爲物 繫而不食者也 : ≪論語≫ 〈陽貨〉에, 孔子가 佛肸(필힐)의 부름에 나아가려고 하자, 子路가 어째서 中牟를 가지고 반란하는 佛肸에게 나아가려고 하시는 것인지 물었는데, 孔子가 "내가 어찌 뒤웅박과 같아서 한곳에 매달려 있어 먹지 못하는 것과 같겠는가.〔吾豈匏瓜也哉 焉能繫而不食〕"라고 답한 내용이 보인다.

杞나무란 물건은 비옥한 땅에서 자라고, 뒤웅박이란 물건은 한곳에 매여 있어 먹지 못하는 것이다. 九五가 밟고 있는 것이 높은 지위를 얻었으나 그 應을 만나지 못해서 땅을 얻고도 먹지 못하고 아름다움을 머금고도 드러나지 못하니, 그 應을 만나지 못하면 命을 流行하게 하지 못한다. 그러나 처한 것이 제자리를 얻고 體가 剛하고 中에 거하여 뜻에 命을 버리지 아니해서 기울게 하고 떨어뜨릴 수가 없다. 그러므로 "떨어지게 함은 하늘로부터 한다."라 한 것이다.

【疏】'九五以杞包瓜'至'有隕自天' ○ 正義曰：'以杞匏瓜'者, 杞之爲物, 生於肥地, 匏瓜爲物, 繫而不食, 九五處得尊位而不遇其應, 是得地而不食, 故曰"以杞匏瓜"也.[1] '含章 有隕自天'者, 不遇其應, 命未流行, 无物發起其美, 故曰"含章." 然體剛居中, 雖(復)〔履〕[2]當位, 命未流行, 而(不能)〔能不〕[3]改其操, 无能傾隕之者, 故曰"有隕自天", 蓋言惟天能隕之耳.[4]

1) 以杞匏瓜者……故曰以杞匏瓜也 : '以杞包瓜'를 王弼과 孔穎達은 '九五가 높은 지위에 있으면서 應을 만나지 못함이 비옥한 땅에서 자라는 杞나무와 한곳에 머물러 있어 먹지 못하는 뒤웅박과 같음'의 의미로 보았는바, 經文을 '杞와 包瓜로써'로 해석한 것이다.
　반면 程伊川과 朱子는 이를 '杞로써 瓜를 쌈'으로 해석하였는바, ≪程傳≫은 다음과 같다. "九五가 높이 君位에 거하여 아래로 賢才를 구하니, 지극히 높은 군주로서 지극히 낮은 사람을 구함은 마치 杞나무 잎으로 오이를 싸는 것과 같다.〔九五尊居君位而下求賢才 以至高而求至下 猶以杞葉而包瓜〕"

2) (復)〔履〕: 저본에는 '復'으로 되어 있으나, 글 뜻에 의거하여 '履'로 바로잡았다.

3) (不能)〔能不〕: 저본에는 '不能'으로 되어 있으나, 宋本에 의거하여 '能不'로 바로잡았다.(阮元의 〈校勘記〉 참조)

4) 含章……蓋言惟天能隕之耳 : '含章 有隕自天'을 王弼과 孔穎達은 '九五가 應을 만나지 못하여 아름다움을 드러내지 못하나 스스로 지조를 지키므로 하늘만이 그를 떨어뜨릴 수 있음'의 의미로 보았다.
　반면 程伊川과 朱子는 이를 '九五가 아름다움을 품고서 賢者를 구하면 마치 하늘로부터 갑자기 내려오는 것처럼 반드시 현자를 만나게 될 것임'의 의미로 보았는바, ≪程傳≫은 다음과 같다. "비록 몸을 굽혀 賢者를 구하더라도 만약 그 德이 바르지 못하면 賢者가 좋게 여기지 않는다. 그러므로 반드시 아름다움을 함축하여 안에 至誠을 쌓으면 하늘로부터 떨어짐이 있을 것이니, 이는 하늘로부터 내려온다는 말과 같으니, 반드시 얻음을 이른다. 예로부터 人君이 至誠으로 몸을 낮추고 굽혀서 中正한 道로 天下의 賢者를 구하면 만나지 못한 자가 있지 않았다.〔雖屈己求賢 若其德不正 賢者不屑也 故必含蓄章美 內積至誠 則有隕自天矣 猶云自天而降 言必得之也 自古人君至誠降屈 以中正之道 求天下

之賢 未有不遇者也〕"

經의 〔九五以杞包瓜〕에서 〔有隕自天〕까지

○ 正義曰 : 〔以杞匏瓜〕 杞나무란 물건은 비옥한 땅에서 자라고, 뒤웅박이란 물건은 한곳에 매여 있어 먹지 못한다. 九五가 처한 것이 높은 지위를 얻었으나 그 應을 만나지 못했으니, 이는 땅을 얻었으나 먹지 못하는 것이다. 그러므로 "杞나무와 뒤웅박으로써 한다."라고 한 것이다.

〔含章 有隕自天〕 그 應을 만나지 못하여 命을 流行하게 하지 못하면 자기의 아름다움을 일으킬 물건이 없다. 그러므로 "아름다움을 머금었다."라고 한 것이다. 그러나 體가 剛하고 中에 거하여 비록 마땅한 자리를 밟고 있으나 命을 流行하게 하지 못한다. 그러나 그 지조를 고치지 아니하여 능히 기울게 하고 떨어뜨릴 자가 없다. 그러므로 "떨어지게 함은 하늘로부터 한다."라 한 것이니, 오직 하늘만이 능히 떨어뜨릴 수 있음을 말한 것이다.

【疏】 ○ 注'杞之爲物生於肥地者也' ○ 正義曰 : '杞之爲物 生於肥地者'也, 先儒說杞, 亦有不同. 馬云"杞, 大木也, 左傳云'杞梓皮革自楚(注)〔往〕[1]'", [2] 則爲杞梓之杞. 子夏傳曰"作杞匏瓜", 薛虞記云"杞, 杞柳也, 杞性柔刃(韌), 宜屈橈, 似匏瓜", 又爲杞柳之杞. 案王氏云"生於肥地", 蓋以杞爲今之枸杞也. [3]

1) (注)〔往〕: 저본에는 '注'로 되어 있으나, ≪春秋左氏傳≫과 錢本과 宋本에 의거하여 '往'으로 바로잡았다.(阮元의 〈校勘記〉 참조)
2) 左傳云杞梓皮革自楚(注)〔往〕: 이 말은 ≪春秋左氏傳≫ 襄公 25년조에 보이는바, 晉나라의 賢能한 大夫 중에 楚나라에서 도망한 신하가 많음을 비유하여 한 말이다.
3) 馬云……蓋以杞爲今之枸杞也 : '杞'에는 세 종류가 있다. 첫째는 枸杞로 작은 花木인데 붉고 작은 열매가 달리는바, 土質을 크게 가리지 않는다. 둘째는 杞柳로 땅버들인데 하천가에 자라는바, 고리짝을 만들기에 적당하다. 셋째는 杞梓의 杞인데 이것은 좋은 재목으로, 비옥한 토질에서 잘 자란다. 여기에서의 杞가 무엇을 가리키는지 분명하지 않으나, 비옥한 땅에서 자라는 것을 枸杞라고 한 ≪正義≫의 말은 잘못이다. 注에서 "비옥한 땅에서 자란다."고 했으면 杞를 杞梓의 杞, 즉 杞나무로 보아야 할 것이다.
   한편 程伊川은 "杞는 높은 나무로 잎이 크니, 처함이 높고 體가 크면서 물건을 감쌀 수 있는 것은 杞나무이다.〔杞 高木而葉大 處高體大而可以包物者 杞也〕"라 하고, 朱子는 "杞나무는 높고 크고 堅實한 나무이다.〔杞 高大堅實之木也〕"라고 하였는바, 程伊川과 朱子는 모두 '杞'를 杞梓의 杞로 본 것이다.

○ 注의 〔杞之爲物生於肥地者也〕

○ 正義曰 : 〔杞之爲物 生於肥地者也〕 先儒들이 '杞'를 설명한 것이 또한 똑같지 않다. 馬融은 "'杞'는 큰 나무이니, ≪春秋左氏傳≫에 '杞梓와 皮革이 楚나라로부터 간다.' 했다."라고 하였으니, 이는 '杞梓'의 '杞'로 여긴 것이요, ≪子夏易傳≫에는 "杞를 가지고 瓜를 싼다."라 하고, 薛虞의 ≪記≫에는 "'杞'는 '杞柳'이니, 杞柳의 성질은 부드럽고 질겨서 마땅히 굽힐 수가 있어서 瓜를 쌀 수 있을 듯하다."라고 하여 또 '杞柳'의 '杞'라 하였다. 살펴보건대, 王輔嗣(王弼)가 "비옥한 땅에서 자란다."라고 하였으니, 이는 '杞'를 지금의 枸杞로 여긴 것이다.

象曰 九五含章은 中正也일새요 有隕自天은 志不舍命也일새라

〈象傳〉에 말하였다. "九五의 '아름다움을 머금음'은 中正하기 때문이요, '떨어지게 함은 하늘로부터 함'은 뜻이 命을 버리지 않기 때문이다."

【疏】 正義曰 : '中正'者, 中正, 故有美, 无應, 故含章而不發. 若非九五中正, 則无美可含, 故擧爻位而言中正也. '志不舍命'者, 雖命未流行, 而居尊當位, 志不舍命, 故曰不可傾隕也.[1]

1) 志不舍命者……故曰不可傾隕也 : '志不舍命也'를 王弼과 孔穎達은 '九五가 지조를 변하지 않고 자신의 命을 버리지 않음'의 의미로 해석하였는데, 程伊川은 '命'을 '天命'으로 보아 "命은 天理이고, 舍는 어김이다. 至誠과 中正으로 몸을 굽혀 賢者를 구해서 뜻을 둠이 天理에 합하니, 이 때문에 하늘로부터 떨어짐이 있는 것이니, 반드시 얻을 것이다.〔命 天理也 舍 違也 至誠中正 屈己求賢 存志合於天理 所以有隕自天 必得之矣〕"라고 하였다.

正義曰 : 〔中正〕 中正하기 때문에 아름다움이 있는 것이요, 應이 없기 때문에 아름다움을 머금고 드러내지 않는 것이다. 만약 九五의 中正이 아니면 머금을 만한 아름다움이 없다. 그러므로 爻의 자리를 들어 中正을 말한 것이다.

〔志不舍命〕 비록 命을 流行하게 하지는 못하나 높은 자리에 거하고 자리에 합당하여 뜻이 命을 버리지 않는다. 그러므로 "기울게 하고 떨어트릴 수 없다."라고 한 것이다.

上九는 姤其角이라 吝하나 无咎리라

上九는 뿔을 만난다. 부끄러우나 허물이 없을 것이다.

【注】 進之於極하여 无所復(부)遇하고 遇角而已라 故曰 姤其角也라 進而无遇에 獨恨而已요 不與物爭이면 其道不害라 故无凶咎也라

極에 나아가서 다시 만날 것이 없고 뿔을 만날 뿐이다. 그러므로 "그 뿔을 만난다."라고 한 것이다. 나아가서 만나지 못했을 때에 오직 恨할 뿐이요, 남과 다투지 않으면 그 道가 해롭지 않다. 그러므로 흉함과 허물이 없는 것이다.

【疏】 正義曰 : '姤其角'者, 角者, 最處體上, 上九進之於極, 无所復遇, 遇角而已, 故曰"姤其角"也. '吝 无咎'者, 角非所安, 與无遇等, 故獨恨而鄙吝也. 然不與物爭, 其道不害, 故无凶咎, 故曰"无咎"也.[1]

1) 吝无咎者……故曰无咎也 : '吝无咎'를 王弼과 孔穎達은 '上九가 뿔을 만남을 鄙吝하게 여기지만 남과 다투지 않으므로 허물이 없음'으로 보았으며, 朱子 역시 "象과 占이 九三과 유사하다.〔其象占與九三類〕"라 하여 經文을 '吝하나 无咎리라'로 해석하였다.

반면 程伊川은 "사람이 서로 만남은 낮추고 굽혀서 서로 따르고 和順하여 서로 접하기 때문에 능히 합하는 것인데, 上九는 너무 높고 지극히 강하니, 어떤 사람이 그와 더불겠는가. 이러한 태도로 만나기를 구하면 진실로 부끄러울 만하다. 자기가 이와 같으니, 남이 멀리함은 타인의 죄가 아니요 자기로 말미암아 이루어진 것이다. 그러므로 허물을 돌릴 데가 없는 것이다.〔人之相遇 由降屈以相從 和順以相接 故能合也 上九高亢而剛極 人誰與之 以此求遇 固可吝也 己則如是 人之遠之 非他人之罪也 由己致之 故无所歸咎〕"라고 하였는바, 이 해석에 따르면 經文은 "부끄러우니, 허물할 데가 없다."로 번역된다.

正義曰 : 〔姤其角〕 '뿔'은 體의 가장 위에 처한 것이니, 上九가 極에 나아가서 다시 만날 것이 없고 뿔을 만날 뿐이다. 그러므로 "그 뿔을 만난다."라고 한 것이다.

〔吝 无咎〕 뿔은 편안히 여길 곳이 아니어서 만나지 못한 것과 똑같다. 그러므로 홀로 恨하여 鄙吝하게 여기는 것이다. 그러나 남과 더불어 다투지 않으면 그 道가 해롭지 않으므로 흉함과 허물이 없는 것이다. 그러므로 "허물이 없을 것이다."라고 한 것이다.

象曰 姤其角은 上窮吝也라

〈象傳〉에 말하였다. "'그 뿔을 만남'은 위로 窮極하여 부끄러운 것이다."

【疏】 正義曰 : '上窮吝'者, 處於上窮, 所以遇角而吝也.

正義曰 : 〔上窮吝〕 위로 窮極함에 처하였으니, 이 때문에 뿔을 만나 부끄러운 것이다.

45. 萃䷬ 坤下兌上

萃(췌)는 亨하니

萃는 형통하니,

【注】 聚乃通也라

모여야 비로소 통한다.

【疏】 正義曰：萃, 卦名也, 又萃聚也, 聚集之義也. 能招民聚物, 使物歸而聚己, 故名爲萃也. '亨'者, 通也. 擁隔不通, 无由得聚, 聚之爲事, 其道必通, 故云"萃亨."[1)]

1) 亨者……故云萃亨：陸德明의 ≪經典釋文≫에 따르면, 馬融과 鄭玄 등의 本에는 '亨'자가 없는데 王弼과 王肅의 本에만 '亨'자가 있다고 한다.(阮元의 〈校勘記〉 참조)
程伊川과 朱子는 모두 이 '亨'자를 衍文으로 보았는바, 程伊川은 〈彖傳〉에서 이 '亨'자를 언급하지 않은 것을 그 근거로 들었다.

正義曰：'萃'는 卦의 이름이고 또 萃聚이니, 聚集(모임)의 뜻이다. 백성을 부르고 물건을 모아 물건으로 하여금 돌아와 자기에게 모이게 할 수 있다. 그러므로 이름을 '萃'라 한 것이다.

〔亨〕 통함이다.

막혀서 통하지 못하면 모일 수가 없으니, 모이는 일은 반드시 그 道가 통한다. 그러므로 "萃는 형통하다."라고 한 것이다.

王假(격)有廟라

王이 사당을 둠에 이른다.

【注】 假은 至(聚)〔也〕[1)]니 王以聚至有廟也라

1) (聚)〔也〕: 저본에는 '聚'로 되어 있으나, 毛本에 근거하여 '也'로 바로잡았다.(阮元의 〈校勘記〉 참조)

'假'은 이름〔至〕이니, 왕이 모임으로써 사당을 둠에 이른 것이다.

【疏】 正義曰: 假, 至也. 天下崩離, 則民怨神怒, 雖復享祀, 與无廟同, 王至大聚之時, 孝德乃昭, 始可謂之有廟矣, 故曰"王假有廟."

1) 假至也……故曰王假有廟: 程伊川은 王弼·孔穎達과 마찬가지로 '假'을 '至'로 訓하되 '이르다'와 '지극하다'의 두 가지 뜻을 모두 적용하였는바, 《程傳》은 다음과 같다. "王者가 천하를 모으는 道가 사당을 둠에 이르면 지극한 것이다.……천하에 人心을 모으고 여러 사람의 마음을 총괄하는 방법이 한 가지가 아니나, 지극히 큰 것은 宗廟보다 더한 것이 없다. 그러므로 王者가 천하를 모으는 道가 사당을 둠에 이르면 萃道가 지극한 것이다.〔王者萃聚天下之道 至於有廟 極也……天下萃合人心總攝衆志之道 非一 其至大莫過於宗廟 故王者萃天下之道 至於有廟 則萃道之至也〕"

반면 朱子는 '至'를 '감'으로 訓하고 '有廟'를 宗廟로 보았는바, 《本義》는 다음과 같다. "王者가 종묘의 가운데에 이름을 말한 것이니, 王者가 祭祀를 점칠 때에 吉한 占이다. 《禮記》 〈祭義〉에 '公이 太廟에 이르렀다.'라는 것이 이것이다. 廟는 祖·考의 精神을 모은 곳이요, 또 사람이 반드시 자기의 정신을 모으면 祠堂에 이르러 祖·考를 받들 수 있는 것이다.〔言王者可以至乎宗廟之中 王者卜祭之吉占也 祭義曰 公假于太廟是也 廟所以聚祖考之精神 又人必能聚己之精神 則可以至于廟而承祖考也〕"

正義曰: '假'은 이름이다. 천하가 무너지고 분열되면 백성들이 원망하고 神이 노여워하니, 비록 다시 제사를 올리나 사당이 없는 것과 같은데, 왕이 '크게 모이는 때'에 이르면 효도하는 德이 마침내 밝아지니, 비로소 '사당이 있다.'고 말할 수 있는 것이다. 그러므로 "王이 사당을 둠에 이른다."라고 한 것이다.

利見大人하여 亨하고 利貞하니라

大人을 만나봄이 이로워 형통하고 貞함이 이롭다.

【注】 聚得大人이면 乃得通而利正也라

大人을 모으면 마침내 통하고 바름이 이로울 수 있는 것이다.

【疏】 正義曰 : 聚而無主, 不散則亂, 惟有大德之人, 能弘正道, 乃得常通而利正, 故曰 "利見大人, 亨, 利貞"也.

正義曰 : 모이기만 하고 주장하는 자가 없을 경우엔 흩어지지 않으면 亂을 일으키니, 오직 大德의 사람이 있어서 능히 正道를 넓혀야 비로소 항상 통하고 바름이 이로울 수 있다. 그러므로 "大人을 만나봄이 이로워 형통하고 貞함이 이롭다."라고 한 것이다.

用大牲이면 吉하니

큰 희생을 사용하면 吉하니,

【注】 全乎聚道하고 用大牲이면 乃吉也라 聚道不全이어늘 而用大牲이면 神不福也라

모이는 道를 온전히 하고 큰 희생을 쓰면 비로소 吉한 것이다. 모이는 道가 온전하지 못한데 큰 희생을 사용하면 神이 복을 내리지 않는다.

【疏】 正義曰 : 大人爲王, 聚道乃全, 以此而用大牲, 神明降福, 故曰"用大牲, 吉"也.

正義曰 : 大人이 왕이 되어서 모이는 道가 마침내 온전하니, 이로써 큰 희생을 사용하면 神明이 복을 내린다. 그러므로 "큰 희생을 사용하면 吉하다."라고 한 것이다.

利有攸往하니라

가는 바를 둠이 이롭다.

【疏】 正義曰 : 人聚神祐, 何往不利. 故曰"利有攸往"也.

正義曰 : 사람이 모이고 神이 도우면 어디로 간들 이롭지 않겠는가. 그러므로 "가는 바를 둠이 이롭다."라고 한 것이다.

彖曰 萃는 聚也니 順以說(열)하고 剛中而應이라 故로 聚也라

〈彖傳〉에 말하였다.

"'萃'는 모임이니, 순하고 기뻐하며 剛이 中에 있고 應한다. 그러므로 모이는 것이다.

【注】 但順而說이면 則邪佞之道也요 剛而違於中應이면 則强亢之德也니 何由得聚리오 順說而以剛爲主하고 主剛而履中하니 履中以應이라 故로 得聚也라

다만 순하고 기뻐하기만 하면 邪佞(간사하고 아첨함)의 道요, 剛하면서 中과 應을 어기면 强亢(강함이 지극함)의 德이니, 어떻게 모일 수 있겠는가. 순하고 기뻐하면서 剛함을 위주로 하고, 剛함을 위주로 하면서 中을 밟고 있으니, 中을 밟고 應하므로 모일 수 있는 것이다.

【疏】 '彖曰'至'故聚也' ○ 正義曰 : '萃 聚'者, 訓萃名也. '順以說 剛中而應 故聚'者, 此就二體及九五之爻, 釋所以能聚也. 若全用順說, 則邪佞之道興, 全用剛陽, 而違於中應, 則强亢之德著, 何由得聚. 今順以說, 而剛爲主, 則非邪佞也, 應不失中, 則非偏亢也, 如此, 方能聚物, 故曰"順以說, 剛中而應, 故聚也."

經의 〔彖曰〕에서 〔故聚也〕까지

○ 正義曰 : 〔萃 聚〕 萃卦의 이름을 訓한 것이다.

〔順以說 剛中而應 故聚〕 이는 두 體와 九五의 爻를 가지고 능히 모일 수 있는 이유를 해석한 것이다. 만약 온전히 순함과 기뻐함만을 쓰면 邪佞의 道가 일어나고, 오로지 剛陽을 써서 中과 應을 어기면 强亢의 德이 드러나니, 어떻게 모일 수 있겠는가. 지금 순하고 기뻐하되 剛함을 위주로 하면 邪佞이 아니요, 應하되 中을 잃지 않으면 편벽된 높음이 아니니, 이와 같이 하여야 능히 물건을 모을 수 있다. 그러므로 "순하고 기뻐하며 剛이 中에 있고 應한다. 그러므로 모이는 것이다."라고 한 것이다.

王假有廟는 致孝享也라

'왕이 사당을 둠에 이름'은 효도의 제향을 올림을 이루는 것이다.

【注】 全聚라야 乃得致孝之享也라

온전히 모여야 비로소 효도의 제향을 올릴 수 있는 것이다.

【疏】 正義曰 : 享, 獻也. 聚道旣全, 可以至於有廟, 設祭祀而致孝享也.

正義曰 : '享'은 올림이다. 모이는 道가 이미 온전하면 사당을 둠에 이르러서 제사를 陳

設하여 효도의 제향을 올림을 이룰 수 있는 것이다.

利見大人亨은 聚以正也일새라

'大人을 봄이 이로워 형통함'은 모이기를 바름으로써 하기 때문이다.

【注】 大人은 體中正者也니 通衆以正이면 聚乃得全也라

大人은 中正을 體行하는 자이니, 여러 사람을 통하기를 바름으로써 하면 모임이 마침내 온전하게 된다.

【疏】 正義曰：釋聚所以利見大人, 乃得通而利正者, 良由大人有中正之德, 能以正道通而化之, 然後聚道得全, 故曰"聚以正也."

正義曰：'모임에 大人을 만나봄이 이로워서 마침내 통하고 바름이 이로울 수 있는 까닭은 진실로 大人이 中正한 德을 소유하였기 때문임'을 해석한 것이니, 正道로써 통하여 교화한 뒤에야 모이는 道가 온전해질 수 있다. 그러므로 "모이기를 바름으로써 하기 때문이다."라고 한 것이다.

用大牲吉 利有攸往은 順天命也일새라

'큰 희생을 사용하면 길하고 가는 바를 둠이 이로움'은 天命을 순히 하기 때문이다.

【注】 順以說而不損剛은 順天命者也라 天德剛而不違中하니 順天(則)〔而〕[1]說하여 而以剛爲主也라

1) (則)〔而〕: 저본에는 '則'으로 되어 있으나, 錢本에 의거하여 '而'로 바로잡았다.(阮元의 〈校勘記〉 참조)

순하고 기뻐하되 剛함을 덜지 않음은 天命을 순히 하는 자이다. 하늘의 德은 剛하면서 中을 어기지 않으니, 하늘을 순히 하고 기뻐하면서 剛함을 위주로 하는 것이다.

【疏】 正義曰：天之爲德, 剛不違中, 今順以說而以剛爲主, 是順天命也. 動順天命, 可以享於神明, 无往不利, 所以得用大牲吉. '利有攸往'者, 只爲順天命也.

正義曰 : 하늘의 德은 剛하면서 中을 어기지 않는데, 지금 순하고 기뻐하면서 剛함을 위주로 하니, 이는 天命을 순히 하는 것이다. 動할 때마다 天命을 순히 하면 神明에게 제향을 올려서 가는 곳마다 이롭지 않음이 없으니, 이 때문에 '큰 희생을 사용하면 길함'을 얻는 것이다.

〔利有攸往〕 다만 天命을 순히 하기 때문이다.

觀其所聚하면 而天地萬物之情을 可見矣라

그 모이는 바를 보면 天地 萬物의 실정을 알 수 있다."

【注】 方以類聚하고 物以群分[1]하니 情同而後乃聚하고 氣合而後乃群이라

1) 方以類聚 物以群分 : 〈繫辭傳 上〉에 보이는바, 朱子는 ≪本義≫에서 "方은 事情이 향하는 바를 이르니, 사물의 善·惡이 각기 類로써 나누어짐을 말한 것이다.〔方 謂事情所向 言事物善惡各以類分〕"라고 하였다.

方은 類로써 모이고 物은 무리로써 나누어지니, 情이 같은 뒤에야 비로소 모이고 기운이 합한 뒤에야 비로소 무리가 되는 것이다.

【疏】 正義曰 : 此廣明萃義而歎美之也. 凡物所以得聚者, 由情同也, 情志若乖, 无由得聚, 故觀其所聚, 則天地萬物之情, 可見矣.

正義曰 : 이는 萃卦의 뜻을 넓혀 밝히고 歎美한 것이다. 모든 물건이 모일 수 있는 것은 情이 같기 때문이니, 情과 뜻이 만약 어긋나면 모일 수가 없다. 그러므로 그 모이는 바를 보면 天地 萬物의 실정을 알 수 있는 것이다.

象曰 澤上於地 萃니 君子以除戎器하여 戒不虞하나니라

〈象傳〉에 말하였다. "못이 땅으로 올라감이 萃卦이니, 君子가 보고서 兵器를 수리하여 예측하지 못한 비상사태를 경계한다."

【注】 聚而无防이면 則衆心生이라

모이기만 하고 방비가 없으면 여러 사람들의 〈나쁜〉 마음이 생겨난다.

【疏】 正義曰 : 澤上於地, 則水潦聚, 故曰"澤上於地, 萃"也. '除'者, 治也. 人旣聚會, 不可无防備. 故君子於此之時, 修治戎器, 以戒備不虞也.

正義曰 : 못이 땅으로 올라가면 빗물이 모인다. 그러므로 "못이 땅으로 올라감이 萃卦이다."라고 한 것이다.

〔除〕 다스림이다.

사람들이 많이 모이면 방비가 없을 수 없다. 그러므로 군자가 이때에 병기를 수리하여 예측하지 못한 비상사태를 경계하고 대비하는 것이다.

初六은 有孚不終하여 乃亂乃萃하리니 若號一握爲笑하면 勿恤하여 往无咎리라

初六은 믿음이 있으나 끝마치지 못하여 무리를 혼란하게 할 것이니, 만일 이름하되 한 줌의 작은 것으로 하고 〈나약하고 용렬하게〉 웃으면 근심하지 않아서 감에 허물이 없으리라.

【注】 有應在四而三承之하여 心懷嫌疑라 故로 有孚不終也요 不能守道以結至好하고 迷務競爭이라 故로 乃亂乃萃也라 一握者는 小之貌也요 爲笑者는 懦劣之貌也라 己爲正配하여 三以近寵하니 若安夫卑退하고 謙以自牧이면 則勿恤而往无咎也라

初六의 應이 九四에 있는데 六三이 九四를 받들어서 初六이 마음에 혐의를 품으므로 믿음이 있으나 끝마치지 못하는 것이요, 능히 道를 지켜서 지극히 친한 사람을 맺지 못하고 혼미하여 경쟁에 힘쓰므로 무리를 혼란하게 하는 것이다.

'한 줌'은 작은 모양이요, '웃음'은 나약하고 용렬한 모양이다. 자기가 바른 배필이 되었는데 六三이 가까이 있으므로 〈九四에게〉 총애를 받으니, 〈初六이〉 만약 낮추고 물러감을 편안히 여겨 겸손함으로써 자처하면 근심하지 않아서 감에 허물이 없을 것이다.

【疏】 '初六有孚'至'往无咎' ○ 正義曰 : '有孚不終 乃亂乃萃'者, 初六有應在四, 而三承之, 萃聚之時, 貴於近合, 見三承四, 疑四與三, 始以(中)〔正〕[1]應相信, (不)〔末〕[2]以他意相阻, 故曰"有孚不終"也.[3] 旣心懷嫌疑, 則情意迷亂, 奔馳而行, 萃不以禮, 故曰"乃亂乃萃." '一握'者, 小之貌也, 自比一握之間, 言至小也. 爲笑者, 非嚴毅之容, 言懦劣也. 己爲正配, 三以近寵, 若自號比爲一握之小, 執其謙退之容, 不與物爭, 則不憂於三, 往必得合而无咎矣, 故曰"若號一握爲笑, 勿恤, 往无咎"也.[4)]

1) (中)〔正〕: 저본에는 '中'으로 되어 있으나, 毛本에 의거하여 '正'으로 바로잡았다.(阮元의 〈校勘記〉 참조)

2) (不)〔末〕: 저본에는 '不'로 되어 있으나, 毛本에 의거하여 '末'로 바로잡았다.(阮元의 〈校勘記〉 참조)

3) 初六有應在四……故曰有孚不終也 : '有孚不終'을 王弼과 孔穎達은 '初六이 正應인 九四를 믿다가 六三이 九四에게 총애를 받는 것을 보고 둘을 의심하여 끝내는 九四와 뜻이 어긋남'의 의미로 해석하였다.

반면 程伊川은 "初六은 九四와 正應이 되니, 본래 믿음이 있어 서로 따르는 자이다. 그러나 萃의 때를 당하여 세 陰이 모여 있어서 柔가 正을 지키는 절개가 없으니, 만일 正應을 버리고 同類를 따르면 이는 믿음이 있으나 끝마치지 못하는 것이다.〔初與四爲正應 本有孚以相從者也 然當萃時 三陰聚處 柔无守正之節 若捨正應而從其類 乃有孚而不終也〕"라고 하였는바, 初六이 '終'하지 못하는 이유를 '同類(六二·六三)들에게 미혹되어 그들을 따르기 때문'으로 본 것이다.

4) 己爲正配……往无咎也 : '若號一握爲笑 勿恤 往无咎'를 王弼과 孔穎達은 '初六이 스스로 자신을 한 줌에 비유하고 또 나약한 용모(웃음)를 지키면 六三과 다투지 않고 六三을 근심하지 않아서 九四에게 나아감에 허물이 없음'의 의미로 해석하였다.

반면 程伊川은 이를 '初六이 九四를 부르면 여러 陰들이 비웃을 것이지만 이를 근심하지 말고 九四를 따르면 허물이 없을 것'의 의미로 보았는바, 朱子의 해석도 이와 같다. 《程傳》은 다음과 같다. "初六이 만일 正道를 지켜 同類들을 따르지 않고 부르짖어 正應을 구하면 一握이 비웃을 것이다. 一握은 俗語에 一團이니, 여럿이 비웃음을 이른다. 만일 이것을 근심하지 말고 가서 剛陽의 正應을 따르면 허물이 없을 것이요, 그렇지 않으면 小人의 무리에 들어갈 것이다.〔若守正不從 號呼以求正應 則一握笑之矣 一握俗語一團也 謂衆以爲笑也 若能勿恤而往從剛陽之正應 則无過咎 不然則入小人之群矣〕"

經의 〔初六有孚〕에서 〔往无咎〕까지

○ 正義曰 : 〔有孚不終 乃亂乃萃〕 初六의 應이 九四에 있는데 六三이 九四를 받드니, 모이는 때에는 가까이 합함을 귀하게 여긴다. 〈初六은〉 六三이 九四를 받드는 것을 보고 九四와 六三을 의심하여 처음에는 正應으로 서로 믿다가 종말에는 딴 뜻으로 서로 막힌다. 그러므로 "믿음이 있으나 끝마치지 못한다."라고 한 것이다. 이미 마음에 혐의를 품으면 情意가 혼미하고 어지러워 치달려 가서 禮로써 모이지 못한다. 그러므로 "무리를 혼란

하게 할 것이다."라 한 것이다.

〔一握〕 작은 모양이니, 스스로 한 줌의 사이에 比함은 지극히 작음을 말한 것이다.

〔爲笑〕 엄숙하고 굳센 용모가 아니니, 나약하고 용렬함을 말한 것이다.

자기가 바른 배필이 되었는데 六三이 가까이 있으므로 九四에게 총애를 받으니, 만약 스스로 이름하되 한 줌의 작은 것에 比하여 그 겸손한 용모를 지키고 남과 다투지 않으면 六三을 근심하지 아니하여 감에 반드시 합함을 얻어 허물이 없을 것이다. 그러므로 "만일 이름하되 한 줌의 작은 것으로 하고 웃으면 근심하지 않아서 감에 허물이 없으리라."라고 한 것이다.

象曰 乃亂乃萃는 其志亂也라

〈象傳〉에 말하였다. "'무리를 혼란하게 함'은 그 뜻이 혼란한 것이다."

【疏】 正義曰 : '其志亂'者, 只爲疑四與三, 故志意迷亂也.

正義曰 : 〔其志亂〕 다만 九四와 六三을 의심하기 때문에 뜻이 혼미하고 어지러운 것이다.

六二는 引하면 吉无咎하리니 孚乃利用禴(약)이니라

六二는 이끌어주면 吉하여 허물이 없으리니, 믿음이 있어서 마침내 禴제사를 씀이 이롭다.

【注】 居萃之時하여 體柔當位하고 處坤之中하여 己獨處正하여 與衆相殊하여 異操而聚하니 民之多僻하여 獨正者危어늘 (矣)〔未〕[1]能變體以遠於害라 故로 必見引然後에 乃吉而无咎也라 禴은 殷(者)〔春〕[2]祭名也니 四時祭之省(생)者也라 居聚之時하여 處於中正하여 而行以忠信하여 (致之)〔故可〕[3]以省薄으로 薦於鬼神也라

1) (矣)〔未〕 : 저본에는 '矣'로 되어 있으나, 毛本에 의거하여 '未'로 바로잡았다.(阮元의 〈校勘記〉 참조)

2) (者)〔春〕 : 저본에는 '者'로 되어 있으나, 毛本에 의거하여 '春'으로 바로잡았다. 아래의 疏도 같다.(阮元의 〈校勘記〉 참조)

3) (致之)〔故可〕 : 저본에는 '致之'로 되어 있으나, 毛本에 의거하여 '故可'로 바로잡았다.

北京大 整理本은 '致之'를 그대로 두고 위의 '忠信'에 붙여 句를 떼었으며, ≪周易集解纂疏≫에는 '致之' 두 글자가 없다.(阮元의 〈校勘記〉 및 北京大 整理本 참조)

모이는 때에 거하여 體가 柔이면서 자리에 합당하고 坤의 가운데에 처하여 자기만 홀로 正位에 처해서 남들과 서로 달라 지조가 다르면서 모이니, 백성들은 邪辟함이 많아 홀로 바른 자가 위태로운데 능히 體를 바꾸어 해로움을 멀리하지 못한다. 그러므로 반드시 이끌어줌을 본 뒤에야 비로소 吉하여 허물이 없는 것이다.

'禴'은 殷나라의 봄 제사 이름이니, 四時의 제사 중에 가장 간략한 것이다. 모일 때에 거하여 中正에 처해서 忠信을 행한다. 그러므로 간략하고 薄한 제수를 가지고 鬼神에게 올릴 수 있는 것이다.

【疏】'六二'至'利用禴' ○正義曰：'引 吉无咎'者, 萃之爲體, 貴相從就, 聚道乃成, 今六二以陰居陰, 復在坤體, 志於靜退, 則是守中未變, 不欲相從者也. 乖衆違時, 則致危害, 故須牽引, 乃得吉而无咎也, 故曰"引, 吉无咎." '孚乃利用禴'者, 禴, 殷(者)〔春〕祭之名也, 四時之祭最薄者也. 雖乖於衆, 志須牽引, 然居中得正, 忠信而行, 故可以省薄祭於鬼神也, 故曰"孚乃利用禴."

經의 〔六二〕에서 〔利用禴〕까지

○正義曰：〔引 吉无咎〕 萃의 體는 서로 따르고 찾아감을 귀하게 여겨서 모이는 道가 마침내 이루어지는데, 지금 六二가 陰으로서 陰의 자리에 있고 또 坤의 體에 있어서 뜻이 고요히 물러감에 있으니, 이는 中을 지키고 변치 아니하여 서로 따르려고 하지 않는 자이다. 무리와 乖離되고 때를 어기면 위태로움과 해로움을 부른다. 그러므로 모름지기 이끌어주어야 비로소 吉하고 허물이 없음을 얻는다. 그러므로 "이끌어주면 吉하고 허물이 없을 것이다."라고 한 것이다.

〔孚乃利用禴〕 '禴'은 殷나라 봄 제사의 이름이니, 四時의 제사 중에 가장 薄한 것이다. 비록 무리와 乖離되어서 뜻이 모름지기 끌려가야 하나 中에 거하고 正을 얻어서 忠信으로 행한다. 그러므로 간략하고 薄한 것을 가지고 鬼神에게 제사할 수 있는 것이다. 그러므로 "믿음이 있어서 마침내 禴제사를 씀이 이롭다."라고 한 것이다.

象曰 引吉无咎는 **中未變也**일새라

〈象傳〉에 말하였다. "'이끌어주면 吉하여 허물이 없음'은 中을 변치 않기 때문이다."

【疏】 正義曰 : '中未變也'者, 釋其所以須引乃吉, 良由居中未變.[1)]

1) 中未變也者……良由居中未變 : 孔穎達은 六二의 象辭를 '六二가 홀로 中을 지키고서 무리를 따르지 않으므로 이끌어주어야 무리를 따르게 되어 吉无咎가 될 수 있음'의 의미로 해석하였다. 즉 中을 지키지 않고 무리를 따라가야 吉无咎가 된다고 본 것이다.
程伊川은 반대로 六二가 中을 지켜야 吉无咎가 될 수 있다고 해석하였는바, 六二가 中正의 德을 지켜 九五와 만나야 허물이 없다고 본 것이다. ≪程傳≫은 다음과 같다. "萃의 때는 모임을 얻음을 吉함으로 여긴다. 그러므로 九四가 上·下의 모임을 얻음이 된다. 六二는 九五와 비록 正應이나 달리 처하여 간격이 있으니, 마땅히 모여야 하나 합하지 못하는 자이다. 그러므로 서로 이끌어 모이면 吉하여 허물이 없는 것이다. 이는 中正한 德이 있어 대번에 고치고 변함에 이르지 않기 때문이니, 변하면 서로 이끌어주지 않을 것이다.〔萃之時 以得聚爲吉 故九四爲得上下之萃 二與五雖正應 然異處有間 乃當萃而未合者也 故能相引而萃 則吉而无咎 以其有中正之德 未遽至改變也 變則不相引矣〕"

正義曰 : 〔中未變也〕 모름지기 이끌어주어야 비로소 吉한 이유는 진실로 中에 거하여 변치 않기 때문임을 해석한 것이다.

六三은 萃如嗟如하여 无攸利하니 往하여 无咎어니와 小吝하니라

六三은 모여서 한탄하여 이로운 바가 없으니, 가서 허물이 없으나 약간 부끄럽다.

【注】 履非其位하여 以比於四하고 四亦失位하여 不正相聚하니 相聚不正이면 患所生也요 干人之應이면 害所起也라 故로 萃如嗟如하여 无攸利也라 上六亦无應而獨立하고 處極而憂危하여 思援而求朋하여 巽以待物者也니 與其萃於不正으론 不若之於同志라 故로 可以往而无咎也라 二陰相合하니 猶不若一陰一陽之(至)〔應〕[1)]이라 故로 有小吝也라

1) (至)〔應〕 : 저본에는 '至'로 되어 있으나, 閩本·監本·毛本에 의거하여 '應'으로 바로잡았다.(阮元의 〈校勘記〉 참조)

밟은 것이 正位가 아니면서 九四와 가까이 있고 九四 또한 正位를 잃어서 바르지 못한 것이 서로 모였으니, 서로 모인 것이 바르지 못하면 근심이 생기고, 남의 應을 범하면 害

가 일어난다. 그러므로 모여서 한탄하여 이로운 바가 없는 것이다.

上六 또한 應이 없어 홀로 서 있고 極에 처하여 근심하고 위태롭게 여겨서 援助를 생각하고 벗을 구하여 공손히 남을 기다리는 자이니, 不正한 자에게 모이기보다는 同志(같은 陰)에게 가는 것이 낫다. 그러므로 가서 허물이 없을 수 있는 것이다. 두 陰이 서로 합하였으니, 오히려 한 陰과 한 陽이 應하는 것만 못하다. 그러므로 약간의 부끄러움이 있는 것이다.

【疏】'六三萃如嗟如'至'小吝' ○ 正義曰：居萃之時, 履非其位, 以比於四, 四亦失位, 不正相聚, 相聚不正, 患所生也, 干人之應, 害所起也, 故曰"萃如嗟如, 无攸利"也.[1] '往 无咎 小吝'者, 上六亦无應而獨立, 處極而憂危, 思援而求朋, 巽以待物者也, 與其萃於不正, 不若之於同志, 故可往而无咎. 但以上六是陰, 已又是陰, 以二陰相合, 猶不若一陰一陽之應, 故有小吝也.[2]

1) 居萃之時……无攸利也：王弼과 孔穎達은 '萃如嗟如'를 '六三이 九四와 서로 모인 것이 바르게 모인 것이 아니므로 한탄함'의 의미로 보았다. 그러나 程伊川과 朱子는 이를 '六三이 六二와 九四에게 버림을 받고 그들과 모이지 못하므로 한탄함'의 의미로 보았는바, 이 해석을 따르면 '萃如嗟如'는 "모이려다가 〈뜻을 이루지 못하여〉 탄식한다."라고 번역된다.

2) 但以上六是陰……故有小吝也：王弼과 孔穎達은 '小吝'의 이유를 '陰과 陽이 서로 응하지 못하고 두 陰이 서로 합하였기 때문'으로 보았는바, 易에서는 서로 다른 것(陰과 陽)의 합을 바른 것으로 여기기 때문이다. 한편 程伊川과 朱子는 '小吝'의 이유를 '六三이 처음에 六二와 九四를 구하다가 그 모임을 얻지 못한 뒤에 上六에게 갔기 때문'으로 보았다.

經의 〔六三萃如嗟如〕에서 〔小吝〕까지

○ 正義曰：萃의 때에 거하여 밟은 것이 正位가 아니면서 九四와 가까이 있고 九四 또한 正位를 잃어서 바르지 못한 것이 서로 모였으니, 서로 모인 것이 바르지 못하면 근심이 생기고, 남의 應을 범하면 害가 일어난다. 그러므로 "모여서 한탄하여 이로운 바가 없다."라고 한 것이다.

〔往 无咎 小吝〕 上六 또한 應이 없어 홀로 서 있고 極에 처하여 근심하고 위태롭게 여겨서 援助를 생각하고 벗을 구하여 공손히 남을 기다리는 자이니, 不正한 자에게 모이기보다는 同志에게 가는 것이 낫다. 그러므로 가서 허물이 없을 수 있는 것이다. 다만 上六

이 陰이고 자기도 陰이니, 두 陰이 서로 합함은 오히려 한 陰과 한 陽이 應하는 것만 못하다. 그러므로 약간의 부끄러움이 있는 것이다.

象曰 往无咎는 上巽也일새라

〈象傳〉에 말하였다. "'가서 허물이 없음'은 위가 공손하기 때문이다."

【疏】 正義曰 : 以上體柔巽, 以求其朋, 故三可以往而无咎也.

正義曰 : 上六의 體가 柔順하고 공손하여 그 벗을 구하므로 六三이 가서 허물이 없을 수 있는 것이다.

九四는 大吉이라야 无咎리라

九四는 크게 吉하여야 허물이 없으리라.

【注】 履非其位而下據三陰하여 得其所據하고 失其所處하니 處聚之時하여 不正而據라 故로 必大吉하여 立夫大功然後에 无咎也라

밟은 것이 正位가 아니고 아래로 세 陰을 점거해서 점거할 바를 얻고 거처할 바를 잃었으니, 모이는 때에 처하여 바르지 못하면서 점거하였으므로 반드시 크게 吉하여 큰 功을 세운 뒤에야 허물이 없는 것이다.

【疏】 正義曰 : 以陽處陰, 明履非其位, 又(不)〔下〕[1]據三陰, 得其所據, 失其所處, 處聚之時, 不正而據, 是其凶也. 若以萃之時, 立夫大功, 獲其大吉, 乃得无咎, 故曰"大吉, 无咎."

1) (不)〔下〕: 저본에는 '不'로 되어 있으나, 注에 의거하여 '下'로 바로잡았다.

正義曰 : 陽으로서 陰의 자리에 처함은 밟은 것이 正位가 아님을 밝힌 것이고, 또 아래로 세 陰을 점거하여 점거할 바를 얻고 거처할 바를 잃었으니, 모이는 때에 처하여 바르지 못하면서 점거함은 바로 흉한 것이다. 만약 모이는 때에 큰 功을 세워서 큰 吉함을 얻으면 비로소 허물이 없을 수 있다. 그러므로 "크게 吉하여야 허물이 없으리라."라고 한 것이다.

象曰 大吉无咎는 位不當也일새라

〈象傳〉에 말하였다. "'크게 吉하여야 허물이 없음'은 자리가 마땅하지 않기 때문이다."

【疏】 正義曰 : '位不當'者, 謂以陽居陰也.

正義曰 : 〔位不當〕 陽으로서 陰의 자리에 거함을 말한 것이다.

九五는 萃有位하여 无咎하나 匪孚하니 元永貞이면 悔亡이리라

九五는 모임에 지위가 있어서 허물이 없으나 믿지 않으니, 元하고 길이 貞하면 뉘우침이 없어지리라.

【注】 處聚之時하여 最得盛位라 故로 曰 萃有位也요 四專而據하여 己德不行하여 自守而已라 故曰 无咎匪孚요 夫修仁守正이면 久必悔消라 故로 曰 元永貞이면 悔亡이라하니라

모이는 때에 처하여 가장 성한 지위를 얻었으므로 "모임에 지위가 있다."라 한 것이다. 九四가 전적으로 〈아래의 세 陰을〉 점거하여 자기(九五)의 德이 행해지지 못해서 스스로 지킬 뿐이므로 "허물이 없으나 믿지 않는다."라고 한 것이다. 仁을 닦고 正을 지키면 오래됨에 반드시 뉘우침이 사라질 것이므로 "元하고 길이 貞하면 뉘우침이 없어지리라."라고 한 것이다.

【疏】 '九五'至'悔亡' ○ 正義曰 : 九五處聚之時, 最得盛位, 故曰"萃有位"也. 既得盛位, 所以无咎. '匪孚'者, 良由四專而據, 己德化不行, 信不孚物, 自守而已, 故曰"无咎, 匪孚."[1] 若能修夫大德, 久行其正,[2] 則其悔可消, 故曰"元永貞, 悔亡."

1) 匪孚者……匪孚 : '匪孚'를 王弼과 孔穎達은 '아래의 세 陰을 모두 九四가 점거하여 그들이 九五를 믿어주지 않음'의 의미로 보았다.

그러나 程伊川과 朱子는 이를 가정의 말로 보았는바, ≪程傳≫은 다음과 같다. "陽剛으로 尊位에 거하여 그 지위에 걸맞으니 이는 지위를 소유함이 되고, 中正의 道를 얻었으니 이는 過咎가 없는 것이다. 이와 같은데도 믿지 아니하여 돌아오지 않는 자가 있거든 마땅히 스스로 반성하여 元永貞의 德을 닦으면 복종하지 않는 자가 없어 뉘우침이 없을 것이다.〔以陽剛 居尊位 稱其位矣 爲有其位矣 得中正之道 无過咎也 如是而有不信而未歸

者 則當自反 以修其元永貞之德 則无思不服而悔亡矣〕"

2) 若能修夫大德 久行其正 : 經文의 '元'을 王弼은 '仁을 닦음'으로 해석하고, 孔穎達은 '大德을 닦음'으로 해석하였으며, '永貞'을 王弼은 '바름을 지킴'으로 해석하고, 孔穎達은 '오랫동안 바름을 행함'으로 해석하였다.

반면 程伊川과 朱子는 이를 '元·永·貞의 세 가지 德'으로 해석하였는바, ≪程傳≫은 다음과 같다. "元永貞은 君主의 德이니, 百姓들이 돌아오는 바이다. 그러므로 天下를 친히 하는 道와 天下를 모으는 道가 모두 이 세 가지에 있는 것이다.……元은 우두머리이고 으뜸이니, 君主의 德이 庶物 중에 첫 번째로 나와 여러 생민에게 君長이 되어 尊大한 뜻이 있고 주관·통솔하는 뜻이 있다. 또 恒永하고 貞固하면 神明을 통하고 四海에 빛나서 복종하지 않는 자가 없을 것이니, 이는 믿지 않는 자가 없어서 뉘우침이 없는 것이다.〔元永貞者 君之德 民所歸也 故比天下之道 與萃天下之道 皆在此三者……元 首也 長也 爲君德 首出庶物 君長群生 有尊大之義焉 有主統之義焉 而又恒永貞固 則通於神明 光於四海 无思不服矣 乃无匪孚而其悔亡也〕"

經의 〔九五〕에서 〔悔亡〕까지

○ 正義曰 : 九五가 모이는 때에 처하여 가장 성한 지위를 얻었다. 그러므로 "모임에 지위가 있다."라고 한 것이다.

이미 성한 지위를 얻었으니, 이 때문에 허물이 없는 것이다.

〔匪孚〕 진실로 九四가 전적으로 〈아래의 세 陰을〉 점거하였기 때문에 자신(九五)의 德化가 행해지지 못해서 信이 남에게 믿어지지 아니하여 스스로 지킬 뿐이다. 그러므로 "허물이 없으나 믿지 않는다."라고 한 것이다.

만약 능히 큰 德을 닦아서 오랫동안 바름을 행하면 후회가 사라질 수 있다. 그러므로 "元하고 길이 貞하면 뉘우침이 없어지리라."라고 한 것이다.

象曰 萃有位는 志未光也라

〈象傳〉에 말하였다. "'모임에 지위가 있음'은 뜻이 光大하지 못한 것이다."

【疏】 正義曰 : '志未光也'者, 雖有盛位, 然德未行, 久乃悔亡, 今時, 志意未光大也.[1)]

1) 志未光也者……志意未光大也 : 程伊川은 "〈象傳〉은 爻辭의 윗구만을 거론했다.〔象擧爻上句〕"라고 하였다.

正義曰 : 〔志未光也〕 비록 성한 지위를 가지고 있으나 德이 행해지지 못하다가 오랜

뒤에야 비로소 뉘우침이 없어지니, 지금 때에는 뜻이 光大하지 못한 것이다.

上六은 齎咨涕洟(재자체이)하면 无咎리라

上六은 한탄하고 눈물 콧물을 줄줄 흘리면 허물이 없으리라.

【注】 處聚之時하여 居於上極하니 五非所乘이요 內无應援이라 處上獨立하고 近遠无助하니 危莫甚焉이라 齎咨는 嗟歎之辭也라 若能知危之至하여 懼禍之深하고 憂病之甚하여 至于涕洟하여 不敢自安이면 亦衆所不害라 故로 得无咎也라

모이는 때에 처하여 上의 極에 거하였으니, 九五는 〈上六이〉 탈 바가 아니고 안에 應援이 없다. 위에 처하여 홀로 서 있고 가까운 곳과 먼 곳에 도와주는 자가 없으니, 위태로움이 이보다 더 심함이 없다.

'齎咨'는 한탄하는 말이다. 만약 위태로움이 이를 줄을 알고서 禍를 두려워하기를 깊게 하고 病을 염려하기를 심하게 하여 눈물 콧물을 줄줄 흘림에 이르러서 감히 스스로 편안하지 않을 수 있으면 또한 여러 사람들이 해치지 못한다. 그러므로 허물이 없을 수 있는 것이다.

【疏】 正義曰 : '齎咨'者, 居萃之時, 最處上極, 五非所乘,[1] 內又无應, 處上獨立, 无其援助, 危亡之甚, 居不獲安, 故齎咨而嗟歎也. 若能知有危亡, 懼害之深, 憂危之甚, 至於涕洟滂沲, 如此居不獲安, 方得衆所不害, 故无咎矣.[2] 自目出曰涕, 自鼻出曰洟.

1) 五非所乘 : 九五는 陽爻이기 때문에 陰爻인 上六이 탈 수 있는 대상이 아니라는 말이다. 陽爻가 陰爻의 위에 있는 것을 履(陽爻의 관점에서) 혹은 承(陰爻의 관점에서)이라 하며, 陰爻가 陽爻의 위에 있는 것을 乘(陰爻의 관점에서)이라고 하는데, 履와 承은 吉한 것이 되고 乘은 不吉한 것이 된다.

2) 若能知有危亡……故无咎矣 : 王弼과 孔穎達은 '涕洟'를 '上六이 자신의 위태로움을 알고서 불안해하여 눈물과 콧물을 흘림'의 의미로 보아 '无咎'를 '이렇게 두려워하므로 남이 해치지 않아 허물이 없음'의 뜻으로 해석하였는데, 朱子의 해석도 이와 유사한바, ≪本義≫는 다음과 같다. "萃卦의 終에 처하여 陰柔로 지위가 없어서 모이기를 구하나 얻지 못한다. 그러므로 점치는 자에게 반드시 이와 같이 한 뒤에야 허물이 없을 수 있다고 경계한 것이다.〔處萃之終 陰柔无位 求萃不得 故戒占者必如此而後可以无咎也〕"

반면 程伊川은 '无咎'를 '上六의 곤궁함이 自招한 것이므로 허물할 데가 없음'의 의미

로 보았는바, ≪程傳≫은 다음과 같다. "사람들이 절교하는 것은 자신이 自取함에서 연유하니, 또 장차 누구를 허물하겠는가. 사람들에게 증오와 절교를 당하여 어찌할 바를 몰라 隕穫(뜻을 상실하여 슬퍼하고 불안함)하여 한탄하고 눈물 흘림에 이르니, 참으로 小人의 情狀이다.〔人之絶之 由己自取 又將誰咎 爲人惡絶 不知所爲 則隕穫而至嗟涕 眞小人之情狀也〕"

正義曰 : 〔齎咨〕 모이는 때에 거하여 上의 가장 極에 처하였으니, 九五는 〈上六이〉 탈〔乘〕 바가 아니고 안에 또 應이 없다. 위에 처하여 홀로 서 있고 원조하는 이가 없어서 危亡함이 심하여 거함에 편안함을 얻지 못한다. 그러므로 齎咨하여 한탄하는 것이다.

만약 危亡함이 있을 줄을 알고서 害를 두려워하기를 깊게 하고 위태로움을 염려하기를 심하게 하여 눈물 콧물을 줄줄 흘림에 이르러서 이와 같이 거처함에 편안함을 얻지 못한다면 비로소 무리가 해치지 않음을 얻는다. 그러므로 허물이 없는 것이다.

눈에서 나오는 것을 '涕'라 하고, 코에서 나오는 것을 '洟'라 한다.

象曰 齎咨涕洟는 未安上也라

〈象傳〉에 말하였다. "'한탄하고 눈물 콧물을 흘림'은 위에 있음을 편안히 여기지 못하는 것이다

【疏】 正義曰 : '未安上'者, 未敢安居其上所乘也.

正義曰 : 〔未安上〕 〈上六이〉 그(九五) 위에 타고 있음을 감히 편안하게 여겨 거처하지 못하는 것이다.

46. 升䷭ 巽下坤上

升은 元亨하니 用見大人이라야 勿恤이요

升은 크게 형통하니 大人을 만나보아야 근심하지 않고

【注】巽順은 可以升이나 陽爻不當尊位하여 无嚴剛之正이면 則未免於憂라 故로 用見大人이라야 乃勿恤也라

巽順함은 올라갈 수 있으나 陽爻가 尊位를 담당하지 못하여 엄하고 剛한 바름이 없으면 근심을 면치 못한다. 그러므로 大人을 만나보아야 비로소 근심하지 않는 것이다.

【疏】正義曰 : '升 元亨'者, 升, 卦名也. 升者, 登上之義, 升而得大通, 故曰"升, 元亨"也. '用見大人 勿恤'者, 升者, 登也. 陽爻不當尊位, 无剛嚴之正, 則未免於憂, 故用見大德之人, 然後乃得无憂恤, 故曰"用見大人, 勿恤."[1)]

1) 用見大人勿恤者……勿恤 : '用見大人 勿恤'을 程伊川은 '用'을 '이 道(方道)를 써서'로 보고, '大人을 만나보되 근심하지 말아야 함'의 의미로 보았는바, ≪程傳≫은 다음과 같다. "升은 나아가 올라가는 것이니, 올라가면 亨通할 뜻이 있고, 卦才가 善하기 때문에 크게 善하고 亨通한 것이다. 이 道를 써서 大人을 만나보되 굳이 근심하지 말고 前進하면 吉할 것이다.〔升者 進而上也 升進則有亨義 而以卦才之善 故元亨也 用此道 以見大人 不假憂恤 前進則吉也〕"

正義曰 : 〔升 元亨〕 '升'은 卦의 이름이다. '升'은 위로 올라가는 뜻이니, 올라가 크게 형통함을 얻는다. 그러므로 "升은 크게 형통하다."라고 한 것이다.

〔用見大人 勿恤〕 '升'은 올라가는 것이다. 陽爻가 尊位를 담당하지 못하여 剛하고 엄한 바름이 없으면 근심을 면치 못한다. 그러므로 大德의 사람을 만나본 뒤에야 비로소 근심이 없을 수 있는 것이다. 그러므로 "大人을 만나보아야 근심하지 않는다."라고 한 것이다.

南征하면 吉하리라

남쪽으로 가면 吉하리라.

【注】 以柔之南이면 則麗乎大明也라

柔로 남쪽에 가면 크게 밝음에 붙는 것이다.

【疏】 正義曰 : 非直須見大德之人, 復宜適明陽之地, 若以陰之陰, 彌足其闇也. 南是明陽之方, 故云"南征, 吉"也.[1)]

1) 南是明陽之方……吉也 : 程伊川은 '남쪽'은 '사람이 향하는 곳'이라고 해석하고 '南征'을 '전진함'의 의미로 보았다.

正義曰 : 다만 大德의 사람을 만나보아야 할 뿐이 아니요, 다시 밝고 양지바른 곳으로 가야 하니, 만약 陰으로 陰에 가면 그 어둠이 더욱 더해진다. 남쪽은 바로 밝고 양지바른 방위이다. 그러므로 "남쪽으로 가면 吉하리라."라고 한 것이다.

(象)〔彖〕[1)]曰 柔以時升하여

1) (象)〔彖〕: 저본에는 '象'으로 되어 있으나, 石經・岳本・宋本・閩本・監本・古本・足利本에 의거하여 '彖'으로 바로잡았다.(阮元의 〈校勘記〉 참조)

〈彖傳〉에 말하였다.

"柔가 때에 맞게 올라가서

【注】 柔以其時라야 乃得升也라

柔가 제때에 맞아야 비로소 올라갈 수 있는 것이다.

【疏】 正義曰 : 升之爲義, 自下升高, 故就六五居尊, 以釋名升之意. 六五以陰柔(乏)〔之〕[1)]質, 起升貴位, 若不得時, 則不能升耳, 故曰"柔以時升"也.

1) (乏)〔之〕: 저본에는 '乏'으로 되어 있으나, 北京大本에 의거하여 '之'로 바로잡았다.

正義曰 : 升의 뜻은 아래로부터 높은 곳으로 올라감이다. 그러므로 六五가 尊位에 거함을 가지고서 卦의 이름을 '升'이라 한 뜻을 해석한 것이다. 六五가 陰柔의 자질로 일어

나 귀한 지위로 올라가니, 만약 때를 얻지 못하면 올라가지 못한다. 그러므로 "柔가 때에 맞게 올라간다."라고 한 것이다.

巽而順하고 剛中而應이라 是以大亨하니라

공손하고 順하며 剛이 中에 있고 應한다. 이 때문에 크게 형통한 것이다.

【注】 純柔則不能自升하고 剛亢則物不從이어늘 旣以時升하고 又巽而順하고 剛中而應하여 以此而升이라 故로 得大亨이라

純柔이면 스스로 올라가지 못하고 剛하고 높으면 사람(남)들이 따르지 않는데, 이미 때에 맞게 올라가고 또 공손하고 순하며 剛이 中에 있고 應해서, 이러한 방법으로 올라간다. 그러므로 크게 형통함을 얻는 것이다.

【疏】 正義曰：此就二體及九二之爻, 釋元亨之德也. 純柔則不能自升, 剛亢則物所不從, 卦體旣巽且順, 爻又剛中而應於五, 有此衆德, 故得元亨.[1]

1) 故得元亨：程伊川은 〈彖傳〉의 '大亨'이 '元亨'의 오류라고 보았는바, 이에 대한 설명이 大有卦 〈彖傳〉의 주석에 다음과 같이 보인다. "여러 卦에 '元亨利貞'이 갖추어져 있으면 〈彖傳〉에 모두 〈元亨을〉 '大亨'으로 해석하였으니, 乾卦나 坤卦의 〈元·亨과〉 같다고 의심할까 염려해서이다. 利貞을 겸하지 않았으면 '元亨(크게 善하고 형통함)'으로 해석하여 元의 뜻을 다하였으니, 元에 '大善'의 뜻이 있다. 元亨이 있는 것이 네 卦이니, 大有·蠱·升·鼎인데, 오직 升卦의 〈彖傳〉은 다른 卦를 따라 잘못 大亨으로 되어 있다. 〔諸卦 具元亨利貞 則彖皆釋爲大亨 恐疑與乾坤同也 不兼利貞 則釋爲元亨 盡元義也 元有大善之義 有元亨者四卦 大有蠱升鼎也 唯升之彖 誤隨他卦作大亨〕" 程伊川은 여기의 '大亨'을 '元亨'으로 보아 '크게 善하고 형통함'으로 해석한 것이다.

正義曰：이는 두 體 및 九二의 爻를 가지고 元亨의 德을 해석한 것이다. 純柔이면 스스로 올라가지 못하고 剛하고 높으면 사람들이 따르지 않는데, 卦體가 이미 공손하고 또 순하며 爻가 또 剛이 中에 있고 六五에 應하여 이 德을 소유하였다. 그러므로 크게 형통함을 얻는 것이다.

用見大人이라야 勿恤은 有慶也요 南征하면 吉은 志行也라

'大人을 만나보아야 근심하지 않음'은 福慶이 있는 것이요, '남쪽으로 가면 吉함'은 뜻이 행해지는 것이다."

【注】 巽順以升하여 至于大明은 志行之謂也라

巽順함으로 올라가서 크게 밝음에 이름은 뜻이 행해짐을 말한 것이다.

【疏】 正義曰:'用見大人 勿恤 有慶'者, 以大通之德, 用見大人, 不憂否塞, 必致慶善, 故曰"有慶也." '南征 吉 志行'者, 之於闇昧, 則非其本志, 今以柔順而升大明, 其志得行也.

正義曰:〔用見大人 勿恤 有慶〕 크게 형통한 德으로 大人을 만나보아야 否塞함을 근심하지 않고 반드시 福慶과 좋음〔善〕을 이룬다. 그러므로 "福慶이 있다."라고 한 것이다.

〔南征 吉 志行〕 어두운 곳으로 감은 본래의 뜻이 아니니, 지금 柔順함으로 크게 밝음에 올라감은 그 뜻이 행해짐을 얻은 것이다.

象曰 地中生木이 升이니 君子以順[1]德하여 積小以高大하니라

1) 順 : 陸德明의 ≪經典釋文≫에 "'順'은 一本에 또 '愼'으로 되어 있다.〔順本又作愼〕"라고 하였고, 朱子는 "王肅本에는 '順'이 '愼'으로 되어 있으며, 지금 다른 책을 살펴보면 이 글을 인용할 적에 또한 많이 '愼'으로 되어 있는바, 뜻이 더욱 명백하니, 古字에 通用된 것이다. 해설이 上篇 蒙卦에 보인다.〔王肅本 順作愼 今按他書 引此亦多作愼 意尤明白 蓋古字通用也 說見上篇蒙卦〕"라고 하였다. 朱子는 蒙卦 六三 爻辭 "勿用取女 行不順也"에 대한 주석에서도 "'順'은 마땅히 '愼'이 되어야 하니, 古字에 통용되었다."라고 하였다

〈象傳〉에 말하였다. "땅 가운데에서 나무가 자라는 것이 升卦이니, 君子가 보고서 德을 순히 하여 작은 것을 쌓아서 높고 크게 한다."

【疏】 正義曰:'地中生木 升'者, 地中生木, 始於細微, 以至高大, 故爲升象也. '君子以順德 積小以高大'者, 地中生木, 始於毫末, 終至合抱, 君子象之, 以順行其德, 積其小善, 以成大名, 故繫辭云"善不積, 不足以成名", 是也.

正義曰:〔地中生木 升〕 땅 가운데에서 나무가 자람은 작은 데서 시작하여 높고 큼에 이르는 것이다. 그러므로 升의 象이 된 것이다.

〔君子以順德 積小以高大〕 땅 가운데에서 나무가 자람은 털끝만 한 데에서 시작해서 끝에는 한 아름이 됨에 이르니, 君子가 이것을 본받아서 그 德을 순히 행하여 작은 善을 쌓아 큰 이름을 이룬다. 그러므로 〈繫辭傳〉에 "善을 쌓지 않으면 이름을 이룰 수 없다." 라고 하였으니, 이것이다.

初六은 允升이니 大吉하니라

初六은 올라갈 때를 당하였으니, 크게 吉하다.

【注】 允은 當也라 巽卦三爻 皆升者也니 雖无其應이나 處升之初하여 與九二九三合志俱升이라 當升之時하여 升必大得이라 是以로 大吉也라

'允'은 당함이다. 巽卦(☴)의 세 爻가 모두 올라가는 자이니, 〈初六은〉 비록 그 應이 없으나 升의 처음에 처하여 九二·九三과 뜻이 부합하여 함께 올라간다. 올라갈 때를 당해서 올라가면 반드시 크게 얻는다. 이 때문에 크게 길한 것이다.

【疏】 正義曰 : 允, 當也. 巽卦三爻, 皆應升上, 而二·三有應於五·六, 升之不疑. 惟初无應於上, 恐不得升. 當二·三升時, 與之俱升, 必大得矣, 故曰"允升, 大吉"也.[1]

1) 允當也……大吉也 : 王弼과 孔穎達은 '允'을 '당함〔當〕'으로 訓하여 經文을 '初六이 升의 때를 당하여 九二·九三과 함께 올라가므로 크게 길함'의 의미로 해석하였다.

반면 程伊川과 朱子는 '允'을 '信從'으로 訓하였는바, ≪程傳≫은 다음과 같다. "'允'은 믿고 따름이다. 初六의 柔巽함으로 오직 九二를 믿고 따르니, 九二를 믿고 따라서 함께 올라가면 大吉인 것이다. 九二는 德으로 말하면 剛中이요 힘으로 말하면 임무를 담당함이니, 初六의 陰柔로 또 應援이 없어서 스스로 올라가지 못하고, 剛中의 賢者를 따라 나아가면 이는 剛中의 道를 따르는 것이니, 吉함이 무엇이 이보다 크겠는가.〔允者 信從也 初之柔巽 唯信從於二 信二而從之同升 乃大吉也 二以德言則剛中 以力言則當任 初之陰柔 又无應援 不能自升 從於剛中之賢以進 是由剛中之道也 吉孰大焉〕"

正義曰 : '允'은 당함이다. 巽卦의 세 爻가 모두 응당 위로 올라가야 하는데, 九二와 九三은 六五와 上六에 應이 있어서 올라가는 것을 의심할 것이 없고, 오직 初六만이 위에 應이 없어서 올라갈 수 없을까 염려된다. 九二와 九三이 올라갈 때를 당해서 〈初六이〉 그들과 함께 올라가면 반드시 크게 얻는다. 그러므로 "올라갈 때를 당하였으니, 크게 吉하다."라고 한 것이다.

象曰 允升大吉은 上合志也라

〈象傳〉에 말하였다. "'올라갈 때를 당하였으니, 크게 吉함'은 위와 뜻이 부합하는 것이다."

【疏】 正義曰：上, 謂二・三也,[1] 與之合志俱升, 乃得大吉也.

1) 上 謂二三也：程伊川은 "'上'은 九二를 이른다."라고 하였다.

正義曰：'上'은 九二와 九三을 이르니, 그들과 더불어 뜻이 부합하여 함께 올라가면 마침내 크게 길함을 얻는 것이다.

九二는 孚乃利用禴이니 无咎리라

九二는 신임을 받고서 마침내 禴제사를 씀이 이로우니, 허물이 없으리라

【注】 與五爲應하여 往必見任이라 體夫剛德하여 進不求寵하고 閑邪存誠[1]하여 志在大業이라 故로 乃利用納約于神明矣라

1) 閑邪存誠：이 말은 乾卦 〈文言傳〉에 보이는바, 乾卦 九二의 爻辭를 해석한 말이다.

六五와 應이 되어서 가면 반드시 신임을 받는다. 剛한 德을 體行하여서 나아감에 총애를 바라지 않고 邪를 막아 성실함을 보존하여 뜻이 大業에 있다. 그러므로 마침내 간략한 제사를 神明에 바치는 것이 이로운 것이다.

【疏】 正義曰：九二與五爲應, 往升於五, 必見信任, 故曰"孚."[1] 二體剛德而履乎中, 進不求寵, 志在大業, 用心如此, 乃可薦其省約于神明而无咎也, 故曰"孚乃利用禴, 无咎."

1) 九二與五爲應……故曰孚：'孚'를 王弼과 孔穎達은 '九二가 六五에게 신임을 받음'의 의미로 보았는바, '孚'를 '신임받음'으로 訓한 것이다. 그런데 萃卦 六二 爻辭의 "孚乃利用禴"을 해석할 때는 '孚'를 '자신이 忠信을 가지고 행함'의 의미로 보아, 두 해석이 일치하지 않는다.

반면 程伊川과 朱子는 이를 萃卦 六二 爻辭와 동일하게 해석하였는바, ≪程傳≫은 다음과 같다. "六五가 비록 陰柔이나 尊位에 거하였고, 九二가 비록 剛陽이나 위를 섬

기는 자이니, 마땅히 안에 至誠을 두어 밖에 文飾을 빌리지 않아야 하니, 정성이 가운데에 쌓이면 스스로 外飾을 일삼지 않는다. 그러므로 禴을 씀이 이롭다고 말하였으니, 정성과 恭敬을 숭상함을 이른다.〔五雖陰柔 然居尊位 二雖剛陽 事上者也 當內存至誠 不假文飾於外 誠積於中 則自不事外飾 故曰利用禴 謂尙誠敬也〕"

正義曰 : 九二는 六五와 더불어 應이 되므로 가서 六五로 올라가면 반드시 신임을 받는다. 그러므로 "신임을 받는다."라고 한 것이다.

九二는 剛한 德을 體行하면서 中을 밟고 있어서 나아감에 총애를 바라지 아니하여 뜻이 大業에 있으니, 마음 씀을 이와 같이 하여야 비로소 간략한 제사를 神明에게 올려서 허물이 없을 수 있는 것이다. 그러므로 "신임을 받고서 마침내 禴제사를 씀이 이로우니, 허물이 없으리라."라고 한 것이다.

象曰 九二之孚는 有喜也라

〈象傳〉에 말하였다. "九二가 신임을 받음은 기쁨이 있는 것이다."

【疏】 正義曰 : '有喜也'者, 上升則爲君所任, 薦約則爲神所享, 斯之爲喜, 不亦宜乎.

正義曰 : 〔有喜也〕 위로 올라가면 군주에게 신임을 받고 간략한 제사를 올리면 神이 흠향하는 바가 되니, 이것이 기쁨이 됨이 마땅하지 않은가.

九三은 升虛邑이로다

九三은 빈 고을에 올라가도다.

【注】 履得其位하고 以陽升陰하니 以斯而擧면 莫之違距라 故로 若升虛邑也라

밟음이 正位를 얻고 陽爻로서 陰의 자리에 올라가니, 이로써 행동하면 어기고 막는 이가 없다. 그러므로 빈 고을에 올라가는 것과 같이 〈쉬운〉 것이다.

【疏】 正義曰 : 九三履得其位, 升於上六, 上六體是陰柔, 不距於己, 若升空虛之邑也.

正義曰 : 九三은 밟은 것이 正位를 얻고 上六으로 올라가니, 上六은 體가 陰柔여서 자기를 막지 않으니, 빈 고을에 올라가는 것과 같이 〈쉬운〉 것이다.

象曰 升虛邑은 **无所疑也**라

〈象傳〉에 말하였다. "'빈 고을에 올라감'은 의심할 바가 없는 것이다."

【注】 往必得邑이라

가면 반드시 고을을 얻는 것이다.

【疏】 正義曰 : '无所疑'者, 往必得邑, 何所疑乎.

正義曰 : 〔无所疑〕 가면 반드시 고을을 얻으니, 어찌 의심할 것이 있겠는가.

周 文王

六四는 **王用亨于岐山**이니 **吉**하고 **无咎**리라

六四는 文王이 岐山에서 형통하게 함이니, 吉하고 허물이 없으리라.

【注】 處升之際하여 下升而進을 可納而不可距也라 距下之進하여 攘來自專이면 則殃咎至焉이로되 若能不距而納하여 順物之情하여 以通庶志면 則得吉而无咎矣라 岐山之會는 順事之情하여 无不納也라

올라가는 때에 처하여 아래에서 올라와 나옴을 받아들여야 하고 막아서는 안 된다. 아래의 나옴을 막아서 오는 자를 물리치고 스스로 專斷하면 재앙과 허물이 이르지만, 만약 막지 않고 받아들여서 물건의 情을 순히 하여 여러 사람의 뜻을 통하게 할 수 있으면 吉하고 허물이 없음을 얻는 것이다. 岐山의 모임은 일의 실정을 순히 하여 받아들이지 않음이 없는 것이다.

【疏】 正義曰 : '王用亨于岐山'者, 六四處升之際, 下體二爻, 皆來上升, 可納而不可距, 事同文王岐山之會, 故曰"王用亨於岐山"也.[1] '吉 无咎'者, 若能納而不距, 順物之情, 則得吉而无咎, 故曰"吉, 无咎"也.

1) 王用亨于岐山者……故曰王用亨於岐山也 : '岐山의 모임'을 孔穎達은 '周 文王의 岐山의 모임'이라고 하였는데, 무엇을 가리키는지 자세하지 않다. 樓宇烈은 "'岐山之會'를 舊注

와 孔穎達의 疏에서 모두 '周 文王의 岐山의 모임을 가리킨다.'라고 하였다. 그러나 옛 전적을 상고해봄에 이러한 일이 기재되어 있는 곳이 없다. 아마도 이 '岐山之會'는 古公亶父가 岐山으로 이주하자 사방의 백성들이 모두 와서 서로 따른 고사를 가리킨 것인 듯하다."라고 하였다.(≪王弼集校釋≫(華正書局, 1983) 452-453쪽.) 古公亶父는 周나라의 太王으로, 원래 邠에 살았는데 戎狄의 침입을 받았다. 나라 사람들은 융적과 싸우려고 했으나 太王은 전쟁에 군사들이 죽는 것을 측은하게 여겨 岐山 밑으로 옮겨가 살았는데 빈에 살던 사람들이 다 그를 따라와 살았는바, 이 고사는 ≪史記≫ 권4 〈周本紀〉에 보인다.

程伊川은 "옛날 文王이 岐山 아래에 거할 적에 위로는 天子에게 순응하여 道가 있는 데로 나아가고자 하고 아래로는 天下의 賢者를 순응하여 올라오게 하였으며, 자신은 柔順하고 謙恭하여 그 지위를 벗어나지 않아 지극한 德이 이와 같았으니, 周나라의 王業이 이 때문에 亨通한 것이다.〔昔者文王之居岐山之下 上順天子而欲致之有道 下順天下之賢而使之升進 己則柔順謙恭 不出其位 至德如此 周之王業 用是而亨也〕"라고 하였다.

반면 朱子는 隨卦 上六 爻辭 '王用亨於西山'을 해석할 때와 마찬가지로 '亨'을 '享'으로 訓하여 이를 '岐山에 제향하는 吉함'으로 해석하였다.

正義曰 : 〔王用亨于岐山〕 六四가 올라가는 때에 처하여 下體의 두 爻가 모두 와서 위로 올라가니 이것을 받아들여야 하고 막아서는 안 되니, 일이 文王의 岐山의 모임과 같다. 그러므로 "文王이 岐山에서 형통하게 함이다."라고 한 것이다.

〔吉 无咎〕 만약 받아들여 막지 않고 물건의 情을 순히 할 수 있으면 吉하고 허물이 없음을 얻는다. 그러므로 "길하고 허물이 없으리라."라고 한 것이다.

象曰 王用亨于岐山은 順事也라

〈象傳〉에 말하였다. "'文王이 岐山에서 형통하게 함'은 일을 순히 하는 것이다."

【疏】 正義曰 : '順事'者, 順物之情, 而立功立事, 故曰"順事也."

正義曰 : 〔順事〕 물건의 情을 순히 하여 功을 세우고 일을 세운다. 그러므로 "일을 순히 하는 것이다."라고 한 것이다.

六五는 貞吉하여 升階로다

六五는 貞하고 吉하여 동쪽 섬돌〔阼階〕로 올라가도다.

【注】 升得尊位하고 體柔而應하여 納而不距하고 任而不專이라 故로 得貞吉하여 升階而尊也라

올라감에 尊位를 얻고 體가 유순하면서 應하여 받아들이고 막지 않으며 신임하고 專權하지 않는다. 그러므로 '貞하고 吉하여 동쪽 섬돌로 올라가 높음'을 얻는 것이다.

【疏】 正義曰 : '貞吉 升階'者, 六五以柔居尊位, 納於九二, 不自專權, 故得貞吉升階.[1] 保是尊貴而踐阼矣, 故曰"貞吉, 升階"也.

1) 貞吉升階者……故得貞吉升階 : 王弼과 孔穎達은 '貞吉'의 이유를 '六五가 유순하여 九二를 받아들이고 專權하지 않기 때문'으로 보았는데, 程伊川과 朱子는 '六五가 陰柔이기 때문에 貞固해야만 吉함을 얻는 것'으로 보았다.

正義曰 : 〔貞吉 升階〕 六五가 柔로서 尊位에 거하여 九二를 받아들여서 스스로 專權하지 않는다. 그러므로 貞하고 吉하여 동쪽 섬돌로 올라감을 얻은 것이다. 尊貴함을 보존하면 동쪽 섬돌을 밟는다. 그러므로 "貞하고 吉하여 동쪽 섬돌로 올라간다."라고 한 것이다.

象曰 貞吉升階는 大得志也라

〈象傳〉에 말하였다. "'貞하고 吉하여 동쪽 섬돌로 올라감'은 크게 뜻을 얻는 것이다."

【疏】 正義曰 : '大得志'者, 居中而得其貞吉, 處尊而保其升階, 志大得矣, 故曰"大得志也."

正義曰 : 〔大得志〕 中에 거하여 貞하고 吉함을 얻고 尊位에 처하여 동쪽 섬돌로 올라감을 보전함은 뜻이 크게 얻어지는 것이다. 그러므로 "크게 뜻을 얻는 것이다."라고 한 것이다.

上六은 冥升이니 利于不息之貞하니라

上六은 어둡게 올라감이니, 쉬지 않는 貞에 이롭다.

【注】 處(貞)〔升〕[1]之極하여 進而不息者也니 進而不息故로 雖冥이나 猶升也라 故施於不

息之正則可어니와 用於爲物之主則喪矣니 終於不息은 消之道也라

1) (貞)〔升〕: 저본에는 '貞'으로 되어 있으나, 岳本·古本에 의거하여 '升'으로 바로잡았다.(阮元의 〈校勘記〉 참조)

升의 極에 처하여 나아가고 쉬지 않는 자이니, 나아가고 쉬지 않으므로 비록 어두우나 오히려 올라가는 것이다. 그러므로 이것을 쉬지 않는 正道에 시행하면 좋으나 물건의 주인이 됨에 사용하면 잃으니, 쉬지 않음에 끝마침은 소멸하는 道이다.

【疏】 正義曰 : '冥升'者, 冥, 猶暗也, 處升之上, 進而不已, 則是雖冥猶升也, 故曰"冥升." '利于不息之貞'者, 若冥升在上, 陵物爲主, 則喪亡斯及, 若潔己修身, 施於爲政, 則以不息爲美, 故曰"利於不息之貞."

正義曰 : 〔冥升〕 '冥'은 暗과 같으니, 升의 위에 처하여 나아가기를 그치지 않으면 이는 비록 어두우나 오히려 올라가는 것이다. 그러므로 "어둡게 올라간다."라고 한 것이다.

〔利于不息之貞〕 만약 어둡게 올라가 위에 있으면서 남을 능멸하는 것을 주장하면 喪亡이 미칠 것이요, 만약 자기 몸을 깨끗이 하고 몸을 닦아서 이를 政事를 함에 베풀면 쉬지 않는 것을 아름다움으로 삼을 수 있다. 그러므로 "쉬지 않는 貞에 이롭다."라고 한 것이다.

象曰 冥升在上하니 消不富也리라

〈象傳〉에 말하였다. "'冥升'으로 위에 있으니, 사라지고 부유하지 못할 것이다."

【注】 勞不可久也라

수고로움을 오래할 수 없는 것이다.

【疏】 正義曰 : '消不富'者, 雖爲政不息, 交免危咎, 然勞不可久, 終致消衰, 故曰"消不富也."

正義曰 : 〔消不富〕 비록 政事를 하기를 쉬지 아니하여 위태로움과 허물을 서로 면하나, 수고로움을 오래할 수가 없어서 끝내 사라지고 쇠약함을 이룬다. 그러므로 "사라지고 부유하지 못할 것이다."라고 한 것이다.

47. 困䷮ 坎下兌上

困은 **亨**하니

困은 형통하니,

【注】 困必通也니 處窮而不能自通者는 小人也라

困하면 반드시 형통하니, 곤궁함에 처하여 스스로 형통하지 못하는 자는 小人이다.

【疏】 正義曰 : '困'者, 窮厄委頓之名, 道窮力竭, 不能自濟, 故名爲困. '亨'者, 卦德也. 小人遭困, 則窮斯濫矣.[1] 君子遇之, 則不改其操, 君子處困而不失其自通之道, 故曰 "困, 亨"也.

1) 小人遭困 則窮斯濫矣 : ≪論語≫ 〈衛靈公〉에, 孔子가 陳나라에 있을 때 양식이 떨어져 從者들이 병들어 일어나지 못하자, 子路가 노하여 "君子도 궁할 때가 있습니까?"라고 孔子에게 물었는데, 孔子가 "君子는 窮함을 굳게 지키니, 小人은 궁하면 넘친다.〔君子固窮 小人窮斯濫矣〕"라고 답한 것이 보인다.

正義曰 : 〔困〕 窮厄과 쓰러짐〔委頓〕의 이름이니, 道가 궁하고 힘이 다하여 스스로 구제하지 못한다. 그러므로 卦의 이름을 '困'이라 한 것이다.

〔亨〕 卦의 德이다.

小人이 곤궁함을 만나면 窮하여 넘치고, 君子가 이것을 만나면 자기 지조를 바꾸지 않으니, 君子가 곤궁함에 처하여 스스로 형통하는 道를 잃지 않는다. 그러므로 "困은 형통하다."라고 한 것이다.

貞하고 **大人**이라야 **吉**하고 **无咎**하니

貞하고 大人이라야 吉하고 허물이 없으니,

【注】 處困而得无咎吉이면 乃免也라

곤궁함에 처하여 허물이 없고 吉함을 얻으면 마침내 곤궁함을 면하는 것이다.

【疏】 正義曰：處困而能自通，必是履正體大之人，能濟於困，然後得吉而无咎，故曰 "貞，大人吉，无咎"也.

正義曰：곤궁함에 처하여 스스로 형통하면 반드시 正道를 행하고 큰 것을 體行하는 사람이니, 능히 곤궁함을 구제한 뒤에야 吉하고 허물이 없음을 얻는다. 그러므로 "貞하고 大人이라야 吉하고 허물이 없다."라고 한 것이다.

有言이면 不信이리라

말이 있으면 믿지 않으리라.

【疏】 正義曰：處困求濟，在於正身修德，若巧言能辭，人所不信，則其道彌窮，故誡之以有言不信也.

正義曰：곤궁함에 처하여 구제되기를 구함은 몸을 바루고 德을 닦음에 달려 있는데, 만약 공교로운 말로 말을 잘하면 이는 사람들이 믿지 않는 바이니, 그 道가 더욱 곤궁하다. 그러므로 "말이 있으면 믿지 않으리라."라고 경계한 것이다.

彖曰 困은 剛揜也니

〈彖傳〉에 말하였다.

"困은 剛이 〈柔에게〉 가려진 것이니,

【注】 剛(則)〔見〕[1]揜於柔也라

1) (則)〔見〕：저본에는 '則'으로 되어 있으나, 岳本·宋本·古本·足利本에 의거하여 '見'으로 바로잡았다.(阮元의 〈校勘記〉 참조)

剛이 柔에게 가림을 당한 것이다.

【疏】 正義曰：此就二體，以釋卦名，兌陰卦爲柔，坎陽卦爲剛，[1] 坎在兌下，是剛見揜於柔也.[2] 剛應升進, 今被柔揜, 施之於人, 其猶君子爲小人所蔽, 以爲困窮矣.

1) 兌陰卦爲柔 坎陽卦爲剛 : 卦의 主爻는 홀로 陰이거나 홀로 陽인 爻인데, 이 主爻에 따라 그 卦의 陰과 陽이 결정되는 것인바, 이 때문에 兌卦(☱)는 陰卦가 되고 坎卦(☵)는 陽卦가 되는 것이다. 가족의 상징으로 보면, 兌卦는 少女에 해당하고 坎卦는 中男(次男)에 해당한다.

2) 坎在兌下 是剛見揜於柔也 : 朱子는 '剛이 柔에게 가려짐'에 대하여 다음과 같이 부연하였다. "坎剛이 兌柔에게 가려지고 九二가 두 陰(初六·六三)에게 가려지고 九四와 九五가 上六에게 가려지니, 이 때문에 困이 된 것이다.〔坎剛爲兌柔所揜 九二爲二陰所揜 四五爲上六所揜 所以爲困〕"

正義曰 : 이는 두 體를 가지고 卦의 이름을 해석한 것이다. 兌는 陰卦로 柔가 되고 坎은 陽卦로 剛이 되는데 坎이 兌의 아래에 있으니, 이는 剛이 柔에게 가림을 당한 것이다. 剛은 응당 위로 나아가야 하나 지금 柔에게 가림을 당하였으니, 이것을 사람에게 베풀면 君子가 小人에게 가림을 당하여 곤궁한 것과 같은 것이다.

險以說(열)하여 困而不失其所亨이니

험하여도 기뻐하여 곤궁하나 형통한 바를 잃지 않으니,

【注】 處險而不改其說하여 困而不失其所亨也라

험함에 처하여도 그 기뻐함을 바꾸지 않아서 곤궁하나 그 형통한 바를 잃지 않는 것이다.

【疏】 正義曰 : 此又就二體名, 訓以釋亨德也. 坎險而兌說, 所以困而能亨者, 良由君子遇困, 安其所遇, 雖居險困之世, 不失暢說之心, 故曰"險以說, 困而不失其所亨"也.

正義曰 : 이는 또 두 體의 이름을 가지고 訓하여 亨의 德을 해석한 것이다. 坎은 險하고 兌는 기뻐하니, 困하여도 능히 형통할 수 있는 까닭은 진실로 君子가 困을 만나면 그 만난 바를 편안히 여겨서 비록 험하고 곤궁한 세상에 살더라도 和暢하여 기뻐하는 마음을 잃지 않기 때문이다. 그러므로 "험하여도 기뻐하여 곤궁하나 형통한 바를 잃지 않는다."라고 한 것이다.

其唯君子乎인저 貞하고 大人吉은 以剛中也일새요

오직 君子일 것이다. '貞하고 大人이어야 吉함'은 剛하고 中하기 때문이요,

【注】 處困而用剛하여 不失其中은 履正而能體大者也니 能正而不能大博이면 未能(說)〔濟〕[1]困者也라 故로 曰 貞하고 大人吉也라하니라

1) (說)〔濟〕: 저본에는 '說'로 되어 있으나, 毛本에 의거하여 '濟'로 바로잡았다.(阮元의 〈校勘記〉 참조)

곤궁함에 처하여도 剛함을 써서 그 中을 잃지 않음은 正道를 행하고 능히 큰 것을 體行하는 자이니, 바르게 할 수 있어도 크고 넓게 하지 못하면 곤궁함을 구제하지 못하는 자이다. 그러므로 "貞하고 大人이어야 吉하다."라고 한 것이다.

【疏】 正義曰 : '其唯君子乎'者, 結歎處困能通, 非小人之事, 唯君子能然也. '貞 大人吉 以剛中'者, 此就二・五之爻, 釋貞大人之義. 剛則正直, 所以爲貞, 中而不偏, 所以能大, 若正而不大, 未能濟困. 處困能濟, 濟乃得吉而无咎也, 故曰"貞, 大人吉, 以剛中也."

正義曰 : 〔其唯君子乎〕 '곤궁함에 처하여 능히 형통하니, 小人의 일이 아니고 오직 君子만이 능히 그러하다.'고 종결하여 감탄한 것이다.

〔貞 大人吉 以剛中〕 이는 九二와 九五의 爻를 가지고 '貞大人'의 뜻을 해석한 것이다. 剛하여 正直함은 貞을 하는 것이요, 中하여 편벽되지 않음은 크게 할 수 있는 것이니, 만약 바르기만 하고 크지 못하면 곤궁함을 구제하지 못하고, 곤궁함에 처하여 능히 구제하면 구제함에 마침내 吉하고 허물이 없음을 얻는다. 그러므로 "'貞하고 大人이어야 吉함'은 剛하고 中하기 때문이다."라고 한 것이다.

有言不信은 尙口乃窮也라

'말이 있으면 믿지 않음'은 말을 숭상하여 마침내 곤궁한 것이다."

【注】 處困而言이면 不見信之時也니 非行言之時어늘 而欲用言以免이면 必窮者也라 其吉이 在於貞大人하니 口何爲乎아

곤궁에 처하여 말하면 신임을 받지 못하는 때이니, 말을 행할 때가 아닌데 말을 사용하여 곤궁함을 면하고자 하면 반드시 곤궁한 자이다. 그 吉함이 '貞하고 大人임'에 있으니, 입을 어찌 놀릴 것이 있겠는가.

【疏】 正義曰 : 處困求通, 在於修德, 非用言以免困, 徒尙口說, 更致困窮, 故曰"尙口乃窮也."

正義曰 : 곤궁에 처하여 형통함을 구함은 德을 닦음에 있고 말을 사용하여 곤궁함을 면하는 것이 아니니, 입으로 말하는 것을 숭상할 뿐이면 더욱 곤궁함을 부른다. 그러므로 "말을 숭상하여 마침내 곤궁한 것이다."라고 한 것이다.

象曰 澤无水 困이니 君子以致命遂志하나니라

〈象傳〉에 말하였다. "못에 물이 없는 것이 困卦이니, 君子가 보고서 목숨을 바치고 뜻을 이룬다."

【注】 澤无水면 則水在澤下니 水在澤下는 困之象也라 處困而屈其志者는 小人也니 君子固窮하니 道可忘乎아

못에 물이 없으면 물이 못 아래에 있으니, 물이 못 아래에 있음은 곤궁한 象이다. 곤궁함에 처하여 그 뜻을 굽히는 자는 小人이다. 君子는 곤궁함을 굳게 지키니, 道를 잊을 수 있겠는가.

【疏】 正義曰 : '澤无水 困'者, 謂水在澤下, 則澤上枯槁, 萬物皆困, 故曰"澤无水困"也. '君子以致命遂志'者, 君子之人, 守道而死, 雖遭困厄之世, 期於致命喪身, 必當遂其高志, 不屈撓而移改也, 故曰"致命遂志"也.[1]

1) 君子之人……故曰致命遂志也 : '致命'을 孔穎達은 '목숨을 바침'으로 해석하였는바, 朱子도 이와 같다.

반면 程伊川은 이를 '命을 지극히 함'으로 해석하였는바, ≪程傳≫은 다음과 같다. "君子가 곤궁할 때를 당하여 이미 방비하고 염려하는 道를 다하였는데도 면할 수 없다면 이는 命이니, 마땅히 그 命을 미루어 지극히 해서 뜻을 이루어야 한다. 命의 當然함을 알았다면 窮塞과 禍患에 마음이 동요하지 않고 자신의 義를 행할 뿐이니, 만일 命을

알지 못하면 험난함에 두려워하고 곤궁함에 隕穫(氣가 꺾임)하여 지키는 바를 잃을 것이니, 어떻게 善을 하려는 뜻을 이룰 수 있겠는가.〔君子當困窮之時 旣盡其防慮之道而不得免則命也 當推致其命 以遂其志 知命之當然也 則窮塞禍患 不以動其心 行吾義而已 苟不知命 則恐懼於險難 隕穫於窮厄 所守亡矣 安能遂其爲善之志乎〕"

正義曰：〔澤无水 困〕 물이 못 아래에 있으면 못 위가 말라서 만물이 모두 곤궁함을 말한 것이다. 그러므로 "못에 물이 없는 것이 困卦이다."라 한 것이다.

〔君子以致命遂志〕 君子인 사람은 道를 지키다가 죽어서 비록 困厄의 세상을 만나더라도 목숨을 바치고 몸을 잃을 것을 기약하여 반드시 그 높은 뜻을 이루어서 굽히거나 흔들려 뜻을 바꾸고 고치지 않는다. 그러므로 "목숨을 바치고 뜻을 이룬다."라고 한 것이다.

初六은 臀困于株木이라 入于幽谷하여 三歲不覿(적)이로다

初六은 볼기짝이 나무 그루터기에 곤궁하다. 그윽한 골짜기로 들어가서 3년 동안 만나보지 못하도다.

【注】 最處底下하여 沈滯卑困하여 居无所安이라 故로 曰 臀困于株木也라하니라 欲之其應인댄 二隔其路하여 居則困于株木하고 進不獲拯하니 必隱遯者也라 故로 曰 入于幽谷也라하니라 困之爲道 不過數歲者也니 以困而藏이라가 困解乃出이라 故로 曰 三歲不覿也라하니라

〈初六이〉 가장 아래에 처하여 沈滯하고 낮고 곤궁하여 거처함에 편안한 곳이 없다. 그러므로 "볼기짝이 나무 그루터기에 곤궁하다."라고 한 것이다.

그 應으로 가고자 하면 九二가 그 길을 가로막아서, 가만히 있으면 나무 그루터기에 곤궁하고 나아가면 구원을 얻지 못하니, 반드시 은둔할 자이다. 그러므로 "그윽한 골짜기로 들어간다."라고 한 것이다.

困卦의 道는 몇 년을 지나지 않으니, 곤궁하기 때문에 은둔하였다가 곤궁함이 풀리면 비로소 나온다. 그러므로 "3년 동안 만나보지 못한다."라고 한 것이다.

【疏】 '初六臀困于株'至'三歲不覿' ○正義曰：'臀困于株木'者, 初六處困之時, 以陰爻最居窮下, 沈滯卑困, 居不獲安, 若臀之困于株木, 故曰"臀困於株木"也. '入于幽谷'者, 有應在四, 而二隔之, 居則困株, 進不獲拯, 勢必隱遯者也, 故曰"入于幽谷"也.[1] '三歲不覿'者, 困之爲道, 不過數歲, 困窮乃出, 故曰"三歲不覿"也.[2]

1) 入于幽谷者……故曰入于幽谷也 : '入于幽谷'을 王弼과 孔穎達은 '은둔'의 뜻으로 해석하였는데, 程伊川은 '더욱 깊은 困에 빠져듦'으로 해석하였는바, ≪程傳≫은 다음과 같다. "그윽한 골짜기로 들어간다는 것은, 陰柔한 사람은 만난 바를 편안히 여길 수 있는 자가 아니니, 이미 곤궁함을 면치 못하면 더욱 혼미하고 어두워 妄動해서 깊은 곤함에 빠져들 것이니, 幽谷은 깊고 어두운 곳이다.〔入于幽谷 陰柔之人 非能安其所遇 既不能免於困 則益迷暗妄動 入於深困 幽谷 深暗之所也〕"

2) 三歲不覿者……故曰三歲不覿也 : '三歲不覿'을 王弼과 孔穎達은 '몇 년이 지나지 않아 곤궁함을 벗어날 것'이라는 의미로 해석하여 긍정적 의미로 보았는바, '三歲不覿'을 '3년이 지나면 만날 수 있음'의 뜻으로 확대하여 본 것이다.

반면 程伊川과 朱子는 이를 부정적 의미로 해석하였는바, ≪程傳≫은 다음과 같다. "더욱 곤궁한 데로 들어가서 스스로 벗어날 형세가 없으므로 3년 동안 만나보지 못함에 이르니, 끝내 곤궁한 자이다. '不覿'은 亨通한 바를 만나지 못하는 것이다.〔方益入於困 无自出之勢 故至於三歲不覿 終困者也 不覿 不遇其所亨也〕"

經의 〔初六臀困于株〕에서 〔三歲不覿〕까지

○ 正義曰 : 〔臀困于株木〕 初六이 困의 때에 처하여 陰爻로서 가장 아래에 거해서 沈滯하고 낮고 곤궁하여 거처함에 편안함을 얻지 못하니, 마치 볼기짝이 나무 그루터기에 곤궁한 것과 같다. 그러므로 "볼기짝이 나무 그루터기에 곤궁하다."라고 한 것이다.

〔入于幽谷〕 應이 九四에 있으나 九二가 가로막아서, 가만히 있으면 그루터기에 곤궁하고 나아가면 구원을 얻지 못하니, 형세가 반드시 은둔할 자이다. 그러므로 "그윽한 골짜기로 들어간다."라고 한 것이다.

〔三歲不覿〕 困의 道는 몇 년을 지나지 아니하여 곤궁함에서 마침내 벗어난다. 그러므로 "3년 동안 만나보지 못한다."라고 한 것이다.

象曰 入于幽谷은 幽不明也라

〈象傳〉에 말하였다. "'入于幽谷(그윽한 골짜기로 들어감)'에서, 幽는 밝지 못한 것이다."

【注】 言幽者는 不明之辭也니 入于不明은 以自藏也라

'幽'라는 말은 밝지 못하다는 말이니, 밝지 못함으로 들어감은 스스로 감추기 때문이다.

【疏】 正義曰 : '幽不明'者, 象辭惟釋幽字, 言幽者, 正是不明之辭, 所以入不明, 以自藏而避困也. 釋株者, (初不)〔杌木〕[1]謂之株也.

1) (初不)〔杌木〕 : 저본에는 '初不'로 되어 있으나, 錢本・宋本에 의거하여 '杌木'으로 바로잡았다.(阮元의 〈校勘記〉 참조)

正義曰 : 〔幽不明〕 〈象傳〉은 오직 '幽'자를 해석하였으니, '幽'라는 말은 바로 밝지 못하다는 말인바, 밝지 못함으로 들어간 이유는 스스로 감추어 곤궁함을 피하기 때문이다. '株'를 해석한다면, 杌木(그루터기 나무)을 株라고 한다.

九二는 困于酒食(사)하고 朱紱(불)方來라 利用享祀하니 征凶하여 无咎리라

九二는 술과 밥에 곤궁하고 朱紱(붉은 蔽膝)이 바야흐로 온다. 제사를 올림이 이로우니, 가면 흉하여 허물할 데가 없으리라.

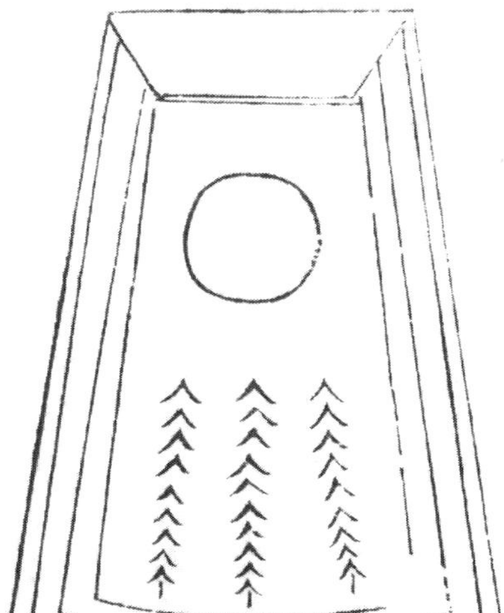

蔽膝(1)

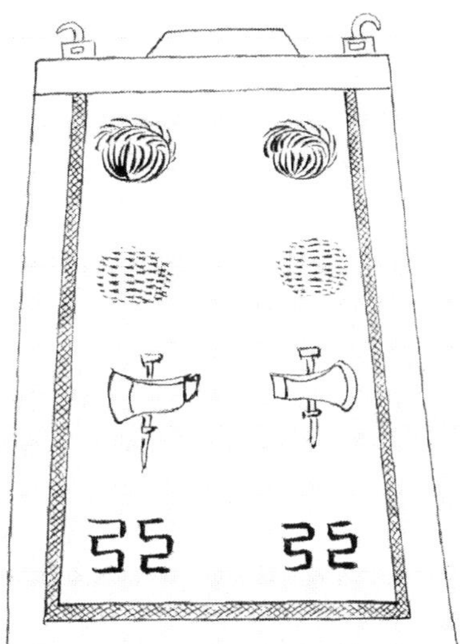

蔽膝(2)

【注】 以陽居陰하니 尙謙者也요 居困之時하여 處得其中하니 體夫剛質하여 而用中履謙하고 應不在一하여 心无所私하니 盛莫先焉이라 夫謙以待物이면 物之所歸요 剛以處險이면 難之所濟라 履中則不失其宜하고 无應則心无私恃하니 以斯處困이면 物莫不至하여 不勝豐衍이라 故曰 困于酒食라하니 美之至矣라 坎은 北方之卦也요 朱紱은 南方之物也라 處困以斯면 能

招異方者也[1]라 故로 曰 朱紱方來也라하니라 豐衍盈盛故로 利用享祀라 盈而又進은 傾之道也니 以此而征이면 凶誰咎乎아 故로 曰 征凶无咎라하니라

1) 坎……能招異方者也 : 朱紱은 붉은 蔽膝(무릎 가리개)로 祭祀나 大禮式 등에 무릎을 가리는 물건인데, 후대에는 대부분 官服으로 사용되었다. 五行상 청색은 東方, 적색은 南方, 황색은 中央, 백색은 西方, 흑색은 北方이며, 坎의 방위는 北方이므로 이렇게 말한 것이다.

陽으로서 陰의 자리에 처하니 겸손함을 숭상하는 자이고, 곤궁할 때에 거하여 처함이 中을 얻었으니, 剛한 質을 體行하여 中을 쓰고 겸손함을 이행하며 應이 한곳에만 있지 않아서 마음에 사사로운 바가 없으니, 盛함이 이보다 더할 수 없다. 겸손함으로써 물건(사람을 포함)을 대하면 물건이 歸依하는 바요, 剛으로써 險함에 처하면 어려움을 구제할 수 있는 것이다. 中을 밟으면 그 마땅함을 잃지 않고, 應이 없으면 마음에 사사로이 믿음이 없으니, 이로써 곤궁함에 처하면 물건이 이르지 않음이 없어서 풍부함을 이루 다 말할 수 없다. 그러므로 "술과 밥에 곤궁하다."라고 한 것이니, 아름다움이 지극한 것이다.

坎은 北方의 卦이고, 朱紱은 南方의 물건이다. 곤궁에 처하기를 이로써 하면 이는 다른 지방의 물건을 불러올 수 있는 자이다. 그러므로 "朱紱이 바야흐로 온다."라고 한 것이다.

풍부하여 가득하고 성하기 때문에 제사를 올리는 것이 이로운 것이다. 가득한데 또 나아감은 기울어지는 방도이니, 이로써 가면 흉함을 누구에게 허물하겠는가. 그러므로 "가면 흉하여 허물할 데가 없다."라 한 것이다.

【疏】 '九二困于酒食'至'无咎' ○正義曰 : '困于酒食'者, 九二體剛居陰, 處中无應. 體剛則健, 能濟險也, 居陰則謙, 物所歸也, 處中則不失其宜, 无應則心无私黨. 處困以斯, 物莫不至, 不勝豐衍, 故曰"困于酒食"也.[1] '朱紱方來 利用享祀'者, 紱, 祭服也. 坎, 北方之卦也, 紱, 南方之物. 處困用謙, 能招異方者也, 故曰"朱紱方來"也.[2] 擧異方者, 明物无不至, 酒食豐盈, 異方歸向, 祭則受福, 故曰"利用享祀." '征凶 无咎'者, 盈而又進, 傾敗之道, 以征必凶, 故曰"征凶." 自進致凶, 无所怨咎, 故曰"无咎"也.[3]

1) 困于酒食者……故曰困于酒食也 : '困于酒食'를 王弼과 孔穎達은 '九二가 겸손하고 사사로움이 없어서 모든 물건이 이르러 오므로 酒食가 매우 풍부함'의 의미로 보았는데, 朱子 역시 "'困于酒食'는 술과 밥을 실컷 먹어 苦惱하는 뜻이다. 술과 밥은 사람이 하고자

하는 바이나 취하고 배부름이 적당함을 지나면 이는 도리어 곤함을 당하는 것이 된다.〔困于酒食 厭飫苦惱之意 酒食 人之所欲 然醉飽過宜 則是反爲所困矣〕"라고 하여, 注疏와 같은 의미로 해석하였다.

반면 程伊川은 이를 '남에게 은혜를 베풀지 못함'의 뜻으로 보았는바, ≪程傳≫은 다음과 같다. "술과 밥은 사람이 하고자 하는 바이고 은혜를 베푸는 것이다. 九二가 剛中의 재질로 困할 때에 처하였으니, 君子는 만난 바를 편안히 여겨 비록 곤궁하고 험난하나 마음이 동요하는 바가 없어 그 곤궁함을 근심하지 않으니, 곤궁한 것은 오직 하고자 하는 바에 곤궁할 뿐이다. 군자가 하고자 함은 천하의 백성들에게 은택을 내려 천하의 곤함을 구제하는 것이니, 九二가 하고자 함을 이루고 은혜를 베풀지 못하므로 酒食에 곤하다고 한 것이다.〔酒食 人所欲而所以施惠也 二以剛中之才而處困之時 君子安其所遇 雖窮阨險難 无所動其心 不恤其爲困也 所困者 唯困於所欲耳 君子之所欲者 澤天下之民 濟天下之困也 二未得遂其欲施其惠 故爲困于酒食也〕"

한편 沙溪(金長生)는 ≪本義≫의 해석에 대하여 "'困于酒食'는 음식의 일을 말한 것이 아니고, 하고자 하는 것을 이루고 은혜를 베풀 수 있음을 말한 것이다. ≪本義≫에서 '困于酒食'의 의미를 설명한 것은 적절하지 못하다.〔困于酒食 非謂飮食之事 得遂其欲施其惠也 義意困于酒食之說 未襯貼〕"라고 평가하였다. ≪沙溪全書 經書辨疑 권15 周易≫

2) 朱紱方來……故曰朱紱方來也 : '朱紱方來'를 王弼과 孔穎達은 '다른 지방의 사람들이 九二에게 귀의함'의 의미로 보았는데, 程伊川과 朱子는 '九五가 와서 응함'으로 해석하였다. ≪程傳≫은 다음과 같다. "九二가 剛中의 德으로 아래에서 困하니, 위에 九五 剛中의 군주가 있어 道가 같고 德이 합하여 반드시 와서 서로 찾을 것이므로 '朱紱이 바야흐로 온다.'고 말하였으니, '方來'는 바야흐로 오는 것이다. '朱紱'은 王者의 衣服으로 蔽膝이니, 걸어오는 것을 뜻으로 삼았기 때문에 蔽膝로 말한 것이다.〔二以剛中之德 困於下 上有九五剛中之君 道同德合 必來相求 故云朱紱方來 方來 方且來也 朱紱 王者之服 蔽膝也 以行來爲義 故以蔽膝言之〕"

3) 征凶无咎者……故曰无咎也 : '无咎'를 王弼과 孔穎達은 '가득한데 또 나아간 것은 스스로 한 일이므로 원망할 데가 없음'의 의미로 보았는데, 程伊川도 "곤궁할 때에 만일 至誠으로 편안히 처하여 天命을 기다리지 않고 가서 구한다면 難을 범하여 흉함을 얻으리니, 이것은 스스로 취하는 것이다. 장차 누구를 허물하겠는가. 때를 헤아리지 않고 가면 바로 제자리를 편안히 여기지 못하는 것이니, 곤궁함에 동요당한다.〔方困之時 若不至誠安處以俟命 往而求之 則犯難得凶 乃自取也 將誰咎乎 不度時而征 乃不安其所 爲困所動也〕"라 하여 經文을 '허물할 데가 없음'으로 해석하였다.

반면 朱子는 "만일 가면 알맞은 때가 아니므로 흉하나 義에 있어서는 허물이 없음이 된다.〔若征行則非其時 故凶而於義爲无咎也〕"라고 하였다.

經의 〔九二困于酒食〕에서 〔无咎〕까지

○ 正義曰 : 〔困于酒食〕 九二는 體가 剛하고 陰의 자리에 거하며 中에 처하고 應이 없다. 體가 剛하면 굳세니 능히 험함을 구제할 수 있고, 陰의 자리에 거하면 겸손하니 물건(사람)이 歸依하는 바이며, 中에 처하면 그 마땅함을 잃지 않고, 應이 없으면 마음에 사사로운 黨이 없다. 곤궁함에 처하기를 이로써 하면 물건이 이르지 않음이 없어서 풍부함을 이루 다 말할 수 없다. 그러므로 "술과 밥에 곤궁하다."라고 한 것이다.

〔朱紱方來 利用享祀〕 '紱'은 祭服이다. 坎은 北方의 卦이고, '紱'은 南方의 물건이다. 곤궁에 처하여 겸손함을 사용하면 이는 다른 지방의 물건을 불러올 수 있는 자이다. 그러므로 "朱紱이 바야흐로 온다."라고 한 것이다. 다른 지방을 든 것은 물건이 이르지 않음이 없음을 밝힌 것이니, 술과 밥이 풍부하여 가득하고 다른 지방의 물건들이 歸依하여, 제사하면 복을 받는다. 그러므로 "제사를 올림이 이롭다."라고 한 것이다.

〔征凶 无咎〕 가득한데 또 나아감은 기울고 패하는 방도이니, 이로써 가면 반드시 흉하다. 그러므로 "가면 흉하다."라고 한 것이다. 스스로 나아가 흉함을 불러서 원망하고 허물할 데가 없다. 그러므로 "허물할 데가 없다."라고 한 것이다.

象曰 困于酒食는 中有慶也라

〈象傳〉에 말하였다. "'술과 밥에 곤궁함'은 中德으로 福慶이 있는 것이다."

【疏】 正義曰 : '中有慶'者, 言二以中德被物, 物之所賴, 故曰"有慶也."[1]

1) 中有慶者……故曰有慶也 : 孔穎達은 '有慶'을 九二가 현재 그러한 것으로 보았으나, 程伊川은 이를 剛中의 德을 지킨 뒤에 있을 결과로 보았는바, ≪程傳≫은 다음과 같다. "비록 하고자 하는 바에 곤궁하여 물건(사람)에게 은혜를 베풀지는 못하나 剛中의 德을 지키면 반드시 亨通함을 이루어 福慶이 있을 것이다. 비록 때가 亨通하지 못하더라도 中德을 지키면 또한 君子의 道가 亨通한 것이니, 福慶이 있는 것이다.〔雖困于所欲 未能施惠於人 然守其剛中之德 必能致亨而有福慶也 雖使時未亨通 守其中德 亦君子之道亨乃有慶也〕"

正義曰 : 〔中有慶〕 九二가 中德을 물건에게 입혀서 물건이 의뢰하는 바가 됨을 말한 것이다. 그러므로 "福慶이 있다."라고 한 것이다.

六三은 **困于石**이라 **據于蒺藜**니 **入于其宮**하야도 **不見其妻**하여 **凶**하니라

六三은 돌에 곤궁하다. 蒺藜를 점거하니, 집에 들어가도 아내를 만나보지 못하여 흉하다.

【注】 石之爲物은 堅而不納者也니 謂四也니 三以陰居陽하여 志武者也라 四自納初하여 不受己者요 二非所據니 剛非所乘이라 上比困石하고 下據蒺藜하여 无應而入이니 焉得配偶리오 在困處斯면 凶其宜也라

돌이란 물건은 단단하여 받아들이지 못하는 것이니, 九四를 이른다. 六三은 陰으로서 陽의 자리에 거하여 뜻이 강한 자이다. 九四는 본래 初六을 받아들여서 자기(六三)를 받아들이지 않는 자이고, 九二는 〈六三이〉 점거할 수 있는 바가 아니니, 剛은 〈柔가〉 탈 수 있는 것이 아니다. 위로 가까이하면 돌에 곤궁하고, 아래는 蒺藜를 점거하여 應이 없이 들어가니 어찌 配偶를 얻겠는가. 곤궁함에 있으면서 이러한 방식으로 처하면 흉함이 당연하다.

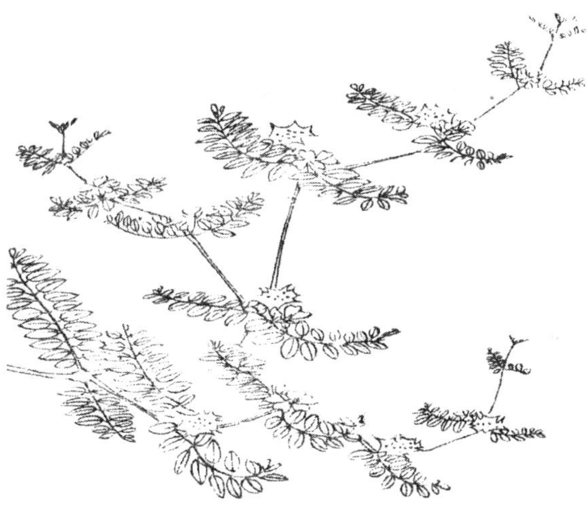

蒺藜

【疏】 '六三困于石'至'不見其妻凶' ○ 正義曰 : '困于石 據于蒺藜'者, 石之爲物, 堅剛而不可入也. 蒺藜之草, 有刺而不可踐也. 六三以陰居陽, 志懷剛武, 己又无應, 欲上附於四, 四自納於初, 不受己者也, 故曰"困于石"也. 下欲比二, 二又剛陽, 非己所據, 故曰"據于蒺藜"也. '入于其宮 不見其妻 凶'者, 无應而入, 難得配偶, 譬於入宮, 不見其妻, 處困以斯, 凶其宜也, 故曰"入于其宮, 不見其妻, 凶"也.

經의 〔六三困于石〕에서 〔不見其妻凶〕까지

○ 正義曰 : 〔困于石 據于蒺藜〕 돌이란 물건은 단단하고 剛하여 들어갈 수가 없고, 蒺藜란 풀은 가시가 있어서 밟을 수가 없다. 六三이 陰爻로서 陽의 자리에 거하여 뜻이 剛

武함을 품고, 자기가 또 應이 없어서 위로 九四에게 붙고자 하나 九四는 본래 初六을 받아들여서 자기를 받아들이지 않는 자이다. 그러므로 "돌에 곤궁하다."라고 한 것이다. 아래로 九二와 가까이하고자 하나 九二가 또 剛陽이어서 자기가 점거할 수 있는 바가 아니다. 그러므로 "蒺藜를 점거한다."라고 한 것이다.

〔入于其宮 不見其妻 凶〕 應이 없이 들어가면 配偶를 얻기 어려우니, 비유하면 집에 들어감에 그 아내를 만나보지 못하는 것이다. 곤궁에 처하기를 이로써 하면 흉함이 당연하다. 그러므로 "집에 들어가도 아내를 만나보지 못하여 흉하다."라고 한 것이다.

象曰 據于蒺藜는 乘剛也요 入于其宮이라도 不見其妻는 不祥也라

〈象傳〉에 말하였다. "'蒺藜를 점거함'은 剛을 탄 것이요, '집에 들어가도 아내를 만나보지 못함'은 상서롭지 못한 것이다."

【疏】 正義曰 : '乘剛'者, 明二爲蒺藜也. '不祥也'者, 祥, 善也吉也, 不吉, 必有凶也.

正義曰 : 〔乘剛〕 九二가 蒺藜가 됨을 밝힌 것이다.

〔不祥也〕 '祥'은 善이요 吉함이니, 길하지 못하면 반드시 흉함이 있는 것이다.

九四는 來徐徐는 困于金車니 吝하나 有終이리라

九四는 오기를 서서히 함은 金車에 곤궁한 것이니, 부끄러우나 끝(有終의 美)이 있으리라.

【注】 金車는 謂二也니 二剛以載者也라 故로 謂之金車라 徐徐者는 疑懼之辭也라 志在於初而隔於二하고 履不當位하여 威令不行이라 棄之則不能이요 欲往則畏二라 故로 曰 來徐徐는 困于金車也라하니라 有應而不能濟之라 故로 曰 吝也라 然이나 以陽居陰하여 履謙之道하고 量力而處하여 不與二爭하니 雖不當位나 物終與之라 故로 曰 有終也라하니라

'金車'는 九二를 이르니, 九二는 剛하여 싣는 자이다. 그러므로 '金車'라 한 것이다. '徐徐'는 의심하고 두려워하는 말이다. 뜻이 初六에 있으나 九二에게 막히고, 밟은 것이 자리에 합당하지 못하여 위엄과 명령이 행해지지 못한다. 初六을 버리려고 하나 하지 못하고 가고자 하면 九二를 두려워하므로 "오기를 서서히 함은 金車에 곤궁한 것이다."라고

한 것이다.

應이 있으나 능히 자기를 구제해주지 못하므로 "부끄럽다."라고 한 것이다. 그러나 陽爻로서 陰의 자리에 거하여 겸손한 道를 이행하고 힘을 헤아려 대처해서 九二와 다투지 않으니, 비록 자리에 합당하지 않으나 사람들이 끝내 함께한다. 그러므로 "끝이 있으리라."라고 한 것이다.

【疏】 '九四來徐徐'至'有終' ○ 正義曰 : 何氏云"九二以剛德勝, 故曰金車也."1) '徐徐'者, 疑懼之辭. 九四有應於初而礙於九(三)〔二〕2), 故曰"困于金車." 欲棄之, 惜其配偶, 疑懼而行不敢疾速, 故來徐徐也. 有應而不敢往, 可恥可恨, 故曰"吝"也. 以陽居陰, 不失謙道, 爲物之所與, 故曰"有終"也.

1) 何氏云……故曰金車也 : '金車'가 九二를 가리킨다고 본 것은 王弼·孔穎達·程伊川·朱子가 모두 같은데, 그 이유에 대해서는 견해가 조금씩 다르다. 程伊川은 "金은 剛한 것이요 수레는 물건을 싣는 것이니, 九二가 剛함으로 아래에 있으면서 자기를 싣고 있기 때문에 金車라고 이른 것이다.〔金 剛也 車 載物者也 二以剛在下載己 故謂之金車〕"라 하였고, 朱子는 "金車가 九二의 象이 됨은 자세하지 않으니, 의심컨대 坎에 수레바퀴의 象이 있는 듯하다.〔金車爲九二象 未詳 疑坎有輪象也〕"라고 하였다.

2) (三)〔二〕 : 저본에는 '三'으로 되어 있으나, 注에서 '初而隔於二'라 하였고, 阮元의 〈校勘記〉에 "살펴보건대, '三'은 '二'가 되어야 한다."라고 한 것에 의거하여 '二'로 바로잡았다.

經의 〔九四來徐徐〕에서 〔有終〕까지

○ 正義曰 : 何氏(何妥)가 말하기를 "九二는 剛德이 우세하기 때문에 '金車'라 한 것이다."라고 하였다.

〔徐徐〕 의심하고 두려워하는 말이다.

九四가 初六에 應이 있으나 九二에게 막혔다. 그러므로 "金車에 곤궁한 것이다."라고 한 것이다.

버리고자 하나 그 配偶를 愛惜히 여겨서 의심하고 두려워하지만 떠나가기를 감히 빨리하고 속히 하지 못한다. 그러므로 오기를 서서히 하는 것이다.

應이 있으나 감히 가지 못하면 부끄러울 만하고 한스러울 만하다. 그러므로 "부끄럽다."라고 한 것이다.

陽爻로서 陰의 자리에 거하여 겸손한 道를 잃지 않아서 사람들이 함께하는 바가 되었다. 그러므로 "끝이 있으리라."라고 한 것이다.

象曰 來徐徐는 **志在下也**니

〈象傳〉에 말하였다.

"'오기를 서서히 함'은 뜻이 아래에 있는 것이니,

【注】 下는 謂初也라

아래는 初六을 이른다.

雖不當位나 **有與也**니라

비록 자리에 합당하지 않으나 함께하는 이가 있는 것이다."

【疏】 正義曰 : '有與'者, 位雖不當, 執謙之故, 物所與也.[1)]

1) 有與者……物所與也 : 程伊川은 '함께하는 이'를 初六으로 보았는바, 初六이 九四의 正應이므로 끝내는 서로 함께한다고 본 것이다. 爻辭의 '有終' 역시 '끝내는 初六과 서로 따름'으로 해석하였다.

正義曰 : 〔有與〕 자리가 비록 합당하지 않으나 겸손함을 지키기 때문에 물건(사람)이 함께하는 것이다.

九五는 **劓刖**(의월)하여 **困于赤紱**이나 **乃徐有說**(열)이요 **利用祭祀**하니라

九五는 코를 베고 발을 베어서 赤紱에 곤궁하나 마침내 서서히 하면 기쁨이 있고 祭祀에 씀이 이롭다.

【注】 以陽居陽은 任其壯者也니 不能以謙致物이면 物則不附라 忿物不附하여 而用其壯猛하여 行其威刑이면 異方愈乖[1)]하고 遐邇愈叛하니 刑之欲以得은 乃益所以失也라 故로 曰 劓刖하여 困于赤紱也라하니라 二는 以謙得之하고 五는 以剛失之로되 體在中直하여 能不遂迷하니 困而徐하여 能用其道者也라 致物之功은 不在於暴이라 故曰 徐也니 困而後乃徐徐하면 則有說矣라 故로 曰 困于赤紱이나 乃徐有說也라하니라 祭祀는 所以受福也라 履夫尊位하여 困而能改하여 不遂其迷하니 以斯祭祀면 必得福焉이라 故로 曰 利用祭祀也라하니라

1) 異方愈乖 : 赤紱은 九二 爻辭의 朱紱과 같은 것으로, 적색의 방위는 南方이며, 上體인 兌는 방위가 西方이므로 이렇게 말한 것이다.

陽으로서 陽의 자리에 있음은 健壯함을 自任하는 자이니, 겸손함으로써 물건(사람)을 오게 하지 못하면 물건이 따르지 않는다. 물건이 따르지 않는 것을 분하게 여겨서 자기의 건장함과 사나움을 사용하여 위엄과 형벌을 행하면 다른 지방 사람들이 더욱 어긋나고 먼 곳과 가까운 곳에 있는 자들이 더욱 배반하니, 이들을 형벌하여 얻고자 함은 바로 더욱 잃게 만드는 것이다. 그러므로 "코를 베고 발을 베어서 赤紱에 곤궁하다."라고 한 것이다.

九二는 겸손함으로써 얻고 九五는 剛함으로써 잃는데 體가 中直에 있어서 혼미함을 이루지 않을 수 있으니, 곤궁하나 서서히 하여 능히 그 道를 사용하는 자이다. 물건을 오게 하는 功은 급함에 있지 않다. 그러므로 "서서히 한다."라고 한 것이니, 곤궁한 뒤에 마침내 서서히 하면 기쁨이 있을 것이다. 그러므로 "赤紱에 곤궁하나 마침내 서서히 하면 기쁨이 있다."라고 한 것이다.

祭祀는 福을 받으려는 것이다. 높은 지위를 밟고 있어서 곤궁하면서도 능히 고쳐 혼미함을 이루지 않으니, 이로써 제사하면 반드시 복을 얻는다. 그러므로 "祭祀에 씀이 이롭다."라고 한 것이다.

【疏】'九五'至'利用祭祀' ○正義曰 : 九五以陽居陽, 用其剛壯, 物不歸己, 見物不歸, 而用威刑, 行其劓刖之事. 既行其威刑, 則異方愈乖, 遐邇愈叛. 兌, 爲西方之卦, 赤紱, 南方之物, 故曰"劓刖, 困於赤紱"也.[1] 此卦九二爲以陽居陰, 用其謙退, 能招異方之物也, 此言九五剛猛, 不能感異方之物也. 若但用其中正之德, 招致於物, 不在速暴而徐徐, 則物歸之而有說矣, 故曰"乃徐有說"也.[2] 居得尊位, 困而能反, 不執其迷, 用其祭祀, 則受福也.

1) 九五以陽居陽……困於赤紱也 : '劓刖 困于赤紱'을 王弼과 孔穎達은 '九五가 남에게 위엄과 형벌을 쓰므로 다른 지방의 사람들이 九五에게 귀의하지 않음'으로 보았는바, '赤紱'을 九二 爻辭의 '朱紱'과 같은 의미로 해석한 것이다.

반면 程伊川과 朱子는 '劓刖'을 '九五가 위와 아래의 陰에게 상해를 당함'으로 해석하고, '困于赤紱'을 '천하의 사람들이 九五의 군주에게 오지 않음'으로 보았다. '赤紱'에 대하여 程伊川은 "赤紱은 신하의 의복이니, 걸어오는 뜻을 취하였으므로 紱로써 말한 것이다.〔赤紱 臣下之服 取行來之義 故以紱言〕"라고 하였다.

沙溪는 "紱이란 바로 걸어온다는 뜻을 취한 것인데, 오지 않은 까닭에 '困于赤紱'이라고 한 것이다.〔紱 乃取行來之意 而不來 故曰困于赤紱〕"라 하여 程伊川의 해석을 지지하였다. ≪沙溪全書 經書辨疑 권15 周易≫

2) 若但用其中正之德……故曰乃徐有說也 : '乃徐有說'을 王弼과 孔穎達은 '九五가 서서히 물건을 불러오면 물건이 歸依하여 기쁨이 있을 것임'의 의미로 보았다.

반면 程伊川과 朱子는 이를 '늦게는 기쁨이 있을 것임'의 뜻으로 보았는바, ≪程傳≫은 다음과 같다. "〈九五가〉 비록 困에 있으나 剛中의 德이 있고 아래에 九二 剛中의 賢者가 있어 道가 같고 德이 합하니, 서서히 반드시 서로 應하여 와서 함께 천하의 곤함을 구제할 것이니, 이는 처음에는 困하나 늦게는 기쁨이 있는 것이다.〔雖在困 而有剛中之德 下有九二剛中之賢 道同德合 徐必相應而來 共濟天下之困 是始困而徐有喜說也〕"

經의 〔九五〕에서 〔利用祭祀〕까지

○ 正義曰 : 九五가 陽으로서 陽의 자리에 있어서 그 剛함과 健壯함을 사용하여 물건(사람)이 자기에게 歸依하지 않으니, 물건이 귀의하지 않는 것을 보고서 위엄과 형벌을 써서 코를 베고 발을 베는 일을 행한다. 이미 위엄과 형벌을 행하면 다른 지방 사람들이 더욱 어긋나고 먼 곳과 가까운 곳에 있는 자들이 더욱 배반한다. 兌는 西方의 卦이고, 赤紱은 南方의 물건이다. 그러므로 "코를 베고 발을 베어서 赤紱에 곤궁하다."라고 한 것이다.

이 卦의 九二는 陽으로서 陰의 자리에 있어서 겸손함을 사용하여 다른 지방의 물건을 불러오는데, 여기에서는 九五가 강하고 사나워서 다른 지방의 물건을 감동시키지 못함을 말한 것이다. 만약 다만 中正한 德을 사용하여 물건을 불러오되 빠르고 급하게 하지 않고 서서히 하면 물건이 귀의하여 기쁨이 있을 것이다. 그러므로 "마침내 서서히 하면 기쁨이 있다."라고 한 것이다.

거함이 尊位를 얻어서 곤궁하면서도 능히 돌이켜서 그 혼미함을 고집하지 않으니, 이것을 제사에 사용하면 福을 받는 것이다.

象曰 劓刖은 **志未得也**요 **乃徐有說**은 **以中直也**요 **利用祭祀**는 **受福也**라

〈象傳〉에 말하였다. "'코를 베고 발을 벰'은 뜻을 얻지 못한 것이요, '마침내 서서히 하면 기쁨이 있음'은 中直하기 때문이요, '祭祀에 씀이 이로움'은 福을 받는 것이다."

【疏】 正義曰 : '志未得也'者, 由物不附己, 己(德)〔志〕[1]未得, 故曰"志未得也." '乃徐有說 以中直也'者, 居中得直, 不貪不暴, 終得其應, 乃寬緩修其道德, 則得喜說, 故云"乃徐有說, 以中直也." '利用祭祀 受福'者, 若能不遂迷志, 用其中正, 則異方所歸, 祭則受福, 故曰"利用祭祀, 受福"也.

1) (德)〔志〕: 저본에는 '德'로 되어 있으나, 毛本에 의거하여 '志'로 바로잡았다.(阮元의 〈校勘記〉 참조)

正義曰 : 〔志未得也〕 물건이 자기를 따르지 않음으로 말미암아 자기의 뜻을 얻지 못하였다. 그러므로 "뜻을 얻지 못한 것이다."라고 한 것이다.

〔乃徐有說 以中直也〕 中에 거하고 정직함을 얻어서 貪하지 않고 급하게 하지 않으면 끝내 그 應을 얻을 것이니, 마침내 너그럽고 느슨히 하여 그 道德을 닦으면 기쁨을 얻는 것이다. 그러므로 "'서서히 하면 기쁨이 있음'은 中直하기 때문이다."라고 한 것이다.

〔利用祭祀 受福〕 만약 능히 뜻을 혼미하게 함을 이루지 않고 中正을 사용하면 다른 지방의 사람들이 귀의하니, 제사하면 福을 받는다. 그러므로 "'祭祀에 씀이 이로움'은 복을 받는 것이다."라고 한 것이다.

上六은 困于葛藟(갈류)하고 于臲卼(얼올)하니 曰動悔라하여 有悔하면 征吉하리라

上六은 葛藟(칡넝쿨)에 곤궁하고 위태로움에 곤궁하니, "후회할 만한 일을 발동하여야 한다."라 해서 후회하는 마음이 있게 하면 감에 吉하리라.

【注】 居困之極하여 而乘於剛하고 下无其應하여 行則愈繞者也라 行則纏繞하여 居不獲安이라 故로 曰 困于葛藟하고 于臲卼也라하니라 下句无困은 因於上也라 處困之極하여 行无通路하고 居无所安은 困之至也라 凡物이 窮則思變하고 困則謀通하나니 處至困之地하니 用謀之時也라 曰者는 思謀之辭也니 謀之所行에 有隙則獲[1]하니 言將何以通至困乎니 曰 動悔라하여 令生有悔하여 以征則濟矣라 故로 曰 動悔라하여 有悔하면 征吉也라하니라

1) 謀之所行 有隙則獲 : 곤궁할 적에 생각이 꽉 막히면 곤궁함을 탈출할 틈(구멍)을 얻지 못하는데, 도모함을 생각하여 탈출할 틈이 있게 되면 탈출할 방법을 터득하게 됨을 말한 것이다.

困의 極에 거하여 剛을 타고 있고 아래에 應이 없어서 가면 더욱 감기는 자이다. 가면

감겨서 거함에 편안함을 얻지 못한다. 그러므로 "葛藟에 곤궁하고 위태로움에 곤궁하다."라 한 것이다. 아래 句에 困이 없음은 위의 困자를 이어받은 것이다.

困의 極에 처하여 감에 통하는 길이 없고 거함에 편안한 곳이 없음은 곤궁함이 지극한 것이다. 모든 물건이 궁하면 변할 것을 생각하고, 곤궁하면 통할 것을 도모한다. 지극히 곤궁한 자리에 처하였으니, 謀策(계책)을 사용하는 때이다. '曰'은 모책을 생각하는 말이니, 모책이 행해질 적에 틈이 있으면 얻어지니, "장차 어떻게 하면 지극히 곤궁함을 통하게 할 수 있겠는가?"라 하는 것이니, "후회할 만한 일을 발동해야 한다."라 하여 후회하는 마음이 생기게 해서 가면 구제된다. 그러므로 "'후회할 만한 일을 발동해야 한다.'라 해서 후회하는 마음이 있게 하면 감에 吉하리라."라고 한 것이다.

【疏】'上六困于葛藟'至'征吉' ○正義曰：葛藟, 引蔓纏繞之草, 鮠卼, 動搖不安之辭. 上六處困之極, 極困者也. 而乘於剛, 下又无應, 行則纏繞, (者)〔居〕[1]不得安, 故曰"困於葛藟於鮠卼"也. 應亦言困於鮠卼, 困因於上, 省文也. 凡物窮則思變, 困則謀通, 處至困之地, 是用謀策之時也. '曰'者, 思謀之辭也. 謀之所行, 有隙則獲, 言將何以通至困乎. 爲之謀曰"必須發動其可悔之事", 令其有悔可知, 然後處困求通, 可以行而獲吉, 故曰"動悔, 有悔, 征吉."[2]

1) (者)〔居〕: 저본에는 '者'로 되어 있으나, 毛本에 의거하여 '居'로 바로잡았다.(阮元의 〈校勘記〉 참조)

2) 謀之所行……征吉 : 程伊川은 '曰動悔 有悔'를 '동할 때마다 뉘우침이 있을 것이라 하여 뉘우치는 마음을 둠'으로 해석하였는바, ≪程傳≫은 다음과 같다. "'動悔'는 동할 때마다 뉘우침이 있는 것이니, 困하지 않은 바가 없는 것이다. '有悔'는 예전의 잘못을 허물하는 것이다. 曰은 스스로 말하는 것이다. 만일 말하기를 '이와 같이 하면 동할 때마다 모두 뉘우침을 얻을 것이다.'라고 하면 마땅히 예전에 하던 바를 바꿀 것이다. 이는 뉘우침이 있는 것이니, 뉘우치면 가서 吉함을 얻을 것이다.〔動悔 動輒有悔 无所不困也 有悔 咎前之失也 曰 自謂也 若能曰 如是 動皆得悔 當變前之所爲 有悔也 能悔則往而得吉也〕"

반면 朱子는 '曰'을 어조사로 보고 '困于葛藟 于鮠卼 曰動悔'를 象으로, '有悔 征吉'을 占으로 나누어 보았는바, ≪本義≫는 다음과 같다. "陰柔로 困의 極에 처했기 때문에 葛藟와 鮠卼에 困하여 동함에 뉘우치는 象이 있는 것이다. 그러나 사물이 窮極에 이르면 변하기 때문에 그 占에 '만일 뉘우치는 마음을 두면 가서 吉할 것이다' 한 것이다.〔以陰柔處困極 故有困于葛藟于鮠卼曰動悔之象 然物窮則變 故其占曰若能有悔 則可以征而吉矣〕"

經의 〔上六困于葛藟〕에서 〔征吉〕까지

○ 正義曰 : '葛藟'는 길게 뻗어 감는 풀이고, '臲卼'은 동요하여 편안하지 못하다는 말이다. 上六이 困의 極에 처하였으니 지극히 곤궁한 자이고, 剛을 타고 있고 아래에 또 應이 없으니, 가면 감겨서 거처함에 편안함을 얻지 못한다. 그러므로 "葛藟에 곤궁하고 위태로움에 곤궁하다."라고 한 것이다. 응당 '困於臲卼'이라고 말해야 하는데 困자를 위의 글에서 이어받았으니, 글을 생략한 것이다.

모든 사물은 곤궁하면 변할 것을 생각하고 곤궁하면 통할 것을 도모한다. 지극히 곤궁한 자리에 처했으니, 이는 謀策을 사용하는 때이다.

〔曰〕 謀策을 생각하는 말이다.

謀策을 행할 적에 틈이 있으면 얻어지니, "장차 어떻게 하면 지극히 곤궁함을 통하겠는가?"라고 하는 것이다. 그리하여 모책하기를 "반드시 후회할 만한 일을 발동해야 한다."라고 하면 후회하는 마음을 생기게 할 줄을 알 것이니, 그런 뒤에 곤궁에 처하여 변통하기를 구해서 가면 길함을 얻는다. 그러므로 "'후회할 만한 일을 발동해야 한다.'라 해서 후회하는 마음이 있게 하면 감에 吉하리라."라고 한 것이다.

象曰 困于葛藟는 未當也일새요

〈象傳〉에 말하였다.

"'葛藟에 곤궁함'은 마땅하지 않기 때문이고,

【注】 所處未當이라 故로 致此困也라

처한 바가 마땅하지 않다. 그러므로 이 곤궁함을 부른 것이다.

【疏】 正義曰 : '未當也'者, 處於困極, 而又乘剛, 所處不當, 故致此困也.

正義曰 : 〔未當也〕 困의 極에 처하고 또 剛을 타고 있어서 처한 바가 마땅하지 않다. 그러므로 이 곤궁함을 부른 것이다.

動悔有悔는 吉行也라

'후회할 만할 일을 발동하여 후회하는 마음을 있게 함'은 감에 吉한 것이다."

【疏】 正義曰 : '吉行'者, 知悔而征, 行必獲吉也.

正義曰 : 〔吉行〕 후회할 만한 일이 있을 줄을 알고 가면 감에 반드시 吉함을 얻는다.

48. 井䷯ 巽下坎上

井은 **改邑不改井**이니

井은 邑은 바뀌어도 우물은 바뀌지 않으니,

【注】 井은 以不變爲德者也라

井은 변하지 않는 것을 德으로 삼는 것이다.

【疏】 正義曰 : '井'者, 物象之名也, 古者穿地取水, 以缾引汲, 謂之爲井. 此卦明君子修德養民, 有常不變, 終始无改, 養物不窮, 莫過乎井, 故以修德之卦取譬, 名之井焉. '改邑不改井'者, 以下明井有常德, 此明井體有常, 邑雖遷移, 而井體无改, 故云"改邑不改井"也.

正義曰 : 〔井〕 物象의 이름이니, 옛날 땅을 파서 물을 취하고 缾(옹기병)으로 물을 끌어 올리는 것을 '井'이라 하였다. 이 卦는 君子가 德을 닦아 백성을 기를 적에 항상함이 있고 변치 않아서 시종 바뀜이 없음을 밝혔으니, 물건을 길러주어 다하지 않음이 우물보다 더한 것이 없다. 그러므로 德을 닦는 卦를 비유하여 이름을 '井'이라 한 것이다.

〔改邑不改井〕 이하는 우물에 떳떳한 德이 있음을 밝힌 것인바, 이는 井의 體가 떳떳함이 있음을 밝힌 것이니, 邑은 비록 옮겨가고 바뀌나 井의 體는 바뀌지 않는다. 그러므로 "邑은 바뀌어도 우물은 바뀌지 않는다."라고 한 것이다.

无喪无得하며

잃음도 없고 얻음도 없으며,

【注】 德有常也라

德이 항상함이 있는 것이다.

【疏】 正義曰 : 此明井用有常德, 終日引汲, 未嘗言損, 終日泉注, 未嘗言益, 故曰"无喪无得"也.

正義曰 : 이는 井의 쓰임에 떳떳한 德이 있음을 밝힌 것이니, 종일토록 우물에서 물을 퍼 올려도 일찍이 줄어들지 않고, 종일토록 샘물이 주입되어도 일찍이 더해지지 않는다. 그러므로 "잃음도 없고 얻음도 없다."라고 한 것이다.

往來井井하나니

오고감에 깨끗하고 고요〔井井〕하나니,

【注】 不渝變也라

변하지 않는 것이다.

【疏】 正義曰 : 此明性常. 井井, 絜[1]靜之貌也. 往者來者, 皆使潔靜, 不以人有往來, 改其洗濯之性, 故曰"往來井井"也.[2]

1) 絜 : 潔(깨끗하다)과 같다.

2) 井井……故曰往來井井也 : '往來井井'을 王弼과 孔穎達은 '사람들의 왕래가 있어도 자신의 깨끗하고 고요한 성질을 유지함'의 의미로 보았는바, '井井'을 '潔靜'으로 訓한 것이다.

반면 程伊川과 朱子는 '井井'을 '우물을 우물로 씀'으로 訓하였는바, ≪程傳≫은 다음과 같다. "물을 길어도 다 없어지지 않고 내버려두어도 가득 차지 않음은 잃음도 없고 얻음도 없는 것이요, 이르는 자가 모두 씀을 얻음은 오고가는 이가 우물을 우물로 쓰는 것이다. 잃음도 없고 얻음도 없음은 그 德이 항상함이요, 오고가는 이가 우물을 우물로 사용함은 그 쓰임이 두루함이니, 항상함과 두루함은 우물의 道이다.〔汲之而不竭 存之而不盈 无喪无得也 至者皆得其用 往來井井也 无喪无得 其德也常 往來井井 其用也周 常也周也 井之道也〕"

正義曰 : 이는 성질이 떳떳함을 밝힌 것이다. '井井'은 깨끗하고 고요한 모양이다. 가는 자와 오는 자가 모두 깨끗하고 고요하게 하기 때문에 사람이 왕래한다는 이유로 깨끗이 씻는 성질을 바꾸지 않는다. 그러므로 "오고감에 깨끗하고 고요하다."라고 한 것이다.

汔(흘)至라도 亦未繘(귤)井하여

거의 올라왔더라도 우물에서 두레박 끈을 올리지 못하여

【注】已來至而未出井也라

이미 올라와 이르렀으나 아직 우물에서 나오지는 못한 것이다.

羸(리)其甁이면 凶하니라

그 甁을 망가트리면 흉하다.

【注】井道는 以已出爲功也니 幾至而覆은 與未汲同也라

井의 道는 이미 올라온 것을 功으로 삼으니, 거의 이르러 엎어짐은 물을 긷지 않은 것과 똑같은 것이다.

漢 古井(청동기)

【疏】正義曰：此下明井誡, 言井功難成也. 汔, 幾也, 幾, 近也. 繘, 綆也. 雖汲水以至井上, 然綆出猶未離井口, 而鉤羸其甁而覆之也. 棄其方成之功, 雖有出井之勞, 而與未汲不異, 喩今人行常德, 須善始令終, 若有初无終, 則必致凶咎, 故曰"汔至, 亦未繘井, 羸其甁, 凶."[1] 言亦者, 不必之辭, 言不必有如此不克終者. 計(獲)〔覆〕[2]一甁之水, 何足言凶. 以喩人之修德不成, 又云但取喩人之德行不恒, 不能愼終如始, 故就人言凶也.

1) 汔幾也……凶：'亦未繘井'을 王弼과 孔穎達은 '두레박 끈이 아직 우물 입구에서 완전히 나오지 않음'으로 보았는데, 朱子도 이와 같은바, ≪本義≫는 다음과 같다. "우물을 길어 거의 올라왔더라도 끈을 다 올리지 못하고서 병을 깨뜨리면 흉하다.〔汲井幾至 未盡綆而敗其甁 則凶也〕"

반면 程伊川은 '우물에 두레박 끈을 다 내리지 못함'으로 보았는바, ≪程傳≫은 다음과 같다. "우물은 濟用(쓰임을 이룸)을 功으로 삼으니, 거의 올라왔으나 씀에 미치지 못함은 또한 두레박 끈을 우물에 내리지 못한 것과 같은 것이다.〔井 以濟用爲功 幾至而未及

用 亦與未下綆於井 同也〕”

2) (獲)〔覆〕: 저본에는 '獲'으로 되어 있으나, 錢本·宋本에 의거하여 '覆'으로 바로잡았다.(阮元의 〈校勘記〉 참조)

正義曰 : 이 아래는 井의 경계를 밝혔으니, 井의 功은 이루기 어려움을 말한 것이다. '汔'은 幾(거의)이니, '幾'는 가까움이다. '繘'은 두레박의 끈이다. 비록 물을 길어 우물 위로 올라왔더라도 두레박 끈의 올라옴이 아직 우물의 입구를 떠나지 않았는데 갈고리로 그 甁을 가로채어 뒤엎는 것이다. 막 이루어지려는 功을 버리면 비록 우물물을 끌어올리는 수고로움이 있으나 물을 긷지 않은 것과 다름이 없으니, 지금 사람들이 떳떳한 德을 행할 적에 모름지기 시작을 잘하고 끝을 잘해야 함을 비유한 것이다. 만약 처음만 있고 끝마침이 없으면 반드시 흉함과 허물을 부른다. 그러므로 "거의 올라왔더라도 우물에서 두레박 끈을 올리지 못하여 그 甁을 망가트리면 흉하다."라고 한 것이다. '亦'을 말한 것은 반드시 그렇지는 않다는 말이니, 이와 같이 끝마치지 못하는 자가 반드시 있는 것은 아님을 말한 것이다.

생각해보건대, 한 甁의 물을 뒤엎는 것을 어찌 흉하다고 말할 수 있겠는가. 이로써 사람이 德을 닦음에 이루지 못함을 비유하였고, 또 다만 사람의 德行이 항상 지속되지 못하여 능히 끝을 삼가기를 시작을 삼가는 것처럼 하지 못함을 취하여 비유하였다. 그러므로 사람을 가지고 '凶'이라 말한 것이다.

象曰 巽乎水而上水 井이니

〈象傳〉에 말하였다.

"〈나무가〉 물에 공손〔巽〕하여(〈나무가〉 우물 속으로 공손히 들어가서) 물을 올리는 것이 井이니,

【注】 音은 擧上之上이라

〈'上'의〉 音은 擧上(들어올린다)의 上자이다.

【疏】 '象曰'至'水井' ○正義曰 : 此就二體釋井之名義. 此卦坎爲水, 在上, 巽爲木, 在下, 又巽爲入, 以木入於水而又上水, 井之象也.

經의 〔象曰〕에서 〔水井〕까지

○ 正義曰 : 이는 두 體를 가지고 井卦의 이름과 뜻을 해석한 것이다. 이 卦는 坎은 물이 되어 위에 있고 巽은 나무가 되어 아래에 있으며 또 巽은 들어감이 되니, 나무를 물속으로 들여보내고 또 물을 퍼올림은 井卦의 象이다.

【疏】 ○ 注'音擧上之上' ○ 正義曰 : 嫌讀爲去聲, 故音之也.[1)]

1) 嫌讀爲去聲 故音之也 : 上이 去聲일 경우에는 '높은 곳', '上部', '上天', '尊長' 등의 의미이다.

○ 注의 〔音擧上之上〕

○ 正義曰 : 〈'上'자를〉 去聲으로 읽을까 혐의하였다. 그러므로 音을 단 것이다.

井은 養而不窮也라 改邑不改井은 乃以剛中也요

井은 길러주어서 다하지 않는다. '邑은 바뀌어도 우물은 바뀌지 않음'은 바로 剛이 中에 있기 때문이요,

【注】 以剛處中故로 能定居其所而不變也라

剛으로서 中에 처했기 때문에 능히 제자리를 정해 거해서 변치 않는 것이다.

【疏】 正義曰 : '井養而不窮'者, 歎美井德, 愈汲愈生, 給養於人, 无有窮已也. '改邑不改井 乃以剛中也'者, 此釋井體有常, 由於二・五也. 二・五以剛居中, 故能定居其所而不改變也. 不釋往來二德者, 无喪无得, 往來井井, 皆由此剛居中, 更无他義, 故不具擧經文也.

正義曰 : 〔井養而不窮〕 井의 德이 물을 퍼 올릴수록 더욱 우물물이 생겨나서 사람에게 공급하여 길러줌이 다하고 그침이 없음을 歎美한 것이다.

〔改邑不改井 乃以剛中也〕 이는 井의 體가 떳떳함이 있음이 九二와 九五에 말미암음을 해석한 것이다. 九二와 九五가 剛으로서 中에 있기 때문에 능히 제자리를 정해 거해서 고치거나 변치 않는 것이다.

'往來'의 두 德을 해석하지 않은 것은, '잃음이 없고 얻음이 없음'과 '오고 감이 井井함'은 모두 剛이 中에 거했기 때문이고 다시 다른 뜻이 없으므로 經文을 다 갖추어 거론하

지 않은 것이다.

汔至亦未繘井은 未有功也요

'거의 올라오더라도 우물에서 두레박 끈을 올리지 못함'은 아직 功이 있지 않은 것이요,

【注】 井以已成爲功이라

井은 이미 이루어진 것을 功으로 삼는다.

【疏】 正義曰 : 水未及用, 則井功未成, 其猶人德(事)〔未〕[1)]被物, 亦是功德未就也.

1) (事)〔未〕: 저본에는 '事'로 되어 있으나, 毛本에 의거하여 '未'로 바로잡았다.(阮元의 〈校勘記〉 참조)

正義曰 : 물이 쓰임에 미치지 못하면 우물의 功이 이루어지지 못한 것이니, 이는 사람의 德이 남에게 입혀지지 않으면 또한 功德이 이뤄지지 못하는 것과 같은 것이다.

羸其甁이라 是以凶也라

그 甁을 망가트렸다. 이 때문에 흉하다."

【疏】 正義曰 : 汲水未出而覆, 喩修德未成而止, 所以致凶也.

正義曰 : 물을 퍼 올려 올라오기 전에 엎어짐은 德을 닦음에 이루지 못하고 중지함을 비유한 것이니, 이 때문에 흉함을 이루는 것이다.

象曰 木上有水 井이니 君子以勞民勸相하나니라

〈象傳〉에 말하였다. "나무 위에 물이 있는 것이 井卦이니, 君子가 보고서 백성을 위로하고 권면하여 돕는다."

【注】 木上有水는 井之象也니 上水以養하여 養而不窮者也라 相은 猶助也라 可以勞民勸助는 莫若養而不窮也라

"나무 위에 물이 있는 것"은 井의 象이니, 물을 퍼 올려 길러주어서 길러주기를 다하지 않는 것이다. '相'은 助(돕다)와 같다. 백성을 위로하고 권면하여 도울 수 있음은 길러주기를 다하지 않는 것보다 더한 것이 없다.

【疏】正義曰：木上有水, 則是上水之象, 所以爲井. '君子以勞民勸相'者, 勞, 謂勞賚, 相, 猶助也. 井之爲義, 汲養而不窮, 君子以勞來之恩, 勤恤民隱, 勸助百姓,[1] 使有成功, 則此養而不窮也.

1) 勸助百姓：'勸相'을 王弼과 孔穎達은 '君子가 백성을 권면하여 도움'으로 해석하였는데, 程伊川과 朱子는 '백성들을 권면하여 그들끼리 서로 돕게 함〔勸民使相助〕'으로 해석하였다.

正義曰："나무 위에 물이 있는 것"은 바로 우물물을 퍼 올리는 象이니, 이 때문에 '井'이라 한 것이다.

〔君子以勞民勸相〕'勞'는 위로해줌〔勞賚〕을 이르고, '相'은 助와 같다. 井의 義는 우물물을 퍼 올려 길러주어서 다하지 않음이니, 君子가 위로함〔勞來〕의 은혜로써 백성의 고통을 부지런히 돌보고 백성들을 권면하고 도와주어서 백성들로 하여금 成功이 있게 하면, 이는 길러주기를 다하지 않는 것이다.

初六은 井泥不食이라 舊井无禽이로다

初六은 우물에 진흙이 있어 먹지 않는다. 오래된 우물에 새가 오지 않도다.

【注】最在井底하고 上又无應하여 沈滯滓穢라 故로 曰 井泥不食也라하니라 井泥而不可食은 則是久井不見渫(설)治者也니 久井不見渫治면 禽所不嚮이어든 而況人乎아 一時所共棄舍也라 井者는 不變之物이요 居德之地어늘 恒德至賤하여 物无取也라

우물의 가장 밑에 있고 위에 또 應이 없어서 沈滯하여 탁하고 더럽다. 그러므로 "우물에 진흙이 있어 먹지 않는다."라고 한 것이다.

우물에 진흙이 있어 먹을 수가 없는 것은, 이는 오랫동안 우물이 浚渫되어 정비되지 못한 것이니, 오랫동안 우물이 준설되어 정비되지 못하면 새도 향해 오지 않은데 하물며 사람이겠는가. 동시에 함께 버리는 바이다. 우물은 변치 않는 물건이요 德이 머무는 자리인데, 떳떳한 德이 지극히 賤하여 이를 취하는 물건이 없는 것이다.

【疏】'初六幷泥'至'无禽' ○ 正義曰：初六最處井底，上又无應，沈滯滓穢，卽是井之下泥汚，不堪食也，故曰"井泥不食"也．井泥而不可食，卽是久井不見渫治，禽所不嚮，而況人乎．故曰"舊井无禽"也．

經의 〔初六幷泥〕에서 〔无禽〕까지

○ 正義曰：初六은 우물의 가장 밑에 있고 위에 또 應이 없어서 沈滯하여 탁하고 더러우니, 바로 우물 밑에 더러운 진흙이 있어서 먹을 수가 없는 것이다. 그러므로 "우물에 진흙이 있어 먹지 않는다."라고 한 것이다.

우물에 진흙이 있어 먹을 수가 없음은 바로 오랫동안 우물이 준설되어 정비되지 못한 것이니, 새도 향해 오지 않는데 하물며 사람이겠는가. 그러므로 "오래된 우물에 새가 오지 않도다."라고 한 것이다.

【疏】○ 注'井者不變之物' ○ 正義曰：'井者 不變之物 居德之地'者，繇辭稱改邑不改井，故曰"井者，不變之物．" 居德者，繫辭又云"井，德之地"，故曰"居德之地"也．注言此者，明井旣有不變，卽是有恒，旣居德地，卽是用德也，今居窮下，卽是恒德至賤，故物无取也，禽之與人，皆共棄舍也．

○ 注의 〔井者不變之物〕

○ 正義曰：〔井者 不變之物 居德之地〕 繇辭(卦辭)에 "邑은 바뀌어도 우물은 바뀌지 않는다."라고 하였으므로 "우물은 변치 않는 물건이다."라고 한 것이다. '居德'은 〈繫辭傳〉에 또 이르기를 "우물은 德의 자리이다."라고 하였으므로 "德이 머무는 자리이다."라고 한 것이다. 注에 이것을 말한 것은, '우물이 이미 변치 않음이 있으면 바로 떳떳함이 있는 것이요, 이미 德이 머무는 자리이면 바로 德을 사용하는 것임'을 밝힌 것이다. 그런데 지금 맨 아래에 있으니 이것은 바로 떳떳한 德이 지극히 賤한 것이다. 그러므로 이를 취하는 물건이 없어서 새와 사람이 모두 함께 버리는 것이다.

象曰 井泥不食은 **下也**요 **舊井无禽**은 **時舍也**라

〈象傳〉에 말하였다. "'우물에 진흙이 있어 먹지 않음'은 아래에 있기 때문이요, '오래된 우물에 새가 오지 않음'은 동시에 버리는 것이다."

【疏】正義曰：'下也'者，以其最在井下，故爲井泥也．'時舍也'者，以旣非食，禽又不

向, 卽是一時共棄舍也.[1)]

1) 時舍也者……卽是一時共棄舍也 : '時舍也'를 王弼과 孔穎達은 '남들에게 버려짐'의 뜻으로 보았는데, 이는 程伊川과 朱子도 같다. '時舍也'는 乾卦 〈文言傳〉에도 "見龍在田 時舍也"라고 보이는데 여기에서 '舍'를 訓하면서는, 王弼과 孔穎達은 '통함〔通舍〕'이라고 하였고, 程伊川은 '그침〔止〕'이라고 하였고, 朱子는 乾卦에서와 마찬가지로 '버림'이라고 하였다. ≪四庫全書總目提要≫에서는 孔穎達이 '舍'를 '通'으로 訓한 것에 대하여 "舍가 어찌하여 通의 뜻이 되는지는 疏(풀이)하지 않았다."고 하면서 이를 孔穎達이 전적으로 王弼의 注만을 따라 經文을 해석했다는 것의 근거로 들었다.

正義曰 : 〔下也〕 우물의 가장 아래에 있기 때문에 '우물에 진흙이 있음'이 되는 것이다. 〔時舍也〕 이미 먹을 수 있는 것이 아니어서 새도 향해 오지 않는다면 바로 일시에 함께 버리는 것이다.

九二는 井谷射鮒(석부)하고 甕敝漏(옹폐루)로다

九二는 우물이 마치 골짜기 물이 鮒(두꺼비)에 쏟아지듯 하고 옹기병이 망가져 물이 새도다.

【注】 谿谷出水는 從上注下하여 水常射焉이라 井之爲道는 以下給上者也어늘 而无應於上하여 反下與初라 故로 曰 井谷射鮒라하니 鮒는 謂初也라 失井之道하여 水不上出하고 而反下注라 故로 曰 甕敝漏也라하니라 夫處上宜下요 處下宜上이니 井已下矣요 而復下注하여 其道不交면 則莫之與也라

시내 골짜기에서 나오는 물은 위에서 아래로 주입되어 물이 항상 쏟아진다. 井의 道는 아래에서 위로 공급하는 것인데, 위에 應이 없어서 도리어 아래로 初六과 함께한다. 그러므로 "우물이 마치 골짜기 물이 鮒에 쏟아지듯 한다."라 한 것이니, '鮒'는 初六을 이른다.

井의 道를 잃어서 물이 위로 나오지 않고 도리어 아래로 흘러간다. 그러므로 "옹기병이 망가져 물이 샌다."라고 한 것이다. 위에 처하면 마땅히 아래로 내려와야 하고 아래에 처하면 마땅히 위로 올라가야 하니, 우물이 이미 아래에 있고 다시 아래로 주입되어 그 道가 사귀지 못하면 함께하는 이가 없는 것이다.

【疏】 正義曰 : '井谷射鮒'者, 井之爲德, 以下汲上, 九二上无其應, 反下比初, 施之於事, 正似谷中之水, 下注敵鮒, 井而似谷, 故曰"井谷射鮒"也. 鮒, 謂初也. 子夏傳云"井中蝦蟆, 呼爲鮒魚也." '甕敝漏'者, 井而下注, 失井之道, 有似甕敝漏水, 水漏下流, 故曰"甕敝漏"也.

正義曰 : 〔井谷射鮒〕 井의 德은 아래에서 위로 퍼 올리는 것인데 九二가 위에 應이 없어서 도리어 아래로 初六과 가까이하니, 이것을 사람의 일에 베풀면 바로 골짜기 가운데의 물이 아래로 망가진 옹기병에 주입되어 鮒에 쏟아지는 것과 같은바, 우물인데 골짜기 물과 같으므로 "우물이 마치 골짜기 물이 鮒에 쏟아지듯 한다."라고 한 것이다. '鮒'는 初六을 이른다. ≪子夏易傳≫에 "우물 가운데의 蝦蟆(두꺼비)를 '鮒魚'라고 부른다."라고 하였다.

〔甕敝漏〕 우물인데 아래로 주입하면 우물의 道를 잃어서 마치 옹기병이 망가져 물이 새고 물이 샌 것이 아래로 흐르는 것과 같다. 그러므로 "옹기병이 망가져 물이 샌다."라고 한 것이다.

象曰 井谷射鮒는 无與也라

〈象傳〉에 말하였다. "'우물이 마치 골짜기 물이 鮒에 쏟아지듯 함'은 함께하는 이가 없는 것이다."

【疏】 正義曰 : '无與也'者, 井旣處下, 宜應汲上, 今反養下, 則不與上交, 物莫之與, 故曰"无與也."

正義曰 : 〔无與也〕 우물이 이미 아래에 처하였으면 마땅히 응당 위로 퍼 올려야 하는데 지금 도리어 아래를 길러주니, 그러면 위와 더불어 사귀지 못하여 물건이 함께하지 않는다. 그러므로 "함께하는 이가 없다."라고 한 것이다.

九三은 井渫不食하여 爲我心惻이라 可用汲이니 王明하면 並受其福하리라

九三은 우물이 준설되었으나 먹히지 아니하여 나로 하여금 마음이 슬프게 한다. 우물물을 길어 먹을 수 있으니, 왕이 현명하면 함께 그 福을 받으리라.

【注】渫은 不停汚之謂也라 處下卦之上하고 復得其位하여 而應於上하니 得井之義也라 當井之義而不見食은 修己全潔而不見用이라 故로 爲我心惻也니 爲는 猶使也라 不下注而應上故로 可用汲也라 王明則見(照)〔昭〕[1]明하여 旣嘉其行하고 又欽其用이라 故로 曰 王明하면 並受其福也라하니라

1) (照)〔昭〕: 저본에는 '照'로 되어 있으나, 監本・毛本에 의거하여 '昭'로 바로잡았다.(阮元의 〈校勘記〉 참조)

'渫'은 〈준설하여〉 停汚(停滯하여 더러워짐)하지 않음을 이른다. 下卦의 위에 처하고 다시 지위를 얻어서 위에 應하니, 井의 義를 얻은 것이다. 井의 義에 합당하나 먹히지 않음은 몸을 닦아 온전히 깨끗하게 하였는데도 등용을 받지 못하는 것이다. 그러므로 나로 하여금 마음이 슬프게 하는 것이니, '爲'는 使(하여금)와 같다. 아래로 주입하지 않고 위에 應하므로 사용하여 우물물을 길을 수 있는 것이다. 왕이 현명하면 밝게 보아서 이미 그 행실을 아름답게 여기고 또 그 쓰임을 공경한다. 그러므로 "왕이 현명하면 함께 그 福을 받으리라."라고 한 것이다.

【疏】'九三井渫不食'至'王明並受其福' ○ 正義曰:'井渫不食'者, 渫, 治去穢汚之名也, 井被渫治, 則淸潔可食. 九三處下卦之上, 異初六井泥之時, 得位而有應於上, 非射鮒之象. 但井以上出爲用, 猶在下體, 未有成功, 功旣未成, 井雖渫治, 未食也, 故曰"井渫不食"也. '爲我心惻'者, 爲, 猶使也. 井渫而不見食, 猶人修己全潔而不見用, 使我心中惻愴, 故曰"爲我心惻"也. '可用汲 王明 並受其福'者, 不同九二下注而不可汲也, 有應於上, 是可汲也. 井之可汲, 猶人可用, 若不遇明王, 則滯其才用, 若遭遇賢主, 則申其行能. 賢主旣嘉其行, 又欽其用, 故曰"可用汲, 王明, 並受其福"也.

經의 〔九三井渫不食〕에서 〔王明並受其福〕까지

○ 正義曰:〔井渫不食〕 '渫'은 더러움을 정비하여 제거하는 이름이니, 우물이 浚渫되어 정비되었으면 청결하여 먹을 수 있다. 九三이 下卦의 위에 처하여 初六의 '우물에 진흙이 있음'의 때와 다르고, 正位를 얻고 위에 應이 있어서 '鮒에 물이 쏟아짐'의 象이 아니다. 다만 우물은 위로 올라오는 것을 쓰임으로 삼는데 아직도 下體에 있어서 成功이 있지 못하니, 功이 이미 이루어지지 못했으면 우물이 비록 준설되어 정비되었더라도 먹히지 못한다. 그러므로 "우물이 준설되었으나 먹히지 않는다."라고 한 것이다.

〔爲我心惻〕 '爲'는 使와 같으니, 우물이 준설되었는데도 먹히지 못함은 사람이 몸을 닦

아 온전히 깨끗하게 하였는데도 등용받지 못하는 것과 같으니, 나로 하여금 心中이 서글프게 한다. 그러므로 "나로 하여금 마음이 슬프게 한다."라고 한 것이다.

〔可用汲 王明 並受其福〕 물이 아래로 주입되어 우물물을 길을 수 없는 九二와 같지 아니하여, 위에 應이 있으니 이는 우물물을 길을 수 있는 것이다. 우물에서 물을 길을 수 있음은 사람이 쓸 만한 것과 같으니, 만약 현명한 왕을 만나지 못하면 그 재주의 쓰임이 침체되겠지만 만약 현명한 군주를 만나면 그 행실과 재능을 펼 수 있다. 현명한 군주는 이미 그 행실을 아름답게 여기고 또 그 재주의 쓰임을 공경한다. 그러므로 "우물물을 길어 먹을 수 있으니, 왕이 현명하면 함께 그 복을 받으리라."라고 한 것이다.

象曰 井渫不食은 行惻也요

〈象傳〉에 말하였다.

"'우물이 준설되었으나 먹히지 않음'은 행실이 서글픈 것이고,

【注】 行感於誠이라 故로 曰 惻也[1]라

1) 行感於誠 故曰惻也 : '行惻也'를 王弼은 '사람의 행실이 깨끗이 닦였는데도 등용되지 못하여 서글픔'의 의미로 해석하였는데, 程伊川은 "우물이 준설되어 정비되었는데도 먹히지 않음은 바로 사람이 재주와 지혜가 있는데도 쓰이지 않는 것이니, 행하지 못함을 근심하고 서글퍼하는 것이다.〔井渫治而不見食 乃人有才知而不見用 以不得行爲憂惻也〕"라 하였고, 朱子는 "行惻은 길 가는 사람이 모두 서글프게 여기는 것이다.〔行惻者 行道之人 皆以爲惻也〕"라고 하였다.

행실이 정성에 감동되므로 "서글프다."라고 한 것이다.

求王明은 受福也라

王의 현명함을 구함은 福을 받는 것이다."

六四는 井甃(추)니 无咎리라

六四는 우물에 벽돌을 쌓으니, 허물이 없으리라.

【注】 得位而无應하여 自守而不能給上하니 可以修井之壞하여 補過而已라

正位를 얻었으나 應이 없어서 스스로 지킬 뿐이고 위에 공급하지 못하니, 우물의 파괴된 곳을 수리하여 허물을 補塡할 수 있을 뿐이다.

【疏】 正義曰 : '六四 井甃 无咎'者, 案, 子夏傳曰"甃亦治也, 以塼壘井, 修井之壞, 謂之爲甃." 六四得位而无應, 自守而已, 不能給上. 可以修井崩壞, 施之於人, 可以修德補過, 故曰"井甃, 无咎"也.

正義曰 : 〔六四 井甃 无咎〕 살펴보건대, ≪子夏易傳≫에 "'甃' 또한 다스림이니, 벽돌을 우물에 쌓아 올려 우물의 파괴된 곳을 수리함을 일러 '甃'라 한다."라고 하였다. 六四가 正位를 얻었으나 應이 없어 스스로 지킬 뿐이요 위에 공급하지는 못한다. 우물의 무너진 곳을 수리할 수 있으니, 이것을 사람에게 베풀면 德을 닦고 허물을 補塡할 수 있는 것이다. 그러므로 "우물에 벽돌을 쌓으니, 허물이 없으리라."라고 한 것이다.

象曰 井甃无咎는 修井也라

〈象傳〉에 말하였다. "'우물에 벽돌을 쌓으니, 허물이 없음'은 우물을 수리하는 것이다."

【疏】 正義曰 : '修井'者, 但可修井之壞, 未可上給養人也.

正義曰 : 〔修井〕 다만 우물의 무너진 곳을 수리할 수 있을 뿐이요, 위로 공급하여 사람을 기를 수는 없는 것이다.

九五는 井洌寒泉이라야 食이로다

九五는 우물이 깨끗하여 시원한 샘물이어야 먹는다.

【注】 洌은 絜(결)也라 居中得正하고 體剛不撓하여 不食不義하여 中正高絜이라 故로 井洌寒泉然後에 乃食也라

'洌'은 깨끗함이다. 中에 거하고 正位를 얻고 體가 剛하여 흔들리지 않아서, 의롭지 않은 것을 먹지 아니하여 中正하고 高潔하다. 그러므로 우물이 깨끗하여 시원한 샘물인 뒤에야 비로소 먹는 것이다.

【疏】 正義曰：餘爻不當貴位，但修德以待用，九五爲卦之主，擇人而用之. 洌，絜也. 九五居中得正，而體剛直，旣體剛直，則不食汚穢，必須井絜而寒泉，然後乃食.[1)] 以言剛正之主，不納非賢，必須行絜才高，而後乃用，故曰"井洌寒泉，食"也.

1) 九五居中得正……然後乃食：'井洌寒泉 食'을 王弼과 孔穎達은 '九五가 中正하고 體가 剛直해서 깨끗하고 시원한 샘물인 뒤에야 마심'의 뜻으로 해석하였는데, 이를 人事로 설명하면 '九五가 剛直한 君主이기 때문에 사람을 등용할 때 오직 賢者만을 등용함'의 의미가 된다.

반면 程伊川은 '깨끗하여 시원한 샘물을 먹음'을 '우물의 道가 至善'함으로 해석하였는 바, ≪程傳≫은 다음과 같다. "九五는 陽剛中正으로 尊位에 거하여 재주와 德이 盡善盡美하니, 우물이 깨끗하여 시원한 샘물이어서 먹을 수 있는 것이다. 洌은 달고 깨끗함을 이르니, 우물물은 시원한 것을 아름답게 여긴다. 달고 깨끗한 시원한 샘물은 사람이 먹을 수 있으니, 우물의 도리에 至善함이 된다. 그러나 吉하다고 말하지 않은 것은 우물은 위로 올라옴을 성공으로 삼으니, 위에 이르지 않으면 쓰임에 미치지 못한 것이다. 그러므로 上六에 이른 뒤에야 元吉을 말한 것이다.〔五以陽剛中正 居尊位 其才其德盡善盡美 井洌寒泉食也 洌 謂甘潔也 井泉 以寒爲美 甘潔之寒泉 可爲人食也 於井道 爲至善也 然而不言吉者 井以上出爲成功 未至於上 未及用也 故至上而後言元吉〕"

正義曰：나머지 爻는 귀한 자리를 담당하지 아니하여 다만 德을 닦아 등용되기를 기다릴 뿐이요, 九五는 卦의 주체가 되어서 사람을 가려 등용한다. '洌'은 깨끗함이다. 九五가 中에 거하고 正位를 얻고 體가 剛直하니, 이미 體가 강직하면 더러운 것을 먹지 아니하여 반드시 우물이 깨끗하여 시원한 샘물인 뒤에야 비로소 먹는다. 이는 '剛하고 정직한 君主가 賢者가 아닌 사람을 받아들이지 않아서 반드시 행실이 깨끗하고 재주가 높은 뒤에야 등용함'을 말한 것이다. 그러므로 "우물이 깨끗하여 시원한 샘물이어야 먹는다."라고 한 것이다.

象曰 寒泉之食은 **中正也**일새라

〈象傳〉에 말하였다. "시원한 샘물을 먹음은 中正하기 때문이다."

【疏】 正義曰：以中正者，若非居中得正，則任用非賢，不能要待寒泉，然後乃食也. 必言寒泉者，淸而冷者，水之本性，遇物然後濁而溫，故言寒泉以表絜也.

正義曰：'中正하기 때문'이란 것은, 만약 中에 거하고 正位를 얻음이 아니면 賢者가 아닌 사람을 임용하게 되므로 시원한 샘물을 기다린 뒤에야 먹는 것을 바라지 못한다는 것이다.

반드시 '시원한 샘물'이라고 말한 것은, 맑고 차가운 것은 물의 본성이니, 물이 다른 물건을 만난 뒤에야 흐려지고 따뜻해지므로 시원한 샘물을 말하여 깨끗함을 표현한 것이다.

上(九)〔六〕[1]은 井收하니 勿幕이면 有孚元吉이니라

1) (九)〔六〕: 저본에는 '九'로 되어 있으나, 井卦의 上爻가 '- -'이므로 '六'으로 바로잡았다.

上六은 우물의 〈功을〉 거두었으니, 덮개를 씌우지 않으면 忠信함이 있어 크게 吉하리라.

【注】處井上極하여 水已出井하여 井功大成이 在此爻矣라 故로 曰 井收也라하니라 群下仰之以濟하니 淵泉由之以通者也라 幕은 猶覆也니 不擅其有하고 不私其利하면 則物歸之하여 往无窮矣라 故로 曰 勿幕이면 有孚元吉也라하니라

井卦의 上의 極에 처하여 물이 이미 우물에서 올라와 우물의 功이 크게 이루어짐이 이 爻에 있다. 그러므로 "우물의 〈功을〉 거두었다."라고 한 것이다.

여러 아랫사람들이 우러러 구제되니, 샘물이 이로 말미암아 통하는 것이다. '幕'은 덮개와 같으니, 자기가 소유한 것을 〈덮개를 씌워〉 독점하지 않고 그 이익을 사사로이 하지 않으면 물건이 歸依하여 감이 무궁하다. 그러므로 "덮개를 씌우지 않으면 忠信함이 있어 크게 吉하리라."라고 한 것이다.

【疏】正義曰：收, -式冑反.- 凡物可收成者, 則謂之收, 如五穀之有收也. 上六, 處井之極, 水已出井, 井功大成者也, 故曰"井收"也. '勿幕 有孚元吉'者, 幕, 覆也, 井功已成, 若能不擅其美, 不專其利, 不自掩覆, 與衆共之, 則爲物所歸, 信能致其大功, 而獲元吉, 故曰"勿幕, 有孚元吉"也.[1]

1) 勿幕有孚元吉者……有孚元吉也 : '有孚'에 대하여 王弼과 孔穎達은 특별히 해석하지 않았으나, 程伊川은 "'有孚'는 항상함이 있어 변치 않음이니, 널리 베풀고 항상함이 있음은 大善의 吉함이다.〔有孚 有常而不變也 博施而有常 大善之吉也〕"라고 하였으며, 朱子는 "'有孚'는 그 나옴이 源泉이 있어 다하지 않음을 이른다.〔有孚 謂其出有源而不窮也〕"라고

하였다.

正義曰 : '收'는, -式과 冑의 反切- 모든 물건이 수확〔收成〕한 것을 '收'라 하니, 五穀에 수확이 있는 것과 같다. 上六은 井의 極에 처하여 물이 이미 우물에서 올라와서 우물의 功이 크게 이루어진 자이다. 그러므로 "우물의 〈功을〉 거두었다."라고 한 것이다.

〔勿幕 有孚元吉〕 '幕'은 덮개이니, 井의 功이 이미 이루어짐에 만약 그 아름다움을 독점하지 않고 그 이익을 오로지하지 아니하여 스스로 우물을 덮지 않고 여러 사람과 함께 사용하면 물건이 귀의하는 바가 되어서 진실로 능히 큰 功을 이루어 크게 吉함을 얻는다. 그러므로 "덮개를 씌우지 않으면 忠信함이 있어 크게 吉하다."고 한 것이다.

象曰 元吉在上은 大成也라

〈象傳〉에 말하였다. "크게 길함으로 위에 있음은 크게 이루어진 것이다."

【疏】 正義曰 : 上六所以能獲元吉者, 只爲居井之上, 井功大成者也.

正義曰 : 上六이 크게 길함을 얻은 이유는 다만 井의 위에 있어서 우물의 功이 크게 이루어졌기 때문이다.

49. 革䷰ 離下兌上

革은 已日乃孚니 元亨利貞하여 悔亡하니라

革은 하루가 지나야 비로소 믿으니, 크게 형통하고 貞함이 이로워 후회가 없어진다.

【注】 夫民은 可與習常이요 難與適變이며 可與樂成이요 難與慮始라 故로 革之爲道는 卽日不孚하여 已日乃孚也라 孚然後에 乃得元亨利貞하여 悔亡也니 已日而不孚면 革不當也라 悔吝之所生은 在乎變動者也니 革而當이면 其悔乃亡也라

백성들은 평상적인 것을 함께 익힐 수 있고 변화함에 함께 나아가기 어려우며, 이루어진 것을 함께 즐길 수 있고 시작을 함께 생각하기 어렵다. 그러므로 革의 道는 당일에 믿지 아니하여 하루가 지나야 비로소 믿는 것이다. 믿은 뒤에 비로소 '크게 형통하고 貞함이 이로움'을 얻어서 후회가 없어지는 것이니, 하루가 지나도 믿지 않으면 개혁이 합당하지 않은 것이다. 후회와 부끄러움이 생겨나는 것은 變動에 달렸나니, 개혁하여 합당하면 후회가 마침내 없어지는 것이다.

【疏】 正義曰 : '革'者, 改變之名也. 此卦明改制革命, 故名革也. '已日乃孚'者, 夫民情, 可與習常, 難與適變, 可與樂成, 難與慮始. 故革命之初, 人未信服, 所以卽日不孚, 已日乃孚也. '元亨利貞 悔亡'者, 爲革而民信之, 然後乃得大通而利正也. 悔吝之所生, 生乎變動, 革之爲義, 變動者也. 革若不當, 則悔吝交及, 如能大通利貞, 則革道當矣, 爲革而當, 乃得亡其悔吝, 故曰"元亨, 利貞, 悔亡."

正義曰 : 〔革〕 고치고 변하는 것의 이름이다. 이 卦는 제도를 고치고 명령을 개혁함〔革命〕을 밝혔다. 그러므로 卦의 이름을 '革'이라 한 것이다.

〔已日乃孚〕 무릇 백성의 情은 평상적인 것을 함께 익힐 수 있고 변화함에 함께 나아가기 어려우며, 이루어진 것을 함께 즐길 수 있고 시작을 함께 생각하기 어렵다. 그러므로

革命하는 초기에는 사람들이 믿고 복종하지 않으니, 이 때문에 당일에 믿지 아니하여 하루가 지나야 비로소 믿는 것이다.

〔元亨利貞 悔亡〕 개혁하여 백성들이 믿은 뒤에 비로소 크게 통하고 正함이 이로움을 얻는 것이다. 후회와 부끄러움이 생겨나는 것은 變動에서 생겨나니, 革의 뜻은 變動하는 것이다. 개혁이 만약 합당하지 않으면 후회와 부끄러움이 서로 미치게 되고, 만일 크게 형통하여 貞함이 이로우면 개혁하는 道가 합당한 것이니, 개혁함이 합당하면 비로소 후회와 부끄러움이 없어질 수 있다. 그러므로 "크게 형통하고 貞함이 이로워 후회가 없어진다."라고 한 것이다.

彖曰 革은 水火相息하며 二女同居호되 其志不相得이 曰 革이라

〈彖傳〉에 말하였다.

"革은 물과 불이 서로 〈變을〉 낳으며 두 女子가 함께 거처하나 그 뜻이 서로 맞지 않으므로 革이라 한 것이다.

【注】 凡不合然後에 乃變生하니 變之所生은 生於不合者也라 故로 取不合之象하여 以爲革也라 息者는 生變之謂也니 火欲上而澤欲下하여 水火相戰하니 而後에 生變者也라 二女同居로되 而有水火之性하여 近而不相得也라

무릇 합하지 않은 뒤에 비로소 變이 생겨나니, 變이 생겨나는 이유는 합하지 않음에서 생겨나는 것이다. 그러므로 합하지 않음의 象을 취하여 卦 이름을 '革'이라 한 것이다. '息'은 變이 생겨남을 이르니, 불은 위로 올라가고자 하고 못은 아래로 흐르고자 하여 물과 불이 서로 싸우니, 그런 뒤에 變이 생겨나는 것이다. 두 여자가 함께 사나 물과 불의 성질이 있어서 가까이에 있으면서도 서로 뜻이 맞지 못한다.

【疏】 '彖曰'(居)〔至〕[1]'其志不相得曰革' ○ 正義曰：此就二體, 釋卦名也. 水火相息, 先就二象明革. 息, 生也.[2] 火本乾燥, 澤本潤濕, 燥濕殊性, 不可共處. 若其共處, 必相侵剋, 旣相侵剋, 其變乃生, 變生則本性改矣. 水熱而成湯, 火滅而氣冷, 是謂革也. '二女同居'者, 此就人事, 明革也. 中・少二女而成一卦,[3] 此雖形同而志革也. 一男一女, 乃相感應, 二女雖復同居, 其志終不相得. 志不相得, 則變必生矣, 所以爲革.

1) (居)〔至〕: 저본에는 '居'로 되어 있으나, 毛本에 의거하여 '至'로 바로잡았다.(阮元의 〈校勘記〉 참조)

2) 水火相息……生也 : 王弼과 孔穎達은 '息'을 生息으로 訓하여 '水火相息'을 '물과 불이 서로 變을 낳음'으로 해석하였는데, 程伊川은 "息은 止息(그침)이 되고 또 生息(생겨남)이 되니, 물건이 그친 뒤에 생겨남이 있으므로 생겨나는 뜻이 된다.〔息 爲止息 又爲生息 物止而後有生 故爲生義〕"라고 하여 止息과 生息의 두 가지로 訓하였는바, 朱子도 이와 같다.

3) 中少二女而成一卦 : 八卦(小成卦) 가운데 離卦☲는 次女(中女)를 상징하고, 兌卦☱는 少女를 상징하기 때문에 이렇게 말한 것이다. 卦의 主爻는 홀로 陰이거나 홀로 陽인 爻이므로 한 爻가 陰爻이면 여자, 陽爻이면 남자가 되고, 爻의 생성은 아래로부터 시작되므로 主爻가 初爻이면 長子, 中爻이면 次子, 上爻이면 少子가 되는 것이다. 따라서 震卦☳는 長男, 坎卦☵는 次男, 艮卦☶는 少男이 되고, 巽卦☴는 長女, 離卦☲는 次女, 兌卦☱는 少女가 되며, 乾卦☰는 아버지, 坤卦☷는 어머니가 된다.

經의 〔彖曰〕에서 〔其志不相得曰革〕까지

○ 正義曰 : 이는 두 體를 가지고 卦의 이름을 해석한 것이다. 물과 불이 서로 變을 낳으니, 먼저 두 象을 가지고 革을 밝힌 것이다. '息'은 낳는 것이다. 불은 본래 乾燥하고 못〔澤〕은 본래 濕潤하니, 건조한 것과 습윤한 것은 성질이 달라서 함께 거처할 수가 없다. 만약 함께 거처하면 반드시 서로 침해하고 이길 것이요, 이미 서로 침해하고 이기면 그 變이 마침내 생겨나니, 變이 생겨나면 本性이 바뀐다. 물이 뜨거워져서 끓음을 이루고 불이 꺼져서 기운이 차가워짐, 이것을 '革'이라 한다.

〔二女同居〕 이는 사람의 일을 가지고 '革'을 밝힌 것이다. 中女와 少女 두 여자가 한 卦를 이루었으니, 이는 비록 형체가 같으나 뜻이 바뀐 것이다. 한 남자와 한 여자는 마침내 서로 감응을 하고, 두 여자는 비록 다시 동거를 하나 그 뜻이 마침내 서로 맞지 못한다. 뜻이 맞지 못하면 變이 반드시 생겨나니, 이 때문에 卦 이름을 '革'이라 한 것이다.

已日乃孚는 革而信之[1]니 文明以說(열)일새니 大亨以正하여 革而當이면 其悔乃亡이라

1) 之 : 阮元의 〈校勘記〉에 "≪經典釋文≫에 '一本에는 「之」자가 없다.' 하였다."라고 하였는데, 아래의 注와 疏에서도 經文을 인용하며 모두 '之'자를 생략하였다.

'하루가 지나야 비로소 믿음'은 改革하여 믿는 것이니, 文明하고 기뻐하기 때문이다. 크게 형통하고 바루어 개혁하여 합당하면 그 후회가 마침내 없어지는 것이다.

【注】 夫所以得革而信者는 文明以說也일새라 文明以說하고 履正而行하여 以斯爲革이면 應天順民하여 大亨以正者也니 革而大亨以正이면 非當如何오

'개혁하여 믿음'을 얻는 이유는 文明하고 기뻐하기 때문이다. 文明하고 기뻐하며 正道를 밟고 행하여 이로써 개혁을 하면 하늘에 應하고 民心에 순응하여 크게 형통하고 바른 자이니, 개혁하여 크게 형통하고 바르면 합당한 것이 아니고 무엇이겠는가.

【疏】 '已日乃孚'至'其悔乃亡' ○ 正義曰:'已日乃孚 革而信'者, 釋革之爲義, 革初未孚, 已日乃信也. '文明以說'者, 此擧二體, 上釋革而信, 下釋四德也. 能思文明之德以說於人, 所以革命而爲民所信也. 大亨以正者, 民旣說文明之德而從之, 所以大通而利正也. '革而當 其悔乃亡'(名)〔者〕[1], 爲革若合於大通而利(王)〔正〕[2], 可謂當矣, 革而當理, 其悔乃亡消也.

1) (名)〔者〕: 저본에는 '名'으로 되어 있으나, 毛本에 의거하여 '者'로 바로잡았다.(阮元의 〈校勘記〉 참조)

2) (王)〔正〕: 저본에는 '王'으로 되어 있으나, 宋本에 의거하여 '正'으로 바로잡았다.

經의 〔已日乃孚〕에서 〔其悔乃亡〕까지

○ 正義曰:〔已日乃孚 革而信〕'革의 뜻이 개혁한 초기에는 믿지 않고 하루가 지나야 비로소 믿음'을 해석한 것이다.

〔文明以說〕 이는 두 體를 들어서 위로는 '개혁하여 믿음'을 해석하고 아래로는 네 德(元·亨·利·貞)을 해석한 것이다. 능히 文明의 德을 생각하여 사람을 기쁘게 하니, 이 때문에 革命을 하면 백성들이 믿는 것이다.

〔大亨以正〕 백성들이 이미 文明의 德을 기뻐하여 따르니, 이 때문에 크게 형통하고 바름이 이로운 것이다.

〔革而當 其悔乃亡〕 개혁함이 만약 '크게 형통하고 바름이 이로움'에 부합하면 합당하다고 이를 수 있으니, 개혁하여 이치에 합당하면 그 후회가 마침내 없어지고 사라지는 것이다.

天地革而四時成하며 湯武革命하여 順乎天而應乎人하니 革之時大矣哉라

하늘과 땅이 바뀌어 四時가 이루어지며 湯王・武王이 革命하여 하늘에 순하고 사람들에게 應하였으니, 革의 때가 크다."

殷 湯王

周 武王

【疏】'天地革而四時成'至'大矣哉' ○ 正義曰 : '天地革而四時成'者, 以下廣明革義, 此先明天地革者, 天地之道, 陰陽升降, 溫暑涼寒迭相變革, 然後四時之序皆有成也. '湯武革命 順乎天而應乎人'者, 以明人革也. 夏桀・殷紂, 凶狂无度, 天旣震怒, 人亦叛(主)〔亡〕[1]. 殷湯・周武, 聰明睿智, 上順天命, 下應人心, 放桀鳴條, 誅紂牧野, 革其王命, 改其惡俗, 故曰"湯武革命, 順乎天而應乎人." 計王者相承, 改正易服, 皆有變革, 而獨擧湯・武者, 蓋舜・禹禪讓, 猶或因循, 湯・武干戈, 極其損益, 故取相變甚者, 以明人革也. '革之時大矣哉'者, 備論革道之廣訖, 摠結歎其大, 故曰"大矣哉"也.

1) (主)〔亡〕: 저본에는 '主'로 되어 있으나, 毛本에 의거하여 '亡'으로 바로잡았다.(阮元의 〈校勘記〉 참조)

經의 〔天地革而四時成〕에서 〔大矣哉〕까지

○ 正義曰 : 〔天地革而四時成〕 이하는 革의 뜻을 넓혀 밝힌 것이니, 이는 먼저 '하늘과 땅이 바뀜'을 밝혔는바, 하늘과 땅의 道는 陰과 陽이 올라가고 내려가서 따뜻함과 더움, 시원함과 차가움이 번갈아 서로 變革한 뒤에 四時의 순서가 다 이루어지는 것이다.

〔湯武革命 順乎天而應乎人〕 사람의 개혁을 밝힌 것이다. 夏나라 桀王과 殷나라 紂王

이 흉악하고 狂暴하고 법도가 없어서 하늘이 이미 震怒하고 사람들 또한 배반하여 도망하였다. 이에 殷나라 湯王과 周나라 武王이 聰明하고 睿智하여 위로 天命을 순히 하고 아래로 人心에 호응하여 桀王을 鳴條에 추방(幽置)하고 紂王을 牧野에서 주벌하여 왕의 命을 바꾸고 악한 풍속을 고쳤다. 그러므로 "湯王·武王이 革命하여 하늘에 순하고 사람들에게 應하였다."라고 한 것이다. 헤아려보건대, 王者가 서로 계승할 적에 正朔을 고치고 衣服의 색깔을 바꾸어서 모두 변혁이 있으나 유독 湯王과 武王을 든 것은, 舜임금과 禹임금은 禪讓을 하여 그래도 혹 앞의 왕의 제도를 따랐지만 湯王과 武王은 창과 방패로 싸워 이겨서 그 損益(加減)을 지극히 하였으므로 서로 변함이 심한 것을 취하여 사람의 개혁을 밝힌 것이다.

〔革之時大矣哉〕 革卦의 道가 넓음을 자세히 논하여 끝마치고서 그 큼을 摠結하여 감탄하였다. 그러므로 "크다."라고 한 것이다.

象曰 澤中有火 革이니 君子以治歷明時하나니라

〈象傳〉에 말하였다. "못 가운데 불이 있는 것이 革卦이니, 君子가 보고서 歷數(曆數)를 다스려 天時를 밝힌다."

【注】 歷數時會는 存乎變也라

歷數의 時會(시기)는 變易에 있는 것이다.

【疏】 正義曰 : '澤中有火 革'者, 火在澤中, 二性相違, 必相改變, 故爲革象也. '君子以治歷明時'者, 天時變改, 故須歷數, 所以君子觀茲革象, 修治歷數, 以明天時也.

正義曰 : 〔澤中有火 革〕 불이 못 가운데에 있어서 두 성질이 서로 어긋나 반드시 서로 고치고 변한다. 그러므로 革의 象이 되는 것이다.

〔君子以治歷明時〕 天時가 변하고 바뀌므로 모름지기 歷數가 필요하니, 이 때문에 군자가 이 革의 象을 보고서 歷數를 다스려서 天時를 밝히는 것이다.

初九는 鞏用黃牛之革이로다

初九는 공고히 하되 황소 가죽을 사용하도다.

【注】 在革之始하여 革道未成하여 固夫常中하여 未能應變者也니 此可以守成이요 不可以有爲也라 鞏은 固也요 黃은 中也[1]요 牛之革은 堅仞[2]하여 不可變也니 固之所用常中하여 堅仞不肯變也라

1) 黃 中也 : 黃色은 中央의 색에 해당하므로 이렇게 말한 것이다. 황색은 五行 중 土의 색인데 土의 해당 방위가 중앙이기 때문에 황색이 중앙의 색이 된 것이다.

2) 仞 : 靭(질기다)과 같다.

革의 시초에 있어서 개혁의 道가 아직 이루어지지 못해서 떳떳한(일정한) 中을 굳게 지켜 변화에 應하지 못하는 자이니, 이는 守成을 할 수는 있고 훌륭한 일을 할 수는 없는 것이다. '鞏'은 견고함이요, '黃'은 中이요, 소의 가죽은 견고하고 질겨서 변할 수가 없으니, 견고함의 쓰는 바가 떳떳한 中이어서 견고하고 질겨 변하려고 하지 않는 것이다.

【疏】 正義曰 : 鞏, 固也. 黃, 中也. 牛革, 牛皮也. 革之爲義, 變改之名, 而名皮爲革者, 以禽獸之皮, 皆可從革,[1] 故以喩焉. 皮雖從革之物, 然牛皮堅仞難變. 初九在革之始, 革道未成, 守夫常中, 未能應變, 施之於事, 有似用牛皮以自固, 未肯造次以從變者也, 故曰"鞏用黃牛之革"也.[2]

1) 皆可從革 : 革은 원래 짐승의 가죽인데 개혁이 뜻이 되는 까닭은 털이 있는 가죽〔皮〕을 加工하여 털을 제거하고 기름기를 빼내어 부드럽게 바꾸기 때문이다. '從革'은 사람이 加工함에 따라 바뀜을 이르니, ≪書經≫ 〈洪範〉에 '金曰從革'이라고 보이는바, 이 말은 '쇠가 사람의 가공에 의하여 원래의 상태를 그대로 따르기도 하고 새로운 형태로 완전히 탈바꿈하기도 함'의 의미이다. 그러나 여기에서는 '따라서 개혁됨〔從而革〕'의 뜻으로 쓴 것으로 보인다.

2) 初九在革之始……故曰鞏用黃牛之革也 : 王弼과 孔穎達은 初九를 '스스로 견고하게 지켜서 변화에 응하지 못하는 자'로 보았는바, 스스로 견고하게 지킴을 좋지 않은 뜻으로 본 것이다.

반면 程伊川과 朱子는 初九가 스스로 견고하게 지켜서 妄動하지 말아야 한다고 보았는바, ≪程傳≫은 다음과 같다. "變革은 일의 큰 것이니, 반드시 때가 있고 지위가 있고 재주가 있어서 살펴 생각하고 신중히 동한 뒤에 뉘우침이 없을 수 있다. 九는 때로써 보면 初이니 일의 초기에 동하면 살피고 삼가는 뜻이 없어 조급하고 함부로 하는 象이 있으며, 지위로써 보면 아래이니 이미 때가 없고 援助가 없으면서 아래에서 동하면 참람하고 망령된 허물이 있고 體勢의 중함이 없으며, 재주로써 보면 離의 體로서 陽이니 離의 성질은 올라가고 剛의 體는 굳세어 모두 동함에 신속하다. 그 재질이 이와 같으니,

일을 함이 있으면 凶咎가 이를 것이다. 剛하고 中하지 못하면서 體가 조급한 자에게 부족한 것은 中과 順이니, 마땅히 中順으로써 스스로 堅固히 지키고 妄動함이 없으면 可하다. 鞏은 묶음이요 革은 묶음을 싸는 것이며, 黃은 중앙의 색이요 牛는 순한 물건이니, 공고히 하되 황소 가죽을 쓴다는 것은 中順한 道로써 스스로 굳게 지키고 妄動하지 않음을 이른다.〔變革 事之大也 必有其時 有其位 有其才 審慮而愼動而後可以无悔 九以時則初也 動於事初 則无審愼之意 而有躁易之象 以位則下也 无時无援而動於下 則有僭妄之咎 而无體勢之重 以才則離體而陽也 離性上而剛體健 皆速於動也 其才如此 有爲則凶咎至矣 蓋剛不中而體躁 所不足者 中與順也 當以中順自固而无妄動 則可也 鞏 局束也 革 所以包束 黃 中色 牛 順物 鞏用黃牛之革 謂以中順之道自固 不妄動也〕"

正義曰 : '鞏'은 견고함이다. '黃'은 中이다. '牛革'은 소가죽이다. 革의 뜻은 변하고 고치는 것의 이름인데 가죽을 이름하여 '革'이라 한 것은 새와 짐승의 가죽이 모두 따라서 개혁될 수〔從革〕 있기 때문에 이로써 비유한 것이다.

가죽이 비록 따라서 개혁되는 물건이나 소가죽은 견고하고 질겨서 변하기 어렵다. 初九가 革의 시초에 있어서 革의 道가 아직 이루어지지 아니하여 떳떳한 中을 지켜서 변화에 應하지 못하니, 이를 人事에 베풀면 소가죽을 사용하여 스스로 견고하게 지켜서 造次(잠시)라도 따라 변하지 못하는 것과 같음이 있다. 그러므로 "공고히 하되 황소 가죽을 사용한다."라고 한 것이다.

象曰 鞏用黃牛는 不可以有爲也라

〈象傳〉에 말하였다. "'공고히 하되 황소 가죽을 사용함'은 훌륭한 일을 할 수 없는 것이다."

【疏】 正義曰 : '不可以有爲'者, 有爲, 謂適時之變, 有所云爲也. 既堅忍自固, 可以守常, 不可以有爲也.[1)]

1) 不可以有爲者……不可以有爲也 : 王弼과 孔穎達은 初九에 대하여 '다만 스스로를 지킬 수 있을 뿐 훌륭한 일을 할 수 없는 자'로 보아, 여기에서의 '有爲'도 '훌륭한 일을 함'으로 해석하였다.

반면 程伊川과 朱子는 初九가 스스로를 견고하게 지키는 것이 當爲가 된다고 보았는바, 初九는 변혁(개혁)의 일을 하기에 적합하지 않기 때문이다. 따라서 여기에서의 '有爲'도 단순히 '일을 함'의 의미가 되는바, ≪程傳≫은 다음과 같다. "初九의 때와 지위와 재주가 모두 일을 할 수 없으므로 마땅히 中順으로써 스스로 견고히 하여야 하는 것이다.〔以初九時位才 皆不可以有爲 故當以中順自固也〕"

正義曰 : 〔不可以有爲〕 '有爲'는 때의 변화에 적응하여 말하고 행하는 바가 있음을 이른다. 이미 견고하게 하여 스스로 공고히 하면 떳떳함만 지킬 수 있고 훌륭한 일을 할 수 없는 것이다.

六二는 已日에 乃革之니 征吉하여 无咎하니라

六二는 하루가 지나야 비로소 改革하니, 가면 吉하여 허물이 없다.

【注】 陰之爲物은 不能先唱하여 順從者也라 不能自革하고 革已에 乃能從之라 故로 曰 已日乃革之也라하니라 二與五雖有水火殊體之異나 同處厥中하여 陰陽相應하니 往必合志하여 不憂咎也라 是以로 征吉而无咎라

陰이란 물건은 先唱을 하지 못하여 順從하는 자이다. 능히 스스로 개혁하지 못하고 개혁이 끝난 뒤에야 비로소 따를 수 있다. 그러므로 "하루가 지나야 비로소 改革한다."라고 한 것이다. 六二와 九五는 비록 물과 불이 體가 다른 차이가 있으나 함께 中에 처하여 陰과 陽이 서로 應하니, 가면 반드시 뜻이 합하여 허물을 근심할 것이 없다. 이 때문에 가면 吉하여 허물이 없는 것이다.

【疏】 '六二已日'至'无咎' ○ 正義曰 : '已日乃革之'者, 陰道柔弱, 每事順從, 不能自革, 革已日乃能從之, 故曰"已日乃革之." '征吉 无咎'者, 與五相應, 同處厥中, 陰陽相應, 往必合志, 不憂咎也, 故曰"征吉, 无咎." 二・五雖是相應, 而水火殊體, 嫌有相剋之過. 故曰"无咎."1)

1) 征吉无咎者……故曰无咎 : 程伊川은 '征吉 无咎'라고 한 이유에 대하여 다음과 같이 설명하였다. "六二는 體가 柔하고 처함이 자리에 마땅하니, 體가 柔하면 나아감이 느리고 자리에 마땅하면 처함이 堅固하니, 變革은 큰 일이므로 이러한 경계가 있는 것이다. 六二가 中을 얻고 剛과 應하여 柔에 의해 잘못됨에 이르지는 않을 것이나 聖人이 경계할 만한 의심이 있음을 인하여 그 뜻을 밝히신 것이니, 賢才로 하여금 할 수 있는 시기를 잃지 않게 하신 것이다.〔以二體柔而處當位 體柔則其進緩 當位則其處固 變革者 事之大 故有此戒 二得中而應剛 未至失於柔也 聖人因其有可戒之疑 而明其義耳 使賢才不失可爲之時也〕" 즉

'征吉 无咎'를 머물지 말고 앞으로 나아가야 한다는 경계의 말로 본 것이다.

經의 〔六二已日〕에서 〔无咎〕까지

○ 正義曰 : 〔已日乃革之〕 陰의 道가 柔弱하여 每事를 순종해서 스스로 개혁하지 못하고, 개혁하여 하루가 지난 뒤에야 비로소 따를 수 있다. 그러므로 "하루가 지나야 비로소 改革한다."라고 한 것이다.

〔征吉 无咎〕 〈六二가〉 九五와 서로 應하고 함께 中에 처하여 陰과 陽이 서로 應하니, 가면 반드시 뜻이 합하여 허물을 근심할 것이 없다. 그러므로 "가면 吉하여 허물이 없다." 라고 한 것이다. 六二와 九五가 비록 서로 應하나 물과 불이 體가 달라서 相剋하는 허물이 있음을 혐의하였다. 그러므로 "허물이 없다."라고 한 것이다.

象曰 已日革之는 行有嘉也라

〈象傳〉에 말하였다. "하루가 지나 改革함은 감에 아름다움이 있는 것이다."

【疏】 正義曰 : '行有嘉'者, 往應見納, 故行有嘉慶也.

正義曰 : 〔行有嘉〕 가서 응하면 받아들이므로 감에 아름다운 福慶이 있는 것이다.

九三은 征하면 凶하여 貞이 厲하니 革言三就하여 有孚로다

九三은 정벌하면 凶하여 正道가 위태로우니, 개혁하자는 말이 세 번 성취되어 성실함이 있도다.

【注】 已處火極하여 上卦三爻 雖體水性이나 皆從革者也라 自四至上히 從命而變하여 不敢自違라 故로 曰 革言三就요 其言實誠이라 故로 曰 有孚라하니라 革言三就有孚어늘 而猶征之면 凶其宜也라

자기가 불의 極에 처하여 上卦의 세 爻가 비록 體가 물의 성질이나 모두 따라서 개혁되는 자이다. 九四부터 上六에 이르기까지 命을 따라 변하여 감히 스스로 어기지 못한다. 그러므로 "개혁하자는 말이 세 번 성취된다."라고 한 것이고, 그 말이 성실하므로 "성실함이 있다."라고 한 것이다. 개혁하자는 말이 세 번 성취되어 성실함이 있는데 오히려 정벌하면 凶한 것이 당연하다.

【疏】正義曰：九三陽爻剛壯，又居火極，火性炎上，處革之時，欲征之使革．征之非道，則正之危也，故曰"征凶，貞厲．"[1] 所以征凶致危者，正以水火相息之物，旣處於火極，上之三爻，水在火上，皆從革者也．自四至(下)〔上〕[2]，從命而變，不敢有違，則從革之言，三爻竝成就不虛，故曰"革言三就"，其言實誠，故曰"有孚"也.[3] 旣(不)〔革〕[4]言三就有孚，從革已矣，而猶征之則凶，所以征凶而厲貞．

1) 九三陽爻剛壯……貞厲：王弼과 孔穎達은 '征凶 貞厲'를 '上卦의 세 爻가 모두 개혁의 명을 따르므로 정벌하지 않는 것이 正道인데 이들을 정벌하면 흉하고 正道가 위태로워짐'의 의미로 해석하였다.

반면 程伊川은 "九三은 剛陽으로 下卦의 위가 되었고 또 離의 위에 처하여 中을 얻지 못했으니, 變革에 조급히 동하는 자이다. 아래에 있으면서 變革을 조급히 하니, 이로써 가면 흉함이 있다. 그러나 下體의 위에 거하여 진실로 마땅히 改革하여야 할 일이라면 어찌 하지 않을 수 있겠는가. 貞正을 지키고 위태로운 마음을 품으며 公論을 순히 따르면 행할 수 있음을 의심할 것이 없다.〔九三以剛陽爲下之上 又居離之上 而不得中 躁動於革者也 在下而躁於變革 以是而行 則有凶也 然居下之上 事苟當革 豈可不爲也 在乎守貞正而懷危懼 順從公論 則可行之不疑〕"라고 하였는바, 이 해석을 따르면 經文은 "가면 흉하니 正道를 지키고 위태로운 마음을 품어야 한다."라고 번역해야 한다.

한편 朱子는 '征凶'과 '貞厲'를 두 가지의 경계로 보았는바, ≪本義≫는 다음과 같다. "過剛으로 中하지 못하고 離의 極에 거하였으니, 變革에 조급히 동하는 자이다. 그러므로 그 占이 가면 흉하고 貞固함을 지키면 위태롭다는 경계가 있는 것이다.〔過剛不中 居離之極 躁動於革者也 故其占有征凶貞厲之戒〕"

2) (下)〔上〕: 저본에는 '下'로 되어 있으나, 注의 '自四至上'에 의거하여 '上'으로 바로잡았다.(北京大 整理本 참조)

3) 所以征凶致危者……故曰有孚也：'革言三就 有孚'를 王弼과 孔穎達은 '九三이 말한 개혁해야 한다는 말을 九四・九五・上六 세 爻가 모두 따라서 성취하였으므로 그 말이 공허하지 않게 되었음'의 의미로 보았는바, '三'을 上卦의 세 爻를 가리키는 것으로 보고, '有孚'를 '말이 공허하지 않고 實함'을 의미하는 것으로 본 것이다.

반면 程伊川과 朱子는 '三'을 '여러 번'의 뜻으로 보고 '革言三就 有孚'를 '개혁해야 한다는 말이 세 번 모두 합하면 사람들이 믿음'의 의미로 보았는바, ≪程傳≫은 다음과 같다. "'革言'은 마땅히 개혁하여야 한다는 의론을 이른다. 就는 이룸이며 합함이니, 마땅히 개혁하여야 한다는 말을 살펴보아 세 번 모두 합함에 이른다면 믿을 수 있는 것이다. 신중함의 지극함이 이와 같으면 반드시 至當함을 얻어 이에 믿음이 있음을 말한 것이니, 자기가 자신할 수 있고 사람들이 믿는 바가 이와 같다면 개혁할 수 있는 것이다.〔革言 謂當革之論 就 成也合也 審察當革之言 至於三而皆合 則可信也 言重愼之至能如是 則必得至

當 乃有孚也 己可信而衆所信也如此 則可以革矣〕"

4) (不)〔革〕: 저본에는 '不'로 되어 있으나, 毛本에 의거하여 '革'으로 바로잡았다.(阮元의 〈校勘記〉 참조)

正義曰 : 九三은 陽爻여서 剛하고 건장하며 또 불의 極에 거하였으니, 불의 성질은 위로 타 올라가고 개혁하는 때에 처해서 정벌하여 개혁하게 하고자 한다. 정벌함이 道가 아니면 正道가 위태롭다. 그러므로 "정벌하면 凶하여 正道가 위태롭다."라고 한 것이다.

정벌하면 흉하여 위태로움을 이루는 까닭은, 바로 물과 불이 서로 變을 낳는 물건인데 이미 불의 極에 처하였고 위의 세 爻는 물이 불 위에 있어서 모두 따라서 개혁되는 자이기 때문이다. 九四부터 上六에 이르기까지 命을 따라 變하여 감히 어김이 있지 않으니, 따라서 개혁하자는 말을 세 爻가 모두 성취하여 그 말이 공허하지 않다. 그러므로 "개혁하자는 말이 세 번 성취된다."라고 한 것이고, 그 말이 성실하므로 "성실함이 있다."라고 한 것이다. 이미 개혁하자는 말이 세 번 성취되어 성실함이 있으면 따라서 개혁됨이 끝나는데 오히려 정벌하면 흉하니, 이 때문에 정벌하면 흉하여 正道를 위태롭게 하는 것이다.

象曰 革言三就어니 又何之矣리오

〈象傳〉에 말하였다. "개혁하자는 말이 세 번 성취되었으니, 또 어찌 가서 정벌할 것이 있겠는가."

【疏】 正義曰 : '又何之矣'者, 征之本爲不從, 旣革言三就, 更又何往征伐矣.[1)]

1) 又何之矣者……更又何往征伐矣 : 程伊川은 '又何之矣'를 '지극히 마땅함'의 의미로 해석하였는바, ≪程傳≫은 다음과 같다. "여러 사람의 의논을 상고해보아 세 번 합함에 이르렀다면 일이 지극히 마땅한 것이다. '又何之矣'는 바로 속담에 '다시 어디로 가겠느냐'는 말이다. 이와 같이 하여 행한다면 바로 이치를 순히 하여 때로 행함이요 자신의 사사로운 마음으로 하고자 함이 아니니, 반드시 그 마땅함을 얻으리라.〔稽之衆論 至於三就 事至當也 又何之矣 乃俗語更何往也 如是而行 乃順理時行 非己之私意所欲爲也 必得其宜矣〕"

正義曰 : 〔又何之矣〕 정벌함은 본래 따르지 않기 때문인데, 이미 개혁하자는 말이 세 번 성취되었으니, 다시 또 어찌 가서 정벌할 것이 있겠는가.

九四는 **悔亡**하니 **有孚改命**하여 **吉**하니라

九四는 뉘우침이 없어지니 命을 고침에 믿음이 있어서 길하다.

【注】初九處下卦之下하고 九四處上卦之下라 故로 能變也라 无應은 悔也나 與水火相比면 能變者也니 是以悔亡이라 處水火之際하고 居會變之始하여 能不固吝하여 不疑於下하고 信志改命하여 不失時願이라 是以吉也라 有孚則見信矣니 見信以改命이면 則物安而无違라 故로 曰 悔亡하니 有孚改命하여 吉也라하니라 處上體之下하니 始宣命也라

初九는 下卦의 아래에 처하였고, 九四는 上卦의 아래에 처하였다. 그러므로 능히 變할 수 있는 것이다. 應이 없음은 뉘우침이나, 물과 불이 서로 가까이 있으면 능히 變하는 자이니, 이 때문에 뉘우침이 없어지는 것이다. 물과 불의 사이에 처하고 때마침 변해야 하는 시초에 거하여 고집스럽고 인색하지 않아서 아래를 의심하지 않고 命을 고치는 뜻을 믿어서 때의 소원을 잃지 않는다. 이 때문에 吉한 것이다.

믿음이 있으면 신임을 받으니, 신임을 받고 命을 고치면 물건(사람)이 편안하여 어김이 없다. 그러므로 "뉘우침이 없어지니 命을 고침에 믿음이 있어서 길하다."라고 한 것이다. 上體의 아래에 처하였으니, 처음 명령을 베푸는 것이다.

【疏】正義曰：九四與初, 同處卦下, 初九處下卦之下, 革道未成, 故未能變, 九四處上卦之下, 所以能變也. 无應, 悔也, 能變, 故悔亡也. 處水火之際, 居會變之始, 能不固吝, 不疑於下, 信彼改命之志, 而能從之, 合於時願, 所以得吉, 故曰"有孚改命, 吉"也.[1)]

1) 處水火之際……吉也：王弼과 孔穎達은 九四가 九三의 개혁을 따르는 것으로 보았기 때문에 經文의 '改命'도 '九三의 改命'으로 보았으며 '有孚改命'을 '九四가 九三의 改命을 믿는 것'으로 보았다.

반면 程伊川과 朱子는 九四가 개혁의 형세와 개혁의 재주에 해당한다고 보아 '有孚改命'을 '九四가 上下의 신임을 받아서 변혁(개혁)함'의 의미로 해석하였다. 다만 程伊川은 '有孚'를 '九四에게 성실함이 있음'과 '다른 이들이 九四에 대한 믿음이 있음'의 두 가지 의미로 본 듯하다. ≪程傳≫은 다음과 같다. "九四는 개혁의 성함이요, 陽剛은 개혁할 수 있는 재주요, 下體를 떠나 上體로 나아감은 개혁할 시기요, 水火의 즈음에 거함은 개혁할 형세요, 군주와 가까운 지위에 거함은 개혁할 임무를 맡은 것이요, 아래에 係應이 없음은 개혁할 意志요, 九로서 四에 거하여 剛柔가 서로 교제함은 개혁의 材用이다.

九四가 이미 이것을 갖추고 있으니, 개혁할 때를 당했다고 이를 만하다. 일이 뉘우칠 만한 뒤에 개혁하니, 개혁하여 마땅하면 그 뉘우침이 이에 없어지는 것이다. 개혁함이 이미 마땅하면 오직 至誠으로 처함에 달려 있다. 그러므로 믿음이 있으면 命을 고쳐 길한 것이다. '改命'은 고쳐 만드는 것이니, 개혁함을 이른다. 일이 이미 마땅하고 弊害가 개혁되었으니, 정성으로써 행하여 윗사람이 믿어주고 아랫사람이 순종하면 길함을 알 수 있다.〔九四 革之盛也 陽剛 革之才也 離下體而進上體 革之時也 居水火之際 革之勢也 得近君之位 革之任也 下无係應 革之志也 以九居四 剛柔相際 革之用也 四既具此 可謂當革之時也 事之可悔而後革之 革之而當 其悔乃亡也 革之既當 唯在處之以至誠 故有孚則改命吉 改命 改爲也 謂革之也 既事當而弊革 行之以誠 上信而下順 其吉可知〕"

正義曰：九四가 初九와 함께 卦의 아래에 처하였는데, 初九는 下卦의 아래에 처하여 개혁하는 道가 아직 이루어지지 못하였으므로 변하지 못하고, 九四는 上卦의 아래에 처하여 이 때문에 변할 수 있는 것이다.

應이 없음은 뉘우침이나, 능히 변하므로 뉘우침이 없어지는 것이다. 물과 불의 사이에 처하고 때마침 변해야 하는 시초에 거하여 고집스럽고 인색하지 않아서 아래를 의심하지 않고 저 '命을 고치는 뜻'을 믿어서 능히 따르면 때의 소원에 부합하니, 이 때문에 吉함을 얻는다. 그러므로 "命을 고침에 믿음이 있어서 길하다."라고 한 것이다.

象曰 改命之吉은 信志也라

〈象傳〉에 말하였다. "命을 고치는 것이 吉함은 뜻을 믿는 것이다."

【注】 信志而行이라

뜻을 믿고 행하는 것이다.

【疏】 正義曰：'信志'者, 信下之志而行其命也.[1)]

1) 信志者 信下之志而行其命也：經文에서의 해석이 달랐던 것처럼, 여기에서도 王弼과 孔穎達은 '信志'를 '九四가 九三의 뜻을 믿는 것'으로 해석한 반면, 程伊川은 '上下가 九四의 뜻을 믿는 것'으로 해석하였다.

正義曰：〔信志〕 아랫사람의 뜻을 믿고 그 命을 행하는 것이다.

九五는 大人虎變이니 未占이라도 有孚니라

九五는 大人이 범처럼 변함이니, 점치지 않고도 믿음이 있다.

【注】 未占而孚는 合時心也라

점치지 않고도 믿음은 때의 마음에 합하는 것이다.

【疏】 正義曰：九五居中處尊, 以大人之德爲革之主, 損益前王, 創制立法, 有文章之美, 煥然可觀, 有似虎變, 其文彪炳.[1] 則是湯・武革命, 廣大應人, 不勞占決, 信德自著, 故曰"大人虎變, 未占, 有孚"也.

1) 有似虎變 其文彪炳：'虎變'을 王弼・孔穎達, 程伊川은 '범이 움직일 때 무늬가 화려하게 변하는 것'을 가리키는 것으로 본 듯하다. 반면 朱子는 "變은 가죽에 털이 드물어져 털갈이함을 이른다.〔變 謂希革而毛毨也〕"라고 하였다.

正義曰：九五가 中에 거하고 尊位에 처하여 大人의 德으로 개혁의 주체가 되어서 前王의 제도를 損益하여 제도를 창건하고 법을 세우니, 文章의 아름다움이 있어서 찬란하게 볼만하여 마치 범이 변함에 그 무늬가 찬란하게 빛나는 것과 같다. 이는 湯王과 武王이 革命을 하여 廣大하게 人心에 호응하여 수고롭게 점쳐 결단하지 않고도 믿음의 德이 저절로 드러난 것이다. 그러므로 "大人이 범처럼 변함이니, 점치지 않고도 믿음이 있다." 라고 한 것이다.

象曰 大人虎變은 其文炳也라

〈象傳〉에 말하였다. "'大人이 범처럼 변함'은 그 文章이 빛나는 것이다."

【疏】 正義曰：'其文炳'者, 義取文章炳著也.

正義曰：〔其文炳〕 文章이 밝게 드러난 뜻을 취한 것이다.

上六은 君子豹變이요 小人革面이니

上六은 君子는 표범처럼 변하고 小人은 얼굴을 바꾸니,

【注】 居變之終하여 變道已成하니 君子處之면 能成其文이요 小人樂成이면 則變面以順

上也라

變의 끝에 거하여 변하는 道가 이미 이루어졌으니, 君子가 이에 처하면 능히 그 文을 이루고 小人이 성공을 즐거워하면 얼굴을 바꿔 윗사람을 순종하는 것이다.

【疏】 正義曰 : 上六居革之終, 變道已成, 君子處之, 雖不能同九五革命創制, 如虎文之彪炳, 然亦潤色鴻業, 如豹文之蔚縟, 故曰"君子豹變"也. '小人革面'者, 小人處之, 但能變其顔面, 容色順上而已, 故曰"小人革面"也.

正義曰 : 上六이 革의 끝에 거하여 변하는 道가 이미 이루어졌으니, 君子가 이에 처하면 비록 九五가 革命하여 제도를 창건해서 마치 범의 무늬처럼 찬란하게 빛나는 것과는 같지 못하나, 또한 큰 사업을 潤色하기를 표범의 무늬가 아름다운 것과 같게 한다. 그러므로 "君子는 표범처럼 변한다."라고 한 것이다.

〔小人革面〕 小人이 이에 처하면 〈마음은 고치지 못하고〉 다만 안면을 바꾸어서 용모와 얼굴빛으로 윗사람에게 순종할 뿐이다. 그러므로 "小人은 얼굴을 바꾼다."라고 한 것이다.

征하면 凶이요 居하면 貞吉하니라

정벌하면 凶하고, 거하면 貞하여 길하다.

【注】 改命創制하여 變道已成하니 功成則事損이요 事損則无爲라 故로 居則得正而吉이요 征則躁擾而凶也라

命을 고치고 제도를 창건해서 변하는 道가 이미 이루어졌으니, 功이 이루어지면 일이 줄어들고 일이 줄어들면 함이 없게 된다. 그러므로 거하면 바름을 얻어 吉하고, 정벌하면 조급하게 동요하여 凶한 것이다.

【疏】 正義曰 : 革道已成, 宜安靜守正, 更有所征則凶, 居而守正則吉, 故曰"征凶, 居貞吉"也.

正義曰 : 개혁하는 道가 이미 이루어졌으면 마땅히 고요함을 편안히 여기고 正道를 지켜야 하니, 다시 정벌하는 바가 있으면 凶하고 거하면서 正道를 지키면 吉하다. 그러므

로 "정벌하면 흉하고, 거하면 貞하여 吉하다."라고 한 것이다.

象曰 君子豹變은 其文蔚也요 小人革面은 順以從君也라

〈象傳〉에 말하였다. "'君子가 표범처럼 변함'은 그 文章이 아름다운 것이요, '小人이 얼굴을 바꿈'은 순종하여 군주를 따르는 것이다."

【疏】 正義曰 : '其文蔚'者, 明其不能大變, 故文炳[1]而相暎蔚也. '順以從君'者, 明其不能潤色立制, 但順而從君也.

1) 炳 : 저본에는 '炳'으로 되어 있으나, 毛本에는 '細'로 되어 있다.(阮元의 〈校勘記〉 참조) 九五는 '虎變'인데 〈象傳〉에 '其文炳也'라 하였고, 上六은 '豹變'인데 〈象傳〉에 '其文蔚也'라고 하였으며, 上六 爻辭의 疏에 "雖不能同九五革命創制 如虎文之彪炳 然亦潤色鴻業 如豹文之蔚縟"이라 하여 虎文에는 '炳'자를 쓰고 豹文에는 '蔚'자를 썼는바, 이에 근거하여 볼 때 毛本을 따라 '細'로 고치는 것이 옳을 듯하다. 毛本에 의거하여 '細'로 교감하면, '文細而相暎蔚'은 '文章이 작으나 서로 비춰 아름다움'으로 번역된다.

正義曰 : 〔其文蔚〕 '크게 변하지는 못했으므로 文章이 찬란하여 서로 비춰 아름다움'을 밝힌 것이다.

〔順以從君〕 '潤色하여 제도를 세우지는 못하고 다만 순종하여 군주를 따를 뿐임'을 밝힌 것이다.

50. 鼎䷱ 巽下離上

鼎은 元吉[1)]이라야 亨하니라

1) 吉：程伊川과 朱子는 '吉'을 衍文으로 보았는바, 程伊川은 〈彖傳〉에서 "元亨"이라고 한 것을 그 근거로 들었다.

鼎은 크게 吉하여야 형통하다.

【注】 革去故而鼎取新하니 取新而當其人하고 易故而法制齊明하여 吉然後乃亨이라 故로 先元吉而後亨也라 鼎者는 成變之卦也니 革旣變矣면 則制器立法以成之焉이라 變而无制면 亂可待也니 法制應時然後에 乃吉이요 賢愚有別하고 尊卑有序然後에 乃亨이라 故로 先元吉而後乃亨하니라

革은 옛것을 버리고 鼎은 새것을 취하니, 새것을 취하여 그 사람에 합당하고 옛것을 바꾸어 法制가 가지런하고 밝아져서 吉한 뒤에 비로소 형통하다. 그러므로 먼저 크게 吉한 뒤에 형통한 것이다.

鼎은 변화를 이루는 卦이니, 개혁하여 이미 변하면 기물을 만들고 법제를 세워 성립하는 것이다. 변함에 法制가 없으면 혼란이 닥쳐올 수 있으니, 법제가 때에 應하여 만들어진 뒤에 비로소 吉하고, 어진 이와 어리석은 이가 분별이 있고 높은 이와 낮은 이가 질서가 있은 뒤에 비로소 형통하다. 그러므로 먼저 크게 吉한 뒤에 비로소 형통한 것이다.

【疏】 正義曰：鼎者, 器之名也. 自火化之後, 鑄金而爲此器, 以供烹飪之用, 謂之爲鼎. 亨(팽)飪成新, 能成新法. 然則鼎之爲器, 且有二義, 一有亨飪之用, 二有物象之法. 故彖曰"鼎, 象也", 明其有法象也, 雜卦曰"革去故而鼎取新",[1)] 明其亨飪有成新之用. 此卦明聖人革命, 示物法象, 惟新其制, 有鼎之義, 以木巽火, 有鼎之象, 故名爲鼎焉. 變故成新, 必須當理, 故先元吉而後乃亨, 故曰"鼎, 元吉, 亨"也.

1) 雜卦曰革去故而鼎取新：〈雜卦傳〉에 "革은 옛것을 버림이요, 鼎은 새것을 취함이다.〔革

去故也 鼎 取新也〕"라고 하였다.

正義曰 : 〔鼎〕 그릇의 이름이다. 불로 뜨겁게 변화시킨 뒤에 쇠를 녹여서 이 器物을 만들어 烹飪(삶아 요리함)의 쓰임을 제공하니, 이를 일러 '솥〔鼎〕'이라 한다. 亨飪(烹飪)하여 새로운 음식을 만들고, 능히 새로운 法을 이룬다. 그렇다면 솥이란 기물은 또 두 가지 뜻이 있으니, 첫 번째는 亨飪의 쓰임이 있는 것이고, 두 번째는 物象의 法이 있는 것이다. 그러므로 〈彖傳〉에 "鼎은 象이다."라고 하였으니 法象이 있음을 밝힌 것이고, 〈雜卦傳〉에 "革은 옛것을 버리고 鼎은 새것을 취한다."라고 하였으니, 亨飪하여 새로운 음식을 만드는 쓰임이 있음을 밝힌 것이다. 이 卦는 聖人이 革命을 할 적에 물건에게 法象이 있음을 보여주어서 그 法制를 새로이 함은 鼎의 意義가 있고, 나무로서 불에게 공손히 들어감은 鼎(솥)의 象이 있음을 밝혔다. 그러므로 이름을 '鼎'이라 한 것이다.

옛것을 바꾸어 새것을 이룸은 반드시 이치에 합당하여야 한다. 그러므로 먼저 크게 吉한 뒤에 비로소 형통한 것이다. 이 때문에 "鼎은 크게 길하여야 형통하다."라고 한 것이다.

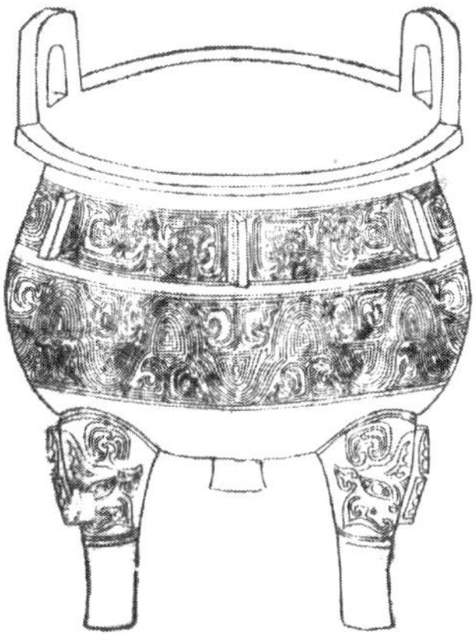

鼎(周穆公鼎)

彖曰 鼎은 象也니

〈彖傳〉에 말하였다.
"鼎은 象이니,

【注】 法象也라

法象이다.

【疏】 正義曰 : 明鼎有亨飪成新之法象也.

正義曰 : 鼎에 亨飪하여 새로운 음식을 이루는 法象이 있음을 밝힌 것이다.

以木巽火 亨飪也라

나무로서 불에게 공손히 들어감이 亨飪하는 것이다.

【注】 亨飪은 鼎之用也라

亨飪은 '솥'의 쓰임이다.

【疏】正義曰：此明上下二象，有亨飪之用，此就用釋卦名也.

正義曰：이는 위아래 두 象에 亨飪의 쓰임이 있음을 밝힌 것이니, 이는 쓰임을 가지고 卦의 이름을 해석한 것이다.

聖人亨(팽)하여 以享上帝하고 而大亨以養聖賢하니라

聖人이 亨飪하여 上帝에게 祭享하고 크게 亨飪하여 聖賢을 기른다.

【注】亨者는 鼎之所爲也라 革去故而鼎成新이라 故로 爲亨飪調和之器也니 去故取新에 聖賢不可失也라 飪은 孰也니 天下莫不用之로되 而聖人用之하여 乃上以享上帝하고 而下以大亨養聖賢也라

'亨'은 솥이 하는 것이다. 革은 옛것을 버리고 鼎은 새것을 이룬다. 그러므로 〈鼎은〉 亨飪하여 調和하는 그릇이 되는 것이니, 옛것을 버리고 새것을 취함에 聖賢을 잃어서는 안 된다. '飪'은 익힘이니, 天下가 이를 쓰지 않음이 없으나 聖人이 이것을 사용하여 마침내 위로 上帝에게 祭享하고 아래로 크게 亨飪하여 聖賢을 기른 것이다.

【疏】正義曰：此明鼎用之美. 亨飪所須，不出二種，一供祭祀，二當賓客. 若祭祀則天神爲大，賓客則聖賢爲重，故(質其牲)〔擧其重〕[1]大，則輕小可知. 享帝直言亨，養人則言大亨者，享帝尙質，特(性)〔牲〕[2]而已，故直言亨，聖賢旣多，養須飽飫，故亨上加大字也.

1) (質其牲)〔擧其重〕: 저본에는 '質其牲'으로 되어 있으나, 毛本에 의거하여 '擧其重'으로 바로잡았다.(阮元의 〈校勘記〉 참조)

2) (性)〔牲〕: 저본에는 '性'으로 되어 있으나, 閩本·監本·毛本에 의거하여 '牲'으로 바로잡았다.(阮元의 〈校勘記〉 참조)

正義曰：이는 솥의 쓰임의 아름다움을 밝힌 것이다. 亨飪에 쓰이는 것은 두 가지를 벗어나지 않으니, 첫 번째는 제사에 제공하는 것이고, 두 번째는 賓客에게 올리는 것이다. 祭祀로 말하면 天神이 큼이 되고, 賓客으로 말하면 聖賢이 重함이 된다. 그러므로 이 가운데 重하고 큰 것을 든 것이니, 그렇다면 가볍고 작은 것은 〈말하지 않아도〉 알 수 있는

것이다.

上帝에게 祭享함에는 다만 '亨'이라 말하고 사람을 기름에는 '大亨'이라 말한 것은, 上帝에게 祭享하는 것은 질박함을 숭상하여 한 마리 犧牲뿐이므로 다만 '亨'이라 말하였고, 聖賢은 이미 여러 사람이고 기름에 모름지기 배부르게 해야 하므로 '亨'자 위에 '大'자를 가한 것이다.

巽而耳目聰明하며

겸손하면 耳目이 聰明해지며,

【注】 聖賢獲養이면 則己不爲而成矣라 故로 巽而耳目聰明也라

聖賢이 길러짐을 얻으면 군주 자기가 하지 않아도 이루어진다. 그러므로 겸손하면 耳目이 聰明해지는 것이다.

【疏】 正義曰 : 此明鼎用之益. 言聖人旣能謙巽, 大養聖賢, 聖賢獲養, 則憂其事而助於己, 明目達聰, 不勞己之聰明, 則不爲而成矣.

正義曰 : 이는 솥의 쓰임의 유익함을 밝힌 것이다. 聖人(聖君)이 이미 겸손하여 聖賢을 크게 길러서 聖賢이 길러짐을 얻으면 성현이 군주의 일을 걱정하여 군주 자기를 도와주어서 눈이 밝아지고 귀가 통달해져서 자기의 聰明을 수고롭게 할 것이 없으니, 자기가 하지 않아도 이루어지는 것이다.

柔進而上行하고 得中而應乎剛이라 是以元亨하니라

柔가 나아가 위로 가고 中을 얻어 剛에 應한다. 이 때문에 크게 형통한 것이다."

【注】 謂五也니 有斯二德故로 能成新而獲大亨也라

六五를 이른 것이니, 이 두 가지 德이 있기 때문에 능히 새것을 이루어서 크게 형통함을 얻은 것이다.

【疏】 正義曰 : 此就六五, 釋元吉亨, 以柔進上行, 體已獲通, 得中應剛, 所通者大, 故能制法成新, 而獲大亨也.

正義曰 : 이는 六五를 가지고 '元吉亨'을 해석한 것이니, 柔로서 나아가 위로 올라가서 體가 이미 형통함을 얻었고, 中을 얻고 剛에 應하여 형통한 것이 크다. 그러므로 법을 제정하고 새것을 이루어서 크게 형통함을 얻은 것이다.

象曰 木上有火 鼎이니 君子以正位凝命하나니라

〈象傳〉에 말하였다. "나무 위에 불이 있는 것이 鼎卦이니, 君子가 보고서 지위를 바르게 하여 命을 嚴整히 한다."

【注】 凝者는 嚴整之貌也라 鼎者는 取新成變者也니 革去故而鼎成新이라 正位者는 明尊卑之序也요 凝命者는 以成教命之嚴也라

'凝'은 嚴整한 모양이다. '솥'은 새것을 취하여 변화를 이루는 것이니, 革은 옛것을 버리고 鼎은 새것을 이룬다. '正位'는 尊卑의 차례를 밝히는 것이요, '凝命'은 教命의 엄함을 이루는 것이다.

【疏】 正義曰 : 木上有火, 即是以木巽火, 有亨飪之象, 所以爲鼎也. '君子以正位凝命'者, 凝者, 嚴整之貌也.[1] 鼎既成新, 即須制法, 制法之美, 莫若上下有序, 正尊卑之位, 輕而難犯, 布嚴凝之命, 故君子象此以正位凝命也.

1) 凝者 嚴整之貌也 : 程伊川과 朱子는 '凝'을 '安重'으로 訓하였는바, 《程傳》에는 이에 대하여 "凝은 모이고 그친다는 뜻이니, 安重함을 이른다. 지금 世俗에 凝然이란 말이 있으니, 命令을 가지고 말한 것이니, 무릇 동하고 행함을 모두 마땅히 安重하게 하여야 한다.〔凝 聚止之義 謂安重也 今世俗有凝然之語 以命令而言耳 凡動爲皆當安重也〕"라 하였고, 《本義》에는 "鼎은 귀중한 器物이므로 地位를 바르게 하여 命令을 安重히 하는 뜻이 있는 것이다. 凝은 '至道不凝(지극한 道가 凝集하지 않는다.)'의 凝과 같으니, 傳에 이른바 '上下에 화합하여 하늘의 아름다움을 받든다'는 뜻이다.〔鼎 重器也 故有正位凝命之意 凝猶至道不凝之凝 傳所謂協于上下以承天休者也〕"라고 하였다. '至道不凝'은 《中庸》 27장에 "만일 훌륭한 사람이 아니면 지극한 道가 응집되지 않는다.〔苟非其人 至道不凝焉〕"라고 보이며, 傳의 말은 《春秋左氏傳》 宣公 3년조에 보이는바, 王孫滿이 말한 것으로 上下는 天地를 가리킨다.

正義曰 : '나무 위에 불이 있음'은 바로 나무로서 불에게 공손히 들어가서 亨飪의 象이 있는 것이니, 이 때문에 '鼎'이라 한 것이다.

〔君子以正位凝命〕 '凝'은 嚴整한 모양이다. 솥이 이미 새것을 이루면 모름지기 법을 제정하여야 하니, 법을 제정하는 아름다움은 上下가 질서가 있어서 尊卑의 지위를 바로잡고, 가벼우면서도 범하기 어려워서 嚴凝한 명령을 펴는 것보다 더한 것이 없다. 그러므로 君子가 이것을 본받아서 지위를 바로잡고 命을 엄정히 하는 것이다.

初六은 鼎顚趾하니 利出否(비)하니 得妾以其子하여 无咎니라

初六은 솥이 엎어져 발이 거꾸로 되었으니, 솥 안의 나쁜 것을 꺼냄이 이로우니, 妾을 얻어 훌륭한 자식을 두어서 허물이 없다.

【注】 凡陽爲實而陰爲虛하니 鼎之爲物이 下實而上虛어늘 而今陰在下하니 則是爲覆(복)鼎也니 鼎覆則趾倒矣라 否는 謂不善之物也라 取妾以爲室主는 亦顚趾之義也라 處鼎之初하여 將在納新하니 施顚以出穢하고 得妾以爲子라 故로 无咎也라

무릇 陽은 가득 참〔實〕이 되고 陰은 빔〔虛〕이 되니, 솥이란 물건은 아래는 가득 차고 위는 비어 있는데 지금 陰이 아래에 있으니, 이는 솥이 엎어짐이 되는 것인바, 솥이 엎어지면 솥의 발이 거꾸로 된다.

'否'는 좋지 못한 물건을 이른다.

妾을 취하여 안방 주인으로 삼음은 또한 발이 거꾸로 있는 뜻이다.

鼎의 초기에 처하여 장차 새것을 받아들이게 되었으니, 솥을 거꾸로 함을 베풀어 더러움을 꺼내고 妾을 얻어 훌륭한 자식을 두었다. 그러므로 허물이 없는 것이다.

【疏】 正義曰 : 鼎顚趾, 趾, 足也. 凡陽爲實而陰爲虛, 鼎之爲物, 下實而上虛. 初六居鼎之始, 以陰處下, 則是下虛上實, 而鼎足倒矣, 故曰"鼎顚趾"也.[1] '利出否'者, 否者, 不善之物, 鼎之倒趾, 失其所利, 鼎覆而不失其利, 在於寫出否穢之物也, 故曰"利出否"也. '得妾以其子 无咎'者, 妾者, 側媵(잉), 非正室也. 施之於人, 正室雖亡, 妾猶不得爲室主. 妾爲室主, 亦猶鼎之顚趾, 而有咎過, 妾若有賢子, 則母以子貴, 以之繼室, 則得无咎, 故曰"得妾以其子, 无咎"也.[2]

1) 凡陽爲實而陰爲虛……故曰鼎顚趾也 : 王弼과 孔穎達은 '鼎顚趾'에 대하여 '아래에 陰이 있음은 아래가 비고 위가 가득 차 있는 것이어서 솥의 발이 거꾸로 있는 것'이라고 해설하였다.

반면 程伊川과 朱子는 '初六이 위로 九四에 응함은 곧 발이 위로 향하는 象이기 때문에 발이 넘어지는 것'이라고 해석하였는바, ≪程傳≫은 다음과 같다. "初六은 鼎의 아래에 있으니 발의 象이요, 위로 九四와 應하니 발이 위로 향함은 넘어지는 象이다. 솥이 엎어지면 발이 넘어지고, 발이 넘어지면 그 안에 담긴 것을 엎어놓으니, 順한 道가 아니다. 그러나 마땅히 넘어져야 할 때가 있으니, 〈솥 안에 있는〉 부패한 것과 나쁜 것을 기울여 꺼내어서 깨끗함을 이루고 새것을 취하게 하면 可하다. 그러므로 발이 넘어짐은 이로움이 나쁜 것을 꺼냄에 있으니, 否는 나쁜 것이다. 九四는 君主와 가까우니 大臣의 지위이고, 初六은 아래에 있는 사람인데 서로 應하니, 윗사람은 아랫사람에게 구하고 아랫사람은 윗사람을 따르는 것이다. 윗사람이 아랫사람의 善을 쓰고 아랫사람이 윗사람의 하는 일을 輔弼하면 事功을 이룰 수 있다. 이는 善한 道이니, 솥의 발이 넘어짐은 마땅히 넘어져야 할 때가 있어서 悖理가 되지 않는 것과 같다.〔六在鼎下 趾之象也 上應於四 趾而向上 顚之象也 鼎覆則趾顚 趾顚則覆其實矣 非順道也 然有當顚之時 謂傾出敗惡 以致潔取新 則可也 故顚趾 利在於出否 否 惡也 四 近君 大臣之位 初 在下之人而相應 乃上求於下 下從其上也 上能用下之善 下能輔上之爲 可以成事功 乃善道 如鼎之顚趾 有當顚之時 未爲悖理也〕"

2) 得妾以其子……无咎也 : '得妾以其子 无咎'를 王弼과 孔穎達은 '첩을 얻어 그로 하여금 室主가 되게 하였으므로 허물이 있을 것이나 첩이 어진 아들을 두어 繼室이 되었으므로 허물이 없음'의 의미로 보았다.

반면 程伊川은 이에 대하여 "初六이 陰이고 낮으므로 妾이라 한 것이니, 妾을 얻음은 훌륭한 사람을 얻음을 이른다. 만일 어진 妾을 얻으면 그 주인을 보좌하여 허물이 없게 할 것이다. 子는 주인이니, '以其子'는 그 주인을 허물이 없는 데로 이르게 하는 것이다. 初六의 陰이 아래에 거하여 낮추고 공손하여 陽을 따르니, 妾의 象이다. 初六이 위로 九四와 應하니, 발이 넘어짐이 되므로 이 뜻을 발한 것이다. 初六은 본래 취할 만한 재주와 德이 없으므로 妾을 얻었다고 말했으니, 훌륭한 사람을 얻으면 이와 같음을 말한 것이다.〔六陰而卑 故爲妾 得妾 謂得其人也 若得良妾 則能輔助其主 使无過咎也 子 主也 以其子 致其主於无咎也 六陰居下而卑巽從陽 妾之象也 以六上應四 爲顚趾而發此義 初六 本无才德可取 故云得妾 言得其人則如是也〕"라고 해석하였는바, 이 해석에 따르면 經文은 "첩을 얻으면 그 남자를 도와서 허물이 없게 하리라."라고 번역하게 된다.

한편 朱子는 "卦의 초기를 당하여 솥에 담겨진 물건이 없으며 예전에 쌓인 나쁜 것이 있으니, 솥이 넘어짐으로 인하여 나쁜 것을 꺼내면 이로움이 된다. 妾을 얻고 인하여 그 아들을 얻는 것 또한 이와 같다. 이 爻의 象은 이와 같고 그 占은 허물이 없으니, 이는 실패로 인하여 성공을 삼고 천함으로 인하여 귀함을 이루는 것이다.〔當卦初 鼎未有實而舊有否惡之積焉 因其顚而出之 則爲利矣 得妾而因得其子 亦由是也 此爻之象如此而其占无咎 蓋因敗以爲功 因賤以致貴也〕"라고 해설하였다.

正義曰 : 〔鼎顚趾〕 '趾'는 다리(발)이다. 무릇 陽은 實이 되고 陰은 虛가 되니, 솥이란 물건은 아래는 가득 차고 위는 비어 있다. 初六은 鼎의 시초에 거하여 陰으로서 아래에 처하였으니, 이는 아래가 비고 위가 가득 차 있어서 솥의 발이 거꾸로 있는 것이다. 그러므로 "솥이 엎어져 발이 거꾸로 되었다."라고 한 것이다.

〔利出否〕 '否'는 좋지 못한 물건이니, 솥의 발이 거꾸로 되어 있으면 그 이로운 바를 잃는데, 솥이 엎어지고도 이로움을 잃지 않음은 나쁘고 더러운 물건을 쏟아냄에 있다. 그러므로 "솥 안의 나쁜 것을 꺼냄이 이롭다."라고 한 것이다.

〔得妾以其子 无咎〕 '妾'은 側室의 媵妾(잉첩)이니, 正室이 아니다. 이것을 사람에 베풀면 正室이 비록 죽었더라도 妾이 안방 주인이 될 수는 없는 것이다. 妾이 안방 주인이 되는 것은 또한 솥이 넘어져 발이 거꾸로 있는 것과 같아서 허물이 있을 것이나, 妾이 만약 어진 아들을 두면 어미가 자식 때문에 귀해져서 그로써 안방을 잇게 하면〔繼室〕 허물이 없을 수 있다. 그러므로 "妾을 얻어 훌륭한 자식을 두어서 허물이 없다."라고 한 것이다.

象曰 鼎顚趾는 未悖也요

〈象傳〉에 말하였다.

"'솥이 엎어져 발이 거꾸로 됨'은 이치에 어긋나지 않는 것이고,

【注】 倒以寫否故로 未悖也라

솥발이 거꾸로 있어서 나쁜 것을 꺼낸다. 그러므로 이치에 어긋나지 않는 것이다.

【疏】 正義曰 : '未悖也'者, 倒趾以出否, 未爲悖逆也.

正義曰 : 〔未悖也〕 솥발을 거꾸로 하여 나쁜 것을 꺼냄이 悖逆함이 되지 않는 것이다.

利出否는 以從貴也라

'나쁜 것을 꺼냄이 이로움'은 귀함을 따르는 것이다."

【注】 棄穢以納新也라

더러운 것을 버리고 새것을 받아들이는 것이다.

【疏】 正義曰 : '以從貴'者, 舊, 穢也, 新, 貴也. 棄穢納新, 所以從貴也. 然是去妾之賤名而爲室主, 亦從子貴也.[1)]

1) 以從貴者……亦從子貴也 : 程伊川과 朱子는 '以從貴'를 '九四의 귀함에 응함'의 의미로 보았다.

正義曰 : 〔以從貴〕 옛것은 더러운 것이고, 새것은 귀한 것이다. 더러운 것을 버리고 새것을 받아들임은 귀함을 따르는 것이다. 그런데 妾의 천한 이름을 버리고 안방 주인이 되는 것 또한 자식의 귀함을 따르는 것이다.

九二는 鼎有實이라 我仇有疾하여 不我能卽하면 吉하니라

九二는 솥이 가득 차 있다. 나의 짝이 병이 있어서 나에게 오지 못하면 길하리라.

【注】 以陽之質로 處鼎之中하니 有實者也라 有實之면 物不可復加니 益之則溢하여 反傷其實이라 我仇는 謂(九)〔五〕[1)]也라 困於乘剛之疾[2)]하여 不能就我하면 則我不溢하여 得全其吉也라

1) (九)〔五〕 : 저본에는 '九'로 되어 있으나, 毛本에 의거하여 '五'로 바로잡았다.(阮元의 〈校勘記〉 참조)
2) 困於乘剛之疾 : 六五가 九四를 타고〔乘〕 있기 때문에 이렇게 말한 것이다. 陰爻가 陽爻 위에 있는 것을 '乘'이라 하는데, 이는 不吉한 것에 속한다.

陽의 자질로 鼎의 가운데에 처해 있으니, 솥이 가득 차 있는 자이다. 가득 차 있으면 물건을 다시 더해서는 안 되니, 더하면 넘쳐서 도리어 가득 차 있음을 손상시킨다. '我仇'는 六五를 이른다. 剛을 타고 있는 병에 곤궁하여 나에게 오지 못하면 내가 넘치지 아니하여 그 吉함을 온전히 보존할 수 있다.

【疏】 正義曰 : 實, 謂陽也. 仇, 是匹也. 卽, 就也. 九二以陽之質, 居鼎之中, 有實者也, 故曰"鼎有實"也. 有實之, 物不可復加也, 加之則溢, 而傷其實矣. 六五我之仇匹, 欲來應我, 困於乘剛之疾, 不能就我, 則我不溢而全其吉也, 故曰"我仇有疾, 不我能卽,吉."[1)]

1) 六五我之仇匹……吉 : 王弼과 孔穎達은 '我仇有疾 不我能卽 吉'을 '九二가 이미 가득 차 있기 때문에 六五가 와서 또 더하게 되면 넘쳐서 좋지 않으므로 六五가 오지 못하면 길함'의 의미로 해석하였는바, 我仇를 六五로 본 것이다.

반면 程伊川과 朱子는 我仇를 初六을 가리키는 말로 보았으며, 王弼・孔穎達과 반대로 九二가 六五에 응하는 것을 좋은 것으로 보았다. ≪程傳≫은 다음과 같다. "九二는 陽剛으로 濟用의 재주가 있고 六五와 서로 應하니, 위로 六五의 군주를 따르면 바름을 얻어 그 道가 亨通할 수 있다. 그러나 初六과 매우 가까이 있으니, 陰은 陽을 따르는 자이다. 九二는 中에 거하고 中과 應하여 正을 잃음에 이르지 않을 것이나 자신은 비록 스스로 지키더라도 저 初六이 반드시 서로 구할 것이다. 그러므로 능히 그를 멀리하여 자신에게 오지 못하게 하면 길하다고 경계한 것이다.〔二 陽剛 有濟用之才 與五相應 上從六五之君 則得正而其道可亨 然與初密比 陰 從陽者也 九二居中而應中 不至失正 己雖自守 彼必相求 故戒能遠之 使不來卽我 則吉也〕"

正義曰 : '實'은 陽을 이른다. '仇'는 짝이다. '卽'은 나옴이다. 九二가 陽의 자질로 鼎의 가운데에 처하였으니, 솥이 가득 차 있는 자이다. 그러므로 "솥이 가득 차 있다."라고 한 것이다.

가득 차 있으면 물건을 다시 더해서는 안 되니, 더하면 넘쳐서 가득 차 있음을 손상시킨다. 六五는 나의 짝이니, 와서 나에게 應하고자 하나 剛을 타고 있는 병에 곤궁하여 나에게 오지 못하니, 이렇게 되면 내가 넘치지 아니하여 그 吉함을 온전히 보존할 수 있다. 그러므로 "나의 짝이 병이 있어서 나에게 오지 못하면 길하리라."라고 한 것이다.

象曰 鼎有實은 愼所之也요

〈象傳〉에 말하였다.

"솥이 가득 차 있음은 갈 바를 삼가야 하는 것이고,

【注】 有實之鼎은 不可復有所取니 才任已極하여 不可復有所加라

가득 차 있는 솥은 다시 취하는 바가 있어서는 안 되니, 재주와 임무가 이미 지극하여 다시 더하는 바가 있어서는 안 되는 것이다.

【疏】 正義曰 : '愼所之'者, 之, 往也. 自此已往, 所宜愼之也.

正義曰 : 〔愼所之〕 '之'는 감이다. 이로부터 이후는 마땅히 가는 것을 삼가야 하는 것이다.

我仇有疾이면 **終无尤也**리라

나의 짝이 병이 있으면 끝내 허물이 없으리라."

【疏】 正義曰 : '終无尤也'者, 五旣有乘剛之疾, 不能加我, 則我終无尤也.

正義曰 : 〔終无尤也〕 六五가 이미 剛을 타고 있는 병이 있는데 나에게 가하지 못하니, 그렇다면 내가 끝내 허물이 없는 것이다.

九三은 **鼎耳革**하여 **其行塞**하니 **雉膏不食**이라 **方雨虧悔**하여 **終吉**이리라

九三은 솥의 귀가 떳떳함을 바꾸어 그 행함이 막히니, 꿩의 아름다운 고기를 먹지 못한다. 바야흐로 〈화합하여〉 비가 오면 후회가 없어져 끝내 길하리라.

鼎耳와 鉉(曾侯乙鼎) : 鼎耳에는 鉉의 갈고리를 걸 수 있는 구멍이 있는바, 그 구멍에 鉉을 걸어 솥을 든다.

【注】 鼎之爲義는 虛中以待物者也어늘 而三處下體之上하여 以陽居陽하여 守實无應하여 无所納受라 耳宜空以待鉉이어늘 而反全其實塞이라 故로 曰 鼎耳革하여 其行塞이라하니 雖有雉膏나 而終不能食也라 雨者는 陰陽交和하여 不偏亢者也니 雖(陰)〔體〕[1]陽爻나 而統屬陰卦라 若不全任剛亢하고 務在和通하여 方雨則悔虧하여 終則吉也라

1) (陰)〔體〕 : 저본에는 '陰'으로 되어 있으나, 疏의 '雖體陽爻'와 毛本에 의거하여 '體'로 바로잡았다.(阮元의 〈校勘記〉 참조)

鼎의 義는 가운데를 비워 물건이 들어오기를 기다리는 것인데, 九三이 下體의 위에 처

해서 陽으로서 陽의 자리에 거하여 가득 차 있음을 지키고 應이 없어서 받아들이는 바가 없다. '솥의 귀'는 마땅히 비워서 鉉을 기다려야 하는데 도리어 그 가득 차 있음을 온전히 하였다. 그러므로 "솥의 귀가 떳떳함을 바꾸어 그 행함이 막혔다."라고 하였으니, 비록 꿩의 아름다운 고기가 있으나 끝내 먹지 못하는 것이다.

'雨'는 陰과 陽이 서로 화합하여 편벽되이 亢極하지 않는 것이니, 비록 體가 陽爻이나 〈巽은〉 陰卦에 소속된다. 만약 전적으로 剛亢에 맡기지 않고 和通하도록 힘써서 바야흐로 비가 오면 후회가 없어져 끝내는 吉한 것이다.

【疏】'九三鼎耳革'至'終吉' ○正義曰：'鼎耳革 其行塞'者, 鼎之爲義, 下實上虛, 是空以待物者也. 鼎耳之用, 亦宜空以待鉉. 今九三處下體之上, 當此鼎之耳, 宜居空之地, 而以陽居陽, 是以實處實者也. 既實而不虛, 則變革鼎耳之常義也. 常所納物, 受鉉之處, 今則塞矣. 故曰"鼎耳革, 其行塞"也.[1] '雉膏不食'者, 非有體實不受, 又上九不應於己, 亦无所納, 雖有其器, 而无所用, 雖有雉膏, 而不能見食也, 故曰"雉膏不食." '方雨虧悔, 終吉'者, 雨者, 陰陽交和, 不偏亢者也, 雖體陽爻, 而統屬陰卦. 若不全任剛亢, 務在和通, 方欲爲此和通, 則悔虧而終獲吉, 故曰"方雨虧悔, 終吉"也.[2]

1) 鼎耳革其行塞者……其行塞也：王弼과 孔穎達은 九三이 솥의 귀에 해당한다고 보고, '鼎耳革 其行塞'을 '九三이 비어 있어야 한다는 솥귀의 떳떳한 의리를 변혁하여 막혀 있어서 鉉을 받아들이지 못함'의 의미로 보았다.

반면 程伊川과 朱子는 九三은 솥의 배에 해당하고 솥의 귀는 六五를 가리키는 것이라고 보았는바, ≪程傳≫은 다음과 같다. "솥의 귀는 六五이니, 솥의 主體가 된다. 九三은 陽으로서 巽의 위에 거하여 剛하고 능히 공손하니, 그 재주가 일을 이룰 수 있다. 그러나 六五와 應이 아니어서 함께하지 못한다. 六五는 中이나 正이 아니요 九三은 正이나 中이 아니어서 함께하지 못하니, 군주에게 신임을 얻지 못한 자이다. 군주에게 신임을 얻지 못하면 그 道가 어디로 말미암아 행해지겠는가. 革은 변혁하여 달라짐이니, 九三이 六五와 달라서 합하지 못하는 것이다. 그 행함이 막힘은 형통하지 못한 것이다. 군주에게 합하지 못하면 신임을 얻지 못하리니, 그 씀을 베풀 수가 없는 것이다.〔鼎耳六五也 爲鼎之主 三以陽居巽之上 剛而能巽 其才足以濟務 然與五非應而不同 五 中而非正 三正而非中 不同也 未得於君者也 不得於君 則其道何由而行 革 變革爲異也 三與五異而不合也 其行塞 不能亨也 不合於君 則不得其任 无以施其用〕"

2) 方雨虧悔終吉者……終吉也：'方雨虧悔'를 王弼과 孔穎達은 '九三이 陰卦(巽)에 속하므로 만약 亢極하지 않고 陰과 陽이 조화롭게 하여 비가 오면 후회가 없어질 것임'의 의미

로 보았다.

반면 程伊川은 '方雨虧悔 終吉'을 '九三이 六五와 화합하면 不偶함으로 인한 九三의 뉘우침이 끝내는 길하게 될 것'으로 해석하였는바, 《程傳》은 다음과 같다. "六五는 聰明의 象이 있고 九三은 끝내 위로 나아가는 물건이니, 陰과 陽이 사귀어 和暢하면 비가 내린다. 方雨는 장차 비가 내리는 것이니, 六五와 九三이 바야흐로 장차 화합함을 이른다. '虧悔終吉'은 부족한 뉘우침이 끝내는 마땅히 길함을 얻음을 이른다. 九三이 재주를 간직하고도 不偶하므로 부족한 뉘우침이 있는 것이다. 그러나 陽剛의 德을 소유하고 있으니, 위가 聰明하고 아래가 巽正하여 끝내 반드시 서로 만난다. 그러므로 길한 것이다. 九三이 비록 中이 아니나 巽體이기 때문에 過剛한 잘못이 없으니, 만일 過剛하다면 어찌 끝내 길하겠는가.〔五有聰明之象 而三終上進之物 陰陽交暢則雨 方雨 且將雨也 言五與三方將和合 虧悔終吉 謂不足之悔 終當獲吉也 三懷才而不偶 故有不足之悔 然其有陽剛之德 上聰明而下巽正 終必相得 故吉也 三雖不中 以巽體故 无過剛之失 若過剛 則豈能終吉〕"

經의 〔九三鼎耳革〕에서 〔終吉〕까지

○ 正義曰：〔鼎耳革 其行塞〕 鼎의 意義는 아래가 가득 차고 위가 빈 것이니, 이는 비워서 물건을 기다리는 자요, '솥의 귀'의 쓰임도 마땅히 비워서 鉉을 기다려야 하는 것이다. 지금 九三이 下體의 위에 처하여 이 솥의 귀에 해당하니, 마땅히 빈자리에 거하여야 하는데 陽으로서 陽의 자리에 있으니, 이는 가득 차 있으면서 가득 차 있음에 처하는 자이다. 이미 가득 차 있고 비우지 않으면 솥의 귀의 떳떳한 의의를 變革하는 것이다. 〈솥의 귀는〉 항상 물건을 받아들이는 곳으로 鉉을 받는 곳인데, 지금은 막혀 있다. 그러므로 "솥의 귀가 떳떳함을 바꾸어 그 행함이 막힌다."라고 한 것이다.

〔雉膏不食〕 비단 體가 가득 차 있어 받아들이지 못할 뿐만 아니라, 또 上九가 자기에게 應하지 않아서 또한 받아들이는 바가 없으니, 비록 그 그릇이 있으나 쓸 곳이 없는바, 비록 꿩의 좋은 고기가 있으나 먹힘을 받지 못하는 것이다. 그러므로 "꿩의 아름다운 고기를 먹지 못한다."라고 한 것이다.

〔方雨虧悔 終吉〕 '雨'는 陰과 陽이 서로 화합하여 편벽되이 亢極하지 않은 것이니, 비록 體가 陽爻이나 〈巽은〉 陰卦에 소속된다. 만약 전적으로 剛亢에 맡기지 않고 和通하도록 힘써서 이 和通함을 하고자 하면 후회가 없어져 끝내 吉함을 얻을 것이다. 그러므로 "바야흐로 〈화합하여〉 비가 오면 후회가 없어져 끝내 길하리라."라고 한 것이다.

象曰 鼎耳革은 失其義也라

〈象傳〉에 말하였다. "'솥의 귀가 떳떳함을 바꿈'은 그 意義를 잃은 것이다."

【疏】 正義曰 : '失其義也'者, 失其虛中納受之義也.

正義曰 : 〔失其義也〕 가운데를 비워 받아들이는 의의를 잃은 것이다.

발이 부러진 鼎(獸面紋扁足方鼎)

九四는 **鼎折足**하여 **覆公餗**(속)하니 **其形渥**(악)하여 **凶**하니라

九四는 솥의 발이 부러져 公에게 바칠 음식을 뒤엎으니, 그 모습이 젖어 있어 凶하다.

【注】 處上體之下하고 而又應初하니 既承且施는 非己所堪이라 故로 曰 鼎折足也라하니라 初已出否하니 至四所盛이면 則已絜矣라 故로 曰 覆公餗也라하니라 渥은 沾濡之貌也라 既覆公餗하여 體爲渥沾하니 知小謀大하여 不堪其任하여 受其至辱하여 災及其身이라 故로 曰 其形渥하여 凶也라하니라

上體의 아래에 처하고 또 初六과 應하니, 이미 위를 받들고 또 아래에 베풂은 자기가 감당할 수 있는 바가 아니다. 그러므로 "솥의 발이 부러졌다."라고 한 것이다.

初六이 이미 나쁜 것을 꺼냈으니, 九四의 담겨짐에 이르면 이미 깨끗하다. 그러므로 "公에게 바칠 음식을 뒤엎었다."라고 한 것이다.

'渥'은 젖어 있는 모양이다. 이미 公에게 바칠 음식을 뒤엎어서 솥의 몸이 젖어 있으니, 지혜가 작으면서 계책이 커서 그 임무를 감당하지 못하여 지극한 치욕을 받아서 재앙이 자기 몸에 미친다. 그러므로 "그 모습이 젖어 있어 凶하다."라 한 것이다.

【疏】 '九四鼎折足'至'其形渥凶' ○ 正義曰 : '鼎折足 覆公餗'者, 餗, 糝(삼)也, 八珍之膳, 鼎之實也. 初以出否, 至四所盛, 故當馨絜矣, 故以餗言之. 初處下體之下, 九四處上體之下, 上有所承, 而又應初, 下有所施, 既承且施, 非己所堪, 故曰"鼎折足."[1] 鼎足既折, 則覆公餗也. 渥, 沾濡之貌也. 既覆公餗, 體則渥霑也.[2] 施之於人, 知小而謀大,

力薄而任重, 如此必受其至辱, 災及其身也, 故曰"其形渥, 凶."[3)]

1) 鼎折足覆公餗者……故曰鼎折足 : '鼎折足'을 王弼과 孔穎達은 '九四가 위로 받들고 아래로 베푸는 것을 감당하지 못하여 솥의 발이 부러짐'의 의미로 보았는바, '위로 받듦'은 九四가 上卦의 下爻임을 가리켜 말한 것이고 '아래로 베풂'은 九四가 初六과 응함을 가리켜 말한 것이다.

한편 程伊川은 다음과 같이 설명하였다. "九四는 大臣의 지위이니, 天下의 일을 맡은 자이다. 天下의 일을 어찌 한 사람이 홀로 책임질 수 있겠는가. 마땅히 천하의 어진 이와 지혜로운 이를 구하여 더불어 협력해야 하니, 훌륭한 사람을 얻으면 천하의 다스림을 수고롭지 않고도 이룰 것이요, 등용함이 훌륭한 사람이 아니면 국가의 일을 실패하고 천하에 화를 끼치리라. 九四가 아래로 初六과 應하니, 初六은 陰柔의 小人이라서 쓸 수 없는 자인데 九四가 그를 등용하면 임무를 감당하지 못하여 일을 실패함이 마치 솥 발이 부러지는 것과 같은 것이다.〔四 大臣之位 任天下之事者也 天下之事 豈一人所能獨任 必當求天下之賢智 與之協力 得其人 則天下之治 可不勞而致也 用非其人 則敗國家之事 貽天下之患 四下應於初 初 陰柔小人 不可用者也 而四用之 其不勝任而敗事 猶鼎之折足也〕"

2) 渥……體則渥霑也 : '其形渥'을 王弼과 孔穎達은 '솥의 몸체가 젖어 있음'으로 보았는데, 程伊川은 '무안하여 땀이 흐름'으로 해석하였으며, 朱子는 "晁氏(晁說之)가 이르기를 '形渥은 여러 本에 刑剭(형옥)으로 되어 있으니, 중한 형벌이다.' 하였으니, 이제 그 말을 따른다.〔晁氏曰 形渥 諸本作刑剭 謂重刑也 今從之〕"라고 하였다.

3) 知小而謀大……凶 : 〈繫辭傳 下〉에 "德이 적으면서 지위가 높으며 지혜가 작으면서 계책이 크며 힘이 작으면서 짐이 무거우면 〈禍에〉 이르지 않는 자가 드물다. 易에 이르기를 '솥의 발이 부러져 公에게 바칠 음식을 뒤엎으니, 그 모습이 젖어 있어 凶하다.' 하였으니, 그 짐(임무)을 감당하지 못함을 말한 것이다.〔德薄而位尊 知小而謀大 力小而任重 鮮不及矣 易曰 鼎折足 覆公餗 其形渥 凶 言不勝其任也〕"라고 한 孔子의 말씀을 원용한 것이다.

經의 〔九四鼎折足〕에서 〔其形渥凶〕까지

○ 正義曰 : 〔鼎折足 覆公餗〕 '餗'은 糝(쌀죽)이니, 八珍味의 아름다운 음식으로 鼎에 담는 것이다. 初六이 솥에서 나쁜 것을 꺼냈으니, 九四의 담겨짐에 이르렀기 때문에 마땅히 향기롭고 깨끗할 것이다. 그러므로 餗을 가지고 말한 것이다. 初六이 下體의 아래에 처하였고 九四가 上體의 아래에 처하여, 위로는 받드는 바가 있고 또 初六에 應하여 아래로 베푸는 바가 있으니, 이미 받들고 또 베풂은 자기가 감당할 수 있는 바가 아니다. 그러므로 "솥의 발이 부러졌다."라고 한 것이다. 솥의 발이 이미 부러졌으면 公에게 바칠 음식을 쏟는 것이다.

'渥'은 젖어 있는 모양이다. 이미 公에게 바칠 음식을 뒤엎었으면 솥의 몸이 젖어 있는 것이다. 이것을 사람에게 베풀면 지혜가 작으면서 계책이 크며 힘이 적으면서 임무가 무거운 것이니, 이와 같으면 반드시 지극한 치욕을 받아서 재앙이 자기 몸에 미친다. 그러므로 "그 모습이 젖어 있어 凶하다."라고 한 것이다.

象曰 覆公餗이면 信如何也오

〈象傳〉에 말하였다. "公에게 바칠 음식을 뒤엎으면 진실로 어찌해야 하는가?"

【注】 不量其力이면 果致凶災니 信之如何오

자기 힘을 헤아리지 못하면 과연 흉한 재앙을 불러들이니, 진실로 어찌해야 하는가?

【疏】 正義曰 : '信如何也'者, 言不能治之於未亂, 既敗之後, 乃責之云"不量其力, 果致凶災, 災既及矣, 信如之何也." 言信有此不可如何之事也.[1]

1) 信如何也者……言信有此不可如何之事也 : '信如何也'의 信을 程伊川과 朱子는 모두 '믿음'으로 訓하였는바, ≪程傳≫은 다음과 같다. "大臣이 天下의 임무를 담당하여 반드시 天下의 治安을 이룩한다면 君上의 의지한 바와 下民의 所望과 자신이 몸을 바쳐 道를 自任하는 뜻을 그르치지 않아서 기대한 바를 잃지 않을 것이니, 이것이 이른바 信이다. 그렇지 않으면 그 職分을 잃어서 위의 委任함을 그르친 것이니, 信이라 할 수 있겠는가. 그러므로 '信이 어떠한가'라고 한 것이다.〔大臣當天下之任 必能成天下之治安 則不誤君上之所倚 下民之所望 與己致身任道之志 不失所期 乃所謂信也 不然 則失其職 誤上之委任 得爲信乎 故曰信如何也〕"

正義曰 : 〔信如何也〕 혼란하기 전에 능히 다스리지 못하면 이미 실패한 뒤에 마침내 그를 책망하기를, "자기 힘을 헤아리지 못하여 과연 흉한 재앙을 불러들였다. 재앙이 이미 미쳤으니, 진실로 어찌해야 하는가?"라고 하니, 진실로 이 어쩔 수 없는 일이 있음을 말한 것이다.

六五는 鼎黃耳金鉉이니 利貞하니라

六五는 솥이 누런 귀에 금으로 만든 鉉이니, 貞함이 이롭다.

【注】 居中以柔하여 能以通理로 納乎剛正이라 故로 曰 黃耳金鉉이니 利貞也라하니라 耳黃이면 則能納剛正以自擧也라

柔로서 中에 거하여 능히 통달한 이치로 剛正을 받아들인다. 그러므로 "누런 귀에 금으로 만든 鉉이니, 貞함이 이롭다."라고 한 것이다. 귀가 누르면 剛正함을 받아들여 스스로 솥을 들 수 있는 것이다.

【疏】 正義曰 : 黃, 中也. 金, 剛也. 鉉, 所以貫鼎而擧之也. 五爲中位, 故曰"黃耳." 應在九二, 以柔納剛, 故曰"金鉉." 所納剛正, 故曰"利貞"也.

正義曰 : '黃'은 中이다. '金'은 剛함이다. '鉉'은 솥을 꿰어 드는 물건이다.

六五가 中의 자리가 되므로 "누런 귀이다."라고 한 것이다.

應이 九二에 있어서 유순함으로 剛함을 받아들이기 때문에 "금으로 만든 鉉이다."라고 한 것이다.

받아들인 바가 剛하고 바르기 때문에 "貞함이 이롭다."라고 한 것이다.

象曰 鼎黃耳는 中以爲實也라

〈象傳〉에 말하였다. "'솥이 누런 귀'인 것은 中으로써 채움을 삼는 것이다."

【注】 以中爲實하여 所受不妄也라

中으로써 채움을 삼아서 받아들이는 바가 망령되지 않은 것이다.

【疏】 正義曰 : '中爲實也'者, 言六五以中爲實, 所受不妄也.

正義曰 : 〔中爲實也〕 六五가 中으로써 채움을 삼아서 받아들이는 바가 망령되지 않음을 말한 것이다.

上九는 鼎玉鉉이니 大吉하여 无不利니라

上九는 솥이 玉으로 만든 鉉이니, 크게 吉하여 이롭지 않음이 없다.

【注】 處鼎之終하니 鼎道之成也라 居鼎之成하여 體剛履柔하고 用勁施鉉하니 以斯處上이면

高不誡亢하여 得夫剛柔之節하여 能擧其任者也라 應不在一이면 則(應)〔靡〕[1]所不擧라 故로 曰 大吉하여 无不利也라하니라

1) (應)〔靡〕: 저본에는 '應'으로 되어 있으나, 아래 疏의 '卽靡所不擧'에 의거하여 '靡'로 바로잡았다.

鼎의 終에 처하였으니, 鼎의 道가 이루어진 것이다. 鼎의 이루어짐에 거하여 體가 剛하고 柔를 이행하며 단단함을 사용하여 鉉을 베푸니, 이로써 위에 처하면 높아도 亢極함을 경계할 것이 없어서 剛柔의 적절함을 얻어 능히 그 임무를 거행하는 자이다. 應이 한곳에 있지 않으면 들지 않는 바가 없다. 그러므로 "크게 吉하여 이롭지 않음이 없다."라고 한 것이다.

【疏】 正義曰 : '鼎玉鉉'者, 玉者, 堅剛而有潤者也. 上九居鼎之終, 鼎道之成, 體剛處柔, 則是用玉鉉以自擧者也, 故曰"鼎玉鉉"也. '大吉 无不利'者, 應不在一, 卽靡所不擧, 故得大吉而无不利.

正義曰 : 〔鼎玉鉉〕 '玉'은 단단하고 剛하고 윤택함이 있는 물건이다. 上九가 鼎의 終에 거하여 鼎의 道가 이루어졌고 體가 剛하고 유순함에 처하였으니, 이는 玉으로 만든 鉉을 사용하여 스스로 드는 자이다. 그러므로 "솥이 玉으로 만든 鉉이다."라고 한 것이다.

〔大吉 无不利〕 應이 한곳에 있지 않으면 들지 않는 바가 없다. 그러므로 크게 吉하여 이롭지 않음이 없음을 얻는 것이다.

象曰 玉鉉在上은 剛柔節也라

〈象傳〉에 말하였다. "玉으로 만든 鉉이 위에 있음은 剛과 柔가 적절한 것이다."

【疏】 正義曰 : '剛柔節'者, 以剛履柔, 雖復在上, 不爲乾之亢龍, 故曰"剛柔節"也.

正義曰 : 〔剛柔節〕 剛으로서 柔를 이행하여 비록 다시 위에 있으나 乾의 亢龍이 되지 않는다. 그러므로 "剛과 柔가 적절하다."라고 한 것이다.

51. 震䷲ 震下震上

震은 亨하니

震은 형통하니,

【注】 懼以成則하니 是以亨이라

두려워하여 법칙을 이루니, 이 때문에 형통한 것이다.

【疏】 正義曰 : 震, 動也. 此象雷之卦, 天之威動, 故以震爲名. 震旣威動, 莫不驚懼, 驚懼以威, 則物皆整齊, 由懼而獲通, 所以震有亨德, 故曰"震亨"也.

正義曰 : '震'은 動함이다. 이는 우레를 형상한 卦이니, 하늘의 위엄이 진동하므로 '震'으로 이름한 것이다. '震'이 이미 위엄을 진동하면 놀라고 두려워하지 않는 이가 없으니, 놀라게 하고 두렵게 하기를 위엄으로써 하면 물건(사람)들이 모두 整齊되어 두려움으로 말미암아 형통함을 얻으니, 이 때문에 震에 형통한 德이 있는 것이다. 그러므로 "震은 형통하다."라고 한 것이다.

震來虩(혁)虩이면 笑言啞(액)啞이리라

우레가 옴에 두려워하고 두려워하면 웃고 말하여 기뻐할 것이다.

【注】 震之爲義는 威至而後에 乃懼也라 故로 曰 震來虩虩이라하니 恐懼之貌也라 震者는 驚駭怠惰하여 以肅解慢者也라 故로 震來虩虩은 恐致福也요 笑言啞啞은 後有則也라

震의 뜻은 위엄이 이른 뒤에 비로소 두려워하는 것이다. 그러므로 "우레가 옴에 두려워하고 두려워한다."라고 하였으니, 〈'虩虩'은〉 두려워하는 모양이다.

震은 태만한 자들을 놀라게 하여 풀어지고 태만한 자를 엄숙하게 하는 것이다. 그러므로 우레가 옴에 두려워하고 두려워함은 두려워하여 福을 오게 하는 것이요, 웃고 말하여

기뻐함은 뒤에 법칙이 있는 것이다.

【疏】 正義曰：虩虩, 恐懼之貌也.[1] 啞啞, 笑語之聲也. 震之爲用, 天之威怒, 所以肅整怠慢, 故迅雷風烈, 君子爲之變容,[2] 施之於人事, 則是威嚴之敎, 行於天下也. 故震之來也, 莫不恐懼, 故曰"震來虩虩"也. 物旣恐懼, 不敢爲非, 保安其福, 遂至笑語之盛, 故曰"笑言啞啞"也.

1) 虩虩 恐懼之貌也：程伊川은 虩虩을 "돌아보고 생각하여 편안히 여기지 않는 모양이다.〔顧慮不安之貌〕"라고 하였고, 朱子는 "두려워하고 놀라 돌아보는 모양이다.〔恐懼驚顧之貌〕"라고 하였다.

2) 迅雷風烈 君子爲之變容：≪禮記≫ 〈玉藻〉에 "만약 빠른 바람과 빠른 우레와 폭우가 있으면 반드시 얼굴빛을 바꾸어 비록 한밤중이라도 반드시 일어나서 의복을 입고 관을 쓰고 앉는다.〔若有疾風迅雷甚雨 則必變 雖夜 必興 衣服冠而坐〕"라고 하였고, ≪論語≫ 〈鄕黨〉에는 孔子가 "빠른 우레와 맹렬한 바람이 불 때에는 반드시 얼굴빛을 바꾸셨다.〔迅雷風烈必變〕"라고 하였으므로 이렇게 말한 것이다.

正義曰：'虩虩'은 두려워하는 모양이다. '啞啞'은 웃고 말하는 소리이다. 震의 쓰임은 하늘이 위엄으로 怒하는 것이니, 태만한 자를 엄숙하고 단정하게 하는 것이다. 그러므로 빠르게 우레가 치고 바람이 맹렬할 때에 君子가 이로 인하여 용모를 바꾸니, 이것을 사람의 일에 베풀면 위엄의 가르침이 천하에 행해지는 것이다. 이 때문에 우레가 올 적에 두려워하지 않는 이가 없다. 그러므로 "우레가 옴에 두려워하고 두려워한다."라고 한 것이다.

물건이 이미 두려워하여 감히 나쁜 짓을 하지 못하면 그 福을 편안히 보존하여 마침내 웃고 말하는 盛함에 이른다. 그러므로 "웃고 말하여 기뻐할 것이다."라고 한 것이다.

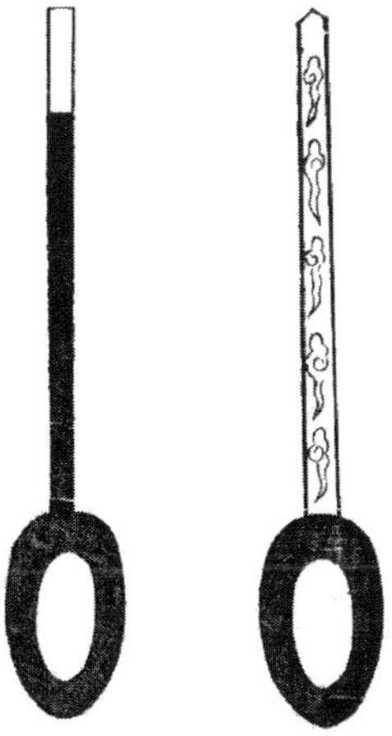

匕

震驚百里에 不喪匕鬯(비창)하나니라

우레가 百里를 놀라게 함에 숟가락과 鬱鬯酒(울창주)를 잃지 않는다.

【注】 威震驚乎百里에 則是可以不喪匕鬯矣라 匕는 所以載

鼎實이요 鬯은 香酒니 奉宗廟之盛也라

위엄이 있는 우레가 百里를 놀라게 함에 숟가락과 鬱鬯酒를 잃지 않을 수 있는 것이다. '匕'는 솥에 담겨진 것을 〈꺼내어 도마에〉 올려놓는 것(숟가락)이요, '鬯'은 향기로운 술이니, 宗廟의 성대한 제사를 받드는 것이다.

【疏】'震驚百里不喪匕鬯' ○ 正義曰：匕, 所以載鼎實. 鬯, 香酒也. 奉宗廟之盛者也. 震卦施之於人, 又爲長子,[1] 長子則正體於上, 將所傳重, 出則撫軍, 守則監國,[2] 威震驚於百里, 可以奉承宗廟, 彝器粢盛, 守而不失也, 故曰"震驚百里, 不喪匕鬯."

1) 震卦施之於人 又爲長子：八卦 가운데 乾卦와 坤卦는 가족으로는 아버지와 어머니를 상징하고, 나머지 여섯 卦는 6명의 자녀를 상징하는바, 震卦☳는 長男, 坎卦☵는 次男, 艮卦☶는 少男, 巽卦☴는 長女, 離卦☲는 次女, 兌卦☱는 少女에 해당한다. 卦의 主爻는 홀로 陰이거나 홀로 陽인 爻이므로 한 爻가 陰爻이면 여자, 陽爻이면 남자가 되고, 爻의 생성은 아래로부터 시작되므로 主爻가 初爻이면 長子, 中爻이면 次子, 上爻이면 少子가 되는 것이다.

2) 出則撫軍 守則監國：임금이 朝會나 征伐로 出行하는 일이 있을 때, 太子가 임금을 대신해 나라를 지키면 이를 '監國'이라 하고, 임금을 隨行하여 함께 나가면 이를 '撫軍'이라 한다. ≪春秋左氏傳≫ 閔公 2년조에 "태자는 宗廟와 社稷의 제사를 받들고 朝夕으로 임금의 음식을 살피는 자이다. 그러므로 冢子라고 하는 것이다. 임금이 外出하면 태자는 남아서 나라를 守護하고, 달리 수호할 사람이 있으면 임금을 따라가는데, 따라가는 것을 '撫軍'이라 하고 수호하는 것을 '監國'이라 하니, 이는 옛날의 제도이다.〔大子奉冢祀社稷之粢盛 以朝夕視君膳者也 故曰冢子 君行則守 有守則從 從曰撫軍 守曰監國 古之制也〕"라고 보인다.

經의〔震驚百里不喪匕鬯〕

○ 正義曰：'匕'는 솥에 담겨진 것을 〈꺼내어 도마에〉 올려놓는 것이고, 鬯은 향기로운 술이니, 宗廟의 성대한 제사를 받드는 것이다. 震卦를 사람에게 베풀면 또 長子가 되니, 長子는 위에서 몸을 바루어 장차 重함(宗統)을 전해서 나가면 군대를 鎭撫하고 지키면 나라를 감독하여 위엄 있는 우레가 百里를 놀라게 하더라도 宗廟를 받들어서 彝器(종묘에서 常用하는 제기)의 粢盛을 지키고 잃지 않는다. 그러므로 "우레가 百里를 놀라게 함에 숟가락과 鬱鬯酒를 잃지 않는다."라고 한 것이다.

【疏】○ 注'威震驚乎百里'至'宗廟之盛也' ○ 正義曰：先儒皆云"雷之發聲, 聞乎百里.

故古帝王制國, 公侯地方百里, 故以象焉." 竊謂天之震雷, 不應止聞百里, 蓋以古之啓土, 百里爲極. 文王作繇(주)在殷時, 明長子威震於一國, 故以百里言之也. '匕 所以載鼎實 鬯 香酒'者, 陸績云"匕者, 棘匕, 橈鼎之器." 先儒皆云"匕形似畢, 但不兩岐耳.[1)] 以棘木爲之, 長三尺, 刊柄與末. 詩云'有捄棘匕',[2)] 是也. 用棘者, 取其赤心之義." 祭祀之禮, 先烹牢於鑊, 旣納諸鼎而加冪(멱)焉, 將薦, 乃擧冪而以匕出之, 升于俎上, 故曰"匕, 所以載鼎實"也. 鬯者, 鄭玄之義, 則爲秬黍之酒, 其氣調暢, 故謂之鬯. 詩傳則爲鬯是香草.[3)] 案, 王度記云"天子鬯, 諸侯薰, 大夫蘭", 以例而言之, 則鬯是草明矣.[4)] 今特言匕鬯者, 鄭玄云"人君於祭祀之禮, 尙牲薦鬯而已, 其餘, 不足觀也."

1) 匕形似畢 但不兩岐耳 : 畢은 고기를 들어올리는 祭器로, 喪祭에는 뽕나무로 만든 畢을 쓰고 吉祭에는 가시나무로 만든 畢을 썼다. ≪禮記≫ 〈雜記 下〉에 "畢은 뽕나무를 사용하되 길이가 3尺이요, 그 자루와 끝을 깎는다.〔畢 用桑 長三尺 刊其柄與末〕"라고 보인다.

2) 詩云有捄棘匕 : 이 詩는 ≪詩經≫ 〈小雅 大東〉이다. 朱子는 "'棘匕'는 가시나무로 수저를 만든 것이니, 솥의 고기를 꺼내어 도마에 올려놓는 것이다.〔棘匕 以棘爲匕 所以載鼎肉而升之於俎也〕"라고 註를 내었다.

3) 詩傳則爲鬯是香草 : ≪詩經≫ 〈大雅 江漢〉에 '秬鬯一卣'라 하였는데, ≪毛詩正義≫의 〈毛傳〉에 "鬯은 香草이다.〔鬯 香草也〕"라고 하였다.

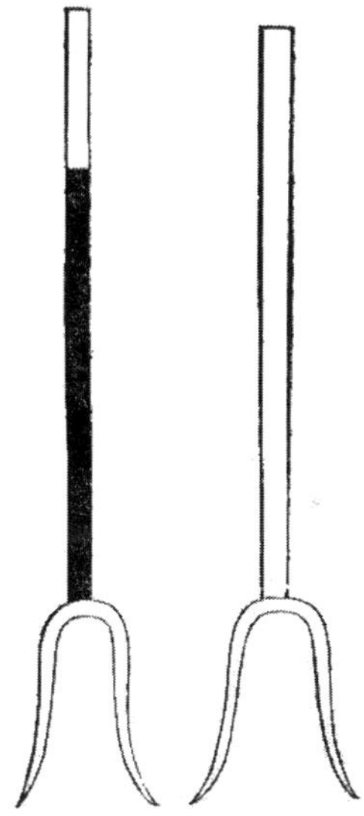

畢

4) 鬯者……則鬯是草明矣 : '鬯'에 대하여 王弼은 "향기로운 술이다."라고 하였고, 孔穎達은 鄭玄의 '검은 기장으로 만든 향기로운 술'이라는 說을 함께 소개하였다. 그러나 朱子는 "검은 기장의 술을 鬱金이라는 향초에 섞어 만든 것이니, 땅에 부어 降神하는 것이다.〔以秬黍酒 和鬱金 所以灌地降神者也〕"라 하고 이를 鬱鬯酒라 하였으므로 이를 따랐음을 밝혀둔다.

○ 注의 〔威震驚乎百里〕에서 〔宗廟之盛也〕까지

○ 正義曰 : 先儒들은 모두 "우레가 소리를 냄이 百里에 들린다. 그러므로 옛날 帝王이 제후국을 제정할 때에 公과 侯의 땅이 넓이가 사방 百里였다. 그러므로 이것으로 형상한 것이다."라고 하였다. 내가 생각건대, 하늘의 진동하는 우레는 단지 百里에만 들리지는 않을 것이니, 옛날 땅을 열어줌에 百里를 極으로 삼았다. 文王이 繇辭(卦辭)를 지은 것이 殷나라 때에 있었으니, 長子의 위엄이 한 나라에 진동함을 밝혔기 때문에 百里를 가

지고 말한 것이다.

〔匕 所以載鼎實 鬯 香酒〕 陸績이 말하기를 "'匕'는 가시나무 숟가락이니, 솥에 있는 것을 들어 올리는 기구이다."라 하였고, 先儒들은 모두 말하기를 "'匕'는 모양이 '畢'과 비슷한데 다만 두 갈래가 아닐 뿐이다. 가시나무로 만들어 길이가 3尺이고 자루와 끝을 깎았으니, ≪詩經≫에 '굽어 있는 가시나무 숟가락〔有捄棘匕〕'이라고 한 것이 이것이다. 가시나무를 사용하는 것은 속이 붉은 뜻을 취한 것이다."라고 하였다. 제사의 禮에는 먼저 犧牲을 가마솥〔鑊〕에서 삶고 솥〔鼎〕에 넣어 冪(덮개)을 가했다가 장차 올리려 할 때에 비로소 冪을 들어서 숟가락으로 꺼내어 도마 위에 올려놓는다. 그러므로 "숟가락은 솥에 담겨진 것을 〈꺼내어 도마에〉 올려놓는 것이다."라고 한 것이다.

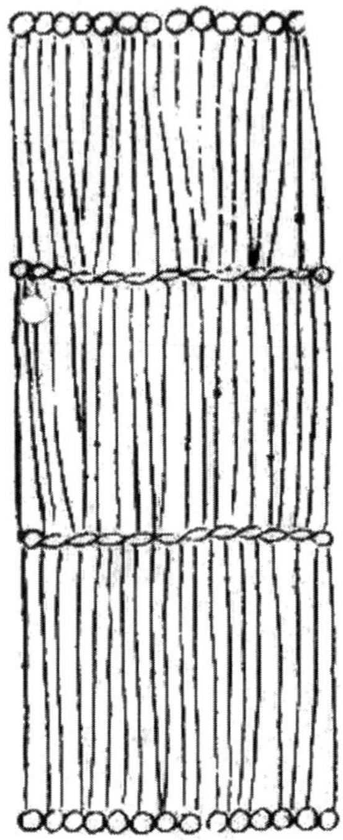

鼎冪

'鬯'은, 鄭玄의 뜻은 '검은 기장으로 술을 만들면 그 향기가 조화롭고 通暢한다. 그러므로 鬯이라 한다.'는 것이고, ≪毛詩≫의 〈毛傳〉에는 鬯을 香草라고 하였다. 살펴보건대, ≪王度記≫에 "天子는 鬯을 쓰고 諸侯는 薰을 쓰고 大夫는 난초를 쓴다."라고 하였으니, 이 準例를 가지고 말하면 '鬯'은 풀임이 분명하다.

지금 특별히 '匕'와 '鬯'을 말한 것에 대해, 鄭玄이 말하기를 "人君이 제사하는 禮에 있어서 희생을 숭상하고 鬯酒를 올릴 뿐이요, 그 나머지는 족히 볼 것이 없다."라고 하였다.

彖曰 震은 **亨**하니 **震來虩虩**은 **恐致福也**요 **笑言啞啞**은 **後有則也**라 **震驚百里**는 **驚遠而懼邇也**니

〈彖傳〉에 말하였다.

"震은 형통하니, '우레가 옴에 두려워하고 두려워함'은 두려워하여 福을 오게 하는 것이요, '웃고 말하여 기뻐함'은 두려워한 뒤에 법칙이 있는 것이다. '우레가 百里를 놀라게 함'은 멀리 있는 자를 놀라게 하면 가까이 있는 자들이 두려워하는 것이니,

【注】威(靈)〔震〕[1]驚乎百里면 則惰者懼於近也라

1) (靈)〔震〕: 저본에는 '靈'으로 되어 있으나, 經文의 '震驚百里'와 宋本에 의거하여 '震'으로 바로잡았다.

위엄이 있는 진동이 百里를 놀라게 하면 게으른 자가 가까운 곳에서 두려워한다.

【疏】'彖曰震亨'至'懼邇也' ○ 正義曰:'震亨'者, 卦之名德. 但擧經而不釋名德所由者, 正明由懼得通, 故曰"震亨", 更无他義. 或本无此二字. '震來虩虩 恐致福也'者, 威震之來, 初雖恐懼, 能因懼自修, 所以致福也. '笑言啞啞 後有則也'者, 因前恐懼自修, 未敢寬逸, 致福之後, 方有笑言, 以曾經戒懼, 不敢失則, 必時然後言, 樂然後笑, 故曰"笑言啞啞, 後有則也." '震驚百里 驚遠而懼邇'者, 言威震驚於百里之遠, 則惰者恐懼於近也.

經의 〔彖曰震亨〕에서 〔懼邇也〕까지

○ 正義曰:〔震亨〕 卦의 이름과 德이다. 다만 經文을 들고 卦의 이름과 德이 말미암은 이유를 해석하지 않은 것은, 바로 두려움으로 말미암아 형통함을 얻었으므로 "震은 형통하다."라고 한 것이요 다시 다른 뜻이 없음을 밝힌 것이다. 어떤 本에는 이 두 글자(震亨)가 없다.

〔震來虩虩 恐致福也〕 위엄이 있는 진동이 올 때에 처음에는 비록 두려워하나 능히 두려움으로 인하여 스스로 닦으니, 이 때문에 福을 오게 하는 것이다.

〔笑言啞啞 後有則也〕 전에 두려워하여 스스로 닦음으로 인해 감히 방심하고 안일하지 않으면 福을 오게 한 뒤에 비로소 웃고 말함이 있으니, 일찍이 경계하고 두려워함을 겪어 감히 법칙을 잃지 않아서 반드시 때에 맞은 뒤에 말하고 기뻐한 뒤에 웃는다. 그러므로 "웃고 말하여 기뻐함은 두려워한 뒤에 법칙이 있는 것이다."라고 한 것이다.

〔震驚百里 驚遠而懼邇〕 위엄 있는 진동이 百里의 먼 곳을 놀라게 하면 게으른 자가 가까운 곳에서 두려워함을 말한 것이다.

出하면 可以守宗廟社稷하여 以爲祭主也니라

〈군주가〉 밖으로 나가면 〈長子가〉 宗廟와 社稷을 지켜서 祭主가 되는 것이다."

【注】明所以堪長子之義也라 不喪匕鬯이면 則已出可以守宗廟라

長子가 감당할 수 있는 바의 뜻을 밝힌 것이다. 순가락과 울창주를 잃지 않으면 자기(군주)가 나감에 〈長子가〉 宗廟를 지킬 수 있는 것이다.

【疏】'出可以守宗廟'至'爲祭主也' ○ 正義曰 : 釋不喪匕鬯之義也.[1] 出, 謂君出巡狩等事也. 君出, 則長子留守宗廟社稷, 攝祭主之禮事也.

1) 釋不喪匕鬯之義也 : 孔穎達은 〈彖傳〉의 이 말을 卦辭의 '不喪匕鬯'을 해석한 말로 보았으나, 程伊川은 이 위에 '不喪匕鬯' 네 글자가 빠진 것으로 보고 보충하였는바, 朱子도 이를 따랐다.

經의 〔出可以守宗廟〕에서 〔爲祭主也〕까지

○ 正義曰 : '순가락과 鬱鬯酒를 잃지 않음'의 뜻을 해석하였다. '出'은 군주가 나가 巡狩하는 등의 일을 이른다. 군주가 나가면 長子가 남아 宗廟와 社稷을 지켜서 祭主의 禮事를 攝行하는 것이다.

【疏】 ○ 注'已出' ○ 正義曰 : 已出, 謂君也.

○ 注의 〔已出〕

○ 正義曰 : '已出'은 군주를 이른다.

象曰 洊(천)雷 震이니 君子以恐懼修省하나니라

〈象傳〉에 말하였다. "거듭된 우레가 震卦이니, 君子가 보고서 두려워하여 〈자기를〉 닦고 살핀다."

【疏】 正義曰 : 洊者, 重也, 因仍也. 雷相因仍, 乃爲威震也, 此是重震之卦, 故曰"洊雷震"也. '君子以恐懼修省'者, 君子恒自戰戰兢兢, 不敢懈惰, 今見天之怒, 畏雷之威, 彌自修身, 省察己過, 故曰"君子以恐懼修省"也.

正義曰 : 〔洊〕 거듭함이니, 인습〔因仍〕하는 것이다.

우레가 서로 인습하면 마침내 위엄이 있는 진동이 되니, 이는 震이 거듭된 卦이다. 그러므로 "거듭된 우레가 震卦이다."라고 한 것이다.

〔君子以恐懼修省〕 君子가 항상 스스로 戰戰兢兢하여 감히 태만히 하지 않으니, 지금 하늘의 노여움을 보고 우레의 위엄을 두려워해서 더욱 스스로 몸을 닦아 자신의 잘못을

성찰한다. 그러므로 "군자가 보고서 두려워하여 〈자기를〉 닦고 살핀다."라고 한 것이다.

初九는 **震來虩虩**이면 **後**에 **笑言啞啞**이리니 **吉**하니라

初九는 우레가 옴에 두려워하고 두려워하면 뒤에 웃고 말하여 기뻐할 것이니, 吉하다.

【注】 體夫剛德하여 爲卦之先하니 能以恐懼修其德也라

剛한 德을 體行하여 卦의 맨 먼저가 되었으니, 능히 두려움으로써 그 德을 닦는 것이다.

【疏】 正義曰：初九剛陽之德, 爲一卦之先, 剛則不闇於幾, 先則能有前識. 故處震驚之始, 能以恐懼自修, 而獲其吉, 故曰"震來虩虩, 後笑言啞啞, 吉." 此爻辭兩句, 旣與卦同, 象辭釋之, 又與彖不異者,[1] 蓋卦主威震之功, 令物恐懼致福, 爻論遇震而懼, 修省致福之人, 卦則自震言人, 爻則據人威震, 所說雖殊, 其事一也. 所以爻卦二辭, 本末俱等, 其猶屯卦初九與卦俱稱利建侯. 然卦則凡擧屯時宜其有所封建, 爻則以貴下賤, 則是堪建之人, 此震之初九, 亦其類也.[2]

1) 此爻辭兩句……又與彖不異者：'震來虩虩'과 '笑言啞啞'이 卦辭와 初六 爻辭에 모두 나오고, 아래 初六 〈象傳〉의 말과 위 〈彖傳〉의 말이 같음을 가리킨다.

2) 所以爻卦二辭……亦其類也：屯卦의 卦辭는 "屯 元亨利貞 勿用有攸往 利建侯"인데 〈彖傳〉에서 '利建侯'를 해석하여 "天造가 草昧할 때에는 마땅히 諸侯를 세워야 하고 편안히 여겨서는 안 된다.〔天造草昧 宜建侯 而不寧〕"라고 하였고, 疏에서 卦辭를 해석하기를 "'勿用有攸往 利建侯'는 어려운 세상에 世道가 처음 창건되어서 물건이 아직 편안하지 못하므로 마땅히 諸侯를 세움을 이롭게 여겨 편안하게 하는 것이다."라고 하였다. 初九 爻辭는 "磐桓 利居貞 利建侯"인데 〈象傳〉에서 '利建侯'를 해석하여 "귀한 사람으로서 천한 사람에게 낮추니 크게 백성을 얻도다.〔以貴下賤 大得民也〕"라고 하였고, 疏에서 〈象傳〉을 해석하기를 "'貴'는 陽을 이르고 '賤'은 陰을 이르니, 初九의 陽이 세 陰의 아래에 있음을 말한 것이니, 이것이 以貴下賤이다. 어려운 세상은 백성들이 그 군주를 그리워하는 때인데 이미 귀한 사람으로서 천한 사람에게 낮추니, 이 때문에 민심을 크게 얻는 것이다."라고 하였다.

正義曰：初九는 剛陽의 德으로 한 卦의 먼저가 되었으니, 剛하면 기미에 어둡지 않고

먼저 하면 능히 미리 아는 것이 있다. 그러므로 우레가 놀라게 하는 시초에 처하여 능히 두려움으로써 스스로 닦아서 그 吉함을 얻었다. 그러므로 "우레가 옴에 두려워하고 두려워하면 뒤에 웃고 말하여 기뻐할 것이니, 吉하다."라고 한 것이다.

이 爻辭의 두 句는 이미 卦辭와 같고 〈彖傳〉에서 해석한 것이 또 〈象傳〉과 다르지 않은 것은, 卦辭에서는 위엄 있는 우레의 功이 물건으로 하여금 두려워하여 福을 오게 함을 주장하였고, 爻辭에서는 震을 만나 두려워해서 닦고 살펴 福을 오게 하는 사람을 논하였으니, 卦辭는 우레의 입장에서 사람을 말하였고 爻辭는 사람에 근거하여 우레를 두려워한 것이니, 말한 것은 비록 다르나 그 일은 똑같다. 이 때문에 爻辭와 卦辭가 本과 末이 모두 같으니, 이는 屯卦 初九의 爻辭가 卦辭와 더불어 모두 '侯를 세움이 이롭다.'고 한 것과 같은 것이다. 그러나 屯卦의 卦辭는 무릇 어려울 때에 마땅히 封建하는 바가 있어야 함을 들었고, 爻辭는 귀한 사람으로서 천한 사람에게 낮추는 것이니, 이는 封建을 감당하는 사람인바, 이 震卦의 初九도 저 屯卦와 같은 類이다.

象曰 震來虩虩은 恐致福也요 笑言啞啞은 後有則也라

〈象傳〉에 말하였다. "'우레가 옴에 두려워하고 두려워함'은 두려워하여 복을 오게 하는 것이요, '웃고 말하여 기뻐함'은 두려워한 뒤에 법칙이 있는 것이다."

六二는 震來厲하여 億喪貝하니 躋于九陵이나 勿逐이라도 七日得하리라

六二는 震이 옴에 위태로워 패물을 잃으니, 높은 언덕에 올라가나 쫓아가지 않아도 7일 만에 잡히리라.

【注】震之爲義는 威駭怠懈하여 肅整惰慢者也라 初幹其任이어늘 而二乘之하여 震來則危하여 喪其資貨하고 亡其所處矣라 故曰 震來厲하여 億喪貝라하니라 億은 辭也라 貝는 資貨糧用之屬也라 犯逆受戮하고 无應而行이면 行无所舍요 威嚴大行하여 物莫之納하여 无糧而走하니 雖復超越陵險이나 必困于窮匱하여 不過七日이라 故曰 勿逐이라도 七日得也라하니라

震의 뜻은 게으른 자들을 위엄으로 놀라게 하여 태만한 자들을 엄숙하고 단정하게 하는 것이다. 初九가 이 임무를 주간하는데 六二가 初九를 타고 있어서 震이 오면 위태로워 그 資貨를 잃고 자기가 거처하는 곳을 잃는다. 그러므로 "震이 옴에 위태로워 패물을

잃는다."라고 한 것이다.

'億'은 어조사이다. '貝'는 資貨와 식량과 쓰는 물건의 등속이다. 悖逆을 범하여 죽임을 받고 應이 없이 가면 감에 머물 곳이 없고, 위엄이 크게 행해져서 물건(남)이 자기를 받아주지 아니하여 양식이 없이 달아나니, 비록 다시 구릉과 험한 곳을 뛰어넘으나 반드시 궁핍함에 곤액을 당하여 7일을 지나지 못한다. 그러므로 "쫓아가지 않아도 7일 만에 잡힌다."라고 한 것이다.

【疏】'六二震來厲億'至'勿逐七日得' ○ 正義曰 : '震來厲 億喪貝'者, 億, 辭也. 貝, 資貨糧用之屬. 震之爲用, 本威惰慢者也. 初九以剛處下, 聞震而懼, 恐而致福, 卽是有德之人. 六二以陰賤之體, 不能敬於剛陽, 尊其有得, 而反乘之, 是傲尊陵貴, 爲天所誅. 震來則有危亡, 喪其資貨, 故曰"震來厲, 億喪貝"也. '躋于九陵 勿逐 七日得'者, 躋, 升也. 犯逆受戮, 无應而行, 行无所舍, 威嚴大行, 物莫之納, 旣喪資貨, 无糧而走, 雖復超越陵險, 必困於窮匱, 不過七日, 爲有司所獲矣. 故曰"躋於九陵, 勿逐, 七日得."[1)]

1) 初九以剛處下……七日得 : 王弼과 孔穎達은 六二에 대하여 대체로 '존귀한 이를 능멸하여 주벌을 당하는 자'로 보았는데, 이는 六二가 初九를 타고 있다는 점에 근거한 것이다. 또 '七日得'을 '剛을 타고 있어 悖逆을 행한 六二가 아무리 험한 못을 뛰어넘어 도망해도 7일이 못 되어 有司에게 잡히는 것'이라고 보았다.

반면 程伊川과 朱子는 六二를 '震에 잘 대처하는 자'로 보고, '七日得'을 '六二가 震에 잘 대처하므로 7일이 지나면 일상으로 돌아올 수 있음'의 의미로 보았는바, ≪程傳≫은 다음과 같다. "六二는 中에 거하고 正을 얻었으니 震에 잘 대처하는 자이나 初九의 剛을 탔으니, 初九는 震의 주체이다. 震剛이 동하여 위로 분발하면 누가 이것을 막겠는가. '厲'는 사나움이요 위태로움이니, 저가 옴이 이미 맹렬하면 자신이 위태로움에 처하게 된다. '億'은 億度(탁)이요, '貝'는 가지고 있는 物資이다. '躋'는 오름이요, '九陵'은 높은 언덕이요, '逐'은 가서 쫓음이다. 震動의 옴이 맹렬할 때에 능히 감당하지 못하여 반드시 소유한 것을 상실할 것을 헤아리고서 지극히 높은 곳에 올라가 피하는 것이다.……'勿逐七日得'은 六二가 귀히 여기는 것은 中正이니, 震懼의 옴을 만남에 비록 형세를 헤아려 공손히 피하나 마땅히 中正함을 지켜 스스로 잃지 말아야 하니, 億測해봄에 반드시 상실할 것이므로 멀리 피하여 스스로 지키고, 지나가면 平常으로 돌아오는 것이니, 이는 쫓지 않아도 스스로 얻는 것이다. '逐'은 물건에 나아감이니, 자기로써 물건에 나아가면 그 지킴을 잃게 된다. 그러므로 쫓지 말라고 경계한 것이다. 멀리 피하고 스스로 지킴은 震에 대처하는 큰 방법이니, 六二와 같은 자는 危懼를 당하여 잘 대처하는 자이다. 卦의 자리가 여섯이 있으니, 일곱은 바로 다시 시작하는 것이니, 일이 끝나고 때가 이미 바뀐 것이다. 그 지킴을 잃지 않으면 비록 일시적으로는 그 옴을 막지 못하나 때가 지나고 일이 끝나면 평상으로 돌아온다. 그러므로 7일에 얻는다고 말한 것이다.〔六二居中得正 善處震者也 而乘初九之剛 九 震之主 震剛動而上奮 孰能禦之 厲 猛也危也 彼來旣猛 則己處危矣 億 度也 貝 所有之資也 躋 升也 九陵 陵之高也 逐 往追也 以震來之厲 度不能當而必喪其所有 則升至高以避之也……勿逐七日得 二之所貴者 中正也 遇震懼之來 雖量勢巽避 當守其中正 无自失也 億之必喪也 故遠避以自守 過則復其常矣 是勿逐而自得也 逐 卽物也 以己卽物 失其守矣 故戒勿逐 避遠自守 處震之大方也 如二者 當危懼而善處者也 卦位有六 七乃更始 事旣終 時旣易也 不失其守 雖一時不能禦其來 然時過事已 則復其常 故云七日得〕"

朱子의 해석도 대체로 이와 같으나, '億'字와 九陵·七日의 象에 대해서는 未詳이라고 하였다.

經의 〔六二震來厲億〕에서 〔勿逐七日得〕까지

○ 正義曰 :〔震來厲 億喪貝〕'億'은 어조사이다. '貝'는 資貨와 식량과 쓰는 물건의 등속이다. 震의 쓰임은 본래 태만한 자를 두렵게 하는 것이다. 初九가 剛으로 아래에 처하여 우렛소리를 듣고 두려워하고 두려워하여 福을 오게 하니, 바로 德이 있는 사람이다. 그런데 六二가 천한 陰의 體로서 剛陽을 공경하지 못하고서 자기가 얻음이 있음을 높여 도리어 〈剛陽을〉 타고 있으니, 이는 높은 이를 업신여기고 귀한 이를 능멸하여 하늘에게 주벌을 받는 자이다. 우레가 오면 危亡이 있어서 그 資貨를 잃는다. 그러므로 "震이 옴에 위태로워 패물을 잃는다."라고 한 것이다.

〔躋于九陵 勿逐 七日得〕'躋'는 오름이다. 悖逆을 범하여 죽임을 받고 應이 없이 가면 감에 머물 곳이 없고, 위엄이 크게 행해져서 물건이 자기를 받아주지 않으니, 이미 資貨를 잃고 양식이 없이 달아나면 비록 다시 구릉과 험한 곳을 높이 뛰어넘으나 반드시 궁핍함에 곤액을 당하여 7일을 지나지 못하고서 有司에게 사로잡히는 바가 될 것이다. 그러므로 "높은 언덕에 올라가나 쫓아가지 않아도 7일 만에 잡힌다."라고 한 것이다.

象曰 震來厲는 乘剛也일새라

〈象傳〉에 말하였다. "'震이 옴에 위태로움'은 剛을 탔기 때문이다."

【疏】 正義曰 : '乘剛也'者, 只爲乘於剛陽, 所以犯逆受戮也.

正義曰 :〔乘剛也〕다만 剛陽을 타고 있는지라 이 때문에 悖逆한 일을 범하여 죽임을

받는 것이다.

六三은 震蘇蘇하나 震行无(眚)〔眚〕[1)]이리라

1) (眚)〔眚〕: 저본에는 '眚'으로 되어 있으나, 注와 疏에 의거하여 '眚'으로 바로잡았다. '眚'은 '靑'의 이체자이다. '眚'은 '靑'과 '眚(생)'의 이체자인데, 여기서는 '眚'의 이체자이다.

六三은 두려워하여 蘇蘇하나 두려워하여 행하면 재앙이 없으리라.

【注】 不當其位하여 位非所處라 故로 懼蘇蘇也나 而无乘剛之逆이라 故로 可以懼行而无眚也라

자리에 합당하지 아니하여 자리가 자신이 처할 바가 아니다. 그러므로 두려워하여 蘇蘇하나 剛을 탄 悖逆이 없으므로 두려워하여 행하면 재앙이 없을 수 있는 것이다.

【疏】'六三震蘇蘇震行无眚' ○ 正義曰 : 蘇蘇, 畏懼不安之貌.[1)] 六三居不當位, 故震懼而蘇蘇然也. 雖不當位, 而无乘剛之逆, 故可以懼行而无災眚也, 故曰"震蘇蘇, 震行无眚"也.[2)]

1) 蘇蘇 畏懼不安之貌 : '蘇蘇'를 程伊川은 '神氣가 흩어져 自失하는 모양'이라고 하였다.
2) 雖不當位……震行无眚也 : 王弼과 孔穎達은 '震行无眚'을 '六三은 陽剛을 탄 패역이 없으므로 두려워하여 행하면 재앙이 없을 것임'의 의미로 해석하였다.
 반면 程伊川과 朱子는 '震行'을 '六三이 三位를 떠나 四位로 나아가면 허물이 없음'의 의미로 보았는바, 이는 陰爻가 陽位에 있으면 不正이 되고 陰位에 있으면 正이 되기 때문이다.

經의 〔六三震蘇蘇震行无眚〕

○ 正義曰 : '蘇蘇'는 두려워하여 불안해하는 모양이다. 六三이 거한 것이 자리에 합당하지 않으므로 두려워하여 蘇蘇하는 것이다. 비록 자리에 합당하지 않으나 剛을 탄 패역이 없으므로 두려워하여 행하면 재앙이 없을 수 있다. 그러므로 "두려워하여 蘇蘇하나 두려워하여 행하면 재앙이 없으리라."라고 한 것이다.

【疏】 ○ 注'故懼' ○ 正義曰 : 驗註以訓震爲懼[1)], 蓋懼不自爲懼, 由震故懼也. 自下爻辭, 皆以震言懼也.

1) 以訓震爲懼 : 阮元의 〈校勘記〉에 "盧文弨가 이르기를 '마땅히 「以震訓爲懼」가 되어야 한다.' 하였다."라고 하였다.

○ 注의 〔故懼〕

○ 正義曰 : 註를 징험해보건대, 震을 두려움으로 訓하였으니, 두려움은 스스로 두려워하는 것이 아니요 우레 때문에 두려워하는 것이다. 아래의 爻辭부터는 모두 震을 두려움으로 말하였다.

象曰 震蘇蘇는 位不當也일새라

〈象傳〉에 말하였다. "'두려워하여 蘇蘇함'은 자리가 합당하지 않기 때문이다."

【疏】 正義曰 : '位不當'者, 其猶竊位者, 遇威嚴之世, 不能自安也.

正義曰 : 〔位不當〕 그 자리를 도둑질한 자와 같아서 위엄이 있는 세상을 만나면 스스로 편안하지 못한 것이다.

九四는 震하면 遂泥라

九四는 두려워하면 마침내 진흙에 빠진다.

【注】 處四陰之中하고 居恐懼之時하여 爲衆陰之主하니 宜勇其身하여 以安於衆이어늘 若其震也면 遂困難矣라 履夫不正하여 不能除恐하여 使物安己하니 德 未光也라

네 陰의 가운데에 처하고 두려워하는 때에 거하여 여러 陰의 주체가 되었으니, 마땅히 자기 몸을 용감히 하여 무리를 편안히 하여야 하는데, 만약 두려워하면 마침내 곤란해진다. 바르지 못한 자리를 밟아서 두려움을 제거하여 물건으로 하여금 자기를 편안히 여기게 하지 못하니, 德이 光大하지 못한 것이다.

【疏】 正義曰 : 九四處四陰之中, 爲衆陰之主, 當恐懼之時, 宜勇其身, 以安於衆, 若其自懷震懼, 則遂滯溺而困難矣, 故曰"震遂泥"也.[1] 然四失位違中, 則是有罪自懼, 遂沈泥者也.

1) 九四處四陰之中……故曰震遂泥也 : 王弼과 孔穎達은 '震'을 두려움의 뜻으로 해석하였

으나 程伊川과 朱子는 震奮(진동하여 분발함)의 뜻으로 해석하였는바, 《程傳》은 다음과 같다. "九四는 震動의 때에 거하여 中하지 못하고 正하지 못하니, 柔位에 처함은 剛健의 道를 잃은 것이요, 四에 거함은 中正의 德이 없는 것이니, 거듭된 陰(上六과 六五, 六三과 六二)의 사이에 빠져서 스스로 震奮하지 못하는 자이다. 그러므로 '마침내 진흙에 빠진다.'라고 말한 것이다.〔九四居震動之時 不中不正 處柔 失剛健之道 居四 无中正之德 陷溺於重陰之間 不能自震奮者也 故云遂泥〕"

正義曰 : 九四가 네 陰의 가운데에 처하고 여러 陰의 주체가 되어서 두려워하는 때를 당하였으니, 마땅히 자기 몸을 용감히 하여 무리를 편안히 하여야 하는데, 만약 스스로 두려운 마음을 품으면 마침내 침체하고 빠져서 곤란하게 된다. 그러므로 "두려워하면 마침내 진흙에 빠진다."라고 한 것이다. 그러나 九四가 正位를 잃고 中을 어겼으니, 이는 죄가 있어 스스로 두려워하여 마침내 진흙에 빠지는 자인 것이다.

象曰 震遂泥는 未光也라

〈象傳〉에 말하였다. "'두려워하면 마침내 진흙에 빠짐'은 光大하지 못한 것이다."

【疏】 正義曰 : '未光也'者, 身既不正, 不能除恐, 使物安已, 是道德未能光大也.

正義曰 : 〔未光也〕 몸이 이미 바르지 못해서 두려움을 제거하여 물건으로 하여금 자기를 편안히 여기게 하지 못하니, 이는 道德이 광대하지 못한 것이다.

六五는 震往來하면 厲하니 (意)〔億〕[1]无喪이면 有事리라

1) (意)〔億〕 : 저본에는 '意'로 되어 있으나, 아래의 注와 疏 및 毛本에 의거하여 '億'으로 바로잡았다.(阮元의 〈校勘記〉 참조)

六五는 두려워하며 오고가면 위태로우니, 잃음이 없으면 훌륭한 일이 있으리라.

【注】 往則无應하고 來則乘剛하여 恐而往來하면 不免於危라 夫處震之時하여 而得尊位하니 斯乃有事之機也어늘 而懼往來하면 將喪其事라 故로 曰 億无喪이면 有事也라하니라

가면 應이 없고 오면 剛을 타고 있어서 두려워하며 오고가면 위태로움을 면치 못한다. 震의 때에 처하여 높은 지위를 얻었으니, 이는 바로 훌륭한 일을 할 수 있는 기회인데, 두려워하며 오고가면 장차 자기의 일을 잃게 된다. 그러므로 "잃음이 없으면 훌륭한 일이

있으리라."라고 한 것이다.

【疏】 正義曰:'震往來厲'者, 六五往則无應, 來則乘剛, 恐而往來, 不免於咎, 故曰"震往來厲"也. '億无喪 有事'者, 夫處震之時, 而得尊位, 斯乃有事之機, 而懼以往來, 將喪其事, 故戒之曰"億无喪, 有事"也.[1]

1) 億无喪有事者……有事也:'億无喪 有事'를 王弼과 孔穎達은 '六五가 두려워하지 않고서 자기가 할 일을 잃지 않으면 훌륭한 일을 할 수 있음'의 의미로 해석하였는바, 여기에서도 '億'을 어조사로 본 것이다.

반면 程伊川은 六二 爻辭에서와 마찬가지로 '億'을 億度(억탁)으로 보아, '億无喪有事'를 '억측하여 소유하고 있는 일을 상실하지 말아야 함'으로 해석하였는바, 소유하고 있는 일이란 中을 말한다. ≪程傳≫은 다음과 같다. "六五는 비록 陰으로서 陽位에 거하여 자리가 마땅하지 않아 不正함이 되나 柔로서 剛位에 거하고 또 中을 얻었으니, 이는 中德을 간직하고 있는 자이다. 中을 잃지 않으면 正에서 떠나지 않으니, 이 때문에 中이 귀한 것이다. 여러 卦에 二와 五는 비록 자리가 마땅하지 않더라도 中을 아름답게 여긴 경우가 많고, 三과 四는 자리가 마땅하더라도 혹 中하지 못함을 過라 한 경우가 있으니, 中이 항상 正보다 중하기 때문이다. 中이면 正에서 떠나지 않고 正은 반드시 中하지는 못하기 때문이다. 天下의 이치가 中보다 더 좋은 것이 없으니, 六二와 六五에서 볼 수 있다. 六五의 동함은 위로 가면 柔라서 動의 極에 거할 수 없고, 아래로 오면 剛을 범하니, 이는 오고감이 모두 위태로운 것이다. 君位를 당하여 動의 主體가 되었으니, 마땅함에 따라 變에 應하여 中道에 있게 할 뿐이다. 그러므로 마땅히 億度하여 소유하고 있는 일을 상실하지 않을 뿐이니, 소유하고 있는 일이란 中德을 이른다. 만일 中을 잃지 않으면 비록 위태로움이 있더라도 흉함에 이르지 않을 것이다.〔六五雖以陰居陽 不當位 爲不正 然以柔居剛 又得中 乃有中德者也 不失中 則不違於正矣 所以中爲貴也 諸卦 二五 雖不當位 多以中爲美 三四 雖當位 或以不中爲過 中常重於正也 蓋中則不違於正 正不必中也 天下之理 莫善於中 於六二六五可見 五之動 上往則柔不可居動之極 下來則犯剛 是往來皆危也 當君位 爲動之主 隨宜應變 在中而已 故當億度 无喪失其所有之事而已 所有之事 謂中德 苟不失中 雖有危 不至於凶也〕"

한편 朱子는 經文을 "잃음은 없고 능히 일함은 있다.〔无所喪而能有事也〕"라고 해석하였는바, 王弼·孔穎達과 마찬가지로 '億无喪'에서 句를 뗀 것이다.

正義曰:〔震往來厲〕 六五는 가면 應이 없고 오면 剛을 타고 있어서 두려워하며 오고가면 허물을 면치 못한다. 그러므로 "두려워하며 오고가면 위태롭다."라고 한 것이다.

〔億无喪 有事〕 震의 때에 처하여 높은 지위를 얻었으니, 이는 바로 훌륭한 일을 할 수

있는 기회인데, 두려워하며 오고가면 장차 자기 일을 잃게 된다. 그러므로 경계하기를 "잃음이 없으면 훌륭한 일이 있으리라."라고 한 것이다.

象曰 震往來厲는 危行也요 其事在中하면 大无喪也리라

〈象傳〉에 말하였다. "'두려워하며 오고가면 위태로움'은 위태로운 행실이요, 그 일이 中에 있어 〈큰 功을 세우면〉 크게 잃음이 없을 것이다.

【注】大則无喪이요 往來乃危也라

크면 잃음이 없고, 오고가면 마침내 위태로울 것이다.

【疏】正義曰:'危行也'者, 懷懼往來, 是致危之行.[1] '其事在中 大无喪也'者, 六五居尊, 當有其事, 在於中位, 得建大功. 若守中建大, 則无喪有事.[2] 若恐懼往來, 則致危无功也.

1) 危行也者……是致危之行:程伊川은 이를 "가면 위태로움이 있는 것이다.〔行則有危也〕"라고 해석하였는바, 올라가려 하면 陰柔로서 上位에 거할 수 없기 때문에 올라갈 수 없고, 내려가려 하면 아래의 陽剛(九四)을 범하기 때문에 내려갈 수 없는 것이다.

2) 其事在中……則无喪有事:'其事在中 大无喪也'를 王弼과 孔穎達은 '六五가 소유한 일이 中位에 있으면 큰 功을 세울 수 있어서 자기의 일을 잃지 않을 것임'의 의미로 보았다.

반면 程伊川은 "동함에 모두 위태로움이 있으니, 오직 하고 있는 일을 잃지 않음에 있을 뿐이니, 그 일이란 中을 이른다. 中을 잃지 않으면 스스로 지킬 수 있다. '大无喪'은 无喪을 큼으로 여기는 것이다.〔動皆有危 唯在无喪其事而已 其事 謂中也 能不失其中 則可自守也 大无喪 以无喪爲大也〕"라고 하였는데, 官本諺解에는 '大无喪'을 "크기 喪홈이 업스니라"라고 하였고, 退溪(李滉)의 ≪經書釋義≫에는 "喪티 마로미 大ᄒᆞ니라"라고 하였으며, 沙溪(金長生)의 ≪經書辨疑≫에는 "잃음에 큼이 없는 것이다.〔喪之無大矣〕"라고 하였다.

正義曰:〔危行也〕 두려운 마음을 품고 오고가면 이는 위태로움을 부르는 행실이다. 〔其事在中 大无喪也〕 六五가 높은 지위에 거하여 마땅히 그 일을 소유하여야 하고, 中의 자리에 있으면 큰 功을 세울 수 있다. 만약 中을 지켜서 큰 功을 세우면 잃음이 없어서 훌륭한 일이 있을 것이요, 만약 두려워하며 오고가면 위태로움을 불러 功이 없을 것이다.

上六은 **震索**(삭)**索**하고 **視矍**(확)**矍**이니 **征凶**이라 **震不于其躬**하고 **于其隣**이면 **无咎**어니와 **婚媾有言**이리라

上六은 두려워하여 索索하고 보면서 두리번거리는 것이니, 가면 凶하다. 두려움을 자기 몸에서 하지 않고 이웃에서 하면 허물이 없지만 혼인하는 자(자신의 짝)가 의심하는 말이 있으리라.

【注】 處震之極하니 極震者也라 居震之極하여 求中未得이라 故로 懼而索索하고 視而矍矍하여 无所安親也니 已處動極而復征焉이면 凶其宜也라 若恐非已造요 彼動故懼하여 懼隣而戒하면 合於備豫라 故로 无咎也라 極懼相宜라 故로 雖婚媾而有言也라

震의 極에 처하였으니, 지극히 두려워하는 자이다. 震의 極에 거하여 中을 구하나 얻지 못한다. 그러므로 두려워하여 索索하고 보면서 두리번거려 편안하고 친한 바가 없는 것이다. 이미 動의 極에 처하였는데 다시 가면 凶한 것이 당연하다.

만약 두려움이 자기가 만든 것이 아니요, 저것이 동했기 때문에 두려워하여 이웃을 두려워하고 경계하면 미리 대비함에 부합한다. 그러므로 허물이 없는 것이다. 두려움이 지극하면 마땅함을 살펴보므로 비록 혼인하는 자라도 의심하는 말이 있는 것이다.

【疏】 '上六震索索'至'婚媾有言' ○ 正義曰 : '震索索 視矍矍'者, 索索, 心不安之貌. 矍矍, 視不專之容. 上六處震之極, 極震者也. 旣居震(位)〔極〕[1], 欲求中理以自安, 而未能得, 故懼而索索, 視而矍矍, 无所安親. '征凶'者, 夫處動懼之極而復征焉, 凶其宜也, 故曰"征凶"也. '震不于其躬 于其隣 无咎'者, 若恐非已造, 彼動故懼, 懼隣而戒, 合於備豫, 則得无咎, 故曰"震不于其躬, 于其隣, 无咎"(疑)〔也〕[2].[3] '婚媾有言'者, 居極懼之地, 雖復婚媾相結, 亦不能无相(寃)〔疑〕[4]之言, 故曰"婚媾有言"也.

1) (位)〔極〕: 저본에는 '位'로 되어 있으나, 위의 注에 "處震之極 極震者也 居震之極 求中未得"이라고 한 것에 의거하여 '極'으로 바로잡았다.
2) (疑)〔也〕: 저본에는 '疑'로 되어 있으나, 毛本에 의거하여 '也'로 바로잡았다.(阮元의 〈校勘記〉 참조)
3) 震不于其躬……无咎(疑)〔也〕: '震不于其躬 于其隣'을 王弼과 孔穎達은 '두려움이 자기가 만든 것이 아니고 이웃의 동함에 의한 것이어서 이웃을 두려워함'의 의미로 보았다. 이것이 '无咎'가 되는 이유는 이 경계가 위험을 미리 대비함이 되기 때문이다.

程伊川과 朱子도 이를 '미리 경계함'으로 보았으나, '不于其躬 于其隣'을 '震動이 자기에게 이르렀을 때 하지 않고 이웃에게 이르렀을 때에 미리 경계함'으로 해석한 차이가 있다. ≪程傳≫은 다음과 같다. "진동이 몸에 미침은 바로 그 몸에 하는 것이니, '不于其躬'은 아직 몸에 미치지 않았을 때를 이른다. 이웃이란 몸에 가까운 자이니, 몸에 아직 미치기 전에 震懼하면 極에 이르지 않는다. 그러므로 허물이 없을 수 있는 것이다. 만일 極에 이르지 않는다면 아직도 고칠 수 있는 방법이 있으니, 震이 끝나면 마땅히 변하고 柔는 굳게 지키지 못하므로 이웃의 경계함를 두려워하여 능히 변하는 뜻이 있는 것이다.〔震之及身 乃于其躬也 不于其躬 謂未及身也 隣者 近於身者也 能震懼於未及身之前 則不至於極矣 故得无咎 苟未至於極 尙有可改之道 震終當變 柔不固守 故有畏隣戒而能變之義〕"

4) (嶷)〔疑〕: 저본에는 '嶷'로 되어 있으나, 毛本에 의거하여 '疑'로 바로잡았다.(阮元의 〈校勘記〉 참조)

經의 〔上六震索索〕에서 〔婚媾有言〕까지

○ 正義曰:〔震索索 視矍矍〕'索索'은 마음이 불안해하는 모양이다. '矍矍'은 〈두리번거려〉 보는 것이 專一하지 않는 용모이다. 上六이 震의 極에 처하였으니, 지극히 두려워하는 자이다. 이미 震의 極에 거하여 中의 이치를 구해서 스스로 편안히 하고자 하나 얻지 못하였다. 그러므로 두려워하여 索索하고 보면서 두리번거려 편안하고 친한 바가 없는 것이다.

〔征凶〕 動하여 두려워하는 極에 처해서 다시 가면 凶한 것이 당연하다. 그러므로 "가면 흉하다."라고 한 것이다.

〔震不于其躬 于其隣 无咎〕 만약 두려움이 자기가 만든 것이 아니요, 저것이 동했기 때문에 두려워하여 이웃을 두려워하고 경계하여 미리 대비함에 부합하면 허물이 없을 수 있다. 그러므로 "두려움을 자기 몸에서 하지 않고 이웃에서 하면 허물이 없다."라고 한 것이다.

〔婚媾有言〕 지극히 두려워하는 자리에 거하였으니 비록 다시 혼인을 서로 맺었더라도 서로 의심하는 말이 없지 못하다. 그러므로 "혼인하는 자가 의심하는 말이 있다."라고 한 것이다.

象曰 震索索은 **中未得也**일새요 **雖凶无咎**는 **畏隣戒也**일새라

〈象傳〉에 말하였다. "'두려워하여 索索함'은 中을 얻지 못했기 때문이요, 비록 凶하나 허물이 없음은 이웃의 動함에 두려워하여 경계하기 때문이다."

【疏】正義曰：'中未得也'者，猶言未得中也.[1] '畏隣戒也'者，畏隣之動，懼而自戒，乃得无咎.[2]

1) 中未得也者 猶言未得中也：孔穎達은 '中未得也'를 '未得中也'와 같은 말로 보아 '中을 얻지 못함'으로 해석하였으며, 程伊川도 이와 같은바, ≪程傳≫은 다음과 같다. "恐懼하여 스스로 잃음이 이와 같은 까닭은 中道를 얻지 못했기 때문이니, 中을 지남을 이른다. 中道를 얻게 하면 索索함에 이르지 않을 것이다.〔所以恐懼自失如此 以未得於中道也 謂過中也 使之得中 則不至於索索矣〕"

반면 朱子는 '中'을 中心으로 해석하여 '中未得'을 '中心에 원하는 바를 얻지 못함'으로 보았다.

2) 畏隣戒也者……乃得无咎：'畏隣戒'를 孔穎達은 '이웃의 동함을 보고서 두려워하여 스스로 경계함'으로 해석하였는데, 程伊川은 '이웃의 경계함을 보고 두려워함'으로 해석하였다.

正義曰：〔中未得也〕'未得中'이라고 말한 것과 같다.

〔畏隣戒也〕이웃의 動함을 두려워하여, 두려워하고 스스로 경계하여야 비로소 허물이 없을 수 있는 것이다.

52. 艮䷳ 艮下艮上

艮其背면

그 등에 그치면

【注】 目无患也라

눈에 근심이 없는 것이다.

【疏】 正義曰 : 目者, 能見之物, 施止於面, 則抑割所見, 强隔其欲, 是目見之所患. 今施止於背, 則目无患也.

正義曰 : 눈은 볼 수 있는 물건이니, 얼굴에 그침을 베풀면 보는 바를 억제하여 그 하고자 함을 강제로 막는 것이니, 이는 눈에 보임의 근심이다. 그런데 지금 그침을 등에 베풀면 눈에 근심이 없는 것이다.

不獲其身하고

그 몸을 얻지 못하고

【注】 所止在後故로 不得其身也라

그치는 바가 뒤에 있으므로 그 몸을 얻지 못하는 것이다.

行其庭이라도 **不見其人**하여

그 뜰을 가더라도 그 사람을 보지 못하여

【注】 相背故也라

서로 등져 있기 때문이다.

无咎리라

허물이 없으리라.

【注】凡物이 對面而不相通이면 否(비)之道也니 艮者는 止而不相交通之卦也라 各止而不相與하니 何得无咎리오 唯不相見이라야 乃可也라 施止於背하면 不隔物欲하여 得其所止也라 背者는 无見之物也니 无見則自然靜止요 靜止而无見이면 則不獲其身矣라 相背者는 雖近而不相見이라 故로 行其庭이라도 不見其人也라 夫施止를 不於无見하여 令物自然而止하여 而强止之하면 則姦邪並興이요 近而不相得則凶이라 其得无咎는 艮其背하여 不獲其身하고 行其庭이라도 不見其人故也라

모든 물건이 얼굴을 마주 대하고도 서로 통하지 못하면 否塞한 道이다. 艮卦는 그쳐서 서로 통하지 못하는 卦이다. 각각 그쳐 서로 더불지(친하지) 못하니, 어찌 허물이 없을 수 있겠는가. 오직 서로 보지 않아야 可한 것이다.

그침을 등에 베풀면 物欲을 막지 않아서 그 그칠 곳을 얻는다. '등'은 봄이 없는 물건이니, 봄이 없으면 자연히 고요하여 그치고, 고요하여 그쳐서 봄이 없으면 그 몸을 얻지 못하는 것이다.

서로 등져 있는 것은 비록 가깝더라도 서로 보지 못한다. 그러므로 그 뜰을 가더라도 그 사람을 보지 못하는 것이다. 그침을 베풀기를 봄이 없는 곳에 해서 물건으로 하여금 자연히 그치게 하지 못하여 억지로 그치게 하면 간사함과 사악함이 함께 일어나고, 가까이 있으면서 서로 보지 못하면 凶하다. 허물이 없음을 얻은 것은 그 등에 그쳐서 그 몸을 얻지 못하고 그 뜰을 가더라도 그 사람을 보지 못하기 때문이다.

【疏】'艮其背不獲其身'至'无咎' ○ 正義曰:'艮其背 不獲其身 行其庭 不見其人 无咎'者, 艮, 止也, 靜止之義. 此是象山之卦, 其以艮爲名.[1] 施之於人, 則是止物之情, 防其動欲, 故謂之止. 艮其背者, 此明施止之所也. 施止得所, 則其道易成, 施止不得其所, 則其功難成, 故老子曰"不見可欲, 使心不亂也."[2] 背者, 无見之物也, 夫无見則自然靜止. 夫欲防止之法, 宜防其未兆, 旣兆而止, 則傷物情, 故施止於无見之所, 則不隔物欲, 得其所止也. 若施止於面, 則對面而不相通, 强止其情, 則姦邪並興, 而有凶咎. 止而无見, 則所止在後, 不與而相對. 言有物對面而來, 則情欲有私於己, 旣止在後, 則是施止无見, 所止无見, 何見其身, 故不獲其身, 旣不獲其身, 則相背矣.[3] 相背者, 雖近而不相見, 故行其庭, 不見其人. 如此乃得无咎, 故曰"艮其背, 不獲其身, 行其庭, 不見其人, 无咎"也. 又若能止於未兆, 則是治之於未萌, 若對面不相交通, 則是否之道也, 但止其背, 可得无咎也.

1) 艮其背……其以艮爲名 : 艮의 뜻이 止인데 止라고 하지 않고 艮이라고 한 이유에 대하여 程伊川은 "艮은 山의 象이니, 安重하고 堅實한 뜻이 있어 止의 뜻으로 다할 수 있는 것이 아니기 때문이다.〔艮 山之象 有安重堅實之意 非止義可盡也〕"라고 하였다. 또 艮卦의 止의 의미에 대하여 다음과 같이 부연하였다. "乾·坤의 사귐이 세 번 찾아 艮을 이루어 한 陽이 두 陰의 위에 있다. 陽은 動하여 위로 나아가는 물건이니 이미 위에 이르면 그치며, 陰은 靜이니 위는 그치고 아래는 靜하다. 그러므로 艮이라 한 것이다. 그렇다면 畜止의 뜻과 무엇이 다른가? 畜止는 억제하고 저지하는 뜻이니 힘으로 제지함이요, 艮止는 그침을 편안히 여기는 뜻이니 제자리에 그치는 것이다.〔乾坤之交 三索而成艮 一陽居二陰之上 陽動而上進之物 旣至於上 則止矣 陰者 靜也 上止而下靜 故爲艮也 然則與畜止之義何異 曰 畜止者 制畜之義 力止之也 艮止者 安止之義 止其所也〕" '畜止'란 大畜卦와 小畜卦의 畜에 止의 뜻이 있는 것을 가리켜 말한 것이다.

2) 不見可欲 使心不亂也 : ≪老子道德經≫에 "재능을 숭상하지 아니하여 백성들로 하여금 다투지 않게 하며, 얻기 어려운 寶貨를 귀하게 여기지 아니하여 백성들로 하여금 도둑질을 하지 않게 하며, 욕심낼 만한 것을 보여주지 아니하여 백성들의 마음이 어지러워지지 않게 한다.〔不尙賢 使民不爭 不貴難得之貨 使民不爲盜 不見可欲 使民心不亂〕"라고 보이는바, 本에 따라 '民'자가 없기도 하다.

3) 言有物對面而來……則相背矣 : '不獲其身'을 王弼과 孔穎達은 분명하게 해석하지 않았으나, ≪正義≫에 "어떻게 그 몸을 보겠는가.〔何見其身〕"라고 한 것으로 보아 자기 몸을 보지 못하는 것으로 해석한 듯하다.

程伊川은 "'不獲其身'은 자기 몸을 보지 못함이니, 자아를 잊음을 이른다. 자아가 없으면 그칠 수 있으나 자아가 없지 못하면 그칠 수 있는 道가 없다.〔不獲其身 不見其身也 謂忘我也 无我則止矣 不能无我 无可止之道〕"라고 하였으며, 朱子는 "이 점괘는 반드시 등에 그쳐 자기 몸을 소유하지 않고 그 뜰을 가더라도 그 사람을 보지 못하여야 비로소 허물이 없는 것이다. 몸은 움직이는 물건인데 오직 등은 그침이 되니, 그 등에 그치면 마땅히 그쳐야 할 곳에 그치는 것이다. 마땅히 그쳐야 할 곳에 그치면 몸을 따라 동하지 않으니, 이것이 자기 몸을 소유하지 않는 것이다.〔其占則必能止于背而不有其身 行其庭而不見其人 乃无咎也 蓋身 動物也 唯背爲止 艮其背 則止於所當止也 止於所當止 則不隨身而動矣 是不有其身也〕"라고 하였다.

經의 〔艮其背不獲其身〕에서 〔无咎〕까지

○ 正義曰 : 〔艮其背 不獲其身 行其庭 不見其人 无咎〕 '艮'은 그침이니, 고요하여 그치는 뜻이다. 이는 山을 형상한 卦이니, 그리하여 '艮'으로 이름한 것이다. 이것을 사람에게 베풀면 물건의 情을 그치게 하여 그 動하는 욕심을 막는다. 그러므로 '그친다'라고 한 것이다.

'艮其背'는, 이는 그침을 베푸는 장소를 밝힌 것이다. 그침을 베풂이 제자리를 얻으면 그 道가 이루어지기가 쉽고, 그침을 베풂이 제자리를 얻지 못하면 功이 이루어지기 어렵다. 그러므로 老子는 "욕심낼 만한 것을 보여주지 아니하여 마음이 어지러워지지 않게 한다."라고 한 것이다.

'背'는 봄이 없는 물건이니, 봄이 없으면 자연히 고요하여 그친다. 防止하는 법을 만들고자 할진댄 마땅히 그 조짐이 나타나지 않았을 때에 막아야 하니, 이미 조짐이 나타난 뒤에 그치면 물건의 情이 상한다. 그러므로 봄이 없는 곳에 그침을 베풀면 物欲을 막지 않아서 그 그칠 곳을 얻는 것이다. 만약 얼굴에 그침을 베풀면 얼굴을 마주 대하고도 서로 통하지 못하고, 그 情을 강제로 그치게 하면 간사함과 사악함이 함께 일어나서 흉함과 허물이 있게 된다. 그치면서 봄이 없게 하면 그치는 바가 뒤에 있어서 더불어 상대하지 않는다. 어떤 물건이 대면하고서 오면 情과 하고자 함에 자기의 사사로움이 있지만, 이미 그침이 뒤에 있으면 이는 봄이 없는 곳에 그침을 베푼 것이니, 그치는 곳이 봄이 없는 곳이면 어찌 그 몸을 보겠는가. 그러므로 그 몸을 얻지 못하는 것이니, 이미 그 몸을 얻지 못하면 서로 등지는 것이다.

서로 등지는 자는 비록 가까이 있더라도 서로 보지 못한다. 그러므로 그 뜰을 가더라도 그 사람을 보지 못하는 것이다. 이와 같이 하면 비로소 허물이 없을 수 있다. 그러므로 "그 등에 그치면 그 몸을 얻지 못하고 그 뜰을 가더라도 그 사람을 보지 못하여 허물이 없다."라고 한 것이다.

또 만약 조짐이 나타나기 전에 그치면 이것은 싹트기 전에 다스리는 것이요, 만약 얼굴을 마주 대하고도 서로 통하지 못하면 이는 否塞한 道이니, 다만 그 등에 그치면 허물이 없을 수 있는 것이다.

彖曰 艮은 **止也**니 **時止則止**하고 **時行則行**하여 **動靜**을 **不失其時**하니 **其道光明**이라

〈彖傳〉에 말하였다.

"'艮'은 그침이니, 때가 그쳐야 하면 그치고 때가 행하여야 하면 행해서 動하고 靜함을 그 때를 잃지 않으니, 그 道가 光明하다.

【注】(正道)〔止道〕[1]를 不可常用이요 必施於不可以行이니 適於其時하면 道乃光明也라

1) (正道)〔止道〕: 저본에는 '正道'로 되어 있으나, 疏의 '用止之法 不可爲常'과 글 뜻에 의거하여 '止道'로 바로잡았다.

그치는 道를 항상 사용해서는 안 되고 반드시 행할 수 없는 데에 베풀어야 하니, 그 때에 적당하면 道가 비로소 光明해지는 것이다.

【疏】'彖曰艮止也'至'其道光明' ○ 正義曰 : '艮 止也'者, 訓其名也. '時止則止 時行則行 動靜不失其時 其道光明'者, 將釋施止有所光明, 施止有時. 凡物之動息, 自各有時運, 用止之法, 不可爲常, 必須應時行止, 然後其道乃得光明也.

經의 〔彖曰艮止也〕에서 〔其道光明〕까지

○ 正義曰 : 〔艮 止也〕 卦의 이름을 訓한 것이다.

〔時止則止 時行則行 動靜不失其時 其道光明〕 '그침을 베풂에 光明한 바가 있으려면 그침을 베풂에 때가 있어야 함'을 해석한 것이다. 모든 물건의 動하고 靜함은 본래 각기 時運이 있으니, 그침을 사용하는 법을 常法으로 삼아서는 안 되고 반드시 때에 응하여 행하고 그쳐야 하니, 그런 뒤에야 그 道가 비로소 光明하게 되는 것이다.

艮其止는 止其所也라

'艮其止'는 제자리에 그치는 것이다.

【注】易背曰止는 以明背卽止也라 施止를 不可於面이요 施背라야 乃可也라 施止於止하고 不施止於行이면 得其所矣라 故로 曰 艮其止는 止其所也라하니라

'背'를 바꾸어 '止'라 한 것은 背가 바로 止임을 밝힌 것이다. 그침을 베풀기를 얼굴에 해서는 안 되고, 등에 베풀어야 비로소 可하다. 그쳐야 할 곳에 그침을 베풀고 행해야 할 곳에 그침을 베풀지 않으면 제자리를 얻은 것이다. 그러므로 "'艮其止'는 제자리에 그치

는 것이다."라고 한 것이다.

【疏】正義曰：此釋施止之所也. '艮其止'者, 疊經文艮其背也.[1)] 易背曰止, 以明背者, 无見之物, 卽是可止之所也. 旣時止卽宜止, 時行則行, 所以施止須是所. 艮旣訓止, 今言艮其止, 是止其所止也, 故曰"艮其止, 止其所也."

1) 艮其止者 疊經文艮其背也：王弼과 孔穎達은 '艮其止'를 '艮其背'와 같은 의미의 말로 보았는바, '艮其止'를 '그쳐야 할 곳〔止〕에 그침'으로 해석한 것이니, 朱子도 이와 같으나 다만 '艮其止'를 '艮其背'의 誤記로 보았다.

반면 程伊川은 "'艮其止'는 멈추어야 할 때에 멈춤을 이르니, 멈춰야 할 때에 능히 멈추는 것은 멈춤이 제자리를 얻었기 때문이다. 멈춤에 제자리를 얻지 못하면 멈출 수 있는 이치가 없다. 夫子(孔子)가 말씀하기를 '멈춤에 멈출 곳을 안다.'라고 하였으니, 마땅히 멈추어야 할 곳을 이른다.〔艮其止 謂止之而止也 止之而能止者 由止得其所也 止而不得其所 則无可止之理 夫子曰 於止 知其所止 謂當止之所也〕"라고 하여 '艮其止'를 '그쳐서 그침'으로 해석하였다. 그런데 官本諺解에는 ≪程傳≫과 ≪本義≫를 구분하지 않고 "그 止에 艮ᄒᆞᆷ은 그 所애 止홀시라"라고 되어 있는바, 退溪(李滉)는 ≪經書釋義≫에서 "'艮其止'를 ≪程傳≫과 ≪本義≫를 나누어 해석하지 않았으나 만약 ≪程傳≫을 따른다면 마땅히 '艮ᄒᆞ야 그 止호믄'이라고 해야 할 것이다.〔艮其止 不分釋 若從程傳釋 則當云艮ᄒᆞ야 그 止호믄〕"라고 하였다.

正義曰：이는 그침을 베푸는 장소를 해석한 것이다.

〔艮其止〕 經文의 '艮其背'를 중첩한 것이다.

'背'를 바꾸어 '止'라 한 것은, '등'은 봄이 없는 물건이니 바로 그칠 수 있는 장소임을 밝힌 것이다. 이미 때가 그쳐야 하면 마땅히 그치고 때가 행해야 하면 행하니, 이 때문에 그침을 베풂이 이 처소에 맞는 것이다. '艮'을 이미 '止'로 訓하였는데, 이제 '艮其止'라고 한 것은 그 그칠 바에 그친 것이다. 그러므로 "'艮其止'는 제자리에 그치는 것이다."라고 한 것이다.

上下敵應하여 **不相與也**라 **是以**로 **不獲其身**하며 **行其庭**이라도 **不見其人**하여 **无咎也**라

上下가 대적해 應하여 서로 더불지 않는다. 이 때문에 그 몸을 얻지 못하며 그 뜰을 가더라도 그 사람을 보지 못하여 허물이 없는 것이다."

【疏】 正義曰 : '上下敵應 不相與也'者, 此就六爻皆不相應, 釋艮卦之名, 又釋不獲其身以下之義. 凡應者, 一陰一陽, 二體不敵, 今上下之位, 雖復相當, 而爻皆峙敵, 不相交與, 故曰"上下敵應, 不相與也." 然八純之卦[1], 皆六爻不應, 何獨於此言之者, 謂此卦旣止而不(加交)〔交爻〕[2], 又峙而不應, 與止義相協, 故兼此以明之也. '是以不獲其身 行其庭 不見其人 无咎也'者, 此擧經文以結之, 明相與而止之, 則无咎也.

1) 八純之卦 : 여덟 개의 純卦로, 純卦는 위·아래의 卦가 같음을 이르는바, 乾(䷀), 兌(䷹), 離(䷝), 震(䷲), 巽(䷸), 坎(䷜), 艮(䷳), 坤(䷁)이다.

2) (加交)〔交爻〕: 저본에는 '加交'로 되어 있으나, 毛本에 의거하여 '交爻'로 바로잡았다. (阮元의 〈校勘記〉 참조)

正義曰 : 〔上下敵應 不相與也〕 이는 六爻가 모두 서로 應하지 않음을 가지고 艮卦의 이름을 해석하고, 또 '不獲其身' 이하의 뜻을 해석한 것이다. 무릇 應이란 한 陰과 한 陽이 〈만나〉 두 體가 대적하지 않아야 하니, 지금 위아래의 자리가 비록 다시 같은 艮끼리 서로 당하였으나(만났으나) 爻가 모두 對峙(대치)해서 서로 더불지 않는다. 그러므로 "上下가 대적해 應하여 서로 더불지 않는다."라고 한 것이다.

그러나 8개의 純卦가 모두 六爻가 應하지 않는데 어찌하여 유독 이 艮卦에서만 말하였는가? 이는 이 卦가 이미 그쳐서 爻가 서로 사귀지 못하고 또 대치하여 應하지 않아서 그치는 뜻과 서로 맞는다. 그러므로 이것을 겸하여 밝힌 것이다.

〔是以不獲其身 行其庭 不見其人 无咎也〕 이는 經文을 들어 맺어서 '서로 더불되 그치면 허물이 없음'을 밝힌 것이다.

象曰 兼山이 艮이니 君子以思不出其位하나니라

〈象傳〉에 말하였다. "兼한 山이 艮卦이니, 君子가 보고서 생각함이 자기 지위를 벗어나지 않는다."

【注】 各止其所하여 不侵官也라

각각 제자리에 그쳐서 남의 관직을 침해하지 않는 것이다.

【疏】 正義曰 : '兼山 艮'者, 兩山義重, 謂之兼山也. 直置一山, 已能鎭止, 今兩山重疊, 止義彌大, 故曰"兼山, 艮"也. '君子以思不出其位'者, 止之爲義, 各止其所, 故君子於此之時, 思慮所及, 不出其己位也.

正義曰 : 〔兼山 艮〕 두 山의 뜻이 중첩되었으므로 '兼한 山'이라 한 것이다. 단지 하나의 山만 두더라도 이미 눌러 그치게 할 수 있는데 지금 두 山이 중첩되었으니, 그치는 뜻이 더욱 크다. 그러므로 "兼한 山이 艮卦이다."라고 한 것이다.

〔君子以思不出其位〕 止의 뜻이 각각 제자리에 그치는 것이다. 그러므로 君子가 이때에 思慮의 미치는 바가 그 자신의 지위를 벗어나지 않는 것이다.

初六은 艮其趾라야 无咎하니 利永貞하니라

初六은 발을 그쳐야 허물이 없으니, 영원하고 貞固함이 이롭다.

【注】 處止之初하여 行无所之라 故로 止其趾라야 乃得无咎요 至靜而定이라 故로 利永貞이라

止의 처음에 처하여 감에 갈 곳이 없으므로 그 발을 그쳐야 비로소 허물이 없을 수 있는 것이요, 지극히 고요하여 定해지기 때문에 영원하고 貞固함이 이로운 것이다.

【疏】 正義曰 : '艮其趾 无咎'者, 趾, 足也, 初處體下, 故謂之足. 居止之初, 行无所適, 止其足而不行, 乃得无咎, 故曰"艮其趾, 无咎"也. '利永貞'者, 靜止之初, 不可以躁動, 故利在永貞也.

正義曰 : 〔艮其趾 无咎〕 '趾'는 발이니, 初六이 卦體의 아래에 처했으므로 '足'이라 이른 것이다. 止의 처음에 거하여 감에 갈 곳이 없어서 그 발을 그쳐 가지 않아야 비로소 허물이 없을 수 있다. 그러므로 "발을 그쳐야 허물이 없다."라고 한 것이다.

〔利永貞〕 고요히 그치는 처음에는 조급히 動해서는 안 된다. 그러므로 이로움이 영원하고 貞固함에 있는 것이다.

象曰 艮其趾는 未失正也라

〈象傳〉에 말하였다. "'발을 그침'은 바름을 잃지 않은 것이다."

【疏】 正義曰 : '未失正也'者, 行則有咎, 止則不失其正, 釋所以(在)〔利〕[1]永貞.

1) (在)〔利〕: 저본에는 '在'로 되어 있으나, 毛本에 의거하여 '利'로 바로잡았다.(阮元의 〈校

勘記〉 참조)

正義曰 : 〔未失正也〕 가면 허물이 있고 그치면 바름을 잃지 않으니, 永貞함이 이로운 이유를 해석한 것이다.

六二는 艮其腓(비)하여 不拯其隨라 其心不快로다

六二는 장딴지를 그쳐서 그 따르는 바(발)를 들어 올리지 못하는지라 마음이 불쾌하다.

【注】 隨는 謂趾也니 止其腓故로 其趾不拯也라 腓體躁而處止하여 而不得拯其隨하고 又不能退聽安靜이라 故로 其心不快也라

'隨'는 '발'을 이르니, 장딴지를 그쳤으므로 발을 들어 올리지 못하는 것이다. 장딴지의 體는 조급한데 그침에 처하여 그 따르는 바를 들어 올리지 못하고 또 물러가서 '安靜하라'는 말을 따르지 못한다. 그러므로 마음이 불쾌한 것이다.

【疏】 正義曰 : '艮其腓 不拯其隨'者, 腓, 腸也[1], 在足之上. 腓體或屈或伸, 躁動之物, 腓動則足隨之, 故謂足爲隨. 拯, 擧也, 今旣施止於腓, 腓不得動, 則足无拯擧, 故曰"艮其腓 不拯其隨"也.[2] '其心不快'者, 腓是躁動之物, 而强(心)〔止〕[3]之, 貪進而不得動, 則情與質乖也, 故曰"其心不快."[4] 此爻明施止不得其所也.

1) 腓 腸也 : '腸'자 앞에 '腓'자가 한 번 더 들어가야 할 듯하다. 咸卦 六二의 疏에는 "腓 足之腓腸也"라고 하였다. '腓腸'은 '장딴지'의 뜻이다.

2) 拯擧也……不拯其隨也 : 王弼과 孔穎達은 '拯'을 '들어올림〔擧〕'으로 訓하여 '不拯其隨'를 '장딴지가 따르는 바인 발(初六)을 들어 올리지 못함'으로 해석하였다.

반면 程伊川과 朱子는 '拯'을 '구원〔拯救〕'으로 訓하고 六二가 따르는 대상도 九三으로 보았다. ≪程傳≫은 다음과 같다. "六二는 中에 거하고 正을 얻어 멈춤의 道를 얻은 자인데 위에 應援이 없으니, 군주에게 신임을 얻지 못하는 것이다. 九三은 下體의 위에 거하여 멈춤의 주체가 되었으니, 멈춤을 주장하는 자이나 剛으로서 中을 잃어 멈춤의 마땅함을 얻지 못하였고, 剛이 위에 멈추어서 몸을 낮추어 아래로 구하는 자가 아니니, 六二가 비록 中正한 德이 있으나 九三을 따르지 못한다. 六二의 가고 멈춤은 주장하는 바에 매어 있어 자유롭게 할 수 없으므로 장딴지의 象이 된 것이다. 다리가 움직이면 장딴지는 따르기 마련이니, 동하고 멈춤이 다리에 달려 있고 장딴지에 달려 있지 않다. 六

二가 이미 中正한 道로 九三의 中하지 못함을 구원하지 못하면 반드시 억지로 九三을 따를 것이니, 구원하지 못하고 오직 따른다면 비록 허물이 자신에게 있지 않으나 어찌 마음속에 원하는 바이겠는가.〔六二居中得正 得止之道者也 上无應援 不獲其君矣 三居下之上 成止之主 主乎止者也 乃剛而失中 不得止之宜 剛止於上 非能降而下求 二雖有中正之德 不能從也 二之行止 係乎所主 非得自由 故爲腓之象 股動則腓隨 動止在股而不在腓也 二旣不得以中正之道拯救三之不中 則必勉而隨之 不能拯而唯隨也 雖咎不在己 然豈其所欲哉〕"

3) (心)〔止〕: 저본에는 '心'으로 되어 있으나, 글 뜻에 의거하여 '止'로 바로잡았다. 北京大整理本에는 특별한 교감기 없이 '止'로 되어 있다.

4) 其心不快者……故曰其心不快 : '其心不快'의 이유를 王弼과 孔穎達은 '六二가 조급히 움직이는 물건인데 움직이지 못하기 때문'이라고 보았다. 반면 程伊川과 朱子는 그 이유를 '六二가 九三을 구원하지 못하고 억지로 따르기 때문'이라고 보았다.

正義曰 : 〔艮其腓 不拯其隨〕 '腓'는 장딴지이니, 발의 위에 있다. 장딴지의 體는 혹 굽히고 혹 펴서 조급히 動하는 물건이니, 장딴지가 움직이면 발이 따라 움직인다. 그러므로 '발'을 일러 '隨'라 한 것이다. '拯'은 들어 올림이니, 이제 이미 장딴지에 그침을 베풀어서 장딴지가 움직일 수 없으면 발을 들어 올릴 수 없다. 그러므로 "장딴지를 그쳐서 그 따르는 바를 들어 올리지 못한다."라고 한 것이다.

〔其心不快〕 장딴지는 조급히 움직이는 물건인데 강제로 그치게 하니, 나아감을 탐하면서 움직이지 못하면 감정이 性質과 괴리된다. 그러므로 "마음이 불쾌하다."라고 한 것이다.

이 爻는 그침을 베풂이 제자리를 얻지 못함을 밝힌 것이다.

象曰 不拯其隨는 未退聽也일새라

〈象傳〉에 말하였다. "'그 따르는 바를 들어 올리지 못함'은 물러가 따르지 못하기 때문이다."

【疏】 正義曰 : '未退聽也'者, 聽, 從也, 旣不能拯動, 又不能靜退聽從其見止之命, 所以其心不快矣.[1)]

1) 未退聽也者……所以其心不快矣 : '未退聽也'를 孔穎達은 '六二가 고요히 물러나 그치라는 명령을 따르지 못함'으로 해석하였는데, 程伊川과 朱子는 '九三이 六二를 따르지 않음'으로 해석하였다.

正義曰：〔未退聽也〕 '聽'은 따름이니, 이미 발을 들어 올려 움직이지 못하고 또 고요히 물러가 그치라는 명령을 따르지 못하니, 이 때문에 그 마음이 불쾌한 것이다.

九三은 艮其限이라 列[1]其夤(인)이니 厲薰心이로다

1) 列 : 裂(분열되다)의 뜻이다.

九三은 허리 부분〔限〕에 그친다. 그 등줄기가 분열되니, 위태로워 마음을 태우도다.

【注】 限은 身之中也니 三當兩象之中이라 故로 曰 艮其限이라하니라 夤은 當中脊之肉也니 止加其身하여 中體而分이라 故로 列其夤而憂危薰心也라 艮之爲義는 各止於其所하니 上下不相與하여 至中則列矣라 列加其夤이면 危莫甚焉하니 危亡之憂 乃薰灼其心也라 施止體中하면 其體分焉하니 體分兩主면 大器喪矣라

'限'은 몸의 중앙이니, 九三이 두 象의 중앙에 당하였다. 그러므로 "限에 그친다."라고 한 것이다.

'夤'은 가운데 등마루〔中脊〕의 살에 당한 곳이니, 그침을 몸에 가하여 몸 가운데에서 나뉘었다. 그러므로 그 등줄기를 분열하여 근심과 위태로움이 마음을 태우는 것이다. 艮卦의 뜻은 각기 제자리에 그치는 것이니, 上下가 서로 더불지 못하여 가운데에 이르면 분열된다. 분열을 그 등줄기에 가하면 위태로움이 이보다 더 심할 수 없으니, 위태롭고 멸망할 근심이 마침내 그 마음을 태우는 것이다. 그침을 몸 가운데에 베풀면 몸이 나누어지니, 몸이 두 주장으로 나뉘면 大器가 상실된다.

【疏】 '九三艮其限'至'厲薰心' ○ 正義曰：限, 身之中, 人〈繫〉[1]帶之處, 言三當兩象之中, 故謂之限, 施止於限, 故曰"艮其限"也. 夤, 當中脊之肉也. 薰, 燒灼也. 旣止加其身之中, 則上下不通之義也, 是分列其夤. 夤旣分列, 身將喪亡, 故憂危之切, 薰灼其心矣. 然則君臣共治, 大體若身, 大體不通, 則君臣不接, 君臣不接, 則上下離心, 列夤則身亡, 離心則國喪, 故曰"列其夤, 厲薰心."

1) 〈繫〉 : 저본에는 빈칸으로 되어 있고, 北京大 整理本에는 '是'로 되어 있고, 四庫全書本에는 '繫'로 되어 있는데, 사고전서본에 의거하여 '繫'를 보충하였다.

經의〔九三艮其限〕에서〔厲薰心〕까지

○ 正義曰 : '限'은 몸의 중앙이니, 사람이 띠를 매는 곳인바, 九三이 두 象의 중앙에 당함을 말하였으므로 '限'이라 이른 것이니, 그침을 限에 베풀기 때문에 "限에 그친다."라고 한 것이다.

'夤'은 가운데 등마루의 살에 당한 곳이다. '薰'은 태우는 것이다. 이미 그침을 몸의 가운데에 가하면 이는 상하가 통하지 못하는 뜻이니, 바로 그 등줄기가 분열되는 것이다. 등줄기가 이미 분열되면 몸이 장차 죽는다. 그러므로 근심하고 위태로움이 간절하여 그 마음을 태우는 것이다. 그렇다면 군주와 신하가 함께 다스릴 적에 大體가 몸과 같으니, 大體가 통하지 못하면 군주와 신하가 접하지(사귀지) 못하고, 군주와 신하가 접하지 못하면 상하가 마음이 괴리되니, 등줄기가 분열되면 몸이 망하고, 마음이 떠나면 나라가 망하는 것이다. 그러므로 "그 등줄기가 분열되니 위태로워 마음을 태운다."라고 한 것이다.

【疏】 ○ 注'體分兩主大器喪矣' ○ 正義曰 : '體分兩主 大器喪矣'者, 大器, 謂國與身也, 此爻亦明施止不得其所也.

○ 注의〔體分兩主大器喪矣〕

○ 正義曰 :〔體分兩主 大器喪矣〕'大器'는 나라와 몸을 이르니, 이 爻 또한 그침을 베풂에 제자리를 얻지 못함을 밝힌 것이다.

象曰 艮其限이라 危薰心也라

〈象傳〉에 말하였다. "허리 부분에 그치기 때문에 위태로워 마음을 태우는 것이다."

六四는 艮其身하여 无咎니라

六四는 몸에 그쳐서 허물이 없다.

【注】 中上稱身하고 履得其位하여 止求諸身하여 得其所處라 故로 不陷於咎也라

中과 上이 몸에 걸맞고 밟은 것이 正位를 얻어서 그침을 자기 몸에 요구하여 거처할 바를 얻었다. 그러므로 허물에 빠지지 않은 것이다.

【疏】'六四艮其身无咎' ○ 正義曰 : '艮其身 无咎'者, 中上稱身. 六四居止之時, 已入上體, 履得其位, 止求諸身, 不陷於咎, 故曰"艮其身, 无咎"也. 求, 責也. 諸, 之也.[1)]

1) 求責也 諸之也 : 이는 王弼 注의 "止求諸身"에 대한 訓釋이다.

經의〔六四艮其身无咎〕

○ 正義曰 :〔艮其身 无咎〕中과 上이 몸에 걸맞은 것이다. 六四가 止의 때에 거하여 이미 上體로 들어가고 밟은 것이 正位를 얻어서 그침을 자기 몸에 요구하여 허물에 빠지지 않았다. 그러므로 "몸에 그쳐서 허물이 없다."라고 한 것이다.

'求'는 구함〔責〕이다. '諸'는 之이다.

象曰 艮其身은 止諸躬也라

〈象傳〉에 말하였다. "'몸에 그침'은 자기 몸에 그치는 것이다."

【注】自止其躬하여 不分全體라

스스로 자기 몸에 그쳐서 全體(온전한 體)를 나누지 않은 것이다.

【疏】'象曰'至'止諸躬也' ○ 正義曰 : '止諸躬也'者, 躬, 猶身也, 明能靜止其身, 不爲躁動也.

經의〔象曰〕에서〔止諸躬也〕까지

○ 正義曰 :〔止諸躬也〕'躬'은 '身'과 같으니, 자기 몸을 고요히 그쳐서 조급히 동하지 않음을 밝힌 것이다.

【疏】○ 注'自止其躬不分全體' ○ 正義曰 : 艮卦總其兩體, 以爲二身, 兩體不分, 乃謂之全, 全乃謂之身. 以九三居兩體之際, 在於身中, 未入上體, 則是止於下體, 不與上交, 所以體分夤列. 六四已入上體, 則非上下不接, 故能總止其身, 不分全體. 然則身是總名, 而言中上稱身者, 何也. 蓋至中則體分而身喪, 入上體則不分而身全. 九三施止於分體, 故謂之限, 六四施止於全體, 故謂之身, 非中上獨是其身, 而中下非身也.

○ 注의〔自止其躬不分全體〕

○ 正義曰 : 艮卦는 두 體를 총괄하여 두 몸으로 삼았으니, 두 體가 나뉘지 않으면 비

로소 '온전하다'라고 이르고, 온전하면 비로소 '몸'이라 이를 수 있는 것이다. 九三은 두 體의 사이에 거하여 몸 가운데에 있고 아직 上體로 들어가지 않았으니, 이는 下體에 그쳐서 위와 더불어 사귀지 못하는 것이니, 이 때문에 몸이 나뉘고 등줄기가 분열된 것이다. 六四는 이미 上體로 들어갔으니, 이는 위아래가 접하지 못하는 것이 아니다. 그러므로 몸을 총괄하여 그치게 해서 온전한 體를 나누지 않은 것이다. 그렇다면 몸은 바로 〈위와 아래를〉 총괄한 이름인데, "中과 上이 몸에 걸맞는다."라 말한 것은 어째서인가? 중앙에 이르면 몸이 나뉘어 몸이 죽고, 上體로 들어가면 몸이 나뉘지 않아 온전하다. 九三은 나누어진 體에 그침을 베풀기 때문에 '限'이라 이른 것이고, 六四는 온전한 體에 그침을 베풀기 때문에 '몸'이라 이른 것이니, 中上만 몸이고 中下는 몸이 아닌 것은 아니다.

六五는 艮其輔라 言有序하니 悔亡하리라

六五는 볼에 그친다. 말에 질서가 있으니, 뉘우침이 없어지리라.

【注】 施止於輔하여 以處於中이라 故로 口无擇言하여 能亡其悔也라

그침을 볼에 베풀어 中에 처하였다. 그러므로 입에 가릴(나쁜) 말이 없어서 뉘우침을 없앨 수 있는 것이다.

【疏】 正義曰 : 輔, 頰車也, 能止於輔頰也. 以處其中, 故口无擇言也, 言有倫序, 能亡其悔, 故曰"艮其輔, 言有序, 悔亡."

正義曰 : '輔'는 頰車(아래턱뼈와 볼)이니, 능히 輔頰에 그친 것이다. 中에 처하였기 때문에 입에 가릴 말이 없는 것이요, 말에 조리와 질서가 있으면 뉘우침을 없앨 수 있다. 그러므로 "볼에 그친다. 말에 질서가 있으니, 뉘우침이 없어지리라."라고 한 것이다.

象曰 艮其輔는 以中正也일새라

〈象傳〉에 말하였다. "'볼에 그침'은 中을 사용하여 바르기 때문이다."

【注】 能用中正故로 言有序也라

능히 中을 사용하여 바르기 때문에 말에 질서가 있는 것이다.

【疏】 正義曰 : '以中正'者, 位雖不正, 以居得其中, 故不失其正, 故言有序也.[1)]

1) 以中正者……故言有序也 : 六五는 陰爻가 陽位에 있으므로 正이 아닌데 正이라고 한 것에 대하여 설명한 말이다. 孔穎達은 六五가 中에 거하기 때문에 바름을 잃지 않았으므로 '正'을 말했다고 보았는바, 이는 程伊川도 같다.

반면 朱子는 "'正'字는 衍文이니, 韻을 맞추어 보면 알 수 있다.〔正字 羨文 叶韻可見〕"라고 하였는바, 〈象傳〉은 원래 韻을 맞춘 글이기 때문에 이렇게 말한 것이다. 六四爻〈象傳〉의 '止諸躬也'의 躬과 上九爻 〈象傳〉의 '以厚終也'의 終은 모두 平聲의 東字韻이다. 六五爻 〈象傳〉의 '以中正也'에서 正을 빼어 '以中也'로 고치면, 中 역시 東字韻이어서 韻이 모두 맞게 된다.

正義曰 : 〔以中正〕 자리가 비록 바르지 않으나 거함이 中을 얻었으므로 그 바름을 잃지 않는다. 그러므로 말에 질서가 있는 것이다.

上九는 敦艮이니 吉하니라

上九는 도타이 그침이니, 吉하다.

【注】 居止之極하여 極止者也요 敦重在上하여 不陷非妄하니 宜其吉也라

止의 極에 거하였으니 지극히 그치는 자요, 도탑고 重厚하게 위에 있어서 그름과 망령됨에 빠지지 않으니, 그 吉함이 마땅하다.

【疏】 正義曰 : 敦, 厚也. 上九居艮之極, 極止者也, 在上能用敦厚以自止, 不陷非妄, 宜其吉也, 故曰"敦艮, 吉"也.

正義曰 : '敦'은 厚함(후덕함)이다. 上九가 艮의 極에 거하니 지극히 그치는 자요, 위에 있으면서 능히 敦厚함을 사용하여 스스로 그쳐서 그름과 망령됨에 빠지지 않으니, 그 吉함이 마땅하다. 그러므로 "도타이 그침이니, 吉하다."라고 한 것이다.

象曰 敦艮之吉은 以厚終也일새라

〈象傳〉에 말하였다. "도타이 그침이 吉함은 敦厚함으로 끝마쳤기 때문이다."

【疏】 正義曰 : '以厚終'者, 言上九能以敦厚自終, 所以獲吉也.

正義曰：〔以厚終〕 上九가 능히 敦厚함으로 스스로 끝마치니, 이 때문에 吉함을 얻음을 말한 것이다.

53. 漸䷴ 艮下巽上

漸은 **女歸吉**하니 **利貞**하니라

漸은 여자의 시집감이 吉하니, 貞함이 이롭다.

【注】 漸者는 漸進之卦也라 止而巽하니 以斯適進하여 漸進者也라 以止巽爲進故로 女歸吉也요 進而用正故로 利貞也라

'漸'은 점점 나아가는 卦이다. 그치고 공손하니 이로써 나아가서 점점 나아가는 자이다. 그치고 공손함으로 나아가기 때문에 여자의 시집감이 吉한 것이요, 나아가면서 바름을 쓰기 때문에 貞함이 이로운 것이다.

【疏】 正義曰 : 漸者, 不速之名也. 凡物有變移, 徐而不速, 謂之漸也. '女歸吉'者, 歸, 嫁也, 女人生有外成之義, 以夫爲家, 故謂嫁曰歸也. 婦人之嫁, 備禮乃動, 故漸之所施, 吉在女嫁, 故曰"女歸吉"也. '利貞'者, 女歸有漸, 得禮之正, 故曰"利貞"也.[1)]

1) 利貞者……故曰利貞也 : 朱子는 "卦됨이 아래에 그치고 위에 공손하니 갑자기 나아가지 않는 뜻이 되고, 여자가 시집가는 象이 있으며, 또 二爻로부터 五爻에 이르기까지 자리가 모두 正을 얻었다. 그러므로 그 占이 女歸의 吉함이 되고 또 利貞하라고 경계한 것이다.〔爲卦止於下而巽於上 爲不遽進之義 有女歸之象焉 又自二至五 位皆得正 故其占爲女歸吉而又戒以利貞也〕"라고 하여, '利貞'을 경계의 말로 보았다.

반면 程伊川은 "여러 卦에 '利貞'이 많이 있는데 이 말을 놓은 것이 혹 똑같지 않으니, 不正한 의심에 걸려 경계한 경우가 있으며, 일이 반드시 貞하여야 마땅함을 얻는 경우가 있으며, 이로운 까닭은 貞이 있기 때문임을 말한 경우가 있다. 이른바 不正한 의심에 걸려 경계했다는 것은 損卦의 九二爻가 이것이니 陰에 처하고 說에 있으므로 마땅히 貞하라고 경계한 것이요, 일이 반드시 貞하여야 마땅함을 얻는다는 것은 大畜卦가 이것이니 쌓는 바가 貞함이 이로움을 말한 것이요, 이로운 까닭은 貞이 있기 때문임을 말했다는 것은 漸卦가 이것이니 女歸가 吉한 이유는 이와 같이 貞正함이 이로움을 말한 것이니, 이는 固有한 것이요 경계를 베푼 것이 아니다.〔卦多有利貞 而所施或不同 有涉不正

之疑而爲之戒者 有其事必貞 乃得其宜者 有言所以利者 以其有貞也 所謂涉不正之疑而爲之戒者 損之九二是也 處陰居說 故戒以宜貞也 有其事必貞 乃得宜者 大畜是也 言所畜利於貞也 有言所以利者以其有貞者 漸是也 言女歸之所以吉 利於如此貞正也 蓋其固有 非設戒也〕"라고 하여, '利貞'을 '女歸가 이로운 까닭은 貞正하기 때문이다.'로 해석하였다.

正義曰 : 〔漸〕 속히 하지 않는 이름이다. 모든 물건에 變移가 있는데 서서히 하고 속히 하지 않음을 '漸'이라 한다.

〔女歸吉〕 '歸'는 시집감이니, 여인은 태어나면 밖에서 이루어지는 뜻이 있어 남편을 자기 집으로 여긴다. 그러므로 시집감을 일러 '돌아감〔歸〕'이라고 한다. 부인의 시집감은 혼례를 갖추어야 비로소 動하므로 점점함을 베푸는 바는 그 吉함이 여자의 시집감에 있는 것이다. 이 때문에 "여자의 시집감이 吉하다."라고 한 것이다.

〔利貞〕 여자의 시집감에 점점함이 있어서 禮의 바름을 얻었다. 그러므로 "貞함이 이롭다."라고 한 것이다.

彖曰 漸은 之進也니

〈彖傳〉에 말하였다.

"漸은 나아감으로 가는 것이니,

【注】 之於進也라

나아감으로 가는 것이다.

【疏】 正義曰 : 釋卦名也. 漸是徐動之名, 不當進退, 但卦所名漸, 是之於進也.[1)]

1) 漸是徐動之名……是之於進也 : '之進也'의 '之'를 王弼과 孔穎達은 '가다'로 訓하였으나, 程伊川은 "漸의 뜻과 같이하여 나아가면 女歸의 吉함이니, 바르고 점점함이 있음을 말한 것이다.〔如漸之義而進 乃女歸之吉也 謂正而有漸也〕"라고 하여 '之'를 어조사로 보았고, 朱子는 "'之'자는 의심컨대 衍文이거나 혹 '漸'자인 듯하다.〔之字 疑衍 或是漸字〕"라고 하였다.

正義曰 : 卦의 이름을 해석한 것이다. '漸'은 서서히 動하는 이름이니, 나아가고 물러가서는 안 되나 다만 卦를 '漸'이라 이름한 것은 나아감으로 가기 때문이다.

女歸吉也라 **進得位**하니 **往有功也**요 **進以正**하니 **可以正邦也**요 **其位**는 **剛得中也**라

여자의 시집감이 吉하다. 나아가 지위를 얻었으니 가면 功이 있는 것이요, 나아가기를 바름으로써 하니 나라를 바로잡을 수 있는 것이요, 그 자리는 剛이 中을 얻었다.

【注】 以漸進得位也라

점점 나아가 지위를 얻은 것이다.

【疏】 '女歸吉也'至'得中也' ○ 正義曰 : '女歸吉也'者, 漸漸而進之, 施於人事, 是女歸之吉也. '進得位 往有功也 進以正 可以正邦也'者, 此就九五得位剛中, 釋利貞也. 言進而得於貴位, 是往而有功也, 以六二適九五, 是進而以正, 身旣得正, 可以正邦也. '其位剛得中'者, 此卦爻皆得位,[1] 上言進得位, 嫌是兼二·三·四等, 故特言剛得中, 以明得位(言)〔之〕[2]言, 唯是九五也.

1) 此卦爻皆得位 : 陰爻가 陰位에 거하고 陽爻가 陽位에 거함이 '正位를 얻음'이 되는바, 漸卦는 初六과 上九를 제외하고 모든 爻가 正位를 얻었다. 初六과 上九가 正位를 얻지 못하였음에도 불구하고 이렇게 말한 것은, 王弼과 孔穎達은 初爻와 上爻에는 陰陽의 定位가 없다고 보기 때문이다.

2) (言)〔之〕 : 저본에는 '言'으로 되어 있으나, 閩本·監本·毛本에 의거하여 '之'로 바로잡았다.(阮元의 〈校勘記〉 참조)

經의 〔女歸吉也〕에서 〔得中也〕까지

○ 正義曰 : 〔女歸吉也〕 점점 나아가니, 이것을 사람의 일에 베풀면 바로 여자의 시집감이 吉한 것이다.

〔進得位 往有功也 進以正 可以正邦也〕 이는 九五가 지위를 얻고 剛이 中에 있음을 가지고 '利貞'을 해석한 것이다. '나아가 귀한 지위를 얻었으니 이는 가서 功이 있는 것이요, 六二로서 九五에 가니 이는 나아가기를 바름으로써 한 것이니, 몸이 이미 바름을 얻었으면 나라를 바로잡을 수 있음'을 말한 것이다.

〔其位剛得中〕 이 卦는 爻가 모두 正位를 얻었는데, 위에서 "나아가 지위를 얻었다"고 말하였으므로, 이 말이 六二·九三·六四를 겸한 것인가 혐의된다. 그러므로 특별히 "剛

이 中을 얻었다."라고 말하여, 지위를 얻었다는 말이 오직 九五임을 밝힌 것이다.

止而巽하니 動不窮也라

그치고 공손하니, 動함에 곤궁하지 않다."

【疏】 正義曰 : 此就二體, 廣明漸進之美也. 止不爲暴, 巽能用謙, 以斯適進, 物无違拒, 故能漸而動, 進不有困窮也.

正義曰 : 이는 두 體를 가지고 점점 나아가는 아름다움을 넓혀 밝힌 것이다. 그치면 갑작스럽지 않고 공손하면 능히 겸손함을 쓰니, 이로써 나아가면 물건(사람)이 어기고 막는 자가 없다. 그러므로 점점 動하여 나아감에 곤궁함이 있지 않은 것이다.

象曰 山上有木이 漸이니 君子以居賢德善俗하나니라

〈象傳〉에 말하였다. "山 위에 나무가 있는 것이 漸卦이니, 君子가 賢德이 있는 자를 지위에 거하게 하고 풍속을 좋게 한다."

【注】 賢德以止巽則居하고 風俗以止巽이면 乃善이라

賢德은 그침과 공손함으로써 하면 지위에 거하고, 풍속은 그침과 공손함으로써 하면 마침내 善해진다.

【疏】 正義曰 : '山上有木 漸'者, 木生山上, 因山而高, 非是從下忽高, 故是漸義也. '君子以居賢德善俗'者, 夫止而巽者, 漸之美也. 君子求賢, 得使居位, 化風俗, 使淸善, 皆須文德謙下, 漸以進之.[1] 若以卒暴威刑, 物不從矣.

1) 君子以居賢德善俗者……漸以進之 : '居賢德善俗'을 王弼은 '賢德이 있는 사람을 君相이 止巽으로써 대하면 그를 지위에 있게 할 수 있고, 풍속을 君相이 止巽으로써 대하면 백성들이 善해짐'의 뜻으로 풀이하였으나, 孔穎達은 '賢德者를 지위에 거하게 하여 그로 하여금 풍속을 善하게 만들도록 함'의 의미로 보아 일관된 것으로 해석하였다.

반면 程伊川은 '君子 자신이 賢德에 머물러 풍속을 善하게 함'으로 해석하였고, 朱子는 "두 가지를 모두 마땅히 점점하여 나아가야 한다. 의심컨대 '賢'자가 衍文이거나 혹 '善'자 아래에 脫字가 있는 듯하다.〔二者 皆當以漸而進 疑賢字衍 或善下有脫字〕"라고 하였다. 이는 '居賢德'과 '善俗'이 對가 맞지 않기 때문에 말한 것으로, '賢'을 衍文으로 처리하면 '居德'과 '善俗'이 對가 되고, '善'자 아래에 脫字가 있는 것으로 보면 '居賢德'과 '善風俗'이 역시 對가 이루어진다. 王肅本에는 '善風俗'으로 되어 있다.

正義曰 : 〔山上有木 漸〕 나무가 산 위에서 자라니, 산을 인하여 높아진 것이요 아래로부터 갑자기 높아진 것이 아니니, 진실로 '점점 나아감'의 뜻인 것이다.

〔君子以居賢德善俗〕 그치고 공손함은 점점함의 아름다움이다. 君子가 賢者를 구하여 그로 하여금 지위에 있게 해서 풍속을 교화하여 깨끗하고 善하게 하니, 모두 모름지기 文德이 있고 겸손하고 낮추어서 점점 나아가는 것이다. 만약 갑작스러움과 위엄과 형벌을 사용하면 물건(사람)들이 따르지 않는다.

初六은 鴻漸于干이니 小子厲하여 有言하나 无咎니라

初六은 기러기가 江岸〔干〕으로 점점 나아가니, 小子에게 위태로움을 당하여 비방하는 말이 있으나 허물이 없다.

鴻

【注】 鴻은 水鳥也라 適進之義는 始於下而升者也라 故로 以鴻爲喩之요 又皆以進而履之로 爲義焉이라 始進而位乎窮下하고 又无其應하니 若履于干하여 危不可以安也라 始進而未得其位하면 則困於小子하여 窮於謗言이라 故로 曰 小子厲하여 有言也라하니라 困於小子讒諛之言이나 未傷君子之義라 故로 曰 无咎也라하니라

'鴻'은 水鳥이다. 나아가는 뜻은 아래에서 시작하여 올라가는 것이다. 그러므로 기러기로써 비유하였고, 또 여러 爻가 모두 나아가 밟는 것으로 뜻을 삼았다. 처음 나아가 맨 아래에 자리하고 또 應이 없으니, 마치 江岸을 밟아서 위태로워 편안하지 못함과 같다. 처음 나아가 지위를 얻지 못하면 小子(小人)에게 시달림을 당하여 비방하는 말에 곤궁하다. 그러므로 "小子에게 위태로움을 당하여 비방하는 말이 있다."라고 한 것이다. 小子의

비방하는 말에 곤궁하나 君子의 의리를 손상하지 못한다. 그러므로 "허물이 없다."라고 한 것이다.

【疏】'初六鴻漸'至'无咎' ○ 正義曰 : '鴻漸于干'者, 鴻, 水鳥也. 干, 水涯也. 漸進之道, 自下升高, 故取譬, 鴻飛, 自下而上也.[1] 初之始進, 未得祿位, 上无應援, 體又窮下, 若鴻之進于河之干, 不得安寧也, 故曰"鴻漸于干"也. '小子厲 有言 无咎'者, 始進未得顯位, 易(이)致陵辱, 則是危於小子, 而被毁於謗言, 故曰"小子厲, 有言." 小人之言, 未傷君子之義, 故曰"无咎"也.[2]

1) 鴻水鳥也……自下而上也 : 기러기를 비유로 취한 이유에 대하여, 程伊川은 "기러기란 물건은 오는 것이 때가 있고 무리에 질서가 있으니, 때와 질서를 잃지 않는 것은 漸이 된다.〔鴻之爲物 至有時而群有序 不失其時序 乃爲漸也〕"라고 하였고, 朱子는 "기러기의 날아감은 질서가 있고 나아감은 점진함이 있다.〔鴻之行有序而進有漸〕"라고 하였다.

2) 小子厲有言无咎者……故曰无咎也 : 王弼과 孔穎達은 '小子'를 小人으로 보아 '小子厲 有言 无咎'를 '小人의 비방하는 말에 의하여 위태로워지나 小人의 말이 君子의 의리를 해칠 수 없기 때문에 허물이 없음'의 의미로 보았다.

반면 程伊川과 朱子는 이를 '小子는 의리를 밝게 살피지 못하므로 初六을 위태롭게 여겨 말이 있으나 의리에는 허물이 없음'의 의미로 보았는바, ≪程傳≫은 다음과 같다. "六이 初에 거함은 지극히 낮은 것이요, 陰의 재질은 지극히 약한데 위에 應援이 없으니, 이러한 처지로 나아감은 常情에 걱정하는 바이다. 君子는 깊이 알고 멀리 비추어 義理에 편안한 바와 時事에 마땅한 바를 알아서 대처하여 의심하지 않으나, 小人(어린 사람)과 幼子는 오직 已然의 일만 보고 衆人의 지혜를 따를 뿐이어서 능히 이치를 밝게 살피는 자가 아니다. 그러므로 위태롭게 여기고 두려워하여 말이 있는 것이니, 아랫자리에 있음은 나아감이 있는 것이요 柔를 씀은 조급하지 않은 것이요 應이 없음은 능히 漸進하는 것이어서 義에 진실로 허물이 없음을 알지 못한다.〔六居初 至下也 陰之才 至弱也 而上無應援 以此而進 常情之所憂也 君子則深識遠照 知義理之所安 時事之所宜 處之不疑 小人幼子 唯能見已然之事 從衆人之知 非能燭理也 故危懼而有言 蓋不知在下所以有進也 用柔所以不躁也 无應所以能漸也 於義自无咎也〕"

經의 〔初六鴻漸〕에서 〔无咎〕까지

○ 正義曰 : 〔鴻漸于干〕 '鴻'은 水鳥이다. '干'은 물가이다. 점점 나아가는 道는 아래로부터 높은 데로 올라간다. 그러므로 취하여 비유하였으니, 기러기의 飛行은 아래에서 위로 나아간다. 初六이 처음 나아가서 祿과 지위를 얻지 못하고 위에 應援이 없으며 體가

또 맨 아래이니, 마치 기러기가 江岸에 나아가서 편안함을 얻지 못하는 것과 같다. 그러므로 "기러기가 江岸으로 점점 나아간다."라고 한 것이다.

〔小子厲 有言 无咎〕 처음 나아감에 현달한 지위를 얻지 못해서 능욕을 불러오기가 쉬우니, 이는 小子에게 위태로움을 당하여 비방하는 말에 훼방을 당하는 것이다. 그러므로 "小子에게 위태로움을 당하여 비방하는 말이 있다."라고 한 것이다. 小人의 말이 君子의 의리를 손상하지 못하므로 "허물이 없다."라고 한 것이다.

象曰 小子之厲는 **義无咎也**라

〈象傳〉에 말하였다. "小子의 위태로움은 의리상 허물이 없는 것이다."

【疏】 正義曰 : '義无咎'者, 備如經釋.

正義曰 : 〔義无咎〕 經文의 해석과 모두 같다.

六二는 **鴻漸于磐**이라 **飮食衎**(간)**衎**하니 **吉**하니라

六二는 기러기가 磐石으로 점점 나아간다. 음식을 먹으며 즐거워하니, 吉하다.

【注】 磐은 山石之安者(少)〔也〕[1]라 進而得位하고 居中而應하니 本无祿養이어늘 進而得之하여 其爲歡樂하여 願莫先焉이라

1) (少)〔也〕 : 저본에는 '少'로 되어 있으나, 위아래의 문맥으로 볼 때 '少安'의 뜻이 없으며, 아래 疏에 "注磐山石之安者也"라고 되어 있는바, 이에 의거하여 '也'로 바로잡았다.

'磐'은 산의 돌이 〈넓적하여〉 편안한 것이다. 나아가 지위를 얻고 中에 거하고 應하여 본래 祿으로 길러줌이 없는데 나아가 얻으니, 歡樂하여 소원을 얻음이 이보다 더할 수가 없는 것이다.

【疏】 '六二鴻漸'至'衎衎吉' ○ 正義曰 : 磐, 山石之安者也. 衎衎, 樂也. 六二進而得位, 居中而應, 得可安之地, 故曰"鴻漸于磐." 旣得可安之地, 所以飮食衎衎然, 樂(面)〔而〕[1] 獲吉福也, 故曰"鴻漸于磐, 飮食衎衎, 吉"也.

1) (面)〔而〕 : 저본에는 '面'으로 되어 있으나, 毛本에 의거하여 '而'로 바로잡았다.(阮元의

〈校勘記〉 참조)

經의 〔六二鴻漸〕에서 〔衎衎吉〕까지

○ 正義曰 : '磐'은 산의 돌이 편안한 것이다. '衎衎'은 즐거워하는 것이다. 六二가 나아가서 지위를 얻고 中에 거하고 應하여 편안할 수 있는 땅을 얻었다. 그러므로 "기러기가 磐石으로 점점 나아간다."라고 한 것이다.

이미 편안할 수 있는 땅을 얻었으니, 이 때문에 음식을 먹고 즐거워하면서 吉함과 福을 얻은 것이다. 그러므로 "기러기가 磐石으로 점점 나아간다. 음식을 먹으며 즐거워하니, 吉하다."라고 한 것이다.

【疏】 ○ 注'磐山石之安者也' ○ 正義曰 : 馬季(良)〔長〕[1]云"山中石磐紆, 故稱磐也." 鴻是水鳥, 非是集於山石陵陸之禽, 而爻辭以此言鴻漸者, 蓋漸之爲義, 漸漸之於高, 故取山石陵陸, 以應漸高之義, 不復係水鳥也.

1) (良)〔長〕 : 저본에는 '良'으로 되어 있으나, 馬融의 字는 '季長'이므로 '長'으로 바로잡았다.

○ 注의 〔磐山石之安者也〕

○ 正義曰 : 馬季長(馬融)이 말하기를 "山中의 돌이 넓적하게 퍼져 있으므로 '磐'이라 칭하였다."라고 하였다. '鴻'은 水鳥이니 산의 돌과 구릉〔陵〕과 높은 평지〔陸〕에 앉는 새가 아닌데 爻辭에서 이것을 '鴻漸'이라 말한 것은, 漸의 뜻이 점점 높은 데로 가는 것이기 때문에 산의 돌과 구릉과 높은 평지를 취하여 점점 높아지는 뜻에 應하고, 다시 水鳥로 한정해두지 않은 것이다.

象曰 飮食衎衎은 不素飽也일새라

〈象傳〉에 말하였다. "'음식을 먹으며 즐거워함'은 평소 배부르지 못했기 때문이다."

【疏】 正義曰 : '不素飽'者, 素, 故也, 故无祿養, 今日得之, 故願莫先焉.[1]

1) 不素飽者……故願莫先焉 : 程伊川과 朱子는 '素'를 '空'으로 訓하였는바, ≪本義≫는 다음과 같다. "素飽는 ≪詩經≫의 '素飡'이란 말과 같으니, 얻기를 道에 맞게 하면 헛되이 배부름이 되지 아니하여 처함이 편안할 것이다.〔素飽 如詩言素飡 得之以道 則不爲徒飽而

處之安矣〕" '素飡'은 '素餐'으로도 표기하는바, 하는 일 없이 공밥만 먹는 것으로 ≪詩經≫ 〈魏風 伐檀〉에 "저 君子여! 공밥을 먹지 않도다.〔彼君子兮 不素餐兮〕"라고 보인다.

正義曰 : 〔不素飽〕 '素'는 예전〔故〕이니, 예전에는 祿으로 길러줌이 없다가 오늘날 얻었으므로 소원을 얻음이 이보다 더할 수가 없는 것이다.

九三은 鴻漸于陸이니 夫征不復(복)하면 婦孕不育하여 凶하나 利禦寇하니라

九三은 기러기가 높은 평지〔陸〕로 점점 나아가니, 남편이 나가서 돌아오지 않으면 婦人이 남의 자식을 임신하여 기르지 못해서 凶하나 寇難을 막는 것은 이롭다.

【注】 陸은 高之頂也니 進而之陸하여 與四相得하여 不能復(부)反者也라 夫征不復은 樂於邪配면 則婦亦不能執貞矣니 非夫而孕故로 不育也라 三本艮體어늘 而棄乎群醜하고 與四相得하여 遂乃不反하여 至使婦孕不育하니 見利忘義하고 貪進忘舊는 凶之道也라 異體合好하여 順而相保하여 物莫能間이라 故로 利禦寇也라

'陸'은 높은 頂上이니, 나아가 높은 평지로 가서 六四와 더불어 서로 뜻이 맞아 다시 돌아오지 못하는 자이다. '남편이 나가서 돌아오지 않음'은 간사한 짝을 좋아하는 것이니, 이렇게 되면 婦人 또한 정조를 지키지 못하는바, 제 남편이 아니면서 임신했으므로 자식을 기르지 못하는 것이다. 九三은 본래 艮體인데 자기 무리를 버리고 六四와 더불어 서로 뜻이 맞아 마침내 돌아오지 아니하여 부인으로 하여금 남의 자식을 임신하여 기르지 못하게 함에 이르렀으니, 이익을 보고 의리를 잊으며 나아가기를 탐하여 옛것을 잊음은 凶한 道이다. 다른 體로서 화합하고 좋아해서 順하여 서로 保全해서 물건(사람)이 이간질할 수가 없다. 그러므로 寇難을 막음이 이로운 것이다.

【疏】 '九三鴻漸于陸'至'利禦寇' ○ 正義曰 : '鴻漸于陸 夫征不復 婦孕不育 凶'者, 陸, 高之頂也. 九三居下體之上, 是進而得高之象, 故曰"鴻漸于陸"也. 進而之陸, 无應於上, 與四相比, 四亦无應, 近而相得. 三本是艮體, 與初・二相同一家, 棄其群類, 而與四合好, 卽是夫征而不反復也. 夫旣樂於邪配, 妻亦不能保其貞, 非夫而孕, 故不育也.[1)] 見利忘義, 貪進忘舊, 凶之道也, 故曰"夫征不復, 婦孕不育, 凶"也. '利禦寇'者, 異體合好, 恐有寇難離間之者. 然和比相順, 其相保安, 物莫能間, 故曰"利用禦寇"也.[2)]

1) 夫旣樂於邪配……故不育也 : '婦孕不育'을 王弼과 孔穎達은 '九三이 邪配인 六四에게 가서 돌아오지 않으므로 正配도 정조를 지키지 못하고 남의 아이를 임신해서 기르지 못함'의 의미로 보았다.

반면 程伊川은 '婦'를 六四를 가리키는 것으로 보았는바, ≪程傳≫은 다음과 같다. "夫는 陽이니, 夫는 九三을 이른다. 九三이 만약 正道를 지키지 않고 六四와 합하면 이는 갈 줄만 알고 돌아올 줄을 모르는 것이다. 征은 감이요 復은 돌아옴이니, 돌아오지 않는다는 것은 義理를 돌아보지 않음을 이른다. 婦는 六四를 이르니, 만일 부정하게 합하면 비록 임신하더라도 기르지 못하니, 그 道가 아니기 때문이니 이와 같으면 흉하다. 〔夫 陽也 夫 謂三 三若不守正 而與四合 是知征而不知復 征 行也 復 反也 不復 謂不反顧義理 婦謂四 若以不正而合 則雖孕而不育 蓋非其道也 如是則凶也〕"

2) 利禦寇者……故曰利用禦寇也 : '利禦寇'를 王弼과 孔穎達은 '九三과 六四가 서로 順하여 서로 保全해서 사람들이 이간질하지 못하므로 적을 막음이 이로움'의 의미로 보았다.

반면 程伊川은 '禦寇'를 '도리가 아니면서 오는 자를 막음'으로 보았는바, ≪程傳≫은 다음과 같다. "九三의 이로운 바는 적을 막음에 있으니, 도리가 아니면서 오는 자가 적이다. 正道를 지켜 邪를 막음은 이른바 적을 막는다는 것이니, 적을 막지 못하면 스스로 잃어 흉할 것이다.〔三之所利 在於禦寇 非理而至者寇也 守正以閑邪 所謂禦寇也 不能禦寇 則自失而凶矣〕"

經의 〔九三鴻漸于陸〕에서 〔利禦寇〕까지

○ 正義曰 : 〔鴻漸于陸 夫征不復 婦孕不育 凶〕 '陸'은 높은 頂上이다. 九三이 下體의 위에 거하였으니, 이는 나아가서 높은 것을 얻은 象이다. 그러므로 "기러기가 높은 평지로 점점 나아간다."라고 한 것이다. 나아가서 높은 평지로 가면 위에 應이 없고, 六四와 서로 가까운데 六四 또한 應이 없어서 가까워 서로 뜻이 맞는다. 九三은 본래 艮體이니, 初六・六二와 서로 한 집에 함께 살았는데 자기 무리를 버리고 六四와 화합하여 좋아하면 이는 바로 남편이 가서 다시 돌아오지 않는 것이다. 남편이 이미 간사한 짝과 좋아하면 아내 또한 그 정조를 보전하지 못하니, 제 남편이 아니면서 임신하였으므로 자식을 기르지 못하는 것이다. 이익을 보고 의리를 잊으며 나아가기를 탐하여 옛 것을 잊음은 凶한 道이다. 그러므로 "남편이 나가서 돌아오지 않고 婦人이 남의 자식을 임신하여 기르지 못해서 흉하다."라고 한 것이다.

〔利禦寇〕 다른 體로서 화합하고 좋아할 적에는 이간질하는 寇難이 있을까 두려워한다. 그러나 화목하고 서로 順해서 서로 保全하고 편안히 하여 사람들이 능히 이간질하지 못한다. 그러므로 "寇難을 막음을 씀이 이롭다."라고 한 것이다.

【疏】○ 注'陸高之頂也' ○ 正義曰：'陸 高之頂也'者, 爾雅云"高平曰陸." 故曰"高之頂也."

○ 注의〔陸高之頂也〕

○ 正義曰：〔陸 高之頂也〕《爾雅》에 "높고 평평한 곳을 陸이라 한다."라 하였다. 그러므로 "높은 정상이다."라고 한 것이다.

象曰 夫征不復은 **離群醜也**요 **婦孕不育**은 **失其道也**일새요 **利用禦寇**는 **順相保也**라

〈象傳〉에 말하였다. "'남편이 나가서 돌아오지 않음'은 무리를 떠난 것이요, '부인이 남의 자식을 임신하여 기르지 못함'은 그 道를 잃었기 때문이요, '寇難을 막음을 씀이 이로움'은 順하여 서로 保全하는 것이다."

【疏】正義曰：'離群醜'者, 醜, 類也, 言三與初・二, 雖有陰陽之殊, 同體艮卦, 故謂之群醜也. '失其道也'者, 非夫而孕, 孕而不育, 失道故也. '順相保也'者, 謂四以陰乘陽, 嫌其非順, 然好合相得, 和比相安, 故曰"順相保也."

正義曰：〔離群醜〕'醜'는 무리이니, 九三이 初六・六二와 더불어 비록 陰陽의 다름이 있으나 똑같이 艮卦의 體이므로 '群醜'라 하였음을 말한 것이다.

〔失其道也〕제 남편이 아니면서 임신하였으므로 임신하여 기르지 못함은 道를 잃었기 때문이다.

〔順相保也〕六四가 陰으로서 陽을 타고 있어서 順하지 않을까 혐의하나 좋아하고 화합하여 서로 뜻이 맞고 화목해서 서로 편안하다. 그러므로 "順하여 서로 보전하는 것이다."라고 한 것이다.

六四는 **鴻漸于木**하여 **或得其桷**(각)이니 **无咎**리라

六四는 기러기가 나무로 점점 나아가서 그 서까래를 얻으니 허물이 없으리라.

【注】鳥而之木은 得其宜也요 或得其桷[1]은 遇安棲也니 雖乘于剛이나 志相得也라

1) 或得其桷：王弼과 孔穎達은 모두 經文의 '或得其桷'을 그대로 인용하였으나 '或'에 대한 해석이 전혀 없는 것으로 보아 '或'을 어조사로 본 듯하다. 그리하여 大全本에는 《程

傳≫과 ≪本義≫를 따라 "鴻漸于木이니 或得其桷이면"으로 懸吐하였으나, 여기에서는 '鴻漸于木'과 '或得其桷'을 일관된 것으로 보고 위와 같이 懸吐하고 '或'을 해석하지 않았다.

새가 나무로 감은 그 마땅함을 얻은 것이요, '서까래를 얻음'은 편안히 깃들 곳을 만난 것이니, 비록 剛을 타고 있으나 뜻이 서로 맞는 것이다.

【疏】 正義曰 : '鴻漸于木'者, 鳥而之木, 得其宜也. 六四進而得位, 故曰"鴻漸于木"也.[1] '或得其桷 无咎'者, 桷, 榱也. 之木而遇堪爲桷之枝, 取其易直可安也. 六四與(二)〔三〕[2]相得, 順而相保, 故曰"或得其桷." 旣與相得, 无乘剛之咎, 故曰"无咎."[3]

1) 鴻漸于木者……故曰鴻漸于木也 : 王弼과 孔穎達은 '기러기가 나무로 감은 마땅함을 얻은 것'이라고 보았는데, 이는 '鴻'을 '새'의 범칭으로 해석하였기 때문인바, 이 내용은 六二 爻辭의 疏에 보인다.

　반면 程伊川과 朱子는 이와 반대로 해석하였는바, ≪程傳≫은 다음과 같다. "漸의 때를 당하여 六四가 陰柔로 剛陽의 위에 나아가 점거하고 있으니, 陽은 剛하여 위로 나아간다. 어찌 陰柔의 아래에 편안히 처하겠는가. 그러므로 六四의 처지는 편안한 곳이 아니니, 마치 기러기가 나무에 나아간 것과 같은 것이다. 나무는 점점 높아 불안한 象이 있으니, 기러기는 발가락이 연결되어 나뭇가지를 잡지 못하므로 나뭇가지에 깃들지 않는다.〔當漸之時 四以陰柔 進據剛陽之上 陽 剛而上進 豈能安處陰柔之下 故四之處非安地 如鴻之進于木也 木 漸高矣而有不安之象 鴻趾連 不能握枝 故不木棲〕"

2) (二)〔三〕: 저본에는 '二'로 되어 있으나, 宋本에 의거하여 '三'으로 바로잡았다.

3) 或得其桷无咎者……故曰无咎 : 王弼과 孔穎達은 '或得其桷'을 '六四가 九三과 뜻이 맞아 서로 보전함이 마치 편안히 깃들 곳(서까래)을 만난 것과 같음'의 의미로 해석하고, '无咎'를 '六四와 九三이 뜻이 맞으므로 六四에게 剛을 탄 허물이 없음'의 의미로 해석하였다.

　반면 程伊川과 朱子는 이 經文을 해석하면서 九三을 전혀 언급하지 않았으며, '桷'을 평평한 나뭇가지로 보았는바, ≪程傳≫은 다음과 같다. "六四의 처지가 본래 위태로우나 혹 스스로 安寧한 道를 얻으면 허물이 없을 것이니, 기러기가 나무에 있어 본래 편안하지 않으나 혹 평평한 가지를 얻어 처하면 편안한 것과 같다고 말한 것이다. 六四는 正位에 거하고 巽順하니, 마땅히 허물이 없을 자이나 반드시 得失을 말한 것은 得失을 인하여 그 뜻을 밝히려고 한 것이다.〔謂四之處本危 或能自得安寧之道 則无咎也 如鴻之於木 本不安 或得平柯而處之 則安也 四居正而巽順 宜无咎者也 必以得失言者 因得失以明其義也〕"

正義曰 : 〔鴻漸于木〕 새가 나무로 감은 그 마땅함을 얻은 것이다. 六四가 나아가서 지

위를 얻었다. 그러므로 "기러기가 나무로 점점 나아간다."라고 한 것이다.

〔或得其桷 无咎〕 '桷'은 서까래이다. 나무로 가서 서까래가 될 만한 가지를 만남은 평탄하고 곧아서 편안할 수 있음을 취한 것이다. 六四가 九三과 더불어 서로 뜻이 맞아서 順하여 서로 보전한다. 그러므로 "그 서까래를 얻었다."라고 한 것이다. 이미 더불어 서로 뜻이 맞으면 剛을 탄 허물이 없다. 그러므로 "허물이 없다."라고 한 것이다.

象曰 或得其桷은 順以巽也일새라

〈象傳〉에 말하였다. "'그 서까래를 얻음'은 順하고 공손하기 때문이다."

【疏】 正義曰 : '順以巽也'者, 言四雖乘三體, 巽而(附下)〔下附〕[1], 三雖被乘, 上順而相保, 所以六四得其安栖, 猶順以巽也.

1) (附下)〔下附〕: 저본에는 '附下'로 되어 있으나, 錢本・宋本에 의거하여 '下附'로 바로잡았다.(阮元의 〈校勘記〉 참조)

正義曰 : 〔順以巽也〕 六四가 비록 九三의 體를 타고 있으나 공손하여 아래(九三)가 붙고 九三이 비록 탐을 당하였으나 위가 順하여 서로 보존함을 말하였으니, 이 때문에 六四가 편안히 깃듦을 얻어서 오히려 순하고 공손한 것이다.

九五는 鴻漸于陵이니 婦三歲不孕하나 終莫之勝하여 吉하니라

九五는 기러기가 구릉〔陵〕으로 점점 나아가니, 婦人이 3년 동안 임신하지 못하나 끝내 이길 수가 없어서 吉하다.

【注】 陵은 次陸者也라 進得中位나 而隔乎三・四하여 不得與其應合이라 故로 婦三歲不孕也라 各履正而居中하여 三・四不能久塞其塗者也니 不過三歲하여 必得所願矣라 進以正邦하여 三年有成하니 成則道濟라 故로 不過三歲也라

'陵'은 陸의 다음으로 높은 것이다. 나아가서 中位을 얻었으나 九三과 六四에 막혀서 그 應과 합하지 못한다. 그러므로 婦人이 3년 동안 임신하지 못한 것이다. 〈六二와 九五가〉 각각 正位를 밟고 中에 거하여 九三과 六四가 오랫동안 그 길을 막지 못하니, 3년을 넘지 않아서 반드시 소원을 얻을 것이다. 나아가 나라를 바로잡아서 3년 만에 이룸이 있

으니, 이루면 道가 구제된다. 그러므로 3년을 넘지 않는 것이다.

【疏】'九五鴻漸于陵'至'終莫之勝吉' ○ 正義曰:'鴻漸于陵'者, 陵, 次陸者也. 九五進于中位, 處於尊高, 故曰"鴻漸于陵." '婦三歲不孕'者, 有應在二, 而隔乎三・四, 不得與其應合, 是二・五情意, 徒相感說(열), 而隔礙不交, 故曰"婦三歲不孕"也. '終莫之勝 吉'者, 然二與五合, 各履正而居中, 三・四不能久塞其路, 終得遂其所懷, 故曰"終莫之勝, 吉"也.

經의 〔九五鴻漸于陵〕에서 〔終莫之勝吉〕까지

○ 正義曰:〔鴻漸于陵〕'陵'은 陸의 다음으로 높은 것이다. 九五가 中位로 나아가서 높은 곳에 처하였으므로 "기러기가 구릉으로 점점 나아간다."라고 한 것이다.

〔婦三歲不孕〕 應이 六二에 있으나 九三과 六四에 막혀서 그 應과 합하지 못하니, 이는 六二와 九五의 情意가 다만 서로 감동하여 좋아할 뿐이요, 막혀서 사귀지 못하는 것이다. 그러므로 "婦人이 3년 동안 임신하지 못한다."라고 한 것이다.

〔終莫之勝 吉〕 그러나 六二가 九五와 더불어 합하여 각각 正位를 밟고 中에 거하여 九三과 六四가 오랫동안 그 길을 막지 못해서 끝내 그 所懷(소원)를 얻는다. 그러므로 "끝내 이길 수가 없어서 吉하다."라고 한 것이다.

【疏】○ 注'進以正邦'至'不過三歲' ○ 正義曰:'進以正邦 三年有成'者, 九五居尊得位, 故曰"進以正邦"也. 三年有成, 則三・四不敢塞其路, 故曰"不過三歲"也.

○ 注의 〔進以正邦〕에서 〔不過三歲〕까지

○ 正義曰:〔進以正邦 三年有成〕 九五가 높은 자리에 거하고 지위를 얻었다. 그러므로 "나아가 나라를 바로잡는다."라고 한 것이다. 3년 만에 이룸이 있으면 九三과 六四가 감히 그 길을 막지 못한다. 그러므로 "3년을 넘지 않는다."라고 한 것이다.

象曰 終莫之勝吉은 得所願也라

〈象傳〉에 말하였다. "'끝내 이길 수 없어서 吉함'은 所願을 얻는 것이다."

【疏】正義曰:'得所願也'者, 所願在於與(三)〔二〕[1]合好, 旣各履中正, 无能勝之, 故終得其所願也.

1) (三)〔二〕: 저본에는 '三'으로 되어 있으나, 宋本에 의거하여 '二'로 바로잡았다.

正義曰 : 〔得所願也〕 所願이 六二와 더불어 합하여 좋아함에 있는데 이미 각각 中正을 밟고 있어서 능히 이기지 못한다. 그러므로 끝내 그 소원을 얻는 것이다.

上九는 鴻漸于陸이니 其羽可用爲儀하여 吉하니라

上九는 기러기가 점점 陸으로 나아감이니, 그 깃털을 사용하여 儀表로 삼을 수가 있어서 吉하다.

【注】 進處高潔하여 不累於位하여 无物可以屈其心而亂其志하여 峨峨淸遠하여 儀可貴也라 故로 曰 其羽可用爲儀하여 吉이라하니라

나아가 고결한 곳에 처하여 지위에 얽매이지 않아서 그 마음을 굽히고 그 뜻을 어지럽힐 만한 물건이 없어서 높고 높아 깨끗하고 멀어서 儀表가 귀할 만하다. 그러므로 "그 깃털을 사용하여 儀表로 삼을 수가 있어서 吉하다."라고 한 것이다.

【疏】 正義曰 : '鴻漸于陸'者, 上九與三, 皆處卦上, 故並稱陸.[1)] 上九最居上極, 是進處高潔, 故曰"鴻漸于陸"也. '其羽可用爲儀 吉'者, 然居无位之地, 是不累於位者也. 處高而能不以位自累, 則其羽可用爲物之儀表,[2)] 可貴可法也, 故曰"其羽可用爲儀, 吉"也. 必言羽者, 旣以鴻明漸, 故用羽表儀也.

1) 上九與三……故並稱陸 : 孔穎達은 여기에서의 '陸'을 九三의 '陸'과 같은 것으로 보았다. 반면 程伊川과 朱子는 모두 '逵(규)'로 바꾸어 해석하였는바, 程伊川은 "安定胡公(胡瑗)이 陸을 逵라 하였으니, 逵는 구름길이니 허공의 가운데를 이른다. ≪爾雅≫에 '아홉 군데로 통달함을 逵라 한다.' 하였으니, 逵는 통달하여 막히고 가림이 없는 뜻이다.〔安定胡公以陸爲逵 逵 雲路也 謂虛空之中 爾雅 九達謂之逵 逵 通達无阻蔽之義也〕"라고 하였고, 朱子는 "胡氏와 程氏가 모두 '陸은 마땅히 逵가 되어야 하니 구름길을 이른다.'라고 하였으니, 이제 韻을 맞추어 읽어봄에 진실로 옳다.〔胡氏程氏皆云 陸當作逵 謂雲路也 今以韻讀之良是〕"라고 하였다.

2) 其羽可用爲儀……則其羽可用爲物之儀表 : '其羽可用爲儀'의 '儀'를 王弼과 孔穎達은 모두 '儀表'로 해석하였으나, 程伊川은 '儀法'으로 보아 다음과 같이 해석하였다. "上九가 지극히 높은 자리에 있으니, 또 더욱 위로 나아가면 이는 지위의 밖으로 벗어난 것이니, 다른 때에 있으면 過함이 되나 漸의 때에는 巽의 極에 거하여 반드시 그 차례가 있을

것이니, 기러기가 앉는 곳을 떠나 구름이 떠 있는 공중을 나는 것과 같고, 사람에게 있어서는 常事의 밖으로 超逸하는 자이다. 나아가 이곳에 이르러 漸進함을 잃지 않음은 어진 이와 이치를 통달한 자의 높은 행위이다. 그러므로 儀法으로 삼을 수 있어 吉한 것이다.〔上九在至高之位 又益上進 是出乎位之外 在他時則爲過矣 於漸之時 居巽之極 必有其序 如鴻之離所止而飛于雲空 在人則超逸乎常事之外者也 進至於是 而不失其漸 賢達之高致也 故可用爲儀法而吉也〕"

반면 朱子는 "儀는 羽旄(우모)와 旌纛(정독)의 꾸밈이다. 上九는 지극히 높아 사람의 지위 밖으로 나오고, 그 깃털을 사용하여 儀飾으로 만들 수 있으니, 지위가 비록 지극히 높으나 无用함이 되지 않는 象이다.〔儀 羽旄旌纛之飾也 上九至高 出乎人位之外 而其羽毛可用以爲儀飾 位雖極高 而不爲无用之象〕"라고 하여 儀式에 사용하는 물건으로 해석하였다.

正義曰 :〔鴻漸于陸〕 上九와 九三이 모두 卦의 위에 처하였으므로 모두 '陸'이라 칭한 것이다. 上九가 가장 上의 極에 거하였으니, 이는 나아가 고결한 곳에 처한 것이다. 그러므로 "기러기가 점점 陸으로 나아간다."라고 한 것이다.

〔其羽可用爲儀 吉〕 지위가 없는 자리에 거하였으니, 이는 지위에 얽매이지 않는 자이다. 높은 곳에 처하여 능히 지위로써 스스로 얽매이지 않으면 그 깃털을 사용하여 물건의 儀表로 삼을 수 있으니, 귀할 만하고 법으로 삼을 만하다. 그러므로 "그 깃털을 사용하여 儀表로 삼을 수가 있어서 吉하다."라고 한 것이다. 반드시 '깃털'을 말한 것은 이미 기러기로 漸進함을 밝혔기 때문에 깃털을 사용하여 儀表로 삼은 것이다.

象曰 其羽可用爲儀하여 吉은 不可亂也라

〈象傳〉에 말하였다. "'그 깃털을 사용하여 儀表로 삼을 수가 있어서 吉함'은 어지럽힐 수가 없는 것이다."

【疏】 正義曰 : '不可亂也'者, 進處高潔, 不累於位, 无物可以亂其志也.

正義曰 :〔不可亂也〕 나아가 고결한 곳에 처하여 지위에 얽매이지 않아서 그 뜻을 어지럽힐 만한 물건이 없는 것이다.

54. 歸妹䷵ 兌下震上

歸妹는 **征凶**하여 **无攸利**하니라

歸妹는 가면 凶하여 이로운 바가 없다.

【注】妹者는 少女之稱也라 兌爲少陰하고 震爲長陽[1)]하니 少陰而(乘)〔承〕[2)]長陽하여 說(열)以動은 嫁妹之象也라

1) 兌爲少陰 震爲長陽 : 卦의 主爻는 홀로 陰이거나 홀로 陽인 爻이므로 한 爻가 陰爻이면 陰卦, 陽爻이면 陽卦가 되고, 爻의 생성은 아래로부터 시작되므로 主爻가 初爻이면 長, 中爻이면 次(中), 上爻이면 少가 되니, 少陰은 바로 少女이고 長陽은 바로 長男을 가리킨 것이다.

2) (乘)〔承〕: 저본에는 '乘'으로 되어 있으나, 疏의 '以少承長'과 宋本・古本・足利本에 의거하여 '承'으로 바로잡았다.(阮元의 〈校勘記〉 참조)

'妹'는 少女의 칭호이다. 兌는 少陰이 되고 震은 長陽이 되니, 少陰으로서 長陽을 받들어 기뻐하고 動함은 妹가 시집가는 象이다.

【疏】正義曰 : '歸妹'者, 卦名也. 婦人謂嫁曰歸, 歸妹, 猶言嫁妹也. 然易論歸妹得名不同. 泰卦六五云"帝乙歸妹", 彼據兄嫁妹, 謂之歸妹, 此卦名歸妹, 以妹從娣而嫁,[1)] 謂之歸妹. 故初九爻辭云"歸妹以娣", 是也.[2)] 上咸卦明二少相感, 恒卦明二長相承, 今此卦以少承長, 非是匹敵, 明是妹從娣嫁, 故謂之歸妹焉. 古者諸侯一取九女,[3)] 嫡夫人及左右媵, 皆以姪娣從, 故以此卦當之矣. 不言歸姪者, 女娣是兄弟之行, 亦擧尊以包之也. '征凶 无攸利'者, 歸妹之戒也, 征, 謂進有所往也. 妹從娣嫁, 本非正(四)〔匹〕[4)], 唯須自守卑退以事元妃, 若(妾)〔妄〕[5)]進求寵, 則有並后[6)]凶咎之敗, 故曰"征凶, 无攸利."[7)]

1) 以妹從娣而嫁 : 아래에도 이와 비슷한 내용이 자주 보이나 뜻이 분명치 않다. 文法대로 해석하면 "妹가 娣를 따라 시집간다."라고 풀이하여야 할 듯하나 이는 말이 되지 않는다. 아래 〈象傳〉에 대한 孔穎達의 해석에 "조카딸과 여동생으로서 고모와 언니를 따라

가서 妾媵에 충당시킨다.〔令姪娣從其姑姊而充妾媵〕"라고 한 것으로 보아 '妹가 娣의 신분으로서 언니를 따라 시집감'으로 해석하는 것이 옳다고 판단된다.

2) 泰卦六五云帝乙歸妹……是也 : 孔穎達은 泰卦 六五의 '帝乙歸妹'는 황제인 오라비가 여동생을 시집보내는 것으로 보고, 歸妹卦 六五의 '帝乙歸妹'는 妹가 언니를 따라 娣가 되어 시집가는 것으로 보았다.

그러나 程伊川은 歸妹卦 六五를 해석하면서 "王姬를 下嫁함은 예로부터 그러하였으나 帝乙에 이른 뒤에 婚姻의 禮를 바로잡고 男女의 분별을 밝혀서 비록 지극히 귀한 여자라도 유순하고 공손한 道를 잃어 귀하고 교만한 뜻이 있지 않게 하였다. 이 때문에 易 가운데 陰이 높으면서 겸손하고 낮추는 것은 '帝乙歸妹'라고 말하였으니, 泰卦의 六五가 이것이다.〔王姬下嫁 自古而然 至帝乙而後 正婚姻之禮 明男女之分 雖至貴之女 不得失柔巽之道 有貴驕之志 故易中陰尊而謙降者 則曰帝乙歸妹 泰六五是也〕"라 하여 두 卦를 같은 뜻으로 풀이하였다.

3) 古者諸侯一取九女 : 옛날 제후가 한 번 장가듦에 9명의 女人을 데려오는 것으로, 取는 娶와 통한다. ≪春秋公羊傳≫ 莊公 19년조에 "媵(잉첩)이란 무엇인가? 제후가 한 나라에 장가들면 두 나라에서 잉첩을 보내되, 〈세 나라에서 각각 妻와 잉첩의〉 姪과 娣를 딸려 보낸다. 姪이란 무엇인가? 兄(오라비)의 딸이다. 娣란 무엇인가? 아우(여동생)이다. 제후가 한 번에 9명의 여인을 맞이하는데, 제후는 두 번 장가들지 않는다.〔媵者何 諸侯娶一國 則二國往媵之 以姪娣從 姪者何 兄之子也 娣者何 弟也 諸侯壹聘九女 諸侯不再娶〕"라고 보인다. 이는 諸侯가 한 나라에서 장가들면 正室夫人 외에 夫人의 여동생과 조카딸이 잉첩으로 따라오고, 또 다른 두 나라에서 잉첩을 보내면서 각각 그 잉첩의 여동생과 조카딸이 따라와서 한 번에 아홉 명의 여인을 얻게 되는 것이다.

4) (四)〔匹〕: 저본에는 '四'로 되어 있으나, 阮元의 〈校勘記〉에 "각 本에 '四'는 '匹'로 되어 있다."라고 한 것에 의거하여 '匹'로 바로잡았다.

5) (妾)〔妄〕: 저본에는 '妾'으로 되어 있으나, 錢本·宋本에 의거하여 '妄'으로 바로잡았다.(阮元의 〈校勘記〉 참조)

6) 並后 : 정실부인인 妻와 妾이 나란히 있음을 이른다. ≪春秋左氏傳≫ 桓公 18년조에 "妾이 왕후와 나란히 서고 庶子가 嫡子와 대등하고, 政令이 두 곳에서 나오고 大都가 國都와 같은 것은 혼란의 근본이다.〔幷后 匹嫡 兩政 耦國 亂之本也〕"라고 보인다.

7) 征凶无攸利者……无攸利 : 程伊川은 歸妹卦에 대하여 "歸妹는 여자가 시집가는 것이니, 남자가 위에 있고 여자가 아래에 있어 여자가 남자를 따르고 〈장남이〉 소녀를 기뻐하는 뜻이 있다. 기뻐함으로써 동하니, 동하기를 기뻐함으로써 하면 바름을 얻지 못한다. 그러므로 자리가 모두 마땅하지 않은 것이다. 初九와 上六은 비록 陰陽의 자리에 마땅하나 陽이 아래에 있고 陰이 위에 있으니, 또한 자리가 마땅하지 않은 것이니, 漸卦와 정반대이다.〔歸妹 女之嫁歸也 男上女下 女從男也而有說少之義 以說而動 動以說 則不得

其正矣 故位皆不當 初與上 雖當陰陽之位 而陽在下 陰在上 亦不當位也 與漸正相對〕"라고 총평하였으며, 卦辭에 대해서 "기뻐함으로써 동하면 동함에 마땅하지 않다. 그러므로 흉하니, 마땅하지 않음은 자리가 마땅하지 않은 것이다. '征凶'은 동하면 흉한 것이다. 卦의 뜻과 같으면 다만 女子가 시집가는 것뿐만이 아니요, 가는 곳마다 이로움이 없으리라.〔以說而動 動而不當 故凶 不當 位不當也 征凶 動則凶也 如卦之義 不獨女歸 无所往而利也〕"라고 풀이하였다.

朱子 역시 歸妹卦의 흉함을 〈彖傳〉의 '位不當也'와 연관하여 다음과 같이 해설하였다. "婦人이 시집감을 歸라 하고, 妹는 少女이다. 兌가 少女로서 震의 長男을 따르고 그 情이 또 기뻐함으로써 동함이 되니, 모두 正道가 아니다. 그러므로 卦가 歸妹가 된 것이다. 卦의 여러 爻가 二爻로부터 五爻에 이르기까지 다 바름을 얻지 못하였으며, 三爻와 五爻가 또 모두 柔로서 剛을 타고 있다. 그러므로 그 占이 가면 흉하여 이로운 바가 없는 것이다.〔婦人謂嫁曰歸 妹 少女也 兌以少女而從震之長男 而其情又爲以說而動 皆非正也 故卦爲歸妹 而卦之諸爻 自二至五 皆不得正 三五又皆以柔乘剛 故其占征凶而无所利也〕"

正義曰：〔歸妹〕 卦의 이름이다. 婦人이 시집가는 것을 일러 '歸'라 하니, '歸妹'는 '妹를 시집보낸다.〔嫁妹〕'라고 말한 것과 같다. 그러나 《周易》에서 歸妹의 이름을 얻음을 논한 것이 똑같지 않다. 泰卦의 六五에 "帝乙歸妹"라 하였으니, 泰卦의 歸妹는 〈帝王인〉 오라비가 여동생을 시집보냄을 근거하여 '歸妹'라고 한 것이요, 이 卦의 이름이 '歸妹'인 것은 妹로서 언니를 따라 娣의 신분으로 시집감을 '歸妹'라고 한 것이다. 그러므로 初九爻辭에 "妹가 시집가기를 娣로서 한다."라고 한 것이 이것이다. 위의 咸卦(䷞)는 少陽과 少陰이 서로 감동함을 밝혔고, 恒卦(䷟)는 長陽과 長陰이 서로 받듦을 밝혔는데, 지금 이 卦는 少女로서 長陽을 받드니, 이는 배필하여 대등함〔匹敵〕이 아니요, 妹가 娣가 되어 언니를 따라 시집가는 것임을 밝힌 것이다. 그러므로 '歸妹'라 한 것이다. 옛날에 제후가 한 번에 아홉 여자를 취하여 嫡夫人과 左右의 媵妾이 모두 조카딸〔姪〕과 여동생〔娣〕을 데리고 갔다. 그러므로 이 卦를 가지고 여기에 해당시킨 것이다. '歸姪'을 말하지 않은 것은 '女娣'는 兄弟의 항렬이니, 또한 높은 것을 들어 여기에 포함시킨 것이다.

〔征凶 无攸利〕 歸妹의 경계이니, '征'은 나아가서 가는 바가 있음을 이른다. 妹가 娣가 되어 언니를 따라 시집감은 본래 정식 배필이 아니니, 오직 모름지기 낮추고 겸손함을 스스로 지켜서 元妃를 섬겨야 한다. 만약 망령되이 나아가 총애를 구하면 並后가 되어 凶咎의 敗함이 있다. 그러므로 "가면 凶하여 이로운 바가 없다."라고 한 것이다.

彖曰 歸妹는 天地之大義也니 天地不交하면 而萬物不興하나니 歸妹는 人之終

始也라

〈彖傳〉에 말하였다.

"'歸妹'는 하늘과 땅의 大義이니, 하늘과 땅이 사귀지 못하면 萬物이 일어나지 못하니, 歸妹는 사람의 終과 始이다.

【注】 陰陽既合하고 長少又交는 天地之大義요 人倫之終始라

陰과 陽이 이미 합하고 長陽(長男)과 少陰(少女)이 또 사귐은 天地의 大義이고 人倫의 終始이다.

【疏】 正義曰：'歸妹 天地之大義也 天地不交 而萬物不興'者, 此擧天地交合, 然後萬物蕃興, 證美歸妹之義. 所以未及釋卦名, 先引證者, 以歸妹之義, 非人情所欲, 且違於匹對之理. 蓋以聖人制禮, 令姪娣從其姑(娣)〔姊〕[1]而充妾媵者, 所以廣其繼嗣, 以象天地以少陰少陽・長陰長陽之氣共相交接, 所以蕃興萬物也. '歸妹 人之終始也'者, 上既引天地交合爲證, 此又擧人事歸妹, 結合其義也. 天地以陰陽相合而得生物不已, 人倫以長少相交而得繼嗣不絶, 歸妹豈非天地之大義, 人倫之終始也.

1) (娣)〔姊〕: 저본에는 '娣'로 되어 있으나, 阮元의 〈校勘記〉에 "各本에 아래의 '娣'자는 '姊'로 되어 있으니, 살펴보건대 '姊'자가 옳다."라고 한 것에 의거하여 '姊'로 바로잡았다.

正義曰：〔歸妹 天地之大義也 天地不交 而萬物不興〕 이는 하늘과 땅이 사귀어 합한 뒤에 萬物이 번성하고 일어남을 들어서 '歸妹'를 찬미한 뜻을 증명한 것이다. 卦의 이름을 미처 해석하지 않고 먼저 증거를 끌어온 까닭은 歸妹의 義는 人情에 하고자 하는 바가 아니요, 또 匹對(正嫡)의 이치에 어긋나기 때문이다. 聖人이 禮를 만들 적에 조카딸과 여동생으로 하여금 고모와 언니를 따라가게 하여 妾과 媵妾에 충당시킨 것은 뒤를 잇는 자손〔繼嗣〕을 넓히기 위함이니, 이로써 '하늘과 땅의 少陰과 少陽, 長陰과 長陽의 기운이 서로 交接함은 만물을 번성시키고 일으키기 위한 것임'을 형상한 것이다.

〔歸妹 人之終始也〕 위에서는 이미 하늘과 땅이 서로 합함을 이끌어 증명으로 삼았고, 여기에서는 또 사람 일의 '歸妹'를 들어서 그 뜻을 맺어 합한 것이다. 하늘과 땅은 陰과 陽이 서로 합하여 물건을 낳기를 그치지 않고, 人倫은 長男과 少女가 사귀어 繼嗣를 끊지 않으니, 歸妹가 어찌 하늘과 땅의 大義와 인륜의 終始가 아니겠는가.

說(열)**以動**은 **所歸妹也**일새니

기뻐하고 動함은 시집가는 것이 妹이기 때문이니,

【注】 少女而與長男交는 少女所不樂也로되 而今說以動은 所歸必妹也니 雖與長男交나 嫁而係娣라 是以說也라

少女로서 長男과 더불어 사귐은 少女가 좋아하지 않는 바이나 지금 기뻐하고 動함은 시집가는 바가 반드시 '妹'이기 때문이니, 〈少女가〉 비록 長男과 사귀나 시집감에 '娣'에 매여 있다. 이 때문에 기뻐하는 것이다.

【疏】 正義曰 : 此就二體, 釋歸妹之義. 少女而與長男交, 少女所不樂也, 而今說以動, 所歸必妹也. 雖與長男交, 嫁而係於娣, 是以說也. 係娣所以說者, 旣係娣爲媵, 不得別適, 若其不以備數[1], 更有(動)〔勤〕[2]望之憂, 故係娣而行合禮, 說以動也.

1) 備數 : 娶九女의 숫자에 충당됨을 이른다.
2) (動)〔勤〕: 저본에는 '動'으로 되어 있으나, 宋本에 의거하여 '勤'으로 바로잡았다.(阮元의 〈校勘記〉 참조)

正義曰 : 이는 두 體를 가지고 歸妹의 뜻을 해석한 것이다. 少女로서 長男과 더불어 사귐은 少女가 좋아하지 않는 바이나 지금 기뻐하고 動함은 시집가는 바가 반드시 '妹'이기 때문이다. 비록 長男과 사귀나 시집감에 '娣'에 매여 있다. 이 때문에 기뻐하는 것이다. 娣에 매여 있어 기뻐하는 이유는, 이미 娣에 매여 있어 媵妾이 되어서 따로 시집갈 수가 없으니, 만약 이로써 數를 구비하지 않으면 다시 수고롭게 바라는 근심이 있을 것이다. 그러므로 娣에 매여 합하는 禮를 행하여 기뻐하고 動하는 것이다.

征凶은 **位不當也**일새요

'가면 凶함'은 자리가 마땅하지 않기 때문이요

【注】 履於不正하여 說動以進은 妖邪之道也라

바르지 않은 자리를 밟고 있으면서 기뻐하고 動하여 나아감은 요망하고 간사한 道이다.

【疏】正義曰：此因二・三・四・五皆不當位，釋征凶之義．位旣不當，明非正嫡，因說動而更求進，妖邪之道也，所戒其征凶也．

正義曰：이는 九二・六三・九四・六五가 모두 자리가 마땅하지 않음을 인하여 '가면 흉함'의 뜻을 해석한 것이다. 자리가 이미 마땅하지 않음은 正嫡이 아님을 밝힌 것이니, 기뻐하고 動함을 인하여 다시 나아감을 구함은 요망하고 간사한 道인바, '가면 흉함'을 경계한 것이다.

无攸利는 柔乘剛也일새라

'이로운 바가 없음'은 柔가 剛을 탔기 때문이다."

【注】以征則有不正之凶이요 以處則有乘剛之逆이라

가면 바르지 않은 凶함이 있고, 가만히 있으면 剛을 타는 거스름이 있다.

【疏】'无攸利柔乘剛也' ○正義曰：此因六三・六五乘剛，釋无攸利之義．夫陽貴而陰賤，以妾媵之賤，進求殊寵，卽是以賤陵貴，故无施而利也．

經의〔无攸利柔乘剛也〕

○正義曰：이는 六三과 六五가 剛을 탐을 인하여 '이로운 바가 없음'의 뜻을 해석한 것이다. 陽은 귀하고 陰은 천하니, 妾과 媵妾의 천한 신분으로서 나아가 특별한 총애를 구함은 바로 천한 자로서 귀한 이를 능멸하는 것이다. 그러므로 베푸는 곳마다 이로움이 없는 것이다.

【疏】○注'以征則'至'有乘剛之逆也' ○正義曰：象以失位釋征凶，乘剛釋无攸利，而注連引言之者，略例[1]云"去初・上而論位分，則三・五各在一卦之上，何得不謂之陽．(三)〔二〕[2]・四各在一卦之下，何得不謂之陰．然則二・四，陰位也，三・五，陽位也．"陽應在上，陰應在下，今二・三・四・五並皆失位，其勢自然柔皆乘剛，其猶妾媵求寵，其勢自然以賤陵貴，以明柔之乘剛，緣於失正而進也．

1) 略例：王弼이 지은 ≪周易略例≫를 가리킨다. ≪周易略例≫는 王弼의 易學 사상을 담고 있는 論書로, 〈明彖〉・〈明爻通變〉・〈明卦適變通爻〉・〈明象〉・〈辯位〉・〈略例 下〉・〈卦略〉 7편으로 구성되어 있다.

2) (三)〔二〕: 저본에는 '三'으로 되어 있으나, 宋本에 의거하여 '二'로 바로잡았다.

○ 注의 〔以征則〕에서 〔有乘剛之逆也〕까지

○ 正義曰:〈象傳〉은 正位를 잃음을 가지고 '가면 흉함'을 해석하였고, 剛함을 탄 것을 가지고 '이로운 바가 없음'을 해석하였는데, 注에서 이 둘을 연결하여 말한 것은, ≪周易略例≫에 "初位와 上位를 버리고 자리의 분수를 논하면, 三位와 五位는 각각 한 卦의 위에 있으니 어찌 陽이라 말하지 않을 수 있으며, 二位과 四位는 각각 한 卦의 아래에 있으니 어찌 陰이라 말하지 않을 수 있겠는가. 그렇다면 二位와 四位는 陰의 자리이고, 三位와 五位는 陽의 자리인 것이다."라고 하였다. 陽은 응당 위에 있어야 하고 陰은 응당 아래에 있어야 하는데 이제 九二·六三·九四·六五가 모두 正位를 잃어서 그 형세가 자연 柔가 모두 剛을 타게 되었으니, 이는 妾과 媵妾이 은총을 구하면 그 형세가 자연 천한 자로서 귀한 이를 능멸하는 것과 같으니, 柔가 剛을 탐은 바름을 잃고서 나아감에 연유함을 밝힌 것이다.

象曰 澤上有雷 歸妹니 君子以永終知敝하나니라

〈象傳〉에 말하였다. "못 위에 우레가 있는 것이 歸妹卦이니, 君子가 보고서 끝마침을 영원히 하고 병폐를 아는 것이다."

【注】 歸妹는 相終始之道也라 故로 以永終知敝라

歸妹는 서로 끝마치고 시작하는 道이다. 그러므로 이로써 끝마침을 영원히 하고 병폐를 아는 것이다.

【疏】 正義曰:澤上有雷, 說以動也, 故曰"歸妹." '君子以永終知敝'者, 歸妹相終始之道也, 故君子象此, 以永長其終, 知應有不終之敝故也.[1]

1) 君子以永終知敝者……知應有不終之敝故也:'永終知敝'에 대한 해석은 王弼과 孔穎達이 약간 다른 것으로 보인다. 王弼은 특별한 해석이 없고 經文을 그대로 따라 '以永終知敝'라 하였는바, 이는 永終과 知敝를 두 가지의 일로 본 것이다. 반면에 孔穎達은 이 둘을 對句로 보지 않고 서로 이어지는 것으로 보았는바, 孔穎達의 해석을 따르면 經文은 "끝마침을 길게 하니, 끝마치지 못하는 병폐가 있음을 알기 때문이다."라고 번역해야 할 것이다. 위의 번역은 王弼의 注를 따랐음을 밝혀둔다.

한편 程伊川과 朱子는 '敝'를 '敝壞'로 訓하였는바, ≪程傳≫은 다음과 같다. "'永終'은 生息하여 이어가서 그 전함을 영구히 하는 것이요, '知敝'는 물건에 敝壞가 있음을 알아 서로 이어갈 방도를 만드는 것이다. 女子가 시집가면 生息이 있으므로 永終의 뜻이 있고, 또 夫婦의 道는 마땅히 항상하고 영구하게 하여 終이 있어야 하니, 반드시 敝壞의 이치가 있음을 알아 경계하고 삼가야 하는바, 敝壞는 情이 떨어지고 틈이 벌어짐을 이른다. 歸妹는 기뻐함으로써 동한 자이니, 恒卦의 巽順하고 동함과 漸卦의 그치고 겸손함과는 다르다. 少女가 기뻐함은 情에 감동된 것이니, 동하면 바름을 잃는다. 이는 夫婦가 바르게 하여 항상할 수 있는 道가 아니니, 오래면 반드시 敝壞가 될 것이니, 반드시 敝壞될 줄을 알면 마땅히 終을 영구하게 할 것을 생각하여야 한다. 천하에 反目하는 자들은 모두 永終하지 못하는 자이니, 이는 다만 부부의 道만이 아니다. 천하의 일은 終이 있고 敝壞가 있지 않음이 없고, 계속하여 오래할 수 있는 방도가 있지 않음이 없으니, 歸妹를 보면 마땅히 永終의 경계를 생각하여야 할 것이다.〔永終 謂生息嗣續 永久其傳也 知敝 謂知物有敝壞而爲相繼之道也 女歸則有生息 故有永終之義 又夫婦之道 當常永有終 必知其有敝壞之理而戒愼之 敝壞 謂離隙 歸妹 說以動者也 異乎恒之巽而動 漸之止而巽也 少女之說 情之感動 動則失正 非夫婦正而可常之道 久必敝壞 知其必敝 則當思永其終也 天下之反目者 皆不能永終者也 不獨夫婦之道 天下之事 莫不有終有敝 莫不有可繼可久之道 觀歸妹 則當思永終之戒也〕"

正義曰 : 못 위에 우레가 있음은 기뻐하고 동하는 것이다. 그러므로 卦 이름을 '歸妹'라 한 것이다.

〔君子以永終知敝〕 歸妹는 서로 끝마치고 시작하는 道이다. 그러므로 君子가 이것을 본받아 그 끝마침을 길게 하니, 응당 끝마치지 못하는 병폐가 있음을 알기 때문이다.

初九는 歸妹以娣니 跛能履라 征吉하리라

初九는 妹가 시집가기를 娣로서(娣(妾媵)의 신분으로) 하니, 절름발이가 능히 밟고 가는 것이다. 가면 吉하리라.

【注】 少女而與長男爲耦는 非敵之謂니 是娣從之義也라 (娣)〔妹〕[1)]는 少女之稱也니 少女之行은 善莫若娣라 夫承嗣以君之子하면 雖幼而不(妾)〔妄〕[2)]行하고 少女以娣하면 雖跛能履니 斯乃恒久之義니 吉而相承之道也라 以斯而進이면 吉其宜也라

1) (娣)〔妹〕 : 저본에는 '娣'로 되어 있으나, 疏의 '少女謂之妹'와 岳本・宋本・古本・足利本에 의거하여 '妹'로 바로잡았다.(阮元의 〈校勘記〉 참조)

2) (妾)〔妄〕: 저본에는 '妾'으로 되어 있으나, 疏와 毛本에 의거하여 '妄'으로 바로잡았다. (阮元의 〈校勘記〉 참조)

少女로서 長男과 짝이 됨은 匹敵이 아님을 이르니, 娣로서 따라가는 義이다. 妹는 少女의 칭호이니, 少女의 감은 좋음이 娣만 한 것이 없다. 뒤를 잇기를 군주의 자식으로 하면 비록 어리나 망령되이 가지 않고, 소녀가 娣로서 가면 비록 절름발이이나 능히 밟을 수 있으니, 이는 바로 항상하고 오래하는 뜻이니, 吉하면서 서로 계승하는 道이다. 이로써 나아가면 吉함이 당연하다.

【疏】 '初九'至'征吉' ○ 正義曰 : '歸妹以娣'者, 少女, 謂之妹, 從娣而行, 謂之歸. 初九以兌適震, 非夫婦匹敵, 是從娣之義也, 故曰"歸妹以娣"也. '跛能履'者, 妹而繼姊爲娣, 雖非正配, 不失常道, 譬猶跛人之足然. 雖不正, 不廢能履, 故曰"跛能履"也. '征吉'者, 少長非偶, 爲妻而行則凶焉, 爲娣而行則吉, 故曰"征吉"也.

經의 〔初九〕에서 〔征吉〕까지

○ 正義曰 : 〔歸妹以娣〕 少女를 '妹'라 이르고, 娣로서 언니를 따라감을 '歸'라 이른다. 初九가 兌로서 震에게 가서 夫婦의 匹敵이 아니니, 이는 娣로서 언니를 따라가는 義이다. 그러므로 "妹가 시집가기를 娣로서 한다."라고 한 것이다.

〔跛能履〕 妹로서 언니를 뒤이음이 娣가 되니, 비록 正配가 아니나 떳떳한 道를 잃지 않았으니, 비유하면 절름발이의 발과 같다. 비록 바르지 않으나 능히 밟음을 廢하지 않으므로 "절름발이가 능히 밟고 간다."라고 한 것이다.

〔征吉〕 少女와 長男은 올바른 짝이 아니어서 아내가 되어 가면 凶하고 娣가 되어 가면 吉하다. 그러므로 "가면 吉하다."라고 한 것이다.

【疏】 ○ 注'夫承嗣以君之子'至'吉其宜也' ○ 正義曰 : '夫承嗣以君之子 雖幼而不妄行'者, 此爲少女作此例也. 言君之子宜爲嗣承, 以類妃之妹應爲娣也. 立嗣宜取長, 然君之子雖幼而立之, 不爲妄也. 以言行嫁宜匹敵, 然妃之妹雖至少, 而爲娣則可行也.

○ 注의 〔夫承嗣以君之子〕에서 〔吉其宜也〕까지

○ 正義曰 : 〔夫承嗣以君之子 雖幼而不妄行〕 이는 少女를 위하여 이 例를 만든 것이다. 군주의 자식이 마땅히 後嗣가 되어 계승하여야 하니, 妃의 妹가 응당 娣(妾媵)가 되는 것과 같음을 말한 것이다. 후사를 세움은 마땅히 연장자를 취해야 하나 군주의 자식이

비록 어리더라도 세우는 것은 망령됨이 되지 않는다. 이는 '시집감은 마땅히 匹敵이 되어야 하나 妃의 妹가 비록 지극히 어리더라도 娣가 되면 시집갈 수 있음'을 말한 것이다.

象曰 歸妹以娣는 以恒也요 跛能履는 吉相承也라

〈象傳〉에 말하였다. "'妹가 시집가기를 娣로서 함'은 항상하기 때문이요, '절름발이가 능히 밟고 감'은 吉함으로 서로 받드는 것이다."

【疏】 正義曰 : '以恒也'者, 妹而爲娣, 恒久之道也. '吉相承也'者, 行得其宜, 是相承之道也.

正義曰 : 〔以恒也〕 妹로서 娣가 됨은 항상하고 오래하는 방도이다.

〔吉相承也〕 행함이 그 마땅함을 얻었으니, 이는 서로 받드는 道이다.

九二는 眇能視니 利幽人之貞하니라

九二는 애꾸눈이 능히 보는 것이니, 幽人(隱士)의 貞함이 이롭다.

【注】 雖失其位나 而居內處中하니 眇猶能視하여 足以保常也라 在內履中하여 而能守其常이라 故로 利幽人之貞也라

비록 正位를 잃었으나 안에 거하고 中에 처하였으니, 애꾸눈이 오히려 능히 보아 충분히 떳떳함을 보존할 수 있는 것이다. 안에 있고 中을 밟고 있어서 능히 그 떳떳함을 지킨다. 그러므로 幽人의 貞함이 이로운 것이다.

【疏】 正義曰 : 九二不云歸妹者, 旣在歸妹之卦, 歸妹可知, 故略不言也. 然九二雖失其位, 不廢居內處中, 以言歸妹, 雖非正配, 不失交合之道, 猶如眇目之人, 視雖不正, 不廢能視耳, 故曰"眇能視"也.[1] '利幽人之貞'者, 居內處中, 能守其常, 施之於人, 是處幽而不失其貞正也, 故曰"利幽人之貞"也.

1) 然九二雖失其位……故曰眇能視也 : '眇能視'를 王弼과 孔穎達은 '九二가 正位가 아니지만 內卦에 거하고 中에 처하였으니, 이는 정식 배필은 아니지만 서로 합하는 道를 잃지 않은 것이어서 애꾸눈이 보는 능력을 잃지 않은 것과 같음'의 의미로 해석하였다.

반면 程伊川과 朱子는 이를 '九二는 賢正한 여자이지만 그 배필(六五)이 어질지 못해서 내조의 功을 크게 이루지 못함을 비유한 것'으로 보았는바, ≪程傳≫은 다음과 같다. "九二는 陽剛으로 中을 얻었으니, 女子의 賢正한 자인데 위에 正應이 있으나 도리어 陰柔의 자질이라서 기쁨에 동하는 자이니, 이는 바로 여자는 어질지만 배필이 어질지 못한 것이다. 그러므로 九二가 비록 어지나 스스로 이루어 內助의 功을 이루지 못하고 다만 자기 몸을 善하게 하여 조금 베풀 수 있을 뿐이어서 마치 애꾸눈이 보는 것과 같을 뿐이니, 먼 곳에 미칠 수 없음을 말한 것이다.〔九二陽剛而得中 女之賢正者也 上有正應 而反陰柔之質 動於說者也 乃女賢而配不良 故二雖賢 不能自遂以成其內助之功 適可以善其身而小施之 如眇者之能視而已 言不能及遠也〕"

正義曰 : 九二에 '歸妹'를 말하지 않은 것은 이미 歸妹卦에 있으니, 妹가 시집감을 알 수 있다. 그러므로 생략하고 말하지 않은 것이다. 그러나 九二가 비록 正位를 잃었으나 안에 거하고 中에 처함을 폐하지 않았으니, 歸妹를 가지고 말하면 비록 정식 배필이 아니나 서로 합하는 道를 잃지 않은 것인바, 마치 애꾸눈의 사람이 보는 것이 비록 바르지 못하나 능히 봄을 폐하지 않음과 같은 것이다. 그러므로 "애꾸눈이 능히 본다."라고 한 것이다.

〔利幽人之貞〕 안에 거하고 中에 처하여 능히 그 떳떳함을 지키니, 이것을 사람에게 베풀면 그윽하게(깊숙하게) 처하여 그 貞正함을 잃지 않는 자이다. 그러므로 "幽人의 貞함이 이롭다."라고 한 것이다.

象曰 利幽人之貞은 未變常也라

〈象傳〉에 말하였다. "'幽人의 貞함이 이로움'은 떳떳함을 변치 않은 것이다."

【疏】 正義曰 : '未變常也'者, 貞正者, 人之常也, 九三失位, 嫌其變常不貞也, 能以履中不偏, 故云"未變常也."

正義曰 : 〔未變常也〕 貞正은 사람의 떳떳함이니, 九三이 正位를 잃어서 그 떳떳함을 변하여 貞正하지 못할까 혐의되는데, 능히 中을 밟아 편벽되지 않으므로 "떳떳함을 변치 않은 것이다."라고 한 것이다.

六三은 歸妹以須니 反歸以娣니라

六三은 歸妹가 기다림이니, 돌아와 때를 기다려서 娣로서 가는 것이다.

【注】 室主猶存이어늘 而求進焉하여 進未値時라 故로 有須也라 不可以進이라 故로 反歸待時하여 以娣乃行也라

안방 주인〔室主〕이 아직 살아 있는데 잉첩이 나아가기를 구하여 나아감에 때를 만나지 못하였다. 그러므로 기다림이 있는 것이다. 나아갈 수 없기 때문에 돌아와 때를 기다려서 娣로서 마침내 가는 것이다.

【疏】 正義曰 : '歸妹以須'者, 六三在歸妹之時, 處下體之上, 有欲求爲室主之象, 而居不當位, 則是室主(獨)〔猶〕[1]存. 室主旣存, 而欲求進, 爲未値其時也, 未當其時, 則宜有待, 故曰"歸妹以須"也. '反歸以娣'者, 旣而有須, 不可以進, 宜反歸待時, 以娣乃行, 故曰"反歸以娣."[2]

1) (獨)〔猶〕: 저본에는 '獨'으로 되어 있으나, 注의 '室主猶存'과 錢本・宋本에 의거하여 '猶'로 바로잡았다.(阮元의 〈校勘記〉 참조)

2) 反歸以娣者……故曰反歸以娣 : '反歸以娣'를 王弼과 孔穎達은 '六三이 나아갈 수 없기 때문에 때를 기다려 娣의 신분으로 나아감'으로 해석하였는바, 그 뜻이 분명하지 못하다.

반면 程伊川은 이를 '다시 돌아와 娣媵이 되기를 구하면 가함'으로 해석하여 보다 명확한바, ≪程傳≫은 다음과 같다. "須는 기다림이니, 기다림은 갈 곳이 없어서이다. 六이 三에 거함은 자리가 마땅하지 않으니 德이 바르지 않은 것이요, 柔로서 剛을 숭상함은 행실이 순하지 않은 것이요, 說(기쁨)의 주체가 되어 기뻐함으로써 시집감을 구함은 동함이 禮가 아닌 것이요, 위에 應이 없음은 받아주는 자가 없는 것이니, 갈 곳이 없기 때문에 기다리는 것이다. 女子의 처신이 이와 같으면 사람이 누가 취하겠는가. 남의 배필이 될 수 없다. 마땅히 돌아와 잉첩이 되기를 구하면 가할 것이니, 不正하여 제자리를 잃었기 때문이다.〔須 待也 待者 未有所適也 六居三 不當位 德不正也 柔而尙剛 行不順也 爲說之主 以說求歸 動非禮也 上无應 无受之者也 无所適 故須也 女子之處如是 人誰取之 不可以爲人配矣 當反歸而求爲娣媵 則可也 以不正而失其所也〕"

正義曰 : 〔歸妹以須〕 六三이 歸妹의 때에 있고 下體의 위에 처하여 室主가 되기를 구하고자 하는 象이 있는데, 거한 것이 자리에 마땅하지 않으니, 이는 室主가 아직 살아 있는 것이다. 室主가 이미 살아 있는데 〈잉첩이〉 나아가기를 구하고자 하면 때를 만나지 못한 것이 되니, 때에 마땅하지 못하면 마땅히 기다려야 한다. 그러므로 "歸妹가 기다린

다."라고 한 것이다.

〔反歸以娣〕 이미 기다림이 있으면 나아갈 수가 없으니, 마땅히 돌아와 때를 기다려서 娣로서 마침내 간다. 그러므로 "돌아와 때를 기다려서 娣로서 가는 것이다."라고 한 것이다.

象曰 歸妹以須는 未當也일새라

〈象傳〉에 말하였다. "'歸妹가 기다림'은 마땅하지 못하기 때문이다."

【疏】 正義曰 : '未當也'者, 未當其時,[1] 故宜有待也.

1) 未當其時 : '未當也'를 孔穎達은 '때에 마땅하지 않음'으로 풀이하였으나, 程伊川은 처지〔處〕와 德과 시집감을 구하는 방법〔求歸之道〕의 세 가지가 마땅하지 않다고 해석하였다.

正義曰 : 〔未當也〕 그 때에 마땅하지 않으므로 기다림이 있어야 하는 것이다.

九四는 歸妹愆期니 遲歸有時니라

九四는 歸妹가 시기(婚期)가 지남이니, 더디게 돌아가서 때를 기다려야 한다.

【注】 夫以不正无應而適人也면 必須彼道窮盡하여 无所與交니 然後乃可以往이라 故로 愆期遲歸하여 以待時也라

바르지 못하고 應이 없으면서 남에게 가면 반드시 저쪽(상대방)의 道가 다하여 더불어 사귀는 바가 없기를 기다려야 하니, 그런 뒤에야 비로소 갈 수 있다. 그러므로 시기가 지나서 더디게 돌아가 때를 기다리는 것이다.

【疏】 正義曰 : 九四居下得位, 又无其應, 以斯適人, 必待彼道窮盡, 无所與交, 然後乃可以往, 故曰"愆期, 遲歸有時"也.[1]

1) 九四居下得位……遲歸有時也 : 王弼과 孔穎達은 九四의 爻辭를 '九四가 正位가 아니고 應이 없어서 남에게 갈 수 없으므로 시집감을 지체하여 때를 기다려야 함'의 의미로 해석하였다. 다만 疏에서 九四를 '居下得位'라고 한 것은 이해가 되지 않는다. '得位'라고 말할 때 대부분의 경우는 陽爻가 初・三・五의 자리에 있고 陰爻가 二・四・上의 자리에 있음을 가리키며, 경우에 따라 尊位를 얻음을 의미할 때도 있다. 간혹 九四에 대하

여 大臣의 지위를 얻는 것으로 보는 경우가 있으나 여기에는 해당되지 않는바, '得'은 '失'의 오자가 아닌가 생각된다.

한편 程伊川과 朱子는 '九四가 婚期를 넘긴 것은 훌륭한 배필을 얻기 위함'이라고 보았는바, 程伊川은 "女子가 高貴한 지위에 거하고 賢明한 자질이 있으면 人情에 장가들기를 원하는 바이다. 그러므로 婚期가 지난 것은 바로 때가 있어서이니, 스스로 기다림이 있어서요 팔리지 않은 것이 아니니, 아름다운 배필을 얻기를 기다린 뒤에 시집가려는 것이다.〔女子居貴高之地 有賢明之資 人情所願娶 故其愆期 乃爲有時 蓋自有待 非不售也 待得佳配而後行也〕"라고 하였고, 朱子는 "九四는 陽으로 上體에 거하고 正應이 없으니, 賢女가 가벼이 사람을 따르지 않아서 婚期가 지나 시집가기를 기다리는 象이니, 六三爻와 정반대이다.〔九四以陽居上體而无正應 賢女不輕從人 而愆期以待所歸之象 正與六三相反〕"라고 하였다.

正義曰 : 九四가 아래에 거하여 지위를 얻고 또 그 應이 없으니, 이로써 남에게 가면 저쪽의 道가 다하여 더불어 사귀는 바가 없기를 기다린 뒤에야 비로소 갈 수 있다. 그러므로 "시기가 지남이니, 더디게 돌아가서 때를 기다려야 한다."라고 한 것이다.

象曰 愆期之志는 有待而行也라

〈象傳〉에 말하였다. "'愆期'의 뜻은 기다림이 있은 뒤에 가는 것이다."

【疏】 正義曰 : 嫁宜及時, 今乃過期而遲歸者, 此嫁者之志, 正欲有所待而後乃行也.

正義曰 : 시집감은 마땅히 제때에 미쳐야 하는데 이제 마침내 시기가 지나 더디게 돌아가니, 이는 시집가는 자의 뜻이 바로 기다리는 바가 있은 뒤에 비로소 가고자 하는 것이다.

六五는 帝乙歸妹니 其君之袂(메) 不如其娣之袂良이요 月幾望이니 吉하니라

六五는 帝乙이 여동생을 시집보냄이니, 그 군주의 소매가 그 娣의 소매가 아름다운 것만 못하고, 달이 거의 보름이 되었으니, 吉하다.

【注】 歸妹之中에 獨處貴位라 故로 謂之帝乙歸妹也라 袂는 衣袖니 所以爲禮容者也라 其君之袂는 爲帝乙所寵也니 卽五也라 爲帝乙所崇飾故로 謂之其君之袂也라 配在九二어늘 兌少震長하니 以長從少는 不若以少從長之爲美也라 故로 曰 不若其娣之袂良也라하니라 位

在乎中하여 以貴而行하여 極陰之盛이니 以斯適配하면 雖不若少나 往亦必合이라 故로 曰 月幾望이니 吉也라하니라

歸妹의 가운데 六五가 홀로 귀한 자리에 처하였다. 그러므로 "帝乙이 여동생을 시집보낸다."라고 한 것이다.

'袂'는 옷의 소매이니, 禮의 용모를 하는 것이다. 그 군주의 소매는 帝乙에게 총애받는 것이니, 바로 六五이다. 帝乙에게 높이 꾸며진 바가 되었으므로 "그 군주의 소매"라고 한 것이다. 〈六五의〉 배필이 九二에 있는데 兌는 少女이고 震은 長男이니, 長男으로서 少女를 따르는 것은 少女로서 長男을 따름이 아름다운 것만 못하다. 그러므로 "그 군주의 소매가 그 娣의 소매가 아름다운 것만 못하다."라고 한 것이다.

자리가 中에 있으면서 귀함으로써 가서 陰의 盛함이 지극하니, 이로써 배필에게 가면 비록 少女만 못하나 가면 또한 반드시 합한다. 그러므로 "달이 거의 보름이 되었으니, 吉하다."라고 한 것이다.

【疏】 '六五帝乙'至'幾望吉' ○ 正義曰 : '帝乙歸妹'者, 六五居歸妹之中, 獨處貴位, 是帝王之所嫁妹也, 故曰"帝乙歸妹." '其君之袂 不如其娣之袂良'者, 六五雖處貴位, 卦是長陽之卦, 若以爻爲人, 卽是婦人之道, 故爲帝乙之妹. 旣居長卦, 乃是長女之象, 其君卽五也. 袂, 衣袖也, 所擧斂以爲禮容, 帝王嫁妹, 爲之崇飾, 故曰"其君之袂"也. 配在九二, 兌少震長, 以長從少者, 可以從少, 雖有其君崇飾之袂, 猶不若以少從長之爲美, 故曰"不如其娣之袂良"也.[1] '月幾望 吉'者, 陰而貴盛, 如月之近望, 以斯適配, 雖不如以少從長, 然以貴而行, 往必合志, 故得吉也, 故曰"月幾望, 吉"也.[2]

1) 其君之袂不如其娣之袂良者……故曰不如其娣之袂良也 : 王弼은 卦辭의 注에서 "兌爲少陰 震爲長陽"이라고 하였는바, 위 注의 '兌少震長' 역시 "兌는 少女이고 震은 長男이다."라는 의미로 쓴 것으로 보인다. 따라서 '其君之袂 不如其娣之袂良'의 의미는 '六五가 長男으로서 九二의 少女를 따르는 것이 九二의 少女가 六五의 長男을 따르는 것만 못함'의 뜻이 된다. 그런데 孔穎達은 六五가 長女의 象이라고 하기도 하고, 아래 〈象傳〉의 疏에서는 '少女로서 長男을 따라감〔少女而從於長男〕'이라고 하기도 하여 뜻이 자세하지 않다.

한편 程伊川과 朱子는 '君'을 女君 즉 정실부인으로 보아, 六五를 少女 중에 존귀한 자로 보고 六五가 九二와 응하여 下嫁의 象이 있으며, 존귀한 자가 시집갈 때 겸손하고 낮추므로 잉첩처럼 화려하게 소매를 꾸미지 않는다고 보았는바, 《程傳》은 다음과 같

다. "貴女의 시집감은 오직 겸손하고 낮추어 禮를 따르는 것이 바로 尊高한 德이니, 容飾을 하여 남을 기쁘게 함을 일삼지 않는다. 잉첩은 容飾을 일삼는 자이니, 衣袂는 容飾을 하는 것이다. 六五는 尊貴한 女子이니, 禮를 숭상하고 꾸밈을 숭상하지 않으므로 그의 소매가 잉첩의 아름다운 소매에 미치지 못하는 것이다. 良은 아름다움이다.〔貴女之歸 唯謙降以從禮 乃尊高之德也 不事容飾以說於人也 娣媵者 以容飾爲事者也 衣袂 所以爲容飾也 六五 尊貴之女 尙禮而不尙飾 故其袂不及其娣之袂良也 良 美好也〕"

2) 月幾望吉者……吉也 : 王弼과 孔穎達은 '月幾望'을 '陰의 존귀함의 盛함'으로 보았는데, 朱子는 '여자의 德의 盛함'으로 보았다.

반면 程伊川은 '幾望'을 '아직 가득 차지 않음'의 의미로 보아, "보름달은 陰이 가득 찬 것이니, 가득 차면 陽을 대적하나 幾望은 가득 참에 이르지 않았다. 六五의 귀하고 높음으로 항상 가득 차고 지극함에 이르지 않으면 남편에게 대항하지 않을 것이니, 이것이 바로 吉함이 되니, 여자가 존귀함에 처하는 도리이다.〔月望 陰之盈也 盈則敵陽矣 幾望 未至於盈也 五之貴高 常不至於盈極 則不亢其夫 乃爲吉也 女之處尊貴之道也〕"라고 하였다.

經의 〔六五帝乙〕에서 〔幾望吉〕까지

○ 正義曰 : 〔帝乙歸妹〕 六五가 歸妹의 가운데에 거하여 홀로 귀한 자리에 처하였으니, 이는 帝王이 여동생을 시집보내는 것이다. 그러므로 "帝乙이 여동생을 시집보냄이다."라고 한 것이다.

〔其君之袂 不如其娣之袂良〕 六五가 비록 귀한 자리에 처하였으나 卦는 바로 長陽의 卦이니, 만약 爻를 사람으로 치면 바로 婦人의 道이다. 그러므로 帝乙의 여동생이 되는 것이다. 이미 長卦에 거하였으면 바로 長女의 象이니, 그 군주는 바로 六五이다. '袂'는 옷의 소매이니, 들고 여미어 禮의 용모를 하는 것인바, 帝王이 여동생을 시집보낼 적에 높이 꾸며준다. 그러므로 "그 군주의 소매"라고 한 것이다. 〈六五의〉 배필이 九二에 있는데 兌는 少女이고 震은 長男이니, 長男으로서 少女를 따르는 것인바, 少女를 따르면 비록 그 군주가 높이 꾸며주는 소매가 있으나 오히려 少女로서 長男을 따름이 아름다운 것만 못하다. 그러므로 "그 娣의 소매가 아름다운 것만 못하다."라고 한 것이다.

〔月幾望 吉〕 陰으로서 귀함이 盛함은 달이 보름에 가까운 것과 같으니, 이로써 배필에 나아가면 비록 少女로서 長男을 따르는 것만 못하나 귀함으로 시집가서 가면 반드시 뜻이 합하므로 吉함을 얻는 것이다. 그러므로 "달이 거의 보름이 되었으니, 吉하다."라고 한 것이다.

象曰 帝乙歸妹 不如其娣之袂良也니 其位在中하여 以貴行也라

〈象傳〉에 말하였다. "帝乙이 여동생을 시집보냄이 그 娣의 소매가 아름다운 것만 못하니, 그 자리가 中에 있어서 귀함으로서 가는 것이다."

【疏】'象曰'至'以貴行也' ○ 正義曰 : '帝乙歸妹 不如其娣之袂良'者, 釋其六五雖所居貴位, 言長不如少也, 言不必少女而從於長男也. '其位在中 以貴行也'者, 釋月幾望, 吉也. 旣以長適少, 非歸妹之美, 而得吉者, 其位在五之中, 以貴盛而行, 所往必得合, 而獲吉也.

經의 〔象曰〕에서 〔以貴行也〕까지

○ 正義曰 : 〔帝乙歸妹 不如其娣之袂良〕 六五가 비록 거한 바가 귀한 자리이나 長女가 少女만 못함을 말하였음을 해석한 것이니, 굳이 少女로서 長男을 따를 필요가 없음을 말한 것이다.

〔其位在中 以貴行也〕 '달이 거의 보름이 되었으니 吉함'을 해석한 것이다. 이미 長男으로서 少女에게 가면 歸妹의 아름다움이 아니나 吉함을 얻는 것은, 그 자리가 五의 中에 있어서 '귀함이 盛함'으로서 가기 때문이니, 가는 바에 반드시 합함을 얻어 吉함을 얻는 것이다.

上六은 女承筐이면 无實이요 士刲(규)羊이면 无血이니 无攸利하니라

上六은 여자가 광주리를 받들면 담겨진 것이 없고, 士(남자)가 羊을 베면 피가 없으니, 이로운 바가 없다.

【注】羊은 謂三也라 處卦之窮하여 仰无所承하고 下又无應하니 爲女而承命이면 則筐虛而莫之與하고 爲士而下命이면 則刲羊而无血이니 刲(血)〔羊〕[1]而无血은 不應所命也라 進退莫與故로 曰 无攸利也라하니라

1) (血)〔羊〕 : 저본에는 '血'로 되어 있으나, 글 뜻에 의거하여 '羊'으로 바로잡았다. 北京大整理本에는 교감주 없이 '羊'으로 되어 있다.

羊은 六三을 이른다. 卦의 끝에 처하여 위로 받들 바가 없고 아래로 또 應이 없으니, 여자가 되어 명령을 받들면 광주리가 비어서 줄 것이 없고, 士가 되어 명령을 내리면 양을 벰에 피가 없으니, 양을 벰에 피가 없는 것은 명하는 바에 응하지 않는 것이다. 나아

가고 물러감에 더부는 이가 없으므로 "이로운 바가 없다."라고 한 것이다.

【疏】 '上六'至'无攸利' ○ 正義曰 : 女之爲行, 以上有承順爲美, 士之爲功, 以下有應命爲貴. 上六處卦之窮, 仰則无所承受, 故爲女承筐, 則虛而无實. 又下无其應, 下命則无應之者, 故爲士刲羊, 則乾而无和, 故曰"女承筐, 无實, 士刲羊, 无血", 則進退莫與, 故无所利.

經의 〔上六〕에서 〔无攸利〕까지

○ 正義曰 : 여자가 시집감은 위로 받들어 순종함이 있음을 아름다움으로 삼고, 士(남자)가 功으로 삼음은 아래가 命을 應함이 있는 것을 귀함으로 여긴다. 上六이 卦의 끝에 처하여 위로는 받들 바가 없으므로 여자가 되어 광주리를 받들면 비어서 담겨진 것이 없는 것이다. 또 아래에 應이 없어서 命을 내리면 應하는 자가 없으므로 士가 되어 양을 베면 피가 말라 화답함이 없는 것이다. 그러므로 "여자가 광주리를 받들면 담겨진 것이 없고, 士가 羊을 베면 피가 없다."라고 하였으니, 나아가고 물러감에 더부는 이가 없으므로 이로운 바가 없는 것이다.

象曰 上六无實은 承虛筐也라

〈象傳〉에 말하였다. "上六이 '담겨진 것이 없음'은 빈 광주리를 받드는 것이다."

【疏】 正義曰 : '承虛筐'者, 筐本盛幣, 以幣爲實, 今之无實, 正是承捧虛筐, 空无所有也.

正義曰 : 〔承虛筐〕 '광주리'는 본래 폐백을 담아서 폐백으로 가득 채우는 것인데, 지금 담겨진 것이 없음은 바로 빈 광주리를 받들어 텅 비어서 있는 바가 없는 것이다.

周易兼義 下經 豐傳 卷第六

國子祭酒上護軍曲阜縣開國子 臣 孔穎達 奉勑撰正義
王弼 注

55. 豐䷶ 離下震上

豐은 亨하니 王假(격)之하나니

豐은 형통하니, 王이어야 여기에 이르니,

【注】大而亨者는 王之所至라

크고 형통한 것은 王이 이르는 바이다.

【疏】正義曰 : '豐 亨'者, 豐, 卦名也. 彖及序卦, 皆以大訓豐也, 然則豐者, 多大之名, 盈足之義, 財多德大, 故謂之爲豐. 德大則无所不容, 財多則无所不齊, 无所擁礙, 謂之爲亨, 故曰"豐, 亨." '王假之'者, 假, 至也. 豐亨之道, 王之所尙, 非有王者之德, 不能至之, 故曰"王假之"也.[1)]

1) 豐亨之道……故曰王假之也 : '王假之'에 대하여 王弼은 '王之所至'라 하였는데, 孔穎達은 "王者의 德을 소유한 이가 아니면 여기에 이르지 못한다."라고 하여 이를 '王者라야 豐亨의 道에 이를 수 있음'의 의미로 해석하였다. 程伊川 역시 이를 '王者라야 이를 수 있음'으로 보았는바, ≪程傳≫은 다음과 같다. "天下의 光大함을 지극히 하는 자는 오직 王者만이 이를 수 있으니, 假은 이름〔至〕이다. 天位가 높고 四海가 부유하고 群生이 많고 王道가 커서 豐盛한 道를 지극히 함은 오직 王者일 것이다.〔極天下之光大者 唯王者能至之 假 至也 天位之尊 四海之富 群生之衆 王道之大 極豐之道 其唯王者乎〕"

正義曰 : 〔豐 亨〕 '豐'은 卦의 이름이다. 〈彖傳〉과 〈序卦傳〉에 모두 '大'로 '豐'을 訓하

였으니, 그렇다면 '豐'은 많고 큼의 이름이고 가득 차고 풍족함의 뜻이니, 재물이 많고 德이 크므로 이것을 '豐'이라 한 것이다. 德이 크면 용납하지 않는 바가 없고 재물이 많으면 구제하지 않는 바가 없으니, 막히는 바가 없음을 일러 '亨'이라 한다. 그러므로 "豐은 형통하다."라고 한 것이다.

〔王假之〕 '假'은 이름〔至〕이다. 豐亨의 道는 王이 숭상하는 바이니, 王者의 德을 소유한 이가 아니면 여기에 이르지 못한다. 그러므로 "왕이어야 여기에 이른다."라고 한 것이다.

勿憂라야 宜日中이니라

근심이 없어야 해가 中天에 있는 것처럼 하는 것이 마땅하다.

【注】 豐之爲義는 闡弘微細하여 通夫隱滯者也라 爲天下之主하여 而令微隱者不亨이면 憂未已也라 故로 至豐亨이라야 乃得勿憂也라 用夫豐亨不憂之德인댄 宜處天中하여 以徧照者也라 故로 曰 宜日中也라하니라

豐의 뜻은 미세한 것을 넓혀서 숨고 막힌 것을 통하게 하는 자이다. 天下의 주인이 되어서 은미한 자로 하여금 형통하게 하지 못하면 근심이 그치지 않는다. 그러므로 豐亨에 이르러야 비로소 근심하지 않을 수 있는 것이다.

豐亨하여 근심하지 않는 德을 사용할진댄 하늘의 중앙에 처하여 사방을 두루 비추는 것이 마땅하다. 그러므로 "해가 中天에 있는 것처럼 하는 것이 마땅하다."라고 한 것이다.

【疏】 正義曰：勿, 无也. 王能至於豐亨, 乃得无復憂慮, 故曰"勿憂"也. 用夫豐亨无憂之德, 然後可以君臨萬國, 徧照四方, 如日中之時, 徧照天下, 故曰"宜日中"也.[1]

1) 勿无也……故曰宜日中也. : 王弼은 '勿'에 대해 분명하게 해석하지 않았으나 '用夫豐亨不憂之德'이라고 한 것에 근거하면 '勿'을 '不'로 해석했음을 추측할 수 있다. 孔穎達은 '勿'을 '无'로 訓하였는바, 王이 豐亨에 이르면 우려가 없어진다고 본 것이다. 經文의 번역은 孔穎達의 訓을 따랐음을 밝혀둔다.

반면 程伊川은 '勿憂'를 아래의 '宜日中'과 연결하여 '근심하지 않으려면 해가 중천에서 비추듯이 해야 한다.'의 의미로 經文을 해석하였다. ≪程傳≫은 다음과 같다. "豐盛의 때에는 人民이 많고 事物이 번성하니, 다스림에 어찌 두루하기가 쉽겠는가. 우려할

만하다. 마땅히 해가 中天에 있어 盛하게 밝고 널리 비추어 미치지 않는 곳이 없듯이 한 뒤에야 근심이 없을 것이다.〔豐之時 人民之繁庶 事物之殷盛 治之豈易周 爲可憂慮 宜如日中之盛明廣照 无所不及 然後无憂也〕"

한편 朱子는 '勿憂'를 '근심하지 말아야 함'으로 보았는바, ≪本義≫는 다음과 같다. "王者가 이에 이르면 성함이 지극하여 마땅히 쇠할 것이니, 또다시 근심할 道가 있다. 聖人이 '한갓 근심함은 유익함이 없으니, 다만 常道를 지켜 지나치게 성함에 이르지 않으면 可하다.'고 생각하였다. 그러므로 근심하지 말고 해가 中天에 있어 비추는 것과 같이 하라고 경계한 것이다.〔王者至此 盛極當衰 則又有憂道焉 聖人以爲徒憂无益 但能守常 不至於過盛則可矣 故戒以勿憂 宜日中也〕"

程伊川은 '日中'을 '성하게 밝고 널리 비춤'의 의미로 본 반면, 朱子는 '日中'을 '기울지 않은 常道'의 의미로 본 것이다. 이에 대하여 沙溪(金長生)는 "≪程傳≫의 뜻은 '해가 중천에 있어서 성하게 밝고 널리 비추듯이 하여야 한다.'는 것이고, ≪本義≫의 뜻은 '해가 중천에 있어서 기울지 않게 해야 한다.'는 것이니, ≪程傳≫의 뜻이 옳은 듯하다.〔傳意宜如日中之盛明廣照 義意宜日中勿使昃昳 傳意似長〕"라고 평가하였다. ≪沙溪全書 經書辨疑 권15 周易≫

正義曰 : '勿'은 없음이다. 왕이 능히 豐亨에 이르러야 비로소 다시 근심하고 우려함이 없을 수 있다. 그러므로 "근심이 없다."라고 한 것이다.

豐亨하여 근심이 없는 德을 사용한 뒤에야 萬國에 군림하여 四方을 두루 비춰서 마치 해가 中天에 있을 때에 天下를 두루 비추는 것과 같이 할 수 있다. 그러므로 "해가 中天에 있는 것처럼 하는 것이 마땅하다."라고 한 것이다.

彖曰 豐은 大也니

〈彖傳〉에 말하였다.

"'豐'은 크게 넓힘이니,

【注】 音闡大之大也라

〈'大'는〉 音이 闡大의 大이다.

【疏】 '彖曰豐大也' ○ 正義曰 : '豐 大也'者, 釋卦名正是弘大之義也.

經의 〔彖曰豐大也〕

○ 正義曰：〔豐 大也〕 卦 이름이 바로 弘大의 뜻임을 해석한 것이다.

【疏】 ○ 注'音闡大之大也' ○ 正義曰：'闡'者, 弘廣之言. 凡物之大, 其有二種, 一者自然之大, 一者由人之闡弘使大. 豐之爲義, 旣闡弘微細, 則豐之稱大, 乃闡大之大, 非自然之大, 故音之也.

○ 注의 〔音闡大之大也〕

○ 正義曰：〔闡〕 넓힌다는 말이다.

모든 물건의 큰 것에 두 종류가 있으니, 하나는 자연스레 큼이요, 하나는 사람이 넓힘으로 말미암아 커진 것이다. 豐의 뜻이 이미 미세한 것을 넓힌 것이고 보면, '豐'을 大라고 칭함은 바로 '闡大'의 '大'이고 자연스레 큼이 아니다. 그러므로 음을 단 것이다.

明以動이라 故로 豐이니 王假之는 尙大也요

밝고 動하므로 豐盛한 것이니, '왕이어야 여기에 이름'은 큼을 숭상하는 것이요,

【注】 大者는 王之所尙이라 故로 至之也라

큰 것은 王이 숭상하는 바이다. 그러므로 여기에 이른 것이다.

【疏】 正義曰：'動故豐'者, 此就二體, 釋卦得名爲豐之意. 動而不明, 未能光大, 資明以動, 乃能致豐, 故曰"明以動, 故豐"也. '王假之 尙大也'者, 豐大之道, 王所崇尙, 所以王能至之, 以能尙大故也.

正義曰：〔動故豐〕 이는 두 體를 가지고 卦의 이름을 얻은 것이 '豐'이 되는 뜻을 해석한 것이다. 動하되 밝지 못하면 光大(光明正大)하지 못하니, 밝음을 依賴하여 動하여야 비로소 풍성함을 이룰 수 있다. 그러므로 "밝고 動하므로 풍성하다."라고 한 것이다.

〔王假之 尙大也〕 豐大의 道는 왕이 숭상하는 바이니, 왕이어야 능히 여기에 이르는 까닭은 능히 큼을 숭상하기 때문이다.

勿憂宜日中은 宜照天下也라

'근심이 없어야 해가 中天에 있는 것처럼 하는 것이 마땅함'은 天下를 비춤이 마

땅한 것이다.

【注】 以勿憂之德故로 宜照天下也라

근심하지 않는 德이기 때문에 천하를 비춤이 마땅한 것이다.

【疏】 正義曰：日中之時, 徧照天下, 王无憂慮, 德乃光被, 同於日中之盈, 故曰"勿憂宜日中, 宜照天下也."

正義曰：해가 中天에 있을 때에 天下를 두루 비추니, 王이 우려가 없어야 德이 비로소 光大하게 입혀져서 해가 중천에 있을 때의 가득함과 같아진다. 그러므로 "'근심이 없어야 해가 中天에 있는 것처럼 하는 것이 마땅함'은 천하를 비춤이 마땅한 것이다."라고 한 것이다.

日中則昃(측)하고 月盈則食하나니 天地盈虛도 與時消息이온 而況於人乎며 況於鬼神乎아

해가 中天에 있으면 기울고 달이 차면 먹히나니, 하늘과 땅의 가득하고 빔도 때와 더불어 사라지고 자라나는데 하물며 사람에 있어서이며 하물며 귀신에 있어서랴."

【注】 豐之爲用은 困於昃食者也라 施於未足則尙豐하고 施於已盈則方溢하여 不可以爲常이라 故로 具陳消息之道者也라

豐의 쓰임은 기울고 먹히는 바에 곤궁한 것이다. 부족한 자에게 베풀면 풍부함을 숭상하고, 이미 가득 찬 자에게 베풀면 막 넘쳐서 떳떳함으로 삼을 수가 없다. 그러므로 사라지고 자라나는 道를 갖추어 말한 것이다.

【疏】 正義曰：此孔子因豐設戒, 以上言王者以豐大之德, 照臨天下, 同於日中. 然盛必有衰, 自然常理. 日中至盛, 過中則昃, 月滿則盈, 過盈則食. 天之寒暑往來, 地之陵谷遷貿, 盈則與時而息, 虛則與時而消. 天地日月尙不能久, 況於人與鬼神, 而能長保其盈盛乎. 勉令及時修德, 仍戒居存慮亡也. 此辭先陳天地, 後言人鬼神者, 欲以輕譬重, 亦先尊後卑也. 而日月先天地者, 承上宜日中之下, 遂言其昃食, 因擧日月以對之, 然後幷陳天地, 作文之體也.

正義曰 : 이는 孔子가 豐卦를 인하여 경계를 베푸신 것이니, 이상은 王者가 豐大한 德을 가지고 天下에 밝게 임하여 해가 中天에 있는 것과 같음을 말씀한 것이다. 그러나 盛하면 반드시 쇠함이 있음은 자연의 떳떳한 이치이다. 해가 중천에 있으면 지극히 盛하니 中을 지나면 기울고, 달이 圓滿(둥긂)해지면 가득 차니 가득 참이 지나면 먹힌다. 하늘의 추위와 더위가 오고감과 땅의 구릉과 골짜기가 변천함은, 가득하면 때와 더불어 불어나고 비면 때와 더불어 사라지는 이치이다. 하늘과 땅, 해와 달도 오히려 오래가지 못하는데, 하물며 사람과 귀신에 있어서 가득 차고 盛함을 길이 보존할 수 있겠는가. 제때에 미쳐서 德을 닦음을 힘쓰게 하고, 이어서 생존함에 있으면서 망함을 염려해야 한다고 경계한 것이다.

이 글은 먼저 하늘과 땅을 말하고 뒤에 사람과 귀신을 말하였으니, 이는 가벼운 것을 가지고 무거운 것을 비유하고자 한 것이요, 또한 높음을 먼저하고 낮음을 뒤에 한 것이다. 그런데 해와 달이 하늘과 땅보다 먼저 있는 것은 위의 '宜日中'의 아래를 이어받아서 마침내 '해가 기울고 달이 먹힘'을 말하고, 인하여 해와 달을 들어 상대한 뒤에 아울러 하늘과 땅을 말한 것이니, 문장을 짓는 체제이다.

象曰 雷電皆至 豐이니 君子以折獄致刑하나니라

〈象傳〉에 말하였다. "우레와 번개가 모두 이름이 豐卦이니, 君子가 보고서 獄訟을 결단하고 형벌을 加한다."

【注】 文明以動하여 不失情理也라

文明으로써 動하여 情理를 잃지 않는 것이다.

【疏】 正義曰 : '雷電皆至 豐'者, 雷者, 天之威動, 電者, 天之光耀. 雷電俱至, 則威明備, 足以爲豐也.[1] '君子以折獄致刑'者, 君子法象天威而用刑罰, 亦當文明以動, 折獄斷決也. 斷決獄訟, 須得虛實之情, 致用刑罰, 必得輕重之中. 若動而不明, 則淫濫斯及, 故君子象於此卦而折獄致刑.

1) 雷電皆至……足以爲豐也 : '雷電皆至'를 程伊川은 밝음과 진동함이 竝行하는 것으로 보았는바, ≪程傳≫은 다음과 같다. "우레와 번개가 모두 이름은 밝음과 진동함이 병행하는 것이니, 두 體가 서로 합했으므로 '皆至'라고 말한 것이다. 明과 動이 서로 資賴하여 豐의 象을 이루었다. 離는 밝음이니 비추어 살피는 象이요, 震은 동함이니 위엄으로 決斷하는 象이다.〔雷電皆至 明震竝行也 二體相合 故云皆至 明動相資 成豐之象 離 明也 照察之象 震 動也 威斷之象〕"

正義曰 : 〔雷電皆至 豐〕 '雷'는 하늘의 위엄이 動하는 것이요, '電'은 하늘의 빛남이다. 우레와 번개가 함께 이르면 위엄과 밝음이 갖추어져서 풍성함이 될 수 있는 것이다.

〔君子以折獄致刑〕 군자가 하늘의 위엄을 본받고 형상하여 형벌을 사용하고 또한 마땅히 文明으로써 動하여 獄訟을 決斷해야 하는 것이다. 獄訟을 결단함은 모름지기 虛實의 실정을 얻어야 하고, 형벌을 가하여 사용함은 반드시 輕重의 알맞음을 얻어야 한다. 만약 動하되 밝지 못하면 지나친 형벌이 이에 미친다. 그러므로 군자가 이 卦를 본받아서 獄訟을 결단하고 형벌을 加하는 것이다.

初九는 遇其配主하니 雖旬이나 无咎하여 往하면 有尙하리라

初九는 짝 주인을 만나니, 비록 대등하나 허물이 없어서 가면 嘉尙한 일이 있으리라.

【注】 處豐之初하여 其配在四하여 以陽適陽하니 以明之動으로 能相光大者也라 旬은 均也라 雖均无咎하여 往有尙也라 初四俱陽爻라 故로 曰 均也라하니라

豐의 처음에 처하여 그 짝이 九四에 있어서 陽으로서 陽에게 가니, 밝음의 動함으로써 능히 서로 光大하게 하는 자이다. '旬'은 대등함이니, 비록 대등하나 허물이 없어서 가면 嘉尙함이 있는 것이다. 初九와 九四가 모두 陽爻이므로 "대등하다."라고 한 것이다.

【疏】 正義曰 : '遇其配主'者, 豐者, 文明必動, 尙乎光大者也. 初配在四, 俱是陽爻, 以陽適陽, 以明之動, 能相光大者也, 故曰"遇其配主"也.[1] '雖旬 无咎 往 有尙'者, 旬, 均也. 俱是陽爻, 謂之爲均. 非是陰陽相應, 嫌其有咎, 以其能相光大, 故雖均, 可以无咎, 而往有嘉尙也, 故曰"雖均, 无咎, 往, 有尙"也.

1) 遇其配主者……故曰遇其配主也 : '配主'에 대해서 王弼과 孔穎達은 특별히 해석하지 않

았다. 다만 아래 九四 爻辭의 疏에서 "만약 初九가 九四에 가는 것에 근거하면 九四를 위주로 하기 때문에 '짝 주인을 만난다.'라고 한 것이다."라고 하였는바, 配主는 '자기와 짝〔配〕이 되는 주인'의 의미인 것으로 보인다.

程伊川은 '配主'를 '자기가 나아가 찾아가서 짝하는 주인' 즉 '높은 주인'으로 해석하였는바, ≪程傳≫은 다음과 같다. "初九는 밝음의 처음이고 九四는 動함의 처음이니, 마땅히 서로 필요로 하여 그 쓰임을 이루어야 한다. 그러므로 비록 대등하나 서로 應하는 것이다. 자리가 서로 應하고 쓰임이 서로 依賴한다. 그러므로 初九가 九四를 일러 配主라 하였으니, 자기가 짝하는 것이다. 配는 비록 짝을 칭하나 찾아가는 자이니, 하늘에 짝하고 군자를 짝한다는 것과 같다. 그러므로 初九는 九四에 대하여 配라 이르고, 九四는 初九에 대하여 夷(대등)라 이른 것이다.〔初九 明之初 九四 動之初 宜相須以成其用 故雖旬而相應 位則相應 用則相資 故初謂四爲配主 己所配也 配雖匹稱 然就之者也 如配天以配君子 故初於四云配 四於初云夷也〕"

正義曰 : 〔遇其配主〕 '豐'은 文明하면 반드시 動하여 光大함을 숭상하는 자이다. 初九의 짝이 九四에 있는데 〈初九와 九四〉 모두 陽爻여서 陽으로서 陽에게 가니, 밝음의 動함으로써 능히 서로 光大하게 해주는 자이다. 그러므로 "짝 주인을 만난다."라고 한 것이다.

〔雖旬 无咎 往 有尙〕 '旬'은 대등함이다. 〈初九와 九四가〉 모두 陽爻이므로 이것을 일러 '대등함'이라 한 것이다. 陰과 陽이 서로 應하는 것이 아니어서 허물이 있을까 혐의하나 능히 서로 光大하게 해주기 때문에 비록 대등하나 허물이 없을 수 있어서 가면 嘉尙함이 있는 것이다. 그러므로 "비록 대등하나 허물이 없어서 가면 嘉尙한 일이 있다."라고 한 것이다.

象曰 雖旬无咎하니 過旬이면 災也리라

〈象傳〉에 말하였다. "비록 대등하나 허물이 없으니, 대등함을 지나면 재앙이 있을 것이다."

【注】 過均則爭하여 交斯叛也라

대등함을 지나면 다투어서 사귀는 것이 이에 위배된다.

【疏】 '象曰'至'災也' ○ 正義曰 : '過旬災(光)〔也〕[1)]'者, 言勢若不均, 則相傾奪. 旣相傾奪, 則爭競乃興, 而相違背, 災咎至焉, 故曰"過旬災也."

1) (光)〔也〕: 저본에는 '光'으로 되어 있으나, 위의 經文과 毛本에 의거하여 '也'로 바로잡았다.(阮元의 〈校勘記〉 참조)

經의 〔象曰〕에서 〔災也〕까지

○ 正義曰 : 〔過旬災也〕 형세가 만약 대등하지 않으면 서로 기울게 하고 빼앗음을 말한 것이다. 이미 서로 기울게 하고 빼앗으면 경쟁이 마침내 일어나서 서로 위배되어 재앙과 허물이 이른다. 그러므로 "대등함을 지나면 재앙이 있다."라고 한 것이다.

【疏】 ○ 注'過均'至'叛也' ○ 正義曰 : 初·四應配, 謂之爲交, 勢若不均, 則初·四之相交, 於斯乖叛矣.

○ 注의 〔過均〕에서 〔叛也〕까지

○ 正義曰 : 初九와 九四가 應하여 짝이 되는 것을 '交'라 하였으니, 세력이 만약 대등하지 않으면 初九와 九四가 서로 사귐이 이에 괴리되고 위배되는 것이다.

六二는 豐其蔀(부)라 日中見斗니 往하면 得疑疾이나 有孚發若하면 吉하리라

六二는 떼적을 풍부하게 하였다. 해가 中天에 있는데도 斗星을 보니, 가면 의심받는 병을 얻으나 孚信이 있어 〈뜻을〉 발하면 吉하리라.

【注】 蔀는 覆曖(부애)니 鄣光明之物也라 處明動之時하여 不能自豐以光大之德하니 旣處乎內하고 而又以陰居陰하여 所豐在蔀하여 幽而无覩者也라 故로 曰 豐其蔀라 日中見斗也라하니라 日中者는 明之盛也요 斗見者는 闇之極也니 處盛明而豐其蔀라 故로 曰 日中見斗라하니라 不能自發故로 往得疑疾이나 然履中當位하여 處闇不邪하니 有孚者也라 若은 辭也라 有孚면 可以發其志하여 不困於闇이라 故로 獲吉也라

'蔀'는 햇빛을 가리는 것이니, 光明을 막는 물건이다. 밝게 動하는 때에 처하여 스스로 光大한 德으로써 풍부하게 하지 못하니, 이미 안에 處하고 또 陰으로서 陰의 자리에 거하여 풍부한 바가 떼적에 있어서 그윽하여 보지 못하는 자이다. 그러므로 "떼적을 풍부하게 하였다. 해가 중천에 있는데도 斗星을 본다."라고 한 것이다.

'해가 중천에 있음'은 밝음이 盛한 것이고, '斗星이 보임'은 어둠이 지극한 것이니, 盛하

게 밝을 때에 처하여 떼적이 풍부하다. 그러므로 "해가 중천에 있는데도 斗星을 본다."라고 한 것이다.

능히 스스로 발하지 못하므로 가면 의심받는 병을 얻는다. 그러나 中을 밟고 자리에 마땅하여 어둠에 처해서도 간사하지 않으니, 孚信이 있는 자이다.

'若'은 어조사이다. 孚信이 있으면 그 뜻을 발하여 어둠에 곤궁하지 않을 수 있다. 그러므로 吉함을 얻는 것이다.

【疏】 '六二豐其蔀'至'有孚發若吉' ○正義曰：'豐其蔀'者, 二以陰居陰, 又處於內, 幽闇无所覩見, 所豐在於覆蔽, 故曰"豐其蔀"也.[1] 蔀者, 覆曖, 障光明之物也. '日中見斗'者, 二居離卦之中, 如日正中, 則至極盛者也. 處日中盛明之時, 而斗星顯見, 是二之至闇, 使斗星見明者也. 處光大之世, 而爲極闇之行, 譬日中而斗星見, 故曰"日中見斗"也.[2] 二・五俱陰, 二已見斗之闇, 不能自發, 以自求於五, 往則得見疑之疾, 故曰"往得疑疾"也.[3] 然居中履正, 處闇不邪, 是有信者也. 有信以自發其志, 不困於闇, 故獲吉也. 故曰"有孚發若, 吉"也.[4]

1) 豐其蔀者……故曰豐其蔀也：六二는 밝음을 상징하는 離卦(☲)의 주체이며 또 中正을 얻었다. 그럼에도 불구하고 그 爻辭가 '밝음을 가리는 떼적을 풍부하게 함'이 된 이유에 대하여, 王弼과 孔穎達은 '六二가 陰爻로서 陰位에 거하고, 또 內卦에 거하기 때문'이라고 해석하였다.

반면 程伊川과 朱子는 그 이유를 '六二가 柔暗한 六五와 응하기 때문'이라고 해석하였는바, 다른 卦에서는 陰爻와 陰爻, 陽爻와 陽爻가 서로 응하지 않지만, 豐卦는 內卦(離卦)의 明과 外卦(震卦)의 動이 서로 자뢰하여야 豐을 이루므로, 初九와 九四가 응하는 것처럼, 六二와 六五도 응한다고 본 것이다. ≪程傳≫은 다음과 같다. "明과 動이 서로 資賴하여야 豐을 이룰 수 있다. 六二는 밝음의 주체이고 또 中正을 얻었으니, 밝은 자라고 이를 만하나 六五가 正應의 자리에 있어 陰柔로 바르지 못하니, 動할 수 있는 자가 아니다. 二爻와 五爻가 비록 모두 陰이나 明과 動이 서로 자뢰하는 때에 있고 서로 應하는 처지에 있는데 五의 재주가 부족하니, 이미 應의 재주가 의뢰할 수 없다면 六二가 홀로 밝음은 豐을 이루지 못하고, 이미 豐을 이루지 못하면 밝은 功을 상실하게 된다. 그러므로 그 떼적을 풍부하게 함이 되는 것이다.〔明動相資 乃能成豐 二爲明之主 又得中正 可謂明者也 而五在正應之地 陰柔不正 非能動者 二五雖皆陰 而在明動相資之時 居相應之地 五才不足 既其應之才不足資 則獨明不能成豐 既不能成豐 則喪其明功 故爲豐其蔀〕"

2) 日中見斗者……故曰日中見斗也：'斗'에 대하여 王弼은 특별한 해석이 없고, 孔穎達은

斗星이라고 하였으나 斗星에는 北斗星과 南斗星이 있는바, 程伊川은 '斗'를 북두성으로 보고 이를 '六二의 正應 자리에 있는 六五를 가리켜 한 말'로 보았는바, ≪程傳≫은 다음과 같다. "斗는 어두울 때에 나타나는 것이다.……斗는 陰에 속하고 운행하여 四時를 고르게 함을 주장하니, 六五가 陰柔로서 君主의 지위에 당함을 형상하였다.〔斗 昏見者也……斗 屬陰而主運平 象五以陰柔而當君位〕" 북두성은 하루에 하늘을 한 바퀴 돌고 약간 더 돌아 1년에 366번을 도는바, 이는 말〔斗〕로써 하늘의 기운을 담아 사방에 고루게 나누어주는 것이라 한다.

3) 二五俱陰……故曰往得疑疾也 : '疑疾'에 대하여 王弼은 분명한 해석이 없고, 孔穎達은 '의심받는 병'으로 풀이하였다.

반면 程伊川은 '의심과 미워함'으로 보았는바, ≪程傳≫은 다음과 같다. "六二가 비록 지극히 밝고 中正한 재질이나 만난 바가 바로 柔暗하고 바르지 못한 군주라서 이미 아래로 자기를 구하지 못하니, 만일 가서 구하면 도리어 의심과 시기와 미움을 얻으리니, 昏暗한 군주는 이와 같은 것이다.〔二雖至明中正之才 所遇乃柔暗不正之君 旣不能下求於己 若往求之 則反得疑猜忌疾 暗主如是也〕"

4) 有信以自發其志……吉也 : '有孚發若 吉'을 王弼과 孔穎達은 '六二가 中正하여 孚信이 있으므로 자신의 뜻을 발하면 吉할 것임'의 의미로 해석하였는데, '자신의 뜻'이란 아래 〈象傳〉의 疏를 참조하면 '자신의 豐大한 뜻'을 말한다.

반면 程伊川과 朱子는 이를 '六二가 誠意로 六五의 의지를 感發시키면 길함'으로 해석하였는바, ≪程傳≫은 다음과 같다. "君子가 윗사람을 섬길 적에 그 마음을 얻지 못하면 至誠을 다하여 윗사람의 意志를 感發시킬 뿐이다. 진실로 誠意로 감동시킨다면 비록 昏蒙하더라도 깨우칠 수 있고 비록 柔弱하더라도 보필할 수 있고 비록 바르지 않더라도 바로잡을 수 있다. 古人 중에 용렬한 군주와 보통의 군주를 섬기면서도 능히 그 道를 행한 자는 자신의 誠意가 위에 도달되어 군주가 신임하기를 돈독히 했기 때문이니, 管仲이 齊 桓公을 도운 것과 孔明(諸葛亮)이 後主(劉禪)를 輔弼함이 이것이다. 만일 誠信으로써 군주의 의지를 感發시킨다면 道를 행할 수 있을 것이니, 바로 吉함이 되는 것이다.〔夫君子之事上也 不得其心 則盡其至誠 以感發其志意而已 苟誠意能動 則雖昏蒙可開也 雖柔弱可輔也 雖不正可正也 古人之事庸君常主而克行其道者 己之誠意上達 而君見信之篤耳 管仲之相桓公 孔明之輔後主是也 若能以誠信 發其志意 則得行其道 乃爲吉也〕"

經의 〔六二豐其蔀〕에서 〔有孚發若吉〕까지

○ 正義曰 : 〔豐其蔀〕 六二가 陰으로서 陰의 자리에 거하고 또 안에 처하여 그윽하고 어두워서 보이는 바가 없어 풍부한 바가 덮고 가림에 있다. 그러므로 "떼적을 풍부하게 하였다."라고 한 것이다. '蔀'는 햇빛을 가리는 것이니, 光明을 막는 물건이다.

〔日中見斗〕 六二가 離卦의 가운데에 있어서 마치 해가 바로 中天에 있는 것과 같으니,

지극히 盛한 자이다. 해가 중천에 있어서 盛하게 밝은 때에 처하였는데도 斗星이 나타나 보이니, 이는 六二가 지극히 어두워서 斗星으로 하여금 밝음을 보이게 한 것이다. 光大한 세상에 처하여 지극히 어두운 행실을 함은, 비유하건대 해가 중천에 있는데도 斗星이 보이는 것과 같다. 그러므로 "해가 중천에 있는데도 斗星을 본다."라고 한 것이다.

六二와 六五가 모두 陰이니, 六二가 이미 斗星의 어둠을 보고 스스로 발하지 못하고서 스스로 六五을 구하여 가면 의심받는 병을 얻는다. 그러므로 "가면 의심받는 병을 얻는다."라고 한 것이다.

그러나 六二가 中에 거하고 正位를 밟고 있어서 어둠에 처하여도 간사하지 않으니, 이는 孚信이 있는 자이다. 孚信이 있어서 스스로 자기의 뜻을 발하면 어둠에 곤궁하지 않는다. 그러므로 吉함을 얻는 것이다. 그러므로 "孚信이 있어 뜻을 발하면 吉하리라."라고 한 것이다.

象曰 有孚發若은 信以發志也라

〈象傳〉에 말하였다. "'孚信이 있어 발함'은 孚信으로써 자신의 뜻을 발하는 것이다."

【疏】 正義曰 : '信以發志'者, 雖處幽闇, 而不爲邪, 是有信以發其豐大之志, 故得吉也.

正義曰 : 〔信以發志〕 비록 그윽하고 어둠에 처하였으나 간사함을 하지 않으니, 이는 孚信이 있어 그 豐大한 뜻을 발하는 것이다. 이 때문에 吉함을 얻는 것이다.

九三은 豐其沛[1)]라 日中見沬(매)니 折其右肱이면 无咎리라

1) 沛 : '旆(휘장)'와 같다.

九三은 휘장을 풍부하게 하였다. 해가 中天에 있는데 희미한 빛을 보니, 그 오른 팔을 부러뜨리면 허물이 없으리라.

【注】 沛는 幡幔이니 所以禦盛光也요 沬는 微昧之明也라 應在上六하여 志在乎陰하니 雖愈乎以陰處陰이나 亦未足以免於闇也라 所豐在沛하니 日中(則)[1)]見沬之謂也라 施明則見沬而已요 施用則折其右肱이라 故로 可以自守而已요 未足用也라

1) (則) : 저본에는 '則'이 있으나, 岳本·宋本·古本·足利本에 의거하여 衍文으로 처리하였다.(阮元의 〈校勘記〉 참조)

'沛'는 휘장〔幡幔〕이니, 盛한 빛을 막는 것이요, '沫'는 희미한 밝음이다. 應이 上六에 있어서 뜻이 陰에 있으니, 비록 陰爻로서 陰의 자리에 처한 〈六二보다는〉 나으나 또한 어둠을 면치 못한다. 풍부한 바가 휘장에 있으니, 해가 中天에 있는데 희미한 빛을 봄을 말한 것이다. 밝음을 베풀면 희미한 빛을 볼 뿐이요, 씀에 베풀면 그 오른팔을 부러뜨린다. 그러므로 스스로 지킬 뿐이요 쓸 수가 없는 것이다.

【疏】 正義曰 : '豐其沛 日中見沫'者, 沛, 幡幔, 所以禦盛光也. 沫, 微昧之明也. 以九三應在上六, 志在乎陰, 雖愈於六二以陰處陰, 亦未見免於闇也.[1] 是所以豐在沛, 日中見沫. 夫處光大之時, 而豐沛見沫, 雖愈於豐蔀見斗, 然施於大事, 終不可用. 假如折其右肱, 自守而已, 乃得无咎, 故曰"折其右肱, 无咎."[2]

1) 以九三應在上六……亦未見免於闇也 : 王弼과 孔穎達은 六二의 어두움이 九三보다 더 심하다고 보았다.

반면 程伊川과 朱子는 九三의 어두움이 六二보다 심하다고 하였다. ≪程傳≫은 다음과 같다. "沛字는 古本에 旆字로 쓴 것이 있으며, 王弼은 幡幔이라고 하였으니, 이는 旆인 것이다. 幡幔은 안을 에워싸 가리는 것이니, 휘장을 풍부하게 한다면 그 어두움이 떼적보다도 더 심한 것이다. 九三은 밝은 體인데 도리어 九四보다 어두운 것은 應한 바가 陰暗이기 때문이다. 九三은 明體의 위에 거하고 陽剛으로 正을 얻었으니, 본래는 밝은 자이나 豐의 道는 반드시 明과 動이 서로 자뢰하여야 이루어지는데, 九三이 上六과 應하니, 上六은 陰柔이고 또 지위가 없으면서 震의 終에 처했으니, 이미 終이 되면 멈추니 動할 수 없는 자이다. 다른 卦는 終에 이르면 極이 되나 震은 終에 이르면 멈춘다. 九三은 上六의 應이 없으면 豐을 이루지 못한다. 沫는 별이 작아 이름이 없고 數에 들지 않는 것이니, 沫를 봄은 어둠이 심한 것이다. 豐의 때에 上六을 만남은 대낮에 작은 별을 보는 것과 같은 것이다.〔沛字 古本有作旆字者 王弼以爲幡幔 則是旆也 幡幔 圍蔽於內者 豐其沛 其暗更甚於蔀也 三 明體而反暗於四者 所應陰暗故也 三居明體之上 陽剛得正 本能明者也 豐之道必明動相資而成 三應於上 上 陰柔 又无位而處震之終 旣終則止矣 不能動者也 他卦至終則極 震 至終則止矣 三 无上之應 則不能成豐 沫 星之微小无名數者 見沫 暗之甚也 豐之時而遇上六 日中而見沫者也〕"

2) 假如折其右肱……无咎 : 无咎에 대하여 王弼은 분명한 해석이 없고, 孔穎達은 '허물이 없음'으로 해석하였다.

반면 程伊川은 '허물을 돌릴 데가 없음'으로 해석하였는바, ≪程傳≫은 다음과 같다.

> "사람의 행위가 잘못이 있으면 허물을 돌릴 곳이 있어 말하기를 '이 때문에 이렇게 되었다.'고 하는데, 만일 動하고자 하나 오른팔이 없고 하고자 하나 위에 依賴할 바가 없다면 능하지 못할 뿐이니, 다시 무슨 말을 하겠는가. 허물을 돌릴 곳이 없는 것이다.〔人之爲 有所失 則有所歸咎 曰 由是故致是 若欲動而無右肱 欲爲而上无所賴 則不能而已 更復何言 无所歸咎也〕"

正義曰 : 〔豐其沛 日中見沬〕 '沛'는 휘장〔幡幔〕이니, 盛한 빛을 막는 것이다. '沬'는 희미한 밝음이다. 九三의 應이 上六에 있어서 뜻이 陰에게 있으니, 비록 陰爻로서 陰의 자리에 처한 六二보다는 나으나 또한 어둠을 면치 못한다. 이 때문에 풍부함이 휘장에 있어 해가 中天에 있는데 희미한 빛을 보는 것이다.

光大한 때에 처하여 휘장을 풍부하게 해서 희미한 빛을 보니, 비록 떼적을 풍부하게 하여 斗星을 보는 것보다는 나으나 큰일에 베풀면 끝내 사용할 수가 없다. 가령 오른팔을 부러뜨려서 스스로 지킬 뿐이라면 비로소 허물이 없을 수 있다. 그러므로 "그 오른팔을 부러뜨리면 허물이 없다."라고 한 것이다.

象曰 豐其沛는 不可大事也요

〈象傳〉에 말하였다.

"'휘장을 풍부하게 함'은 큰일을 할 수 없는 것이요,

【注】 明不足也라

밝음이 부족한 것이다.

【疏】 正義曰 : '不可大事'者, 當光大之時, 可爲大事, 明不足, 故不可爲大事也.

正義曰 : 〔不可大事〕 光大한 때를 당하여 큰일을 할 수 있으나 밝음이 부족하기 때문에 큰일을 할 수 없는 것이다.

折其右肱은 終不可用也라

'그 오른팔을 부러뜨림'은 끝내 쓸 수 없는 것이다."

【注】 雖有左在나 不足用也라

비록 왼팔이 남아 있으나 쓰지 못하는 것이다.

【疏】正義曰：'終不可用'者，凡用事在右肱，右肱旣折，雖有左在，終不可用也.

正義曰：〔終不可用〕무릇 일에 사용함은 오른팔에 달려 있으니, 오른팔이 이미 부러졌으면 비록 왼팔이 남아 있더라도 끝내 쓸 수 없는 것이다.

九四는 豐其蔀라 日中見斗니 遇其夷主하면 吉하리라

九四는 떼적을 풍부하게 하였다. 해가 中天에 있는데도 斗星을 보니, 그 평등(동등)한 주인을 만나면 吉하리라.

【注】以陽居陰은 豐其蔀也요 得初以發은 夷主吉也라

陽爻로서 陰의 자리에 거함은 떼적을 풍부하게 한 것이요, 初九를 얻어 發함은 평등한 주인을 만나 吉한 것이다.

【疏】正義曰：'豐其蔀'者，九四以陽居陰，闇同於六二，故曰"豐其蔀"也. '日中見斗 遇其夷主 吉'者，夷，平也，四應在初，而同是陽爻，能相顯發，而得其吉，故曰"遇其夷主吉"也. 言四之與初，交相爲主者，若賓主之義也. 若據初適四，則以四爲主，故曰"遇其配主." 自四之初，則以初爲主，故曰"遇其夷主"也. 二陽體敵，兩主均平，故初謂四爲旬，而四謂初爲夷也.

正義曰：〔豐其蔀〕九四가 陽爻로서 陰의 자리에 처하여 어둠이 六二와 같다. 그러므로 "떼적을 풍부하게 하였다."라고 한 것이다.

〔日中見斗 遇其夷主 吉〕'夷'는 평등함이니, 九四의 應이 初九에 있는데 〈九四와 初九가〉 똑같이 陽爻이니, 능히 서로 드러내고 발하여 그 吉함을 얻을 수 있다. 그러므로 "그 평등한 주인을 만나면 吉하리라."라고 한 것이다. '九四와 初九가 서로 주인이 됨은 賓主의 뜻과 같음'을 말한 것이다. 만약 初九가 九四에 가는 것에 근거하면 九四를 위주로 하기 때문에 "짝 주인을 만난다."라고 한 것이고, 九四가 初九에 가는 것으로 보면 初九를 위주로 하기 때문에 "평등한 주인을 만난다."라고 한 것이다. 두 陽의 體가 동등하여 두 주인이 세력이 동등〔均平〕하므로 初九가 九四를 일러 '旬(대등함)'이라 하고 九四가 初九

를 일러 '夷(평등함)'라 한 것이다.

象曰 豐其蔀는 位不當也요 日中見斗는 幽不明也요 遇其夷主는 吉行也라

〈象傳〉에 말하였다. "'떼적을 풍부하게 함'은 자리가 마땅하지 않은 것이요, '해가 중천에 있는데도 斗星을 봄'은 어두워 밝지 못한 것이요, '평등한 주인을 만남'은 나아감이 길한 것이다."

【疏】 正義曰:'位不當'者, 止謂以陽居陰, 而位不當, 所以豐蔀而闇者也. '幽不明也'者, 日中盛則反而見斗, 以譬當光大而居陰, 是應明而幽闇不明也. '吉行也'者, 處於陰位, 爲闇已甚, 更應於陰, 无由獲吉, 猶與陽相遇, 故得吉行也.

正義曰:〔位不當〕 다만 陽爻로서 陰의 자리에 거하여 자리가 마땅하지 않음을 말한 것이니, 이 때문에 떼적을 풍부하게 하여 어두운 것이다.

〔幽不明也〕 해가 中天에 있어 밝음이 盛한데도 도리어 斗星을 보니, 이는 '光大할 때를 당하여 陰의 자리에 거함은 바로 응당 밝아야 하는데 어두워서 밝지 못함'을 비유한 것이다.

〔吉行也〕 陰의 자리에 처하여 어둠이 이미 심하니, 다시 陰에 應하면 吉함을 얻을 길이 없으나 오히려 陽과 더불어 서로 만나기 때문에 '나아감이 吉함'을 얻는 것이다.

六五는 來章有慶譽하니 吉하니라

六五는 와서 德을 밝혀 福慶과 名譽(칭찬)가 있으니, 吉하다.

【注】 以陰之質로 來適尊陽之位하여 能自光大하여 章顯其德하여 獲慶譽也라

陰의 자질로 높은 陽의 자리에 와서 능히 스스로 光大하여 그 德을 밝히고 드러내어 福慶과 名譽를 얻는 것이다.

【疏】 正義曰:六五處豐大之世, 以陰柔之質, 來適尊陽之位, 能自光大, 章顯其德, 而獲慶善也, 故曰"來章有慶譽, 吉"也.[1)]

1) 六五處豐大之世……吉也:'來章有慶譽'를 王弼과 孔穎達은 '六五가 높은 陽位로 와서

스스로 德을 밝혔으므로 福慶과 칭찬이 있음'의 뜻으로 해석하였는바, '來章'을 '六五가 스스로 와서 자신의 德을 밝힘'의 의미로 본 것이다.

반면 程伊川과 朱子는 이를 '밝은 이〔章〕를 오게 함'으로 해석하였으며, 이 占辭를 六五가 할 수 있는 것이라고 보지 않고 경계와 가르침의 말로 보았다. ≪程傳≫은 다음과 같다. "六五가 陰柔의 재주로 豐의 주체가 되었으니, 진실로 豐大함을 이루지 못하나 만일 아래에 있는 아름다운 재주를 오게 하여 등용하면 福慶이 있고 또 아름다운 名譽를 얻을 것이니, 이른바 吉하다는 것이다. 六二는 文明하고 中正하니, 아름다운 재주이다. 五가 된 자가 진실로 어진 이를 데려다가 지위에 있게 하고 위임하면 豐大한 복경과 명예의 아름다움을 이룰 수 있다. 그러므로 吉한 것이다. 章美의 재주는 六二를 수장하여 말한 것이지만, 初九와 九三·九四가 모두 陽剛의 재주이니, 六五가 어진 이를 등용하면 떼 지어 나올 것이다. 六二는 비록 陰이나 文明中正의 德이 있으니, 大賢으로 아래에 있는 자이다. 六五와 六二는 비록 陰陽의 正應이 아니나 明과 動이 서로 자뢰하는 때에 있어 서로 쓰임이 되는 뜻이 있으니, 六五가 만약 아름다움을 오게 하면 복경과 명예가 있어 吉할 것이다. 그러나 六五가 자신을 겸허하게 하여 어진 이에게 낮추는 뜻이 없으니, 聖人이 이 뜻을 가설하여 가르침을 삼으셨을 뿐이다.〔五以陰柔之才 爲豐之主 固不能成其豐大 若能來致在下章美之才而用之 則有福慶 復得美譽 所謂吉也 六二文明中正 章美之才也 爲五者誠能致之在位而委任之 可以致豐大之慶名譽之美 故吉也 章美之才 主二而言 然初與三四皆陽剛之才 五能用賢則彙征矣 二雖陰 有文明中正之德 大賢之在下者也 五與二 雖非陰陽正應 在明動相資之時 有相爲用之義 五若能來章 則有慶譽而吉也 然六五无虛己下賢之義 聖人設此義以爲教耳〕"

正義曰 : 六五가 豐大한 세상에 처하여 陰柔의 자질로서 높은 陽의 자리에 와서 능히 스스로 光大하여 그 德을 밝히고 드러내어 福慶과 좋은 명예를 얻었다. 그러므로 "와서 德을 밝혀 福慶과 명예가 있으니, 길하다."라고 한 것이다.

象曰 六五之吉은 有慶也라

〈象傳〉에 말하였다. "六五의 吉함은 福慶이 있는 것이다."

【疏】 正義曰 : '有慶也'者, 言六五以柔處尊, 履得其中, 故致慶譽也.

正義曰 : 〔有慶也〕 六五가 柔로서 높은 자리에 처하고 밟음이 中을 얻었기 때문에 福慶과 명예를 이룬 것임을 말한 것이다.

上六은 **豐其屋**하고 **蔀其家**라 **闚**(규)**其戶**에 **闃**(격)**其无人**하여 **三歲不覿**(적)하니 **凶**하니라

上六은 지붕을 풍부하게 하고 그 집을 떼적으로 가렸다. 그 문을 엿봄에 조용하여 사람이 없어서 3년이 되어도 보지 못하니, 凶하다.

【注】 屋은 藏蔭之物이라 以陰處極而最在外하여 不履於位하여 深自幽隱하니 絶跡深藏者也라 旣豐其屋하고 又蔀其家하니 屋厚家覆는 闇之甚也라 雖闚其戶나 闃其无人하여 棄其所處하여 而自深藏也라 處於明動尙大之時하여 而深自幽隱하여 以高其行하니 大道旣濟어늘 而猶不見이면 隱不爲賢하여 更爲反道하니 凶其宜也라 三年은 豐道之成이라 治道未濟엔 隱猶可也어니와 旣濟而隱하니 是는 以治爲亂者也라

'屋'은 감추고 그늘지게 하는 물건이다. 陰으로서 極에 처하여 가장 밖에 있어서 지위를 밟지 못하여 스스로 깊이 감추고 숨으니, 자취를 끊고 깊이 감춘 자이다. 이미 그 지붕을 풍부히 하고 또 그 집을 떼적으로 가리니, 지붕이 두텁고 집이 가려짐은 어둡이 심한 것이다. 비록 그 문을 엿보나 조용하여 사람이 없어서 그 거처하는 바를 버리고 스스로 깊이 감추었다. 밝게 動하고 큼을 숭상하는 때에 처하여 스스로 깊이 감추고 숨어서 그 행실을 높히니, 大道가 이미 이루어졌는데 오히려 나타나지 않으면 숨음이 어짊이 되지 못하여 다시 道를 위반함이 되니, 흉함이 마땅한 것이다.

'3년'은 豐의 道가 이루어지는 것이다. 다스리는 道가 이루어지기 전에는 숨는 것이 그래도 괜찮지만 이미 이루어졌는데 숨으니, 이는 다스려짐을 혼란함으로 삼는 자이다.

【疏】 '上六豐其屋'至'不覿' ○ 正義曰 : '屋'者, 藏蔭隱蔽之物也. 上六, 以陰處陰, 極以處外, 不履於位, 是深自幽隱, 絶跡深藏也, 事同豐厚於屋者也.[1] 旣豐厚其屋, 而又覆蔀其家, 屋厚家闇, 蔽蔀之甚也. 雖闚視其戶, 而闃寂无人, 棄其所處, 而自深藏也. 處於豐大之世, 隱不爲賢. 治道未濟, 隱猶可也, 三年豐道已成, 而猶不見, 所以爲凶, 故曰"豐其屋, 蔀其家, 闚其戶, 闃其无人, 三歲不覿, 凶."

1) 上六……事同豐厚於屋者也 : 程伊川은 上六이 스스로 숨고 감추는 이유에 대하여 다음과 같이 설명하였다. "上六이 陰柔의 재질로 豐의 極에 거하고 動의 終에 처했으니, 자만하고 큰 체하며 조급히 動함이 심하다. 豐大한 때에 처해서는 마땅히 겸손하고 굽혀

야 하는데 처함이 지극히 높고, 豐大한 功을 이룸은 剛健함에 달려 있는데 體가 陰柔이며, 豐大한 임무를 감당함은 때를 얻음에 달려 있는데 자리가 마땅하지 않으니, 上六과 같은 자는 처지가 하나도 마땅함이 없는 것이니, 흉함을 알 수 있다. 집을 豐大하게 한 것은 너무 높음에 처한 것이요, 집에 떼적을 쳤다는 것은 밝지 못함에 거한 것이다. 陰柔로서 豐大에 거하고 지위가 없는 자리에 있으니, 이는 바로 高亢하고 昏暗하여 스스로 남과 끊는 것이니, 사람이 누가 그와 친하겠는가.〔六以陰柔之質 而居豐之極 處動之終 其滿假躁動甚矣 處豐大之時 宜乎謙屈 而處極高 致豐大之功 在乎剛健 而體陰柔 當豐大之任 在乎得時 而不當位 如上六者 處无一當 其凶可知 豐其屋 處太高也 蔀其家 居不明也 以陰柔居豐大而在无位之地 乃高亢昏暗 自絶於人 人誰與之〕"

經의 〔上六豐其屋〕에서 〔不覿〕까지

○ 正義曰 : 〔屋〕 감추고 그늘지게 하여 은폐하는 물건이다.

上六이 陰爻로서 陰의 자리에 처하고 궁극하여 밖에 처해서 지위를 밟지 못하니, 이는 스스로 깊이 감추고 숨어서 자취를 끊고 깊이 감추는 것이니, 일이 '지붕을 豐厚하게 하는 것'과 같은 것이다. 이미 그 지붕을 豐厚하게 하고 또 그 집을 덮고 가리니, 지붕이 두텁고 집이 어두움은 은폐함이 심한 것이다. 비록 그 문을 엿보나 조용하여 사람이 없어서 그 거처하는 바를 버리고 스스로 깊이 감춘다.

豐大한 세상에 처하여 숨음은 어짊이 되지 못한다. 다스리는 道가 이루어지기 전에는 숨는 것이 그래도 괜찮지만, 3년이 되면 豐의 道가 이미 이루어지는데 오히려 나타나지 않으니, 이 때문에 흉함이 되는 것이다. 그러므로 "지붕을 풍부하게 하고 그 집을 떼적으로 가렸다. 그 문을 엿봄에 조용하여 사람이 없어서 3년이 되어도 보지 못하니, 흉하다."라고 한 것이다.

象曰 豐其屋은 天際翔也요

〈象傳〉에 말하였다.

"'그 지붕을 풍부하게 함'은 하늘가에서 나는 것이요,

【注】 翳(예)光最甚者也라

빛을 가림이 가장 심한 자이다.

【疏】 正義曰 : '天際翔也'者, 如鳥之飛翔於天際, 言隱翳之深也.[1)]

1) 天際翔也者……言隱翳之深也 : '天際翔也'에 대하여 王弼과 孔穎達은 분명한 해석이 없으나, 程伊川은 다음과 같이 해설하였다. "上六이 豐大의 極에 처하여 위에 있으면서 스스로 높은 체하여 하늘가에서 飛翔하는 듯하니, 高大함이 심함을 이른 것이다.〔六處豐大之極 在上而自高 若飛翔於天際 謂其高大之甚〕"

正義曰 :〔天際翔也〕 새가 하늘가에서 나는 것과 같으니, 숨고 가림이 심함을 말한 것이다.

闚其戶에 闃其无人은 自藏也라

'그 문을 엿봄에 조용하여 사람이 없음'은 스스로 감추는 것이다."

【注】 可以出而不出하니 自藏之謂也니 非有爲而藏이라 不出戶庭이라도 失時致凶이어든 況自藏乎아 凶其宜也라

나올 수 있는데 나오지 않으니, 스스로 감춤을 말한 것인바, 훌륭한 일을 하려고 감추는 것이 아니다. 戶庭을 나오지 않더라도 때를 놓쳐 흉함을 이루는데 하물며 스스로 감춤에랴. 흉함이 당연한 것이다.

【疏】 正義曰 : 自藏也者, 言非有爲而當自藏, 可以出而不出, 无事自爲隱藏也.

正義曰 :〔自藏也〕 훌륭한 일을 하려고 스스로 감추어야 하는 것이 아니고 나올 수 있는데도 나오지 않는 것이니, 일이 없이 스스로 숨고 감춤을 말한 것이다.

56. 旅䷷ 艮下離上

旅는 **小亨**하고 **旅貞吉**하니라

旅는 조금 형통하고 나그네의 貞함이 吉하다.

【注】不足全夫貞吉之道하고 唯足以爲旅之貞吉이라 故로 特重曰 旅貞吉也[1]라하니라

1) 故特重曰 旅貞吉也 : 다른 卦辭의 例로 보면 "旅 小亨 貞吉"이라고 해야 하는데, 여기서는 "旅貞吉"이라고 하여 '旅'를 두 번 썼으므로 이렇게 말한 것이다.

貞吉한 道를 온전히 하지는 못하고 오직 나그네의 貞吉이 될 수 있다. 그러므로 특별히 거듭 말하기를 "나그네의 貞함이 吉하다."라고 한 것이다.

【疏】正義曰 : '旅'者, 客寄之名, 羈旅之稱, 失其本居而寄他方, 謂之爲旅. 旣爲羈旅, 苟求僅存, 雖得自通, 非甚光大, 故旅之爲義, 小亨而已, 故曰"旅, 小亨." 羈旅而獲小亨, 是旅之正吉, 故曰"旅, 貞吉"也.

正義曰 : 〔旅〕 손님으로 기숙함〔客寄〕의 이름이요, 나그네로 부쳐 있음〔羈旅〕의 칭호이니, 본거지를 잃고 다른 지방에 부쳐 사는 것을 '旅'라 한다.

이미 羈旅가 되어서 겨우 생존하기를 구하면 비록 스스로 통할 수는 있으나 매우 光大한 것은 아니므로 旅의 뜻이 조금 형통할 뿐이다. 그러므로 "旅는 조금 형통하다."라고 한 것이다.

羈旅로서 조금 형통함을 얻음은 나그네의 바름이 吉한 것이다. 그러므로 "나그네의 貞함이 길하다."라고 한 것이다.

彖曰 旅小亨은 **柔得中乎外**하여 **而順乎剛**하고 **止而麗**(리)**乎明**이라 **是以**로 **小亨**하고 **旅貞吉也**니라

〈彖傳〉에 말하였다.

"'旅가 조금 형통함'은 柔가 밖에서 中을 얻어 剛에게 순종하고, 그쳐서 밝음에 붙어 있다. 이 때문에 조금 형통하고 나그네의 貞함이 吉한 것이다.

【注】 夫物失其主則散하고 柔乘於剛則乖하나니 旣乖且散하여 物皆羈旅하니 何由得小亨而〈貞〉[1]吉乎아 夫陽爲物長하여 而陰皆順陽이라 唯六五乘剛이로되 而復得中乎外하여 以承于上하니 陰(凶)〔而〕[2]順陽은 不爲乖逆이요 止而麗明이면 動不履妄하니 雖不及剛得尊位하여 恢弘大通이나 是以小亨이요 令附旅者로 不失其正하니 得其所安也라

1) 〈貞〉: 저본에는 빈칸으로 되어 있으나, 經文에 의거하여 보충하였다.
2) (凶)〔而〕: 저본에는 '凶'으로 되어 있으나, 글 뜻에 의거하여 '而'로 바로잡았다. 北京大整理本은 '凶'으로 되어 있다.

물건이 그 주인을 잃으면 흩어지고 柔가 剛을 타면 어긋난다. 이미 어긋나고 또 흩어져서 물건이 다 나그네로 부쳐 있으니, 어떻게 조금 형통하고 貞吉함을 얻을 수 있는가? 陽은 물건의 우두머리가 되어서 陰이 모두 陽에게 순종한다. 오직 六五가 剛함을 타고 있으나 다시 밖에서 中을 얻어 윗사람을 받드니, 陰으로서 陽을 순종함은 어긋나고 거스름이 되지 않고, 그쳐서 밝음에 붙어 있으면 動함에 망령됨을 행하지 않으니, 비록 剛이 높은 지위를 얻어서 키우고 넓혀 크게 통함에는 미치지 못하나 이 때문에 조금 형통하고, 나그네로 부쳐 있는 자들로 하여금 그 바름을 잃지 않게 하니 그 편안한 바를 얻은 것이다.

【疏】 '彖曰'至'貞吉也' ○ 正義曰 : '旅 小亨'者, 擧經文也. '柔得中乎外 而順乎剛 止而麗乎明 是以小亨 旅貞吉'者, 此就六五及二體, 釋旅得亨貞之義. 柔處於外, 弱而爲客之象, 若所託不得其主, 得主而不能順從, 則乖逆而離散, 何由得自通而貞吉乎. 今柔雖處外, 而得中順陽, 則是得其所託, 而順從於主, 又止而麗明, 動不履妄, 故能於寄旅之時, 得通而正, 不失所安也.

經의 〔彖曰〕에서 〔貞吉也〕까지

○ 正義曰 : 〔旅 小亨〕 經文을 든 것이다.

〔柔得中乎外 而順乎剛 止而麗乎明 是以小亨 旅貞吉〕 이는 六五와 두 體(艮卦·離卦)를 가지고 旅가 亨貞을 얻은 뜻을 해석한 것이다. 柔가 밖에 처함은 약하여 나그네가 된 象이니, 만약 의탁하는 바에 훌륭한 주인을 얻지 못하고 훌륭한 주인을 얻어도 순종하지

못하면 어긋나고 거슬러서 離散하는데, 어떻게 스스로 통하고 貞吉할 수 있는 것인가? 지금 柔가 비록 밖에 처했으나 中을 얻고 陽에게 순종하니, 이는 의탁할 바를 얻고 주인에게 순종하는 것이며, 또 그쳐서 밝음에 붙어 있어서 動함에 망령됨을 행하지 않는다. 그러므로 나그네로 부쳐 있을 때에 통함을 얻고 바루어서 편안한 바를 잃지 않을 수 있는 것이다.

旅之時義 大矣哉라

旅의 때와 義가 크다."

【注】旅者는 大散하여 物皆失其所居之時也라 咸失其居하여 物願所附하니 豈非知者有爲之時리오

旅는 크게 흩어져서 물건(사람)이 모두 거처할 바를 잃은 때이다. 모두 그 거처를 잃어서 물건들이 의지하기를 원하니, 어찌 지혜로운 자가 훌륭한 일을 할 때가 아니겠는가.

【疏】正義曰 : 此歎美寄旅之時, 物皆失其所居, 若能與物爲附, 使旅者獲安, 非小才可濟, 惟大智能然. 故曰"旅之時義, 大矣哉."

正義曰 : 이는 '나그네로 부쳐 있을 때에는 물건이 모두 그 거처할 곳을 잃으니, 남에게 의지하여 나그네들로 하여금 편안함을 얻게 할 수 있다면 이는 작은 재주로 이룰 수 있는 것이 아니요 오직 큰 지혜만이 그러할 수 있는 것임'을 탄미한 것이다. 그러므로 "旅의 때와 義가 크다."라고 한 것이다.

象曰 山上有火 旅니 君子以明으로 愼用刑而不留獄하나니라

〈象傳〉에 말하였다. "山 위에 불이 있는 것이 旅卦이니, 君子가 보고서 밝음으로써 형벌을 사용함을 신중히 하고 獄訟을 稽留해두지 않는다."

【注】止以明之는 刑戮詳也라

그치고 밝힘은 형벌과 죽임이 자세한 것이다.

【疏】正義曰：火在山上，逐草而行，勢不久留，故爲旅象．又上下二體，艮止離明，故君子象此，以靜止明察，審愼用刑，而不稽留獄訟．[1)]

1) 又上下二體……而不稽留獄訟：王弼과 孔穎達은 '愼用刑'과 '不留獄'을 해석하면서 內卦와 外卦로 나누어 해석하지 않았으나, 朱子는 '愼用刑'을 艮卦에, '不留獄'을 離卦에 해당시켜 "刑을 삼가기를 〈艮의〉 山과 같이 하고, 지체하지 않기를 〈離의〉 불과 같이 하는 것이다.〔愼刑如山 不留如火〕"라고 하였다.

正義曰：불이 산 위에 있으면 풀을 따라 타들어가서 형세가 오래 머물지 않는다. 그러므로 나그네의 象이 된 것이다. 또 上下의 두 體가 艮은 그치고 離는 밝다. 그러므로 君子가 이것을 본받아서 고요히 그치고 밝게 살핌으로써 형벌을 사용함을 살피고 신중히 하며 獄訟을 稽留해두지 않는 것이다.

初六은 旅瑣瑣斯하니 其所取災로다

初六은 나그네가 낮고 천해 奴僕의 勞役을 하니, 재앙을 취한 것이다.

【注】最處下極하여 寄旅不得所安하여 而爲斯賤之役[1)]하니 所取致災하여 志窮且困이라

1) 爲斯賤之役：王弼은 經文의 '斯'를 '厮'로 訓한 것으로 보인다. '斯'는 '厮'자와 통하는바, 厮는 馬夫나 奴僕의 천한 일을 가리킨다. 孔穎達 역시 "爲斯卑賤之役"이라 하여 '斯'를 '厮'로 訓한 것으로 보이나 아래 〈象傳〉의 疏에서는 이를 언급하지 않았다.

반면 程伊川은 '斯'를 '厮'로 보지 않고 經文을 '斯其所取災'로 句를 끊고서 '斯'를 '乃其所以' 즉 '이 때문에'로 해석하였는바, ≪程傳≫은 다음과 같다. "六이 陰柔로서 旅의 때에 있으면서 卑下한 곳에 처했으니, 이는 유약한 사람이 나그네의 곤궁함에 처하고 비천한 자리에 있는 것이니, 간직한 바가 더럽고 낮은 것이다. 뜻이 낮은 사람이 이미 나그네의 곤궁함에 처하면 야비하고 추잡스러우며 자질구레하여 이르지 않는 바가 없으리니, 이는 뉘우침과 모욕을 부르고 재앙과 허물을 취하는 所以이다.〔六以陰柔在旅之時 處於卑下 是柔弱之人 處旅困而在卑賤 所存汚下者也 志卑之人 旣處旅困 鄙猥瑣細 无所不至 乃其所以致悔辱取災咎也〕"

아래의 〈象傳〉 또한 "旅瑣瑣 志窮災也"라 하여 '斯'를 어조사로 보았다.

가장 아래의 極에 처하여 나그네로 부쳐 있는 자가 편안함을 얻지 못해서 奴僕의 천한 勞役을 하니, 취하는 바가 재앙을 불러들여 뜻이 窮하고 또 困한 것이다.

【疏】 正義曰 : '旅瑣瑣斯 其所取災'者, 瑣瑣者, 細小卑賤之貌也. 初六當旅之時, 最處下極, 是寄旅不得所安, 而爲斯卑賤之役.[1] 然則爲斯卑賤勞役, 由其處於窮下, 故致此災, 故曰"旅瑣瑣斯, 其所取災"也.

1) 初六當旅之時……而爲斯卑賤之役 : 王弼과 孔穎達은 初六의 正應인 九四에 대해서 언급하지 않았으나, 程伊川은 初六이 九四의 正應이 있음에도 불구하고 도움을 받지 못하는 이유에 대하여 다음과 같이 설명하였다. "나그네의 곤궁할 때를 당하여 재질이 이와 같으니, 위에 비록 應援이 있으나 큰일을 할 수가 없다. 九四는 陽의 성질이고 離의 體이니 또한 아래로 내려오는 자가 아니며, 또 旅에 있으니 다른 卦에서 大臣의 지위가 된 것과는 다르다.〔當旅困之時 才質如是 上雖有援 无能爲也 四 陽性而離體 亦非就下者也 又在旅 與他卦爲大臣之位者異矣〕"

正義曰 : 〔旅瑣瑣斯 其所取災〕 '瑣瑣'는 잘고 낮고 천한 모양이다. 初六이 旅의 때를 당하여 가장 아래의 極에 처하였으니, 이는 나그네로 부쳐 있는 자가 편안함을 얻지 못하여 奴僕의 낮고 천한 勞役을 하는 것이다. 그렇다면 노복의 낮고 천한 勞役을 함은 맨 아래에 처하였기 때문에 이 재앙을 부른 것이다. 그러므로 "나그네가 낮고 천해 노복의 노역을 하니, 재앙을 취한 것이다."라고 한 것이다.

象曰 旅瑣瑣는 志窮災也라

〈象傳〉에 말하였다. "'나그네가 낮고 천함'은 뜻이 곤궁하여 재앙을 취한 것이다."

【疏】 正義曰 : 志窮災, 志意窮困, 自取此災也.

正義曰 : '志窮災'는 의지가 곤궁하여 스스로 이 재앙을 취한 것이다.

六二는 旅卽次하고 懷其資하며 得童僕貞하니라

六二는 나그네가 머물 곳에 나아가고 물자를 오게 하며 童僕의 바름을 얻었다.

【注】 次者는 可以安行旅之地也요 懷는 來也라 得位居中하고 體柔奉上하니 以此寄旅면 必獲次舍요 懷來資貨하고 得童僕之所正也라 旅不可以處盛이라 故로 其美盡於童僕之正也니 過斯以往은 則見害矣라 童僕之正이면 義足而已라

'次'는 다니는 나그네를 편안히 할 수 있는 자리요, '懷'는 오게 하는 것이다. 〈六二가〉

正位를 얻고 中에 거하며 體가 柔여서 윗사람을 받드니, 이런 방식으로 나그네로 부쳐 있으면 반드시 머물 집을 얻고 이용할 재화를 오게 하며 童僕의 바름을 얻는다. 나그네는 盛함에 처해서는 안 된다. 그러므로 그 아름다움이 童僕의 바름에서 다하는 것이니, 이것을 지난 이후는 害를 당한다. 童僕의 바름이면 의리상 충분하다.

【疏】 正義曰 : '旅卽次 懷其資 得童僕貞'者, 得位居中, 體柔承上, 以此而爲寄旅, 必爲主君所安, 旅得次舍, 懷來資貨, 又得童僕之正, 不同初六賤役, 故曰"旅卽次, 懷其資, 得童僕貞."[1)]

1) 旅卽次懷其資得童僕貞者……得童僕貞 : 王弼과 孔穎達은 '得童僕貞'을 '六二가 盛함에 처하지 않음이 바로 童僕의 바름을 얻은 것과 같음'의 의미로 해석하였다.
　반면 程伊川과 朱子는 '六二가 中正의 德이 있어 童僕들 또한 六二에게 忠信을 다함'으로 해석하였는바, '貞'을 '貞信'으로 訓한 것이다. ≪程傳≫은 다음과 같다. "六二는 柔順하고 中正한 德이 있으니, 柔順하면 사람들이 도와주고 中正하면 처함이 마땅함을 잃지 않는다. 그러므로 그 소유함을 보존하고 童僕들 또한 忠信을 다하는 것이다.〔二有柔順中正之德 柔順則衆與之 中正則處不失當 故能保其所有 童僕亦盡其忠信〕"

正義曰 : 〔旅卽次 懷其資 得童僕貞〕 〈六二가〉 正位를 얻고 中에 거하며 體가 柔여서 윗사람을 받드니, 이런 방식으로 나그네로 부쳐 있으면 반드시 主君이 편안하게 해주는 바가 되어서 나그네가 머물 집을 얻고 이용할 재화를 오게 하며 또 童僕의 바름을 얻어서 初六의 천한 勞役과는 같지 않다. 그러므로 "나그네가 머물 곳에 나아가고 물자를 오게 하며 童僕의 바름을 얻었다."라고 한 것이다.

象曰 得童僕貞은 終无尤也라

〈象傳〉에 말하였다. "'童僕의 바름을 얻음'은 끝내 허물이 없는 것이다."

【疏】 正義曰 : '終无尤'者, 旅不可以處盛, 盛則爲物所害. 今惟正於童僕, 則終保无咎也.

正義曰 : 〔終无尤〕 나그네는 盛함에 처해서는 안 되니, 盛하면 남에게 해를 받는다. 그런데 지금 오직 童僕에 바르니, 끝내 허물이 없음을 보존할 수 있는 것이다.

九三은 旅焚其次하고 喪其童僕貞하여 厲로다

九三은 나그네가 머무는 곳을 불태우고 童僕의 바름을 잃어서 위태롭도다.

【注】 居下體之上하여 與二相得하니 以寄旅之身而爲施下之道면 與萌侵權하여 主之所疑也라 故로 次焚僕喪하여 而身危也라

〈九三이〉 下體의 위에 거하여 六二와 뜻이 서로 맞으니, 나그네로 부쳐 있는 몸으로서 아랫사람에 베푸는 방도를 하면 〈政事의〉 싹에 관여하고 〈主君의〉 권세를 침해하여 주군의 의심을 받게 된다. 그러므로 머무는 곳을 불태우고 童僕의 〈바름을〉 잃어서 몸이 위태로운 것이다.

【疏】 '九三旅焚其次'至'貞厲' ○ 正義曰 : '旅焚其次 喪其童僕貞 厲'者, 九三居下體之上, 下據於二, 上无其應, 與二相得, 是欲自尊而惠施於下也. 以羈旅之身而爲惠下之道, 是與萌侵權, 爲主君之所疑也. 爲(君主)〔主君〕[1]所疑, 則被黜而見害, 故焚其次舍, 喪其童僕之正, 而身危也.[2]

1) (君主)〔主君〕 : 저본에는 '君主'로 되어 있으나, 監本·毛本에 의거하여 '主君'으로 바로잡았다.(阮元의 〈校勘記〉 참조)

2) 以羈旅之身而爲惠下之道……而身危也 : 王弼과 孔穎達은 九三을 '아랫사람에게 은혜를 베풀고자 하는 자'로 보았는데, 九三이 六二와 뜻이 맞는다고 여겼기 때문이다.

반면 程伊川은 九三을 '스스로 높은 체하는 자'로 보았는바, ≪程傳≫은 다음과 같다. "나그네로 처하는 道는 柔順함과 謙遜함을 우선으로 삼는데, 九三은 剛하고 中하지 못하며 또 下體의 위와 艮의 위에 거하여 스스로 높은 체하는 象이 있으니, 나그네로 있으면서 지나치게 剛하고 스스로 높은 체함은 곤궁과 재앙을 부르는 方道이다. 스스로 높은 체하면 위에 순하지 못하므로 위가 더불지(친하지) 아니하여 머무는 곳을 불태우니, 이는 편안한 바를 잃은 것이어서 위의 離는 불타는 象이 된다. 지나치게 剛하면 아랫사람들에게 포악하게 하므로 아랫사람들이 離叛하여 童僕의 貞信을 잃는 것이니, 이는 마음을 잃음을 이르는 것이어서 이와 같으면 위태로운 方道이다.〔處旅之道 以柔順謙下爲先 三剛而不中 又居下體之上與艮之上 有自高之象 在旅而過剛自高 致困災之道也 自高則不順於上 故上不與而焚其次 失所安也 上離爲焚象 過剛則暴下 故下離而喪其童僕之貞信 謂失其心也 如此則危厲之道也〕"

한편 朱子는 '喪其童僕貞厲'에서 '貞'을 '厲'에 붙여 해석하였는바, ≪本義≫는 다음과 같다. "童僕을 잃으면 마음의 〈貞信을〉 잃는 데에만 그치지 않는다. 그러므로 '貞'자를 아래 句에 연결하여 뜻을 삼는다.〔喪其童僕 則不止於失其心矣 故貞字連下句爲義〕" 이 해석

을 따르면 經文은 "童僕을 잃었으니, 貞하더라도 위태롭다."라고 번역해야 한다.

經의 〔九三旅焚其次〕에서 〔貞厲〕까지

○ 正義曰 : 〔旅焚其次 喪其童僕貞 厲〕 九三이 下體의 위에 거하여 아래로 六二를 점거하고 위에 應이 없어서 六二와 뜻이 서로 맞으니, 이는 스스로 높이고 은혜를 아랫사람에게 베풀고자 하는 것이다. 나그네로 부쳐 있는 몸으로서 아랫사람에게 은혜를 베푸는 방도를 하면 이는 〈政事의〉 싹에 관여하고 〈主君의〉 권세를 침해하여 주군의 의심을 받게 되는 것이다. 주군의 의심을 받으면 쫓겨나고 해로움을 당한다. 그러므로 머무는 곳을 불태우고 童僕의 바름을 잃어서 몸이 위태로운 것이다.

【疏】 ○ 注'與萌'至'所疑也' ○ 正義曰 : '與萌侵權'者, 言與得政事之萌漸, 侵奪主君之權勢, 若齊之田氏,[1] 故爲主所疑也.

1) 若齊之田氏 : 田氏는 陳乞을 가리킨다. 춘추시대 齊나라는 景公이 죽은 뒤에 晏孺子가 즉위하자, 公子 陽生은 魯나라로 망명해 있었는데, 田乞은 은밀히 公子 陽生을 데려다가 자기 집에 숨겨놓았으며 끝내 그를 임금으로 세우고 晏孺子를 시해한 다음 國政을 독단하였다. 그의 아들 陳恒 역시 國政을 독단하여 簡公을 시해하였으며, 曾孫인 和에 이르러 齊나라를 簒奪하였는바, 陳乞은 원래 陳 厲公의 後孫으로 본래 姓이 陳氏였으나 뒤에 田氏로 고쳤다.

○ 注의 〔與萌〕에서 〔所疑也〕까지

○ 正義曰 : 〔與萌侵權〕 政事의 싹에 관여하고 主君의 권세를 침탈하여 齊나라의 田氏와 같으므로 군주에게 의심받는 바가 됨을 말한 것이다.

象曰 旅焚其次는 亦以傷矣요 以旅與下하면 其義喪也라

〈象傳〉에 말하였다. "'나그네가 머무는 곳을 불태움'은 또한 서글퍼할 만하고, 나그네로서 아랫사람과 더불면 의리가 상실된다."

【疏】 正義曰 : '亦以傷矣'者, 言失其所安, 亦可悲傷也. '其義喪'者, 言以旅與下, 理是喪亡也.[1]

1) 其義喪者……理是喪亡也 : '以旅與下'를 孔穎達은 '九三이 六二와 함께함'을 지칭하는 것으로 보았는데, 程伊川과 朱子는 이를 '나그네의 때에 아래를 대하는 道가 이와 같음'

으로 해석하였는바, ≪程傳≫은 다음과 같다. "나그네의 때에 아래를 대하는 道가 이와 같으니, 의리상 마땅히 상실할 것이다. 나그네로 있으면서 지나치게 강하고 스스로 높은 체함으로 아랫사람들을 대하면 반드시 忠貞을 잃을 것이니, 그 마음을 잃음을 이른다. 나그네로 있으면서 童僕의 마음을 잃는다면 위태로울 만하다.〔以旅之時而與下之道如此 義當喪也 在旅而以過剛自高待下 必喪其忠貞 謂失其心也 在旅而失其童僕之心 爲可危也〕"

孔穎達의 해석에서 상실하는 대상은 '義理'인데, 程伊川과 朱子의 해석에서 상실하는 대상은 '童僕의 忠貞한 마음'인바, 程朱의 해석을 따르면 '其義喪也'는 '의리상 〈童僕의 마음을〉 상실할 것이다.'로 번역된다.

正義曰 : 〔亦以傷矣〕 편안한 바를 잃으면 또한 슬퍼할 만함을 말한 것이다.

〔其義喪〕 나그네로서 아랫사람과 더불면 의리가 상실됨을 말한 것이다.

九四는 旅于處하여 得其資斧하여 我心不快로다

九四는 거처함에 나그네가 되어서 도끼를 사용할 땅을 얻어 내 마음이 불쾌하도다.

【注】 斧는 所以斫(작)除荊棘하여 以安其舍者也라 雖處上體之下하여 不先於物이나 然而不得其位하여 不獲平坦之地하니 客于所處하여 不得其次하고 而得其資斧之地라 故로 其心不快也라

'斧'는 가시나무를 베어 제거해서 그 집을 편안하게 하는 것이다. 비록 上體의 아래에 처하여 남보다 먼저 하지 않으나 正位를 얻지 못하여 평탄한 땅을 얻지 못했으니, 거처하는 바에 나그네가 되어서 머물 곳을 얻지 못하고 도끼를 사용할 땅을 얻었다. 그러므로 그 마음이 불쾌한 것이다.

【疏】 正義曰 : '旅于處 得其資斧 我心不快'者, 九四處上體之下, 不同九三之自尊. 然不得其位, 猶寄旅之人求其次舍, 不獲平坦之所, 而得用斧之地, 言用斧除荊棘, 然後乃處, 故曰"旅于處, 得其資斧"也. 求安處而得資斧之地, 所以其心不快也.[1]

1) 旅于處得其資斧我心不快者……所以其心不快也 : 王弼과 孔穎達은 '旅于處 得其資斧'를 '九四가 편안히 거처할 곳을 얻지 못하고 나그네가 되어서 도끼를 사용할 땅을 얻음'의 의미로 보았는바, '도끼를 사용할 땅을 얻음'은 '스스로 가시나무 등을 제거하여 살 땅을 개척해야 함'의 뜻이 들어 있는 것이다.

반면 程伊川과 朱子는 '得其資斧'를 '財貨와 器用을 얻음'의 의미로 보았는바, ≪程傳≫은 다음과 같다. "九四는 陽剛이니, 비록 中에 거하지 못했으나 柔에 처하고 上體의 아래에 있어 柔를 쓰고 몸을 낮추는 象이 있으니, 나그네의 마땅함을 얻은 것이다. 剛明한 재질로 六五의 친하게 상대하는 바가 되고 初六의 應하는 바가 되었으니, 나그네로 있으면서 잘 처신하는 자이다. 그러나 四는 正位가 아니니, 이 때문에 비록 거처할 곳을 얻었으나 머무는 집으로 나아가는 六二만은 못한 것이다. 剛明한 재질이 있어 上下의 친하게 상대하는 바가 되었으니, 나그네로서 財貨의 物資와 器用의 이로움을 얻은 것이니, 비록 나그네에 있어서는 좋음이 되나 위에 剛陽의 도움이 없고 아래에 오직 陰柔가 應하기 때문에 그 재주를 펴고 그 뜻을 행하지 못하여 그 마음이 불쾌한 것이다.〔四 陽剛 雖不居中 而處柔 在上體之下 有用柔能下之象 得旅之宜也 以剛明之才爲五所與 爲初所應 在旅之善者也 然四非正位 故雖得其處止 不若二之就次舍也 有剛明之才 爲上下所與 乃旅而得貨財之資器用之利也 雖在旅爲善 然上无剛陽之與 下唯陰柔之應 故不能伸其才行其志 其心不快也〕"

正義曰:〔旅于處 得其資斧 我心不快〕九四가 上體의 아래에 처하여 스스로 높이는 九三과는 같지 않다. 그러나 正位를 얻지 못하였으니, 나그네로 부쳐 있는 사람이 머물 집을 구함에 평탄한 곳을 얻지 못하고 도끼를 사용할 땅을 얻은 것과 같으니, 도끼를 사용하여 가시나무를 제거한 뒤에야 비로소 거처할 수 있음을 말하였다. 그러므로 "거처함에 나그네가 되어서 도끼를 사용할 땅을 얻었다."라고 한 것이다. 편안할 곳을 구하였는데 도끼를 사용할 땅을 얻었으니, 이 때문에 그 마음이 불쾌한 것이다.

象曰 旅于處는 **未得位也**요 **得其資斧**는 **心未快也**라

〈象傳〉에 말하였다. "'거처함에 나그네가 됨'은 제자리를 얻지 못한 것이요, '도끼를 사용할 땅을 얻음'은 마음이 快하지 못한 것이다."

꿩〔雉〕

六五는 **射雉一矢**라가 **亡**이나 **終以譽命**이리라

六五는 꿩을 한 화살로 쏘려 하다가 화살을 잃었으나, 끝내 명예로써 爵命을 받으리라.

【注】射雉以一矢라가 而復(부)亡之하니 明雖有雉나 終不可得矣라 寄旅而進하니 雖處于文明之中하여 居于貴位나 此位를 終不可有也라 以其能知禍福之萌하여 不安其處以乘其下하고 而上承於上이라 故로 終以譽而見命也라

꿩을 한 화살로 쏘려 하다가 다시 잃었으니, 비록 꿩이 있으나 끝내 잡을 수 없음을 밝힌 것이다. 나그네로 부쳐 있으면서 나아가니, 비록 文明한 가운데에 처하여 귀한 지위에 거하였으나 이 지위를 끝내 보유할 수가 없다. 〈그러나〉 능히 禍福의 싹을 알아서 그 거처함을 편안히 하여 아랫사람을 타지 않고 위로 上을 받든다. 이 때문에 끝내 명예로써 爵命을 받는 것이다.

【疏】'六五射雉'至'以譽命' ○ 正義曰：'射雉一矢 亡 終以譽命'者, 羈旅不可以處盛位, 六五以羈旅之身, 進居貴位, 其位終不可保, 譬之射雉, 惟有一矢, 射之, 而復亡失其矢, 其雉終不可得, 故曰"射雉一矢, 亡"也.[1] 然處文明之內, 能照禍福之幾, 不乘下以侵權, 而承上以自保, 故得終以美譽而見爵命, 故曰"終以譽命"也.

1) 射雉一矢亡終以譽命者……亡也：'射雉一矢亡'을 王弼과 孔穎達은 '六五가 旅의 때에 貴한 지위에 거하여 끝내 그 지위를 보전할 수 없음이 마치 꿩을 한 화살로 쏘려 하다가 화살을 잃은 것과 같음'의 의미로 해석하였다.

반면 程伊川은 이를 '꿩을 쏘아서 맞혀 한 화살에 잡음'으로 해석하였는바, ≪程傳≫은 다음과 같다. "六五는 文明하고 柔順한 德이 있으며 처함이 中道를 얻어 上下가 더부니, 나그네에 처하기를 지극히 잘하는 자이다. 사람이 나그네에 처함에 文明의 道에 합하면 善하다고 이를 만하다. 나그네로 부쳐 있는 사람은 動하여 혹 잘못하면 곤욕이 뒤따르니, 動하여 잘못이 없는 뒤에야 善함이 된다. 離는 꿩이 되어 文明한 물건이니, 꿩을 쏘아 맞힌다는 것은 文明한 道에서 法을 취하여 반드시 합함을 이른다. 마치 꿩을 쏘아 맞혀 한 화살에 죽게 하여 발사함에 맞지 않음이 없듯이 한다면 끝내 譽命을 이룰 것이니, 譽는 훌륭한 名聲이고 命은 福祿이다.〔六五有文明柔順之德 處得中道而上下與之 處旅之至善者也 人之處旅 能合文明之道 可謂善矣 羈旅之人 動而或失 則困辱隨之 動而无失 然後爲善 離爲雉 文明之物 射雉 謂取則於文明之道而必合 如射雉 一矢而亡之 發无不中 則終能致譽命也 譽 令聞也 命 福祿也〕"

한편 朱子는 이를 '꿩을 쏘아 맞힘이니 화살 하나가 없어짐'으로 해석하였는바, ≪本

義≫는 다음과 같다. "꿩은 文明한 물건이니, 離의 象이다. 六五가 柔順하고 文明하며 또 中道를 얻어 離의 주체가 되었다. 그러므로 이 爻를 얻은 자는 꿩을 쏘아 맞히는 象이 되니, 비록 화살을 잃는 허비가 없지 않으나 상실하는 바가 많지 않아 끝내 譽命이 있는 것이다.〔雉 文明之物 離之象也 六五柔順文明 又得中道 爲離之主 故得此爻者 爲射雉之象 雖不无亡矢之費 而所喪不多 終有譽命也〕"

經의 〔六五射雉〕에서 〔以譽命〕까지

○ 正義曰 : 〔射雉一矢 亡 終以譽命〕 나그네로 부쳐 있으면 盛한 지위에 처해서는 안 되니, 六五가 나그네로 부쳐 있는 몸으로서 나아가 귀한 지위에 거하여 그 지위를 끝내 보전할 수가 없는바, 꿩을 쏘아 잡는 것에 비유하면 오직 한 화살이 있어서 쏘려 하다가 다시 그 화살을 잃어서 그 꿩을 끝내 잡지 못하는 것과 같다. 그러므로 "꿩을 한 화살로 쏘려 하다가 화살을 잃었다."라고 한 것이다.

그러나 〈六五가〉 文明의 안에 처하여 禍福의 기미를 밝게 비추어서 아랫사람을 타서 권세를 침해하지 않고 윗사람을 받들어 스스로 보전한다. 그러므로 끝내 아름다운 명예로써 爵命을 받는 것이다. 이 때문에 "끝내 명예로써 爵命을 받는다."라고 한 것이다.

象曰 終以譽命은 上逮也일새라

〈象傳〉에 말하였다. "'끝내 명예로써 爵命을 받음'은 윗사람에게 미쳤기 때문이다."

【疏】 正義曰 : '上逮'者, 逮, 及也, 以能承及於上, 故得終以譽命也.[1]

1) 上逮者……故得終以譽命也 : 程伊川은 이에 대하여 "逮는 더붊이니, 〈아래에 있으면서〉 윗사람을 순히 받들어 윗사람이 더붊은 윗사람에게 더부는(친하는) 바가 되는 것이요, 위에 있으면서 아랫사람에게 얻음은 아랫사람에게 위로 더부는 바가 되는 것이다. 나그네로 있으면서 上下가 더부니, 이 때문에 譽命을 이룬 것이다.〔逮 與也 能順承於上而上與之 爲上所逮也 在上而得乎下 爲下所上逮也 在旅而上下與之 所以致譽命也〕"라고 하였고, 朱子는 "上逮는 譽命이 위에 알려짐을 말한다.〔上逮 言其譽命聞於上也〕"라고 풀이하였다.

正義曰 : 〔上逮〕 '逮'는 미침〔及〕이니, 능히 윗사람을 받들어 윗사람에게 미친다. 그러므로 끝내 명예로써 爵命을 받는 것이다.

上九는 鳥焚其巢니 旅人이 先笑後號咷(도)라 喪牛于易(이)니 凶하니라

上九는 새가 둥지를 불태우니, 나그네가 먼저는 웃다가 뒤에는 울부짖는다. 소를 쉬움에서 잃으니, 凶하다.

【注】居高危而以爲宅은 巢之謂也라 客旅得上位라 故로 先笑也라 以旅而處于上極은 衆之所嫉也니 以不親之身으로 而當被害之地면 必凶之道也라 故로 曰 後號咷라하니라 牛者는 稼穡之資라 以旅處上은 衆所同嫉이라 故로 喪牛于易하니 不在於難[1]이라 物莫之與하여 危而不扶하여 喪牛于易로되 終莫之聞하니 莫之聞이면 則傷之者至矣니라

1) 不在於難 : '소를 잃음'이 어려운 일의 범주에 들지 않는다는 말이다. 孔穎達은 이를 "소를 잃는 이치가 어려움에 있지 않음〔理在不難〕"이라고 바꾸어 썼다.

높은 곳에 거하여 집으로 삼음은 새의 둥지를 말한다. 나그네가 높은 자리를 얻었기 때문에 먼저는 웃는 것이다. 나그네로서 上의 極에 처함은 여러 사람이 미워하는 바이니, 친하지 않은 몸으로서 해를 당하는 자리에 있으면 반드시 흉한 道이다. 그러므로 "뒤에는 울부짖는다."라고 한 것이다.

'소'는 곡식을 심고 거두는 데에 이용한다. 나그네로서 위에 처함은 여러 사람이 함께 미워하는 바이므로 소를 쉬움에서 잃는 것이니, 어려움에 있지 않은 것이다. 남들이 더부는 이가 없어서 위태로운데도 붙들어주지 아니하여 소를 쉬움에서 잃으나 끝내 알려주는 이가 없으니, 알려주는 이가 없으면 傷하게 하는 자가 이르는 것이다.

【疏】正義曰 : '鳥焚其巢 旅人 先笑後號咷 喪牛于易 凶'者, 最居於上, 如鳥之巢, 以旅處上, 必見傾奪, 如鳥巢之被焚, 故曰"鳥焚其巢"也. 客得上位, 所以先笑, 凶害必至, 故後號咷. 衆所同嫉, 喪其稼穡之資, 理在不難, 故曰"喪牛于易."[1] 物莫之與, 則傷之者至矣, 故曰"凶"也.

1) 衆所同嫉……故曰喪牛于易 : '喪牛于易'를 王弼과 孔穎達은 '上九가 여러 사람의 미움을 받으므로 資賴할 물건을 잃기가 쉬움'의 의미로 보았는바, '易'를 '쉬움'으로 訓한 것이다.

반면 程伊川은 '소'를 '順한 德'으로 보고 '易'를 '忽易'로 訓하였는바, ≪程傳≫은 다음과 같다. "가벼이 하고 함부로 하여 순한 德을 잃음은 흉하게 되는 所以이다. 소는 순한 물건이니, 소를 함부로 하여 잃는다는 것은 소홀히 하고 함부로 하여 순함을 잃음을 말한다.〔輕易以喪其順德 所以凶也 牛 順物 喪牛于易 謂忽易以失其順也〕"

正義曰 :〔鳥焚其巢 旅人 先笑後號咷 喪牛于易 凶〕〈上九가〉 가장 위에 거하여 새의 둥지와 같으니, 나그네로서 윗자리에 처하면 반드시 기울고 빼앗김을 당하여 마치 새 둥지가 불타는 것과 같다. 그러므로 "새가 둥지를 불태웠다."라고 한 것이다.

나그네가 높은 지위를 얻으니 이 때문에 먼저는 웃은 것이요, 凶한 害가 반드시 이르므로 뒤에는 울부짖는 것이다.

여러 사람이 함께 미워하는 바여서 곡식을 심고 거두는 물건(소)을 잃으니 그 이치가 어렵지 않음에 있다. 그러므로 "소를 쉬움에서 잃는다."라고 한 것이다. 남들이 더부는 이가 없으면 상하게 하는 자가 이른다. 그러므로 "흉하다."라고 한 것이다.

象曰 以旅在上하니 其義焚也요 喪牛于易하니 終莫之聞也로다

〈象傳〉에 말하였다. "나그네로서 윗자리에 있으니 의리상 불타게 되는 것이요, 소를 쉬움에 잃으니 끝내 알려주는 이가 없는 것이다."

【疏】 正義曰 : '終莫之聞也'者, 衆所同疾, 危而不扶, 至于喪牛于易, 終无以一言告之, 使聞而悟也.[1]

1) 終莫之聞也者……使聞而悟也 : 孔穎達은 '莫之聞'을 '말해주는 이가 없음'으로 보았는데, 程伊川은 '듣지 못함'으로 보았는바, ≪程傳≫은 다음과 같다. "바야흐로 지나치게 剛함으로 스스로 높은 체하여, 뜻을 얻었다 하여 웃고, 순한 德을 조급하고 함부로 함에서 잃는 줄을 모르니, 이는 끝내 듣지 못하는 것이니, 끝내 스스로 들어 알지 못함을 이른다. 가령 스스로 깨달아 안다면 極에 처하여 울부짖는 데에는 이르지 않으리라.〔方以極剛自高 爲得志而笑 不知喪其順德於躁易 是終莫之聞 謂終不自聞知也 使自覺知 則不至於極而號咷矣〕"

正義曰 :〔終莫之聞也〕 여러 사람들이 함께 미워하여서 위태로운데도 붙들어주지 아니하여 소를 쉬움에서 잃었으나, 끝내 한마디를 말해주어서 그로 하여금 들어 깨닫게 하는 이가 없는 것이다.

57. 巽☴ 巽下巽上

巽은 小亨하니

巽은 조금 형통하니,

【注】全以巽爲德하니 是以小亨也라 上下皆巽하여 不違其命이라야 命乃行也라 故로 申命行事之時에 上下不可以不巽也라

온전히 공손함을 德으로 삼으니 이 때문에 조금 형통한 것이다. 위와 아래가 모두 공손하여 그 명령을 어기지 않아야 명령이 비로소 행해진다. 그러므로 거듭 명령을 내려서 일을 행할 때에는 위와 아래가 공손하지 않으면 안 되는 것이다.

【疏】正義曰 : '巽'者, 卑順之名. 說卦云"巽, 入也." 蓋以巽是象風之卦, 風行, 無所不入, 故以入爲訓. 若施之於人事, 能自卑巽者, 亦無所不容. 然巽之爲義, 以卑順爲體, 以容入爲用, 故受巽名矣. 上下皆巽, 不爲違逆, 君唱臣和, 敎令乃行, 故於重巽之卦, 以明申命之理. 雖上下皆巽, 命令可行, 然全用卑巽, 則所通非大, 故曰"小亨."[1)]

1) 上下皆巽……故曰小亨 : 程伊川은 巽卦가 '小亨'을 얻는 이유에 대하여 다음과 같이 설명하였다. "巽과 兌는 모두 剛이 中正하고, 恭巽함과 기뻐함은 뜻이 또한 서로 유사하나, 兌는 亨通한데 巽은 마침내 조금 형통한 것은, 兌는 陽이 하고 巽은 陰이 하며, 兌는 柔가 밖에 있으니 유순함을 쓰는 것이고 巽은 柔가 안에 있으니 성질이 유약함이니, 巽의 형통함이 이 때문에 작은 것이다.〔巽與兌 皆剛中正 巽說 義亦相類 而兌則亨 巽乃小亨者 兌 陽之爲也 巽 陰之爲也 兌 柔在外 用柔也 巽 柔在內 性柔也 巽之亨 所以小也〕"

正義曰 : 〔巽〕 낮추고 順한 이름이다. 〈說卦傳〉에 "巽은 들어감이다."라고 하였으니, 이는 '巽'은 바람을 형상한 卦로, 바람이 다니면 들어가지 못하는 곳이 없기 때문에 들어감을 訓으로 삼은 것이다. 만약 이것을 사람의 일에 베풀면, 사람이 능히 스스로 낮추고 공손한 자는 또한 용납되지 않는 곳이 없다. 그러나 巽의 뜻은 낮추고 순함을 體로 삼고 용납되어 들어감을 用으로 삼는다. 그러므로 '巽'이란 이름을 받은 것이다.

위와 아래가 모두 공손하여 어기고 거스르지 않아서 군주가 先唱하면 신하가 和答하여야 敎命이 비로소 행해진다. 그러므로 重巽의 卦에서 거듭 명령을 내리는 이치를 밝힌 것이다. 비록 위와 아래가 모두 공손하여 명령이 행해질 수 있으나 낮추고 공손함을 온전히 사용하면 통하는 바가 크지 못하다. 그러므로 "조금 형통하다."라고 한 것이다.

利有攸往하며

가는 바를 둠이 이로우며

【注】巽悌以行이면 物无距也라

공손함으로 행하면 물건(남)이 막는 이가 없는 것이다.

【疏】正義曰 : 巽悌以行, 物无違距, 故曰"利有攸往."

正義曰 : 공손함으로 행하면 물건이 어기고 막는 이가 없다. 그러므로 "가는 바를 둠이 이롭다."라고 한 것이다.

利見大人하니라

大人을 만나봄이 이롭다.

【注】大人用之면 道愈隆이라

大人이 사용하면 道가 더욱 높아진다.

【疏】正義曰 : 但能用巽者, 皆无往不利, 然大人用巽, 其道愈隆, 故曰"利見大人", 明上下皆須用巽也.[1]

1) 但能用巽者……明上下皆須用巽也 : '利有攸往 利見大人'에 대하여 朱子는 "陰으로 陽을 따르기 때문에 또 가는 바를 둠이 이로운 것이다. 그러나 반드시 따를 바를 알아야 바름을 얻기 때문에 또 '大人을 봄이 이롭다'고 한 것이다.〔以陰從陽 故又利有所往 然必知所從 乃得其正 故又曰利見大人也〕"라고 하였다.

한편 程伊川은 아래 〈彖傳〉의 '利見大人'에서 다음과 같이 해석하였다. "巽順함이 비록 좋은 道이나 반드시 따를 바를 알아야 하니, 陽剛中正한 大人에게 巽順하면 이롭다.

그러므로 大人을 봄이 이로운 것이다. 九五・九二와 같은 陽剛中正은 大人이니, 巽順함을 大人에게 하지 않으면 반드시 허물이 되지 않지는 않을 것이다.〔巽順雖善道 必知所從 能巽順於陽剛中正之大人 則爲利 故利見大人也 如五二之陽剛中正 大人也 巽順不於大人 未必不爲過也〕"

正義曰 : 공손함만을 능히 사용하는 자는 모두 가는 곳마다 이롭지 않음이 없으나, 大人이 공손함을 사용하면 그 道가 더욱 높아진다. 그러므로 "大人을 만나봄이 이롭다."라고 하였으니, 위와 아래가 모두 공손함을 써야 함을 밝힌 것이다.

彖曰 重巽以申命하나니

〈彖傳〉에 말하였다.
"거듭된 巽으로써 거듭 명령을 내리니,

【注】 命乃行也니 未有不巽而命行也라

〈이렇게 하여야〉 명령이 비로소 행해지는 것이니, 공손하지 않고서 명령이 행해지는 경우는 있지 않다.

【疏】 正義曰 : 此卦以卑巽爲名, 以申命爲義, 故就二體上下皆巽, 以明可以申命也. 上巽, 能接於下, 下巽, 能奉於上, 上下皆巽, 命乃得行, 故曰"重巽以申命"也.

正義曰 : 이 卦는 낮추고 공손함을 이름으로 삼고 거듭 명령을 내림을 뜻으로 삼았다. 그러므로 두 體의 위와 아래가 모두 공손함을 가지고 거듭 명령을 내릴 수 있음을 밝힌 것이다. 위가 공손하면 능히 아랫사람을 접하고 아랫사람이 공손하면 능히 윗사람을 받드니, 위와 아래가 모두 공손하여야 명령이 비로소 행해질 수 있다. 그러므로 "거듭된 巽으로써 거듭 명령을 내린다."라고 한 것이다.

剛巽乎中正而志行하며

剛이 中正에서 공손하여 뜻이 행해지며,

【注】 以剛而能用巽하고 處乎中正은 物所與也라

剛으로서 능히 공손함을 사용하고 中正에 처함은 물건들이 함께하는 바이다.

【疏】 正義曰 : '剛巽乎中正而志行'者, 雖上下皆巽, 若命不可從, 則物所不與也. 故又因二・五之爻, 剛而能巽, 不失其中, 所以志意得行, 申其命令也.

正義曰 : 〔剛巽乎中正而志行〕 비록 위와 아래가 모두 공손하나 만약 명령이 따를 수 없으면 물건들이 함께하지 않는다. 그러므로 또 九二와 九五의 爻가 剛하면서 능히 공손하고 中을 잃지 않음으로 인하여 이 때문에 뜻이 행해져서 거듭 명령을 내릴 수 있는 것이다.

柔皆順乎剛이라

柔가 모두 剛에게 順하다.

【注】 明无違逆故로 得小亨이라

어기고 거스름이 없으므로 조금 형통함을 얻음을 밝힌 것이다.

【疏】 '柔皆順乎剛' ○ 正義曰 : '柔皆順乎剛'者, 剛雖巽爲中正, 柔若不順乎剛, 何所申其命乎. 故又就初・(九)〔四〕[1], 各處卦下, 柔皆順剛, 无有違逆, 所以教命得申, 成小亨以下之義也.

1) (九)〔四〕 : 저본에는 '九'로 되어 있으나, 毛本에 의거하여 '四'로 바로잡았다.(阮元의 〈校勘記〉 참조)

經의 〔柔皆順乎剛〕

○ 正義曰 : 〔柔皆順乎剛〕 剛이 비록 공손하고 中正하나 柔가 만약 剛에게 순하지 않으면 어떻게 명령을 거듭 내릴 수 있겠는가. 그러므로 또 '初六과 六四가 각각 卦의 아래에 처하여 柔가 모두 剛에게 순해서 어기고 거스름이 없음'을 가지고 말하였으니, 이 때문에 教令을 거듭 내려서 '小亨' 이하의 뜻을 이룬 것이다.

【疏】 ○ 注'明无違'至'得小亨' ○ 正義曰 : 案彖併擧小亨・利有攸往・利見大人以結之, 則柔皆順剛之意, 不專釋小亨二字, 而注獨言"明无違逆, 故得小亨"者, 褚氏云"夫獻可替否,[1] 其道乃弘, 柔皆順剛, 非大通之道, 所以文王係小亨之辭, 孔子致皆順之釋." 案

王注上下卦之體, 皆以巽言之, 柔不違剛, 正是巽義, 故知皆順之言, 通釋諸辭也.[2)]

1) 獻可替否 : 신하가 임금이 마땅히 행해야 할 일은 과감하게 건의하고 행해서는 안 되는 일에 대해서는 그만두도록 간한다는 말이다. ≪春秋左氏傳≫ 昭公 20년조에 "임금이 옳다고 하더라도 혹 옳지 못한 점이 있으면 신하는 그 옳지 못한 점을 上言하여 옳은 것을 이루도록 해야 하고, 임금이 옳지 못하다고 하더라도 혹 옳은 점이 있으면 신하는 그 옳은 점을 상언하여 옳지 못한 것을 고치도록 해야 한다.〔君所謂可而有否焉 臣獻其否以成其可 君所謂否而有可焉 臣獻其可以去其否〕"라고 보인다.

2) 案王注上下卦之體……通釋諸辭也 : 孔穎達은 〈彖傳〉의 '柔皆順乎剛'이란 말이 卦辭의 '小亨'·'利有攸往'·'利見大人'을 모두 통틀어 해석한 것이라고 보았는데, 王弼의 注에서 '小亨'을 밝혔다고만 말했으므로 이 말을 덧붙인 것이다. 이 말은, 王弼이 卦辭에 注를 달면서 '上卦와 下卦가 모두 巽임'을 가지고 말하였는데, 上下가 모두 巽하다는 것은 바로 〈彖傳〉의 '皆順'과 같은 의미인바, 그렇다면 〈彖傳〉의 注에서 비록 卦辭 전체를 언급하지는 않았으나 '皆順'이 卦辭 전체를 통틀어 해석한 말임을 알 수 있다는 뜻이다. 이는 위 문단에서 인용한 褚氏의 說과 다른바, 褚氏는 〈彖傳〉의 이 말을 다만 '小亨'에 대한 해석이라고 본 것이다.

○ 注의 〔明无違〕에서 〔得小亨〕까지

○ 正義曰 : 살펴보건대, 〈彖傳〉에서는 卦辭의 '小亨'·'利有攸往'·'利見大人'을 함께 들어 맺은 것이니, 이는 柔가 모두 剛을 순종하는 뜻이요, 오로지 '小亨' 두 글자만 해석한 것은 아니다. 그런데 注에서 다만 "어기고 거스름이 없으므로 조금 형통함을 얻음을 밝힌 것이다."라고 말한 것은, 褚氏(褚仲都)가 말하기를 "獻可替否(옳은 일은 행하도록 건의하고, 옳지 못한 일은 고치도록 직간함)를 하여야 그 道가 비로소 커지니, 柔가 모두 剛에게 순함은 크게 형통한 道가 아니다. 이 때문에 文王이 '小亨'이라는 卦辭를 달았고, 孔子가 '皆順'이라는 해석을 가한 것이다."라고 하였다.

살펴보건대, 王輔嗣(王弼)가 上卦와 下卦의 體에 대하여 注를 낼 적에 모두 '공손함'을 가지고 말하였으니, 柔가 剛을 어기지 않음은 바로 공손한 뜻이다. 그러므로 '皆順'이란 말이 卦辭의 여러 글을 통틀어 해석한 것임을 알 수 있는 것이다.

是以小亨하니 利有攸往하며 利見大人하니라

이 때문에 조금 형통하니, 가는 바를 둠이 이롭고, 大人을 만나봄이 이로운 것이다."

【疏】正義曰：是以小亨以下，釋經結也.

正義曰：'是以小亨' 이하는 經文을 해석하여 맺은 것이다.

象曰 隨風이 巽이니 君子以申命行事하나니라

〈象傳〉에 말하였다. "따르는 바람이 巽卦이니, 君子가 보고서 거듭 명령을 내려서 일을 행한다."

【疏】正義曰：'隨風 巽'者，兩風相隨，故曰"隨風"，風既相隨，物无不順，故曰"隨風，巽." '君子以申命行事'者，風之隨至，非是令初，故君子(訓)〔則〕[1]之以申命行事也.

1) (訓)〔則〕: 저본에는 '訓'으로 되어 있으나, 錢本・宋本에 의거하여 '則'으로 바로잡았다.(阮元의 〈校勘記〉 참조)

正義曰：〔隨風 巽〕 두 바람이 서로 따르므로 '따르는 바람'이라 하였으니, 바람이 이미 서로 따르면 물건이 순종하지 않는 것이 없다. 그러므로 "따르는 바람이 巽卦이다."라고 한 것이다.

〔君子以申命行事〕 바람이 따라 이름은 처음 명령하는 때가 아니다. 그러므로 君子가 이를 본받아 거듭 명령을 내려서 일을 행하는 것이다.

初六은 進退니 利武人之貞이니라

初六은 나아가고 물러나니, 武人의 貞함이 이롭다.

【注】處令之初하여 未能服令者也라 故로 進退也라 成命齊邪는 莫善武人이라 故로 利武人之貞以整之하니라

처음 명령하는 때에 처하여 명령에 복종할 수 없는 자이다. 그러므로 나아가고 물러가는 것이다. 명령을 이루어 간사함을 가지런히 함은 武人보다 더 좋은 것이 없다. 그러므로 武人의 貞함을 사용하여 整齊함이 이로운 것이다.

【疏】正義曰：初六，處令之初，法未宣著，體於柔巽，不能自決，心懷進退，未能從令者也. 成命齊邪，莫善威武，既未能從令，則宜用武人之正，以整齊之，故曰"進退，利武

人之貞"也.[1)]

1) 成命齊邪……利武人之貞也 : 王弼과 孔穎達은 '利武人之貞'을 '初六이 명령에 복종하지 못하고서 나아가고 물러나므로 이 初六에게 武人의 바름을 사용하여 명령을 따르게 하는 것이 이로움'의 의미로 보았는바, 初六이 武人의 바름을 쓰는 것이 아니라 初六에게 武人의 바름을 쓰는 것이라고 본 것이다.
반면 程伊川과 朱子는 初六이 武人의 貞固함을 쓰는 주체라고 보았는바, ≪程傳≫은 다음과 같다. "陰柔의 사람이 卑巽함이 너무 지나치면 마음에 두려워하여 편안하지 못해서 혹 나아가고 혹 물러나 따를 바를 모르니, 이로운 바가 武人의 貞함에 있다. 만일 武人의 剛하고 貞固한 뜻을 쓴다면 마땅함이 되니, 힘써서 剛함과 貞固함을 행하면 지나치게 낮추어 두려워하는 잘못이 없을 것이다.〔陰柔之人 卑巽太過 則志意恐畏而不安 或進或退 不知所從 其所利在武人之貞 若能用武人剛貞之志 則爲宜也 勉爲剛貞 則无過卑恐畏之失矣〕"

正義曰 : 初六이 처음 명령하는 때에 처하여 法이 아직 펴지고 드러나지 못하였는데 體가 柔巽이라서 스스로 결단하지 못하고 마음에 나아가고 물러남을 품어서 능히 명령을 따르지 못하는 자이다. 명령을 이루어 간사함을 가지런히 함은 威武보다 더 좋은 것이 없으니, 이미 명령을 따르지 못하면 마땅히 武人의 바름을 사용하여 整齊하여야 한다. 그러므로 "나아가고 물러나니, 武人의 貞함이 이롭다."라고 한 것이다.

象曰 進退는 志疑也일새요

〈象傳〉에 말하였다.
"'나아가고 물러남'은 마음에 의심하기 때문이요,

【注】 巽順之志로 進退疑懼라

巽順한 뜻으로 나아가고 물러남에 의심하고 두려워하는 것이다.

【疏】 正義曰 : '志疑'者, 欲從之, 則未明其令, 欲不從, 則懼罪及己. 志意懷疑, 所以進退也.

正義曰 : 〔志疑〕 따르고자 하면 그 명령을 밝게 알지 못하고, 따르지 않고자 하면 죄가 자기 몸에 미칠까 두려워하여 마음에 의심을 품으니, 이 때문에 나아가고 물러나는 것이다.

利武人之貞은 志治也라

'武人의 貞이 이로움'은 뜻이 〈사람들을〉 다스리는 데 있는 것이다."

【疏】 正義曰 : '志治也'者, 武非行令所宜, 而言利武人者, 志在使人從治, 故曰"利武人."[1] 其猶蒙卦初六象曰"利用刑人, 以正法"也.[2]

1) 志治也者……故曰利武人 : '志治也'를 孔穎達은 '初六에게 武人의 바름을 쓰는 이유는 그 威武를 쓰는 자의 뜻이 사람들을 다스리는 데에 있기 때문임'의 의미로 해석하였다.
 반면 程伊川은 '初六의 뜻이 다스려짐'으로 보았는바, ≪程傳≫은 다음과 같다. "나아가고 물러나서 편안함을 알지 못하는 것은 마음에 의심하고 두려워하기 때문이니, 武人의 剛함과 貞固함을 써서 그 뜻을 세운다면 뜻이 다스려질 것이다. '治'는 닦고 세움을 이른다.〔進退不知所安者 其志疑懼也 利用武人之剛貞以立其志 則其志治也 治謂修立也〕"

2) 其猶蒙卦初六象曰利用刑人 以正法也 : 威武는 명령을 내릴 적에 사용하기 적절한 것은 아니지만 사람들을 복종하게 만들기 위하여 威武를 사용해야 하는 것처럼, 형벌은 사람을 해치는 것이지만 法制를 바로잡기 위하여 형벌을 사용해야 한다는 말이다. 蒙卦 初六 〈象傳〉의 이 말에 대하여 孔穎達은 "또 사람을 형벌하는 道는 바로 물건을 해치는 것이니, 이것은 道에서 싫어하는 바인데 사람을 형벌함이 이로운 것은 법제를 바로잡아야 하므로 형벌하지 않을 수 없기 때문이다. 그러므로 형벌을 나라에 베풀지 않을 수 없고 채찍과 회초리를 가정에 베풀지 않을 수 없는 것이다.〔且刑人之道 乃賊害於物 是道之所惡 以利用刑人者 以正其法制 不可不刑矣 故刑罰不可不施於國 鞭扑不可不施於家〕"라고 하였다.

正義曰 : 〔志治也〕 威武는 명령을 행할 적에 마땅한 바가 아니나, '利武人'이라고 말한 것은 뜻이 사람들로 하여금 따라서 다스려지게 함에 있으므로 "武人이 이롭다."라고 한 것이다. 이는 蒙卦의 初六 〈象傳〉에 "사람을 형벌함이 이로움은 法을 바로잡는 것이다." 라고 한 것과 같다.

九二는 巽在牀下니 用史巫하면 紛若吉하여 无咎리라

九二는 공손함이 牀 아래에 있으니, 祝史와 무당에 사용하면 크게 吉하여 허물이 없으리라.

【注】 處巽之中하여 旣在下位하고 而復以陽居陰하니 卑巽之甚이라 故로 曰 巽在牀下也라하니라

卑甚失正이면 則入于咎過矣어늘 能以居中而施至卑於神祇(기)하고 而不用之於威勢하면 則乃至于紛若之吉하여 而亡其過矣라 故로 曰 用史巫하면 紛若吉하여 无咎也라하니라

巽의 中에 처하여 이미 아랫자리에 있고 다시 陽으로서 陰의 자리에 있으니, 낮추고 공손함이 심하다. 그러므로 "공손함이 牀 아래에 있다."라고 한 것이다.

낮춤이 심하여 바름을 잃으면 허물로 들어간다. 그런데 中에 있으면서 지극히 낮춤을 天神과 地祇(地神)에게 베풀고, 이것을 위엄과 세력이 있는 자에게 사용하지 않으면 마침내 紛若의 吉함에 이르러서 그 허물이 없을 것이다. 그러므로 "祝史와 무당에 사용하면 크게 吉하여 허물이 없으리라."라고 한 것이다.

【疏】正義曰:'巽在牀下'者, 九二處巽下體, 而復以陽居陰, 卑巽之甚, 故曰"巽在牀下." '用史巫 紛若吉 无咎'者, 史, 謂祝史, 巫, 謂巫覡.[1] 並是接事鬼神之人也. 紛若者, 盛多之貌. 卑甚失正, 則入於過咎. 人有威勢, 易爲行恭, 神道无形, 多生怠慢, 若能用居中之德, 行至卑之道, 用之於神祇, 不行之於威勢, 則能致之於盛多之吉, 而无咎過, 故曰"用史巫, 紛若吉, 无咎"也.[2]

1) 史謂祝史 巫謂巫覡 : 沙溪(金長生)는 '史'에 記事하는 史官과 卜筮를 맡은 史官이 있음을 밝히고, "史는 卜筮를 관장하고, 巫는 除厄과 祈福을 관장한다.〔史掌卜筮 巫掌祓禳〕"라고 설명하였다. ≪沙溪全書 권15 經書辨疑 周易≫

2) 人有威勢……无咎也 : 王弼과 孔穎達은 '用史巫'를 '공손함을 위엄 있는 자에게 쓰지 않고 눈앞에 드러나지 않는 天神과 地祇에게 씀'의 의미로 보았는바, 天地의 鬼神은 드러나지 않아서 사람들이 태만하게 하기 쉽기 때문에 여기에 공손함을 행하는 것이 훌륭한 일이 된다고 해석한 것이다.

반면 程伊川은 이를 '誠意를 통하게 함'의 의미로 보고, '紛若'을 '史巫를 많이 씀'으로 보았는바, ≪程傳≫은 다음과 같다. "史巫는 誠意를 神明에게 통하는 자이며, 紛若은 많음이다. 만일 至誠으로 謙巽함을 편안히 여겨 誠意를 통하는 자로 하여금 많게 한다면 吉하고 허물이 없으리니, 정성이 남을 감동시킬 수 있음을 말한 것이다. 사람들이 그 誠意를 살피지 못하면 지나치게 謙巽함을 아첨한다고 이를 것이다.〔史巫者 通誠意於神明者也 紛若 多也 苟至誠安於謙巽 能使通其誠意者多 則吉而无咎 謂其誠足以動人也 人不察其誠意 則以過巽爲諂矣〕" 이에 따라 官本諺解에 "用史巫紛若하면 吉하고 无咎리라."라고 懸吐하였다.

正義曰 : 〔巽在牀下〕 九二가 巽의 下體에 처하고 다시 陽으로서 陰의 자리에 있으니,

낮추고 공손함이 심하다. 그러므로 "공손함이 牀 아래에 있다."라고 한 것이다.

〔用史巫 紛若吉 无咎〕'史'는 祝史를 이르고 '巫'는 巫覡(여자무당과 남자무당)을 이르니, 모두 귀신을 접하여 섬기는 사람이다. '紛若'은 盛하고 많은 모양이다. 낮춤이 심하여 바름을 잃으면 허물로 들어간다. 사람이 위엄과 세력이 있는 자에게는 공손함을 행하기 쉬우나 神의 道는 나타남이 없어서 대부분 태만한 마음을 내니, 만약 中에 거한 德을 사용하여 지극히 낮추는 道를 행하기를 天神과 地祇에 사용하고 위엄과 권세 있는 자에게 행하지 않는다면 盛하고 많은 吉함을 이루어서 허물이 없을 수 있다. 그러므로 "祝史와 무당에 사용하면 크게 吉하여 허물이 없으리라."라고 한 것이다.

象曰 紛若之吉은 得中也일새라

〈象傳〉에 말하였다. "紛若의 吉함은 中을 얻었기 때문이다."

【疏】 正義曰 : '得中'者, 用卑巽於神祇, 是行得其中, 故能致紛若之吉也.[1]

1) 得中者……故能致紛若之吉也 : 孔穎達은 '得中'을 '행함이 中道를 얻음'의 의미로 보았으나, 程伊川은 '中心이 誠實함'으로 보았으며, '紛若'은 '誠意를 통하는 자가 많음'으로 보았다. ≪程傳≫은 다음과 같다. "九二가 柔에 거하고 아래에 있어 지나치게 卑巽한 象이 되나, 誠意를 통하는 자가 많아 紛紛함은 中을 얻었기 때문이다. 陽이 中에 거함은 中實의 象이 되니, 中心이 이미 성실하면 사람들이 스스로 믿을 것이다. 誠意로써 하면 아첨함과 두려워함이 아니니, 이 때문에 吉하고 허물이 없는 것이다.〔二以居柔在下 爲過巽之象 而能使通其誠意者衆多紛然 由得中也 陽居中 爲中實之象 中旣誠實 則人自當信之 以誠意 則非諂畏也 所以吉而无咎〕"

正義曰 : 〔得中〕 낮추고 공손함을 天神과 地祇에 사용하면, 이는 행함이 中을 얻은 것이다. 그러므로 紛若의 吉함을 이룰 수 있는 것이다.

九三은 頻巽이니 吝하니라

九三은 頻蹙하여 공손하니, 부끄럽다.

【注】 頻은 頻蹙하여 不樂而窮하니 不得已之謂也라 以其剛正而爲四所乘하여 志窮而巽이라 是以吝也라

'頻'은 頻蹙하여 즐겁지 못하고 곤궁하니, 부득이함을 이른다. 剛正으로서 六四에게 탐을 당해서 뜻이 곤궁하여 공손하다. 이 때문에 부끄러운 것이다.

【疏】 正義曰 : '頻巽 吝'者, 頻者, 頻蹙憂戚之容也. 九三體剛居正, 爲四所乘, 是志意窮屈, 不得申遂也. 旣處巽時, 只得受其屈辱也, 頻蹙而巽, 鄙吝之道, 故曰"頻巽, 吝"也.[1)]

1) 頻巽吝者……吝也 : '頻'을 王弼과 孔穎達은 頻蹙, 즉 얼굴과 이맛살을 찌푸리는 것으로 訓하여 '頻巽'을 '九三이 자신의 뜻을 펴지 못하여 頻蹙해서 공손함'으로 해석하였다.

반면 程伊川과 朱子는 '頻'을 '자주'로 訓하고 '頻巽'을 '자주 공손함을 잃고 자주 공손함'으로 해석하였는바, ≪程傳≫은 다음과 같다. "九三이 陽으로서 剛에 처하여 中을 얻지 못하고 또 下體의 위에 있으니, 剛하고 높은 체하는 자질로 巽順의 때에 거하여 恭巽할 수 있는 자가 아니요 억지로 하는 것이다. 이 때문에 여러 번 〈공손함을〉 잃는 것이다. 巽의 때에 거하여 아래에 처하였는데, 上卦가 겸손함으로써 임하고, 또 六四가 柔巽함으로써 서로 친하며, 타고 있는 것이 剛이고, 위에 다시 重剛(九五・上九)이 있으니, 비록 공손하지 않고자 하나 될 수 있겠는가. 그러므로 여러 번 공손함을 잃고 여러 번 공손하니, 부끄러울 만한 것이다.〔三以陽處剛 不得其中 又在下體之上 以剛亢之質而居巽順之時 非能巽者 勉而爲之 故屢失也 居巽之時 處下而上臨之以巽 又四以柔巽相親 所乘者剛 而上復有重剛 雖欲不巽 得乎 故頻失而頻巽 是可吝也〕" 여기에서 '頻失而頻巽'이라고 한 것은 復卦 六二 爻辭의 '頻復'을 '頻復頻失'로 풀이한 것에 근본한 것으로, 復卦 六三 爻辭에 대한 ≪程傳≫은 다음과 같다. "六三이 陰의 조급함으로 動의 極에 처하였으니, 돌아오기를 자주하여 견고히 하지 못하는 자이다. 돌아옴은 편안하고 견고함을 귀히 여기니, 자주 돌아왔다가 자주 잃으면 돌아옴을 편안히 여기지 못하는 것이다.〔三以陰躁處動之極 復之頻數而不能固者也 復貴安固 頻復頻失 不安於復也〕"

正義曰 : 〔頻巽 吝〕 '頻'은 頻蹙하여 근심하는 모양이다. 九三이 體가 剛이고 正에 있으나 六四에게 탐을 당하니, 이는 뜻이 곤궁하고 굽혀져 이루지 못한 것이다. 이미 巽의 때에 처하여 다만 屈辱을 받아서 頻蹙하여 공손함은 鄙吝한 道이다. 그러므로 "頻蹙하여 공손하니, 부끄럽다."라고 한 것이다.

象曰 頻巽之吝은 志窮也일새라

〈象傳〉에 말하였다. "頻巽의 부끄러움은 뜻이 곤궁하기 때문이다."

【疏】 正義曰 : '志窮'者, 志意窮屈, 所以爲吝也.

正義曰 : 〔志窮〕 뜻이 곤궁하고 굽히니, 이 때문에 부끄러움이 되는 것이다.

六四는 悔亡하니 田獲三品이로다

六四는 뉘우침이 없어지니, 사냥하여 세 品을 얻도다.

【注】 乘剛은 悔也라 然이나 得位承五하여 卑得所奉이라 雖以柔乘剛이나 而依尊履正하니 以斯行命이면 必能獲强暴하여 遠不仁者也라 獲而有益은 莫善三品이라 故로 曰 悔亡이니 田獲三品이라하니라 一曰 乾豆요 二曰 賓客이요 三曰 充君之庖라

剛을 탐은 뉘우침이다. 그러나 正位를 얻고 九五를 받들고 있어서 낮은 자가 받들 바를 얻었다. 비록 柔로서 剛을 타고 있으나 높은 분(九五)에 의지하고 正道를 행하니, 이런 방식으로 명령을 행하면 반드시 强暴한 자를 잡고 不仁한 자를 멀리할 수 있다. 잡아서 유익함은 세 品보다 더 좋은 것이 없다. 그러므로 "뉘우침이 없어지니, 사냥하여 세 品을 얻는다."라고 한 것이다. 〈'세 品'은〉 첫 번째는 乾豆이고, 두 번째는 賓客에게 올리는 것이고, 세 번째는 군주의 푸줏간에 채워 넣는 것이다.

【疏】 正義曰 : '悔亡 田獲三品'者, 六四有乘剛之悔, 然得位承尊, 得其所奉, 雖以柔乘剛, 而依尊履正, 以斯行命, 必能有功, 取譬田獵, 能獲而有益, 莫善三品, 所以得悔亡. 故曰"悔亡, 田獲三品"也.[1] 三品者, 一曰乾豆, 二曰賓客, 三曰充君之庖廚也.[2]

1) 悔亡田獲三品者……田獲三品也 : 程伊川은 후회가 없어지는 이유에 대하여, "陰柔로서 應援이 없고 承과 乘이 모두 剛이니, 마땅히 뉘우침이 있을 것이나 六四가 陰으로서 陰의 자리에 거하여 巽의 바름을 얻고 上體의 아래에 있으니, 위에 있으면서 능히 몸을 낮춘다. 上體의 아래에 거함은 위에서 恭巽함이요, 巽으로써 아래에 임함은 아래에서 謙巽함이니, 잘 처신하기를 이와 같이 하기 때문에 뉘우침이 없어진 것이다.〔陰柔无援而承乘皆剛 宜有悔也 而四以陰居陰 得巽之正 在上體之下 居上而能下也 居上之下 巽於上也 以巽臨下 巽於下也 善處如此 故得悔亡〕"라고 하였다.

2) 三品者……三曰充君之庖廚也 : 三品은 上殺·中殺·下殺 및 기타를 이르고, 乾豆는 말려서 脯를 만들어 祭器에 올리는 것이다. ≪詩經≫ 〈小雅 車攻〉의 朱子의 註에, "옛날에 田獵하여 짐승을 잡을 적에 얼굴을 맞혀 부상당한 것을 바치지 않고, 옆에서 쏘아 털이 벗겨진 것을 바치지 않고, 짐승이 다 성장하지 못한 것(어린 짐승)을 바치지 아니하

며, 세 등급을 골라 취하여 왼쪽 허구리로부터 쏘아 오른쪽 어깨뼈를 관통한 것을 上殺이라 하여 乾豆를 만들어 宗廟에 올리고, 오른쪽 귀밑을 관통한 것을 다음(中殺)이라 하여 賓客에게 대접하고, 왼쪽 넓적다리를 쏘아 오른쪽 어깨뼈를 관통한 것을 下殺이라 하여 군주의 푸줏간에 채웠으며 그 나머지는 사냥에 참여한 여러 신하에게 나누어주었다."라고 하였다.

正義曰 : 〔悔亡 田獲三品〕 六四는 剛을 탄 뉘우침이 있으나 正位를 얻고 높은 분을 받들어서 그 받들 바를 얻었다. 비록 柔로서 剛을 타고 있으나 높은 분에 의지하고 正道를 행하니, 이런 방식으로 명령을 행하면 반드시 능히 功이 있을 것인바, '사냥하여 능히 짐승을 잡아서 유익함은 세 品보다 더 좋은 것이 없음'을 취하여 비유하였으니, 이 때문에 뉘우침이 없어질 수 있는 것이다. 그러므로 "뉘우침이 없어지니, 사냥하여 세 品을 얻는다."라고 한 것이다. '세 品'은 첫 번째는 乾豆이고, 두 번째는 賓客에게 올리는 것이고, 세 번째는 군주의 푸줏간에 채워 넣는 것이다.

象曰 田獲三品은 有功也라

〈象傳〉에 말하였다. "'사냥하여 세 品을 얻음'은 功이 있는 것이다."

【疏】 正義曰 : '有功'者, 田獵有獲, 以喩行命有功也.

正義曰 : 〔有功〕 사냥하여 짐승을 잡음이 있는 것이니, 이로써 '명령을 행함에 功이 있음'을 비유한 것이다.

九五는 貞吉하여 悔亡하여 无不利하니 无初有終이라 先庚三日하고 後庚三日이면 吉하리라

九五는 貞吉하여 뉘우침이 없어져서 이롭지 않음이 없으니, 처음은 없으나 끝마침이 있다. 먼저 庚하기를 3일을 하고 뒤에 庚하기를 3일을 하면 吉하리라.

【注】 以陽居陽하여 損於謙巽이라 然이나 秉乎中正하여 以宣其命하여 物莫之違라 故로 曰 貞吉하여 悔亡하여 无不利也라하니라 化不以漸하고 卒以剛直으로 用加於物이라 故로 初皆不說也나 終於中正이면 邪道以消라 故로 有終也라 申命令을 謂之庚이라 夫以正齊物을 不可卒也요 民

迷固久하여 直不可肆也라 故로 先申三日하여 令著之後에 復申三日(日)[1]이니 然後에 誅而无咎怨矣라 甲庚은 皆申命之謂也[2]라

1) (日) : 저본에는 '日'이 1자 더 있으나, 毛本에 의거하여 衍文으로 처리하였다.(阮元의 〈校勘記〉 참조)

2) 甲庚 皆申命之謂也 : '甲'은 蠱卦 卦辭 "先甲三日 後甲三日"의 '甲'을 가리킨다. 王弼은 이를 "甲은 創制한 법령이니, 創制할 때에는 옛 법령으로 책망할 수 없다. 그러므로 3일 전에 명령하고 3일 후에 명령하여 새로운 법령이 흡족히 젖어든 뒤에 주벌하는 것이다.〔甲者 創制之令也 創制 不可責之以舊 故先之三日 後之三日 使令洽而後 乃誅也〕"라고 해석하였는바, 여기에서는 甲을 '명령을 거듭 내림'으로 訓하지 않고 '처음 만든 법령'의 뜻으로 訓한 것이다. 이를 따라 蠱卦에서는 卦辭를 "甲보다 3일을 먼저하고 甲보다 3일을 뒤에 한다."라고 번역하였다.

陽으로서 陽의 자리에 있어서 겸손함이 줄어들었다. 그러나 中正을 지켜서 그 명령을 선포하여 사람들이 어기는 이가 없다. 그러므로 "貞吉하여 뉘우침이 없어져서 이롭지 않음이 없다."라고 한 것이다.

교화를 점진적으로 하지 않고 갑자기 剛直함을 가지고 사람에게 가한다. 그러므로 처음에는 모두 기뻐하지 않으나 끝내 中正하면 간사한 道가 사라진다. 그러므로 좋은 끝마침이 있는 것이다.

命令을 거듭 내림을 '庚'이라 한다. 바름을 가지고 물건을 가지런히 함을 갑자기 해서는 안 되고, 백성들의 혼미함이 진실로 오래되어 곧바로 명령을 펼 수가 없다. 그러므로 먼저 명령을 거듭하기를 3일 동안 하여 명령이 드러난 뒤에 다시 3일 동안 거듭하는 것이니, 그런 뒤에 주벌하면 허물과 원망이 없다. 甲과 庚은 모두 거듭 命을 내림을 이른다.

【疏】 正義曰 : 九五以陽居陽, 違於謙巽, 是悔也. 然執乎中正, 以宣其令, 物莫之違, 是由貞正獲吉, 故得悔亡而无不利, 故曰"貞吉, 悔亡, 无不利"也. '无初有終'者, 若卒用剛直, 化不以漸, 物皆不說, 故曰"无初"也. 終於中正, 物服其化, 故曰"有終"也. '先庚三日 後庚三日 吉'者, 申命令謂之庚, 民迷固久, 申不可卒, 故先申之三日, 令著之後, 復申之三日, 然後誅之, 民服其罪, 无怨而獲吉矣, 故曰"先庚三日, 後庚三日, 吉"也.[1]

1) 先庚三日後庚三日貞吉者……吉也 : 王弼과 孔穎達은 '庚'을 '거듭 명령을 내림'으로 訓하여 '先庚三日 後庚三日'을 '거듭 명령을 내리기를 먼저 3일 동안 하고, 또다시 거듭

명령을 내리기를 뒤에 3일 동안 하여 백성들이 명령을 분명히 알게 된 뒤에 주벌함'의 의미로 보았다.

程伊川의 해석도 이와 유사한데, 다만 程伊川은 庚에 '更改'의 訓이 있는 것을 가지고 經文을 해석하였다. ≪程傳≫은 다음과 같다. "'先庚三日 後庚三日 吉'은 명령을 내어 변경하는 道가 마땅히 이와 같아야 하는 것이다. 甲은 일의 시작이고 庚은 변경의 시작이다. 十干에 戊己가 중간이니, 中을 넘으면 변한다. 그러므로 庚이라 이른 것이다. 일의 변경은 마땅히 시초를 근원하고 終을 맞추어 先甲後甲의 뜻과 같이 하여야 하니, 이와 같이 하면 吉하다. 해설이 蠱卦에 나와 있다.〔先庚三日後庚三日吉 出命更改之道 當如是也 甲者 事之端也 庚者 變更之始也 十干 戊己爲中 過中則變 故謂之庚 事之改更 當原始要終 如先甲後甲之義 如是則吉也 解在蠱卦〕"

한편 朱子는 蠱卦의 卦辭 '先甲三日 後甲三日'에서 鄭玄의 說을 따라 이를 '天干에서 甲으로부터 거슬러 세 번째인 辛을 쓰고, 甲으로부터 뒤로 세 번째인 丁을 씀'으로 해석했던 것처럼, 여기에서도 '庚으로부터 거슬러 세 번째인 丁을 쓰고, 庚으로부터 뒤로 세 번째인 癸를 씀'으로 해석하였는바, ≪本義≫는 다음과 같다. "庚은 변경함이니, 일이 변하는 것이다. 庚보다 3일을 먼저 한다는 것은 丁이요, 庚보다 3일을 뒤에 한다는 것은 癸(揆)이니, 丁은 변경하기 전에 丁寧히 하는 것이요 癸는 변경한 뒤에 헤아리는 것이니, 변경하는 바가 있으면서 이 占을 얻은 자는 이와 같이 하면 吉하다.〔庚 更也 事之變也 先庚三日 丁也 後庚三日 癸也 丁 所以丁寧於其變之前 癸 所以揆度於其變之後 有所變更而得此占者 如是則吉也〕"

正義曰：九五가 陽으로서 陽의 자리에 있어서 겸손함에 위배되니, 이것이 뉘우침이다. 그러나 中正을 지켜서 그 명령을 선포하여 사람들이 어기는 이가 없으니, 이 때문에 貞正하여 吉함을 얻는다. 그러므로 뉘우침이 없어져 이롭지 않음이 없을 수 있는 것이다. 이 때문에 "貞吉하여 뉘우침이 없어져서 이롭지 않음이 없다."라고 한 것이다.

〔无初有終〕 만약 갑자기 剛直함을 사용하여 교화를 점진적으로 하지 않으면 사람들이 모두 기뻐하지 않는다. 그러므로 "처음이 없다."라고 한 것이다. 끝내 中正하면 사람들이 그 교화에 복종한다. 그러므로 "끝마침이 있다."라고 한 것이다.

〔先庚三日 後庚三日 吉〕 거듭 명령을 내림을 '庚'이라 이르니, 백성들의 혼미함이 진실로 오래되어서 거듭 명령을 내림을 갑자기 해서는 안 된다. 그러므로 먼저 3일 동안 명령을 거듭하여 명령이 드러난 뒤에 다시 3일 동안 거듭하는 것이니, 그런 뒤에 誅罰을 가하면 백성들이 그 죄에 복종하여 원망하는 이가 없어서 吉함을 얻는 것이다. 그러므로 "먼저 庚하기를 3일을 하고 뒤에 庚하기를 3일을 하면 吉하리라."라고 한 것이다.

象曰 九五之吉은 位正中也일새라

〈象傳〉에 말하였다. "九五의 吉함은 자리가 正中하기 때문이다."

【疏】正義曰 : '位正中'者, 若不以九居五位, 則不能以中正齊物, 物之不齊, 无由致吉, 致吉, 是由九居五位, 故擧爻位言之.

正義曰 : 〔位正中〕 만약 九로서 五位에 있지 않으면 中正으로써 사람들을 가지런히 하지 못하니, 사람들이 가지런히 하지 않으면 吉함을 이룰 길이 없다. 吉함을 이룸은 바로 九가 五位에 있음에 연유한 것이므로 爻의 자리를 들어 말한 것이다.

上九는 巽在牀下하여 喪其資[1]斧하니 貞이 凶하니라

1) 資 : 李光地는 ≪周易折中≫에서 "살펴보건대, '資斧'는 古本에 '齊斧'로 되어 있으니, 이것이 옳다. 이는 旅卦의 〈資斧와〉 音이 같기 때문에 잘못된 것이다. 〈說卦傳〉에 '巽에서 깨끗하다〔齊乎巽〕' 하였으니, 齊斧는 물건을 깨끗이 하는 도끼이다.〔案資斧古本作齊斧 爲是 蓋因承旅卦同音而誤也 說卦齊乎巽 齊斧者 所以齊物之斧也〕"라고 하였다. 李道平의 ≪周易集解纂疏≫에도 '齊'로 되어 있다.

上九는 공손함이 牀 아래에 있어서 사용하는 도끼를 잃으니, 正道가 凶하다.

【注】處巽之極하여 極巽過甚이라 故로 曰 巽在牀下也라하니라 斧는 所以斷者也니 過巽失正이면 喪所以斷이라 故로 曰 喪其資斧하여 貞凶也라하니라

巽의 極에 처하여 지나치게 공손함이 너무 심하다. 그러므로 "공손함이 牀 아래에 있다."라 한 것이다.

'斧'는 결단하는 것이니, 지나치게 공손하여 바름을 잃으면 결단하는 바를 잃는다. 그러므로 "사용하는 도끼를 잃으니, 正道가 凶하다."라고 한 것이다.

【疏】正義曰 : '巽在牀下'者, 上九處巽之極, 巽之過甚, 故曰"巽在牀下." '喪其資斧'者, 斧能斬決, 以喩威斷也, 巽過則不能行威命, 命之不行, 是喪其所用之斧, 故曰"喪其資斧"也.[1] '貞凶'者, 失其威斷, 是正之凶, 故曰"貞凶"也.

1) 喪其資斧者……故曰喪其資斧也 : 程伊川과 朱子는 '資'를 '物資'로 訓하였는바, ≪程傳≫은 다음과 같다. "資는 가지고 있는 물건이고, 斧는 결단하는 것이다. 陽剛은 본래

결단함이 있으나 지나치게 恭巽하여 剛斷을 잃어서 가지고 있는 것을 잃으니, 이는 物資와 도끼를 잃은 것이다.〔資 所有也 斧 以斷也 陽剛本有斷 以過巽而失其剛斷 失其所有 喪資斧也〕"

正義曰 : 〔巽在牀下〕 上九가 巽의 極에 처하여 공손함이 너무 심하다. 그러므로 "공손함이 牀 아래에 있다."라고 한 것이다.

〔喪其資斧〕 도끼는 능히 베어 결단하니, 威嚴으로 결단함을 비유한 것인데, 공손함이 지나치면 위엄 있는 명령을 행하지 못하는바, 명령이 행해지지 못하면 이는 사용하는 도끼를 잃은 것이다. 그러므로 "사용하는 도끼를 잃었다."라고 한 것이다.

〔貞凶〕 위엄으로 결단함을 잃으면 이는 正道가 흉한 것이다. 그러므로 "正道가 흉하다."라고 한 것이다.

象曰 巽在牀下는 上窮也일새요 喪其資斧는 正乎凶也라

〈象傳〉에 말하였다. "'공손함이 牀 아래에 있음'은 위로 궁극하기 때문이요, '사용하는 도끼를 잃음'은 正道가 흉한 것이다."

【疏】 正義曰 : 上窮者, 處上窮巽, 故過在牀下也. '正乎凶'者, 正理須當威斷, 而喪之, 是正乎凶也.[1)]

1) 正乎凶者……是正乎凶也 : 孔穎達은 '正乎凶'을 '正道가 흉함'으로 해석하였는데, 程伊川은 "巽은 본래 善行이기 때문에 의심하기를 '正道라고 할 수 있겠는가?'라고 하였고, 다시 결단하기를 '흉하다'라고 한 것이다.〔巽 本善行 故疑之曰得爲正乎 復斷之曰乃凶也〕"라고 하여, 經文을 '正乎', '凶也'의 두 句로 나누어 해석하였다. 이에 따라 官本諺解에 "正乎아 凶也라"라고 懸吐하였다. 朱子는 "'正乎凶'은 반드시 흉함을 말한 것이다.〔正乎凶 言必凶〕"라고 하였다.

正義曰 : 〔上窮〕 위에 처하여 궁극하게 겸손하다. 그러므로 지나치게 牀 아래에 있는 것이다.

〔正乎凶〕 正理는 모름지기 위엄으로 결단하여야 하는데 이것을 잃었으니, 이는 正道가 흉한 것이다.

58. 兌䷹ 兌下兌上

兌는 **亨**하니 **利貞**하니라

兌는 형통하니, 貞함이 이롭다.

【疏】 正義曰 : 兌, 說(열)也, 說(설)卦曰“說(열)萬物者, 莫說乎澤.” 以兌是象澤之卦, 故以兌爲名. 澤以潤生萬物, 所以萬物皆說. 施於人事, 猶人君以恩惠養民, 民无不說也. 惠施民說, 所以爲亨. 以說說物, 恐陷諂邪, 其利在於貞正. 故曰“兌, 亨, 利貞.”

正義曰 : ‘兌’는 기뻐함이니, 〈說卦傳〉에 “萬物을 기쁘게 하는 것은 못〔澤〕보다 더 기쁜 것이 없다.”라고 하였으니, 兌卦는 못을 형상한 卦이다. 그러므로 ‘兌’로 卦의 이름을 삼은 것이다.

못은 만물을 적셔주어 자라게 하니, 이 때문에 萬物이 모두 기뻐하는 것이다. 이것을 사람의 일에 베풀면 人君이 은혜를 가지고 백성을 길러주어서 백성들이 기뻐하지 않는 이가 없는 것과 같다. 은혜를 베풀어 백성들이 기뻐함은 형통함이 되는 이유이다. 기쁨으로써 남을 기쁘게 하면 아첨함과 간사함에 빠질까 염려되므로 그 이로움이 貞正함에 있는 것이다. 그러므로 “兌는 형통하니, 貞함이 이롭다.”라고 한 것이다.

彖曰 兌는 **說**(열)**也**니 **剛中而柔外**하여 **說以利貞**이라

〈彖傳〉에 말하였다.

“兌는 기뻐함이니, 剛이 中에 있고 柔가 밖에 있어서 기뻐하되 貞함이 이롭다.

【注】 說而違剛則諂이요 剛而違說則暴니 剛中而柔外는 所以說以利貞也라 剛中故로 利貞이요 柔外故로 說亨이라

기뻐하면서 剛함을 어기면 아첨이고 剛하면서 기쁨을 어기면 포악함이니, 剛이 中에 있고 밖이 유순함은 기뻐하되 貞함이 이로운 까닭이다. 剛이 中에 있으므로 貞함이 이롭

고, 柔가 밖에 있으므로 기뻐하여 형통한 것이다.

【疏】正義曰：'兌 說也'者, 訓卦名也. '剛中而柔外 說以利貞'者, 此就二·五以剛居中, 上六·六三以柔處外, 釋兌亨利貞之義也.[1] 外雖柔說, 而內德剛正, 則不畏邪諂. 內雖剛正, 而外迹柔說, 則不憂侵暴. 只爲剛中而柔外, 中外相濟, 故得說亨而利貞也.

1) 剛中而柔外……釋兌亨利貞之義也：程伊川은 '剛中而柔外 說以利貞'을 아래 句에 연결시켜 해석하였는바, ≪程傳≫은 다음과 같다. "陽剛이 中에 거하였으니 中心이 성실한 象이요, 柔爻가 밖에 있으니 남을 대하기를 和柔하게 하는 象이다. 그러므로 기뻐하고 능히 貞한 것이다. '利貞'은 기뻐하는 道는 마땅히 正道여야 하는 것이다. 卦에 剛中의 德이 있으니, 貞할 수 있는 자이다. 기뻐하고 貞하니, 이 때문에 위로 天理에 순하고 아래로 人心에 응하는 것이니, 기뻐하는 道에 지극히 바르고 지극히 善한 것이다.〔陽剛居中 中心誠實之象 柔爻在外 接物和柔之象 故爲說而能貞也 利貞 說之道宜正也 卦有剛中之德 能貞者也 說而能貞 是以上順天理 下應人心 說道之至正至善者也〕"

正義曰：〔兌 說也〕 卦의 이름을 訓한 것이다.

〔剛中而柔外 說以利貞〕 이는 九二와 九五가 剛으로서 中에 있고 上六과 六三이 柔로서 밖에 처함을 가지고 '兌는 형통하니 貞함이 이로움'의 뜻을 해석한 것이다. 밖이 비록 유순하고 기뻐하나 안의 德이 剛正하면 간사함과 아첨함을 두려워하지 않으며, 안이 비록 剛正하나 밖의 자취가 부드럽고 기뻐하면 침해하고 포악함을 근심하지 않는다. 다만 剛이 中에 있고 柔가 밖에 있기 때문에 中과 밖이 서로 구제함이 된다. 그러므로 '기뻐하되 형통하고 貞함이 이로움'을 얻는 것이다.

是以로 順乎天而應乎人하여

이 때문에 하늘에 順하고 사람에게 應하여,

【注】天은 剛而不失說者也라

하늘은 剛하면서 기쁨을 잃지 않는 자이다.

【疏】正義曰：廣明說義合於天人. 天爲剛德而有柔克[1], 是剛而不失其說也. 今說以利貞, 是上順乎天也. 人心說於惠澤, 能以惠澤說人, 是下應乎人也.

1) 柔克 : 洪範九疇의 여섯 번째인 三德 중의 하나로, 《書經》〈周書 洪範〉에 "여섯 번째 三德은, 첫 번째는 정직함이요 두 번째는 剛으로 다스림이요 세 번째는 柔로 다스림이니, 平康은 正直이고 彊하여 순하지 않은 자는 剛으로 다스리고 和하여 순한 자는 柔로 다스리며, 沈潛한 자는 剛으로 다스리고 高明한 자는 柔로 다스린다.〔六三德 一曰正直 二曰剛克 三曰柔克 平康正直 彊弗友剛克 燮友柔克 沈潛剛克 高明柔克〕"라고 보이는바, 여기서는 '高明柔克'을 가리킨 것으로 보인다.

正義曰 : 기뻐하는 뜻이 하늘과 사람에 부합함을 넓혀 밝힌 것이다. 하늘은 剛한 德이 되는데 柔로 다스림이 있으니, 이는 剛하면서 기쁨을 잃지 않는 것이다. 지금 기뻐하되 貞함이 이로움은 위로 하늘에 순한 것이요, 人心이 惠澤을 기뻐하니 능히 혜택으로써 남을 기쁘게 함은 이는 아래로 사람에 應하는 것이다.

說以先民하면 **民忘其勞**하고 **說以犯難**하면 **民忘其死**하나니 **說之大**에 **民勸矣哉**인저

기쁨으로써 백성에게 먼저 하면 백성들이 수고로움을 잊고, 기쁨으로써 難을 범하면 백성들이 그 죽음을 잊나니, 기쁨이 큼에 백성들이 권면되도다."

【疏】 正義曰 : 說以先民民忘其勞以下, 歎美說之所致, 亦申明應人之法, 先以說豫撫民, 然後使之從事, 則民皆竭力, 忘其從事之勞, 故曰"說以先民, 民忘其勞"也. '說以犯難 民忘其死'者, 先以說豫勞民, 然後使之犯難, 則民皆授命, 忘其犯難之死, 故曰"說以犯難, 民忘其死"也. 施說於人, 所致如此, 豈非說義之大, 能使民勸勉矣哉. 故曰"說之大, 民勸矣哉."

正義曰 : '說以先民 民忘其勞' 이하는 기쁨이 이루는 바〔所致〕를 탄미한 것이고, 또한 사람에게 應하는 법을 거듭 밝힌 것인바, 먼저 기쁨으로써 백성을 어루만진 뒤에 그들로 하여금 일을 따르게 하면 백성들이 모두 힘을 다하여 그 일을 따르는 수고로움을 잊게 된다. 그러므로 "기쁨으로써 백성에게 먼저 하면 백성들이 수고로움을 잊는다."라고 한 것이다.

〔說以犯難 民忘其死〕 먼저 기쁨으로써 백성들을 위로한 뒤에 그들로 하여금 難을 犯하게 하면 백성들이 모두 목숨을 바쳐서 難을 犯하는 죽음을 잊게 된다. 그러므로 "기쁨으로써 難을 범하면 백성들이 그 죽음을 잊는다."라고 한 것이다.

기쁨을 남에게 베풀면 그 이루는 바가 이와 같으니, 어찌 기쁨의 뜻이 큰 것이 아니겠는가. 능히 백성들로 하여금 권면하게 할 수 있다. 그러므로 "기쁨이 큼에 백성들이 권면되도다."라고 한 것이다.

象曰 麗(리)澤이 兌니 君子以朋友講習하나니라

〈象傳〉에 말하였다. "連해 있는 못이 兌卦이니, 君子가 보고서 朋友간에 講習한다."

【注】 麗는 猶連也니 施說之盛이 莫盛於此라

麗는 連과 같으니, 기쁨을 베푸는 盛함이 이보다 더 盛한 것이 없다.

【疏】 正義曰 : '麗澤 兌'者, 麗, 猶連也,[1] 兩澤相連, 潤說之盛, 故曰"麗澤, 兌"也. '君子以朋友講習'者, 同門曰朋, 同志曰友, 朋友聚居, 講習道義, 相說之盛, 莫過於此也. 故君子象之, 以朋友講習也.

1) 麗 猶連也 : 王弼과 孔穎達은 '麗'를 '連'으로 해석하였으나, 程伊川과 朱子는 麗를 '붙어 있음〔附麗〕'의 뜻으로 해석하였는바, '麗'의 古字는 '丽'로 되어 있으며, 八卦의 離☲에 있는 가운데의 두 획은 사람의 눈이 얼굴에 붙어 있는 것과 유사하기 때문이다. '連'에도 물건 두 개가 연결되어 있는 象이 있어 大意에는 큰 차이가 없으나 附麗의 뜻이 더욱 분명한바, ≪程傳≫은 다음과 같다. "麗澤은 두 못이 서로 붙어 있는 것이다. 두 못이 서로 붙어 있어 서로 적셔주니, 서로 滋益함이 있는 象이다.〔麗澤 二澤相附麗也 兩澤相麗 交相浸潤 互有滋益之象〕"

正義曰 : 〔麗澤 兌〕 '麗'는 連과 같으니, 두 못이 서로 連해 있음은 적셔주고 기쁘게 함이 盛한 것이다. 그러므로 "連해 있는 못이 兌卦이다."라고 한 것이다.

〔君子以朋友講習〕 同門을 '朋'이라 하고 同志를 '友'라 하니, 朋友가 모여 거처하면서 道義를 講習함은 서로 기뻐함의 盛함이 이보다 더한 것이 없다. 그러므로 군자가 이것을 본받아서 붕우간에 講習하는 것이다.

初九는 和兌니 吉하니라

初九는 和하여 기뻐함이니, 吉하다.

【注】 (【疏】)[1]居兌之初하여 應不在一하여 无所黨係하니 和兌之謂也라 說不在諂하니 履斯而行이면 未見有疑之者하니 吉其宜矣라

1) (【疏】) : 저본에는 【疏】가 있으나, 이 내용은 王弼의 注이므로 衍文으로 처리하였다.

兌의 처음에 거하여 應이 한곳에 있지 않아서 黨에 매여 있는 바가 없으니, 和하여 기뻐함을 이른다. 기쁨이 아첨에 있지 않으니, 이것을 밟고서 가면 의심하는 자가 있음을 보지 못할 것이니, 吉함이 당연하다.

【疏】 正義曰 : 初九居兌之初, 應不在一, 无所私說, 說之和也. 說物以和, 何往不吉, 故曰"和兌, 吉"也.

正義曰 : 初九가 兌의 처음에 거하여 應이 한곳에 있지 않아서 사사로이 기뻐하는 바가 없으니, 기뻐하여 和한 것이다. 남을 기쁘게 하기를 和로써 하면 어디로 간들 吉하지 않겠는가. 그러므로 "和하여 기뻐함이니, 吉하다."라고 한 것이다.

象曰 和兌之吉은 行未疑也일새라

〈象傳〉에 말하였다. "和兌의 吉함은 행함에 의심하지 않기 때문이다."

【疏】 正義曰 : '行未疑'者, 說不爲諂, 履斯而行, 未見疑之者也, 所以得吉也.[1]

1) 行未疑者……所以得吉也 : 程伊川은 〈象傳〉에서 '行未疑也'라고 한 이유에 대하여 다음과 같이 설명하였다. "구하는 것이 있어서 和하면 간사함과 아첨함에 해당되는데, 初爻는 때에 따라 순히 처하여 마음에 매인 바가 없으니 위하는(목적하는) 바가 없고 和함으로써 할 뿐이다. 이 때문에 吉한 것이다. 〈象傳〉에서는 또 初九가 기뻐함에 처하고 아랫자리에 있으며 中正이 아니기 때문에 '행함에 의심스러울 것이 없다.'고 말하였으니, 행함에 의심스러울 것이 없음은 잘못이 있음을 발견하지 못함을 말한 것이니, 만일 中正을 얻었다면 이러한 말이 없을 것이다. 기뻐함은 中正을 근본으로 삼으니, 爻辭에서는 다만 그 뜻만을 말하였고, 〈象傳〉은 이것을 미루어 극진히 한 것이다.〔有求而和 則涉於邪諂 初隨時順處 心无所係 无所爲也 以和而已 是以吉也 象又以其處說在下而非中正 故云行未疑也 其行未有可疑 謂未見其有失也 若得中正 則无是言也 說 以中正爲本 爻 直陳其義 象則推而盡之〕"

正義曰 : 〔行未疑〕 기뻐함이 아첨이 되지 않으니, 이것을 밟고서 가면 의심하는 자를

보지 못하니, 이 때문에 吉함을 얻는 것이다.

九二는 孚兌니 吉하여야 悔亡하니라

九二는 信實한 기쁨이니 吉하여야 뉘우침이 없어진다.

【注】 說不失中하여 有孚者也니 失位而說은 孚吉이라야 乃悔亡也라

기뻐하면서 中을 잃지 않아서 信實함이 있는 자이니, 正位를 잃고 기뻐함은 신실하여 吉하여야 비로소 뉘우침이 없어질 수 있는 것이다.

【疏】 正義曰 : 九二說不失中, 有信者也, 說而有信, 則吉從之, 故曰"孚兌, 吉"也. 然履失其位, 有信而吉, 乃得亡悔, 故曰"孚兌, 吉, 悔亡"也.

正義曰 : 九二가 기뻐하면서 中을 잃지 않아서 信實함이 있는 자이니, 기뻐하면서 신실함이 있으면 吉함이 뒤따른다. 그러므로 "신실한 기쁨이니 吉하다."라고 한 것이다. 그러나 밟은 것이 正位를 잃었으니, 신실함이 있어 吉하여야 비로소 뉘우침이 없어질 수 있다. 그러므로 "信實한 기쁨이니 吉하여야 뉘우침이 없어진다."라고 한 것이다.

象曰 孚兌之吉은 信志也라

〈象傳〉에 말하였다. "孚兌의 吉함은 뜻이 信實한 것이다."

【注】 其志信也라

그 뜻이 信實한 것이다.

【疏】 正義曰 : '信志也'者, 失位而得吉, 是其志信也.

正義曰 : 〔信志也〕 正位를 잃었으나 吉함을 얻었으니, 이는 뜻이 信實한 것이다.

六三은 來兌니 凶하니라

六三은 와서 기뻐함이니, 凶하다.

【注】以陰柔之質로 履非其位하여 來求說者也니 非正而求說은 邪佞者也라

陰柔의 자질로 밟은 것이 正位가 아니면서 와서 기쁨을 구하는 자이니, 바르지 않으면서 기쁨을 구함은 간사하고 아첨하는 자이다.

【疏】正義曰：三爲陽位, 陰來居之, 是進來求說, 故言"來兌."[1] 而以不正來說, 佞邪之道, 故曰"來兌, 凶"也.

1) 三爲陽位……故言來兌：'來兌'를 孔穎達은 '六三이 陽位인 三의 자리로 와서 기쁨을 구하는 것'으로 해석하였는데, 程伊川과 朱子는 '來'를 '六三이 初九와 九二에게 나아가는 것'으로 해석하였다. ≪程傳≫은 다음과 같다. "六三은 陰柔로 中正하지 못한 사람이니, 기뻐하기를 도리대로 하지 않는 자이다. '來兌'는 찾아와서 기뻐함을 구하는 것이다. 아래에 있는 陽과 가까우니, 자기 몸을 굽히고 도리가 아닌 짓을 하여 찾아와서 기뻐함을 구하니, 이 때문에 흉한 것이다. 안(아래)으로 옴을 來라 한다. 上下가 모두 陽인데 홀로 안으로 오는 것은 〈初九・九二와〉 體가 같고 陰의 성질은 아래로 내려오기 때문이니, 道를 잃고 아래로 내려오는 것이다.〔六三 陰柔不中正之人 說不以道者也 來兌 就之以求說也 比於在下之陽 枉己非道 就以求說 所以凶也 之內爲來 上下俱陽 而獨之內者 以同體而陰性下也 失道下行也〕"

正義曰：六三은 陽의 자리인데, 陰이 와서 여기에 거하였으니, 이는 나와서 기쁨을 구하는 것이다. 그러므로 "와서 기뻐한다."라고 말한 것이다. 不正함으로써 와서 기뻐함은 아첨하고 간사한 道이다. 그러므로 "와서 기뻐함이니, 凶하다."라고 한 것이다.

象曰 來兌之凶은 位不當也일새라

〈象傳〉에 말하였다. "來兌의 凶함은 자리가 마땅하지 않기 때문이다."

【疏】正義曰：'位不當'者, 由位不當, 所以致凶也.

正義曰：〔位不當〕 자리가 마땅하지 않음에 연유하니, 이 때문에 흉함을 이룬 것이다.

九四는 商兌未寧이니 介疾有喜리라

九四는 기뻐함을 헤아려 편안하지 못하니, 병을 막으면 기쁨이 있으리라.

【注】商은 商量裁制之謂也라 介는 隔也라 三爲佞說하니 將近至尊이라 故로 四以剛德으로 裁而隔之하여 匡內制外하니 是以未寧也라 處於幾近하여 閑邪介疾하니 宜其有喜也라

'商'은 商量하여 裁制함을 이른다. '介'는 막음이다. 六三은 아첨하고 기뻐함이 되는데 장차 至尊(九五)에 가까워진다. 그러므로 九四가 剛한 德을 가지고 裁制하여 막아서 안을 바로잡고 밖을 裁制하니, 이 때문에 편안하지 못한 것이다. 가까운 곳에 처하여 간사함을 막고 병을 차단하니, 그 기쁨이 있음이 당연하다.

【疏】正義曰：'商兌未寧'者, 商, 商量裁制之謂也. 夫佞邪之人, 國之疾也, 三爲佞說, 將近至尊. 故四以剛德, 裁而隔之, 使三不得進, 匡內制外, 未遑寧處, 故曰"商兌未寧." 居近至尊, 防邪隔疾, 宜其有喜, 故曰"介疾有喜."[1]

1) 商兌未寧者……故曰介疾有喜：王弼과 孔穎達은 '介'를 '막음'의 뜻으로 보아 經文을 '九四가 剛德으로 六三을 제재하느라 편안하지 못하지만, 나라의 병이 되는 간사한 六三을 막으므로 기쁨을 얻음'의 의미로 해석하였다.

반면 程伊川과 朱子는 '介'를 '절개와 지조가 있는 사람'으로 보아 經文을 '九四가 六三과 九五 사이에서 결단하지 못하고 헤아려 편안하지 못하지만, 志操를 지켜 邪惡을 미워하므로 기쁜 일이 있음'의 의미로 해석하였는바, ≪程傳≫은 다음과 같다. "九四는 위로 中正의 九五를 받들고 아래로 柔邪의 六三을 가까이하였으며, 비록 剛陽이나 처함이 바른 자리가 아니다. 六三은 陰柔이니, 陽이 좋아하는 바이므로 결단하지 못하고 헤아려 편안하지 못하니, 따를 바를 擬議하여 결단하지 못해서 定함이 있지 못한 것이다. 두 사이를 '介'라 이르니, 分限이다. 땅의 경계일 경우에는 '田'자를 가하였으니(界), 뜻이 바로 이와 같다. 그러므로 사람이 절개와 지킴이 있는 것을 介라 이르니, 만약 介然히 正道를 지켜 사악한 자를 미워하고 멀리하면 기쁜 일이 있을 것이다. 九五를 따름은 正이요, 六三을 좋아함은 邪이다. 九四는 君主와 가까운 자리이니, 만일 剛하고 절개 있게 正道를 지켜서 사악한 자를 미워하고 멀리하면 장차 君主의 신임을 얻어 道를 행해서 福慶이 사람(남)들에게 미칠 것이니, 기쁜 일이 있는 것이다. 九四와 같은 자는 得失이 정해짐이 없고 따르는 바에 매어 있다.〔四上承中正之五 而下比柔邪之三 雖剛陽而處非正 三 陰柔 陽所說也 故不能決而商度未寧 謂擬議所從而未決 未能有定也 兩間 謂之介 分限也 地之界則加田 義乃同也 故人有節守 謂之介 若介然守正而疾遠邪惡 則有喜也 從五 正也 說三 邪也 四 近君之位 若剛介守正 疾遠邪惡 將得君以行道 福慶及物 爲有喜也 若四者 得失未有定 繫所從耳〕"

正義曰：〔商兌未寧〕'商'은 商量하여 裁制함을 이른다. 아첨하고 간사한 사람은 나라

의 병이니, 六三은 아첨하고 기뻐함이 되는데 장차 至尊에 가까워진다. 그러므로 九四가 剛한 德을 가지고 裁制하여 막아서 六三으로 하여금 나오지 못하게 하여 안을 바로잡고 밖을 裁制해서 편안히 거처할 겨를이 없다. 그러므로 "헤아리고 기뻐하여 편안하지 못하다."라고 한 것이다.

거처가 至尊에 가까워 간사함을 막고 병을 막으면 기쁨이 있음이 당연하다. 그러므로 "병을 막으면 기쁨이 있으리라."라고 한 것이다.

象曰 九四之喜는 有慶也라

〈象傳〉에 말하였다. "九四의 기쁨은 福慶이 있는 것이다."

【疏】 正義曰 : '有慶'者, 四能匡內制外, 介疾除邪, 此之爲喜, 乃爲至尊所善, 天下蒙賴, 故言"有慶"也.

正義曰 : 〔有慶〕 九四가 능히 안을 바로잡고 밖을 裁制하여 병을 막아 간사함을 제거하니, 이것의 기쁨은 바로 至尊이 좋게 여기는 바가 되어서 天下가 그 혜택을 입는다. 그러므로 "福慶이 있다."라고 한 것이다.

九五는 孚于剝이니 有厲라

九五는 剝(소인)을 믿으니, 위태로움이 있다.

【注】 比於上六하여 而與相得하니 處尊正之位하여 不說信乎陽하고 而說信乎陰은 孚于剝之義也라 剝之爲義는 小人道長之謂라

上六과 가까이 있어서 서로 뜻이 맞으니, 높고 바른 자리에 처하여 陽을 기뻐하고 믿지 않고서 陰을 기뻐하고 믿음은 剝을 믿는 뜻이다. 剝의 뜻은 小人의 道가 자람을 이른다.

【疏】 正義曰 : '剝'者, 小人道長, 消君子之正, 故謂小人爲剝也.[1] 九五, 處尊正之位, 下无其應, 比於上六, 與之相得, 是說信於小人, 故曰"孚于剝." 信而成剝, 危之道也, 故曰"有厲."

1) 剝者……故謂小人爲剝也 : '剝'은 깎임의 뜻으로, 剝卦(䷖)는 아래로부터 陰이 자라나 陽을 깎아 모두 없애는 象인데, 陰은 小人을 상징하고 陽은 君子를 상징하므로 剝에 '小人道長 消君子之正'의 의미가 있으며, 因하여 小人을 '剝'으로 칭한 것이다.

正義曰 : 〔剝〕 小人의 道가 자라서 君子의 正道를 사라지게 한다. 그러므로 소인을 일러 '剝'이라 한 것이다.

九五가 높고 바른 자리에 처하여 아래에 應이 없고 上六에 가까이 있어 上六과 더불어 서로 뜻이 맞으니, 이는 소인을 기뻐하고 믿는 것이다. 그러므로 "剝을 믿는다."라고 한 것이다.

믿어서 剝을 이룸은 위태로운 道이다. 그러므로 "위태로움이 있다."라고 한 것이다.

象曰 孚于剝은 位正當也라

"'剝을 믿음'은 자리가 바르고 합당한 것이다."

【注】 以正當之位로 信於小人而疏君子라 故로 曰 位正當也라하니라

바르고 합당한 자리로서 小人을 믿고 君子를 소원히 한다. 그러므로 "자리가 바르고 합당하다."라고 한 것이다.

【疏】 正義曰 : '位正當'者, 以正當之位, 宜任君子, 而信小人, 故以當位責之也.[1]

1) 位正當者……故以當位責之也 : '位正當者'에 대하여 王弼은 분명한 해석이 없으며, 孔穎達은 '位正當也'를 책망의 말로 보아 이를 '正當한 자리에 있으면서도 小人을 믿는 것에 대하여 책망하는 것'의 의미로 해석하였다.

반면 程伊川과 朱子는 '位正當也'를 '자리가 바로 그러한 자리(陰柔를 가까이하여 기뻐하는 자리)에 당하였기 때문'의 의미로 해석하였는바, ≪程傳≫은 다음과 같다. "剝을 믿음을 경계한 것은 九五의 처한 자리가 바로 경계해야 하기 때문이다. 陰柔를 매우 가까이하여 서로 기뻐하는 道가 있기 때문에 경계함이 소인을 믿음에 있는 것이다.〔戒孚于剝者 以五所處之位 正當戒也 密比陰柔 有相說之道 故戒在信之也〕"

正義曰 : 〔位正當〕 바르고 합당한 자리로서 마땅히 君子를 신임해야 하는데 小人을 믿는다. 그러므로 바르고 합당한 자리를 가지고 책망한 것이다.

上六은 引兌라

上六은 이끌어주어야 기뻐한다.

【注】以夫陰質로 最處說後하니 靜退者也라 故로 必見引然後에 乃說也라

陰의 자질로 기뻐함의 가장 뒤에 처하였으니, 고요히 물러가는 자이다. 그러므로 반드시 이끌어줌을 받은 뒤에야 비로소 기뻐하는 것이다.

【疏】正義曰：上六以陰柔之質, 最在兌後, 是自靜退, 不同六三自進求說, 必須他人見引, 然後乃說, 故曰"引兌"也.[1)]

1) 上六以陰柔之質……故曰引兌也：'引兌'를 王弼과 孔穎達은 '上六이 물러가는 자여서 남이 이끌어준 뒤에야 기뻐함'의 의미로 보았다.

반면 程伊川은 '引兌'를 '기쁨을 이끌어 연장함'의 의미로 보았는바, ≪程傳≫은 다음과 같다. "다른 卦는 極에 이르면 변하나 兌는 기뻐함이 되니, 極에 이르면 더욱 기뻐한다. 上六은 기쁨의 주체가 되고 기뻐함의 極에 처하여 기뻐함을 그칠 줄 모르는 자이다. 그러므로 기뻐함이 이미 지극한데 또 이끌어 伸長하는 것이다. 그러나 뉘우침과 허물에 이르지 않음은 어째서인가? 그 기뻐함을 그칠 줄 모름을 말했을 뿐이요, 기뻐하는 바가 善인지 惡인지를 아직 볼 수 없으며, 또 아래로 九五의 中正을 타고 있어 간사하게 기뻐함을 베풀 곳이 없기 때문이다. 六三은 承과 乘이 모두 正이 아니기 때문에 흉함이 있는 것이다.〔他卦 至極則變 兌爲說 極則愈說 上六 成說之主 居說之極 說不知已者也 故說旣極矣 又引而長之 然而不至悔咎 何也 曰 方言其說不知已 未見其所說善惡也 又下乘九五之中正 无所施其邪說 六三則承乘皆非正 是以有凶〕"

한편 朱子는 '引兌'를 '九四와 九五를 이끌어 와서 기뻐함'의 의미로 보았는바, ≪本義≫는 다음과 같다. "上六은 기쁨의 주체가 되고 陰으로서 기뻐함의 極에 거하여 아래의 두 陽을 이끌어서 서로 기뻐하나 그 따름을 기필할 수 없다. 그러므로 九五는 마땅히 경계하여야 하는 것이요, 이 爻에서는 吉凶을 말하지 않은 것이다.〔上六 成說之主 以陰居說之極 引下二陽 相與爲說 而不能必其從也 故九五當戒 而此爻不言其吉凶〕"

正義曰：上六이 陰柔의 자질로 兌의 맨 뒤에 있으니, 이는 스스로 고요히 물러가는 자여서 스스로 나와 기쁨을 구하는 六三과는 같지 않으니, 반드시 타인이 이끌어준 뒤에야 비로소 기뻐한다. 그러므로 "이끌어주어야 기뻐한다."라고 한 것이다.

象曰 上六引兌는 未光也일새라

〈象傳〉에 말하였다. "上六이 이끌어주어야 기뻐함은 光明하지 못하기 때문이다."

【疏】 正義曰：'未光也'者, 雖免躁求之凶, 亦有後時之失, 所以經无吉文, 以其道未光故也.

正義曰：〔未光也〕 비록 조급히 구하는 凶함을 면하였으나 또한 때에 뒤늦은 실수가 있으니, 이 때문에 經文에 吉하다는 글이 없는 것인바, 그 道가 光明하지 못하기 때문이다.

59. 渙䷺ 坎下巽上

渙은 亨하니 王假(격)有廟하며 利涉大川하고 利貞하니라

渙은 형통하니, 왕이 사당을 둠에 이르며 大川을 건넘이 이롭고 貞함이 이롭다.

【疏】 正義曰：'渙 亨'者, 渙, 卦名也. 序卦曰"說而後散之, 故受之以渙."[1] 然則渙者, 散釋之名. 雜卦曰"渙, 離也." 此又渙是離散之號也. 蓋渙之爲義, 小人遭難, 離散奔迸而逃避也, 大德之人, 能於此時建功立德, 散難釋險. 故謂之爲渙, 能釋險難, 所以爲亨, 故曰"渙, 亨." '王假有廟'者, 王能渙難而亨, 可以至於建立宗廟, 故曰"王假有廟"也.[2] '利涉大川'者, 德洽神人, 可濟大難, 故曰"利涉大川." '利貞'者, 大難旣散, 宜以正道而柔集之, 故曰"利貞."

1) 序卦曰……故受之以渙：〈序卦傳〉에 "兌는 기뻐함이니 기뻐한 뒤에 흩어지므로 渙으로써 받았고, 渙은 떠남이니 물건은 끝내 떠날 수 없으므로 節로써 받았다.〔兌者 說也 說而後散之 故受之以渙 渙者 離也 物不可以終離 故受之以節〕"라고 하였다.
2) 王假有廟者……故曰王假有廟也：萃卦 卦辭에도 보이는바, 王弼과 孔穎達, 程伊川은 모두 '宗廟를 세워 사당을 소유함에 이름'으로 해석하였으나, 朱子는 '宗廟의 가운데에 이름'으로 해석하였다.

正義曰：〔渙 亨〕 '渙'은 卦의 이름이다. 〈序卦傳〉에 "기뻐한 뒤에 흩어진다. 그러므로 '渙'으로써 받았다."라고 하였으니 그렇다면 '渙'은 해산하고 풀어짐〔散釋〕의 이름이요, 〈雜卦傳〉에 "渙은 떠남이다."라고 하였으니 이는 또 渙은 離散의 이름인 것이다. 渙卦의 뜻은, 小人이 難을 만나면 離散하여 달아나 도피하는 것이요, 큰 德이 있는 사람은 능히 이러한 때에 功을 세우고 德을 세워서 어려움을 해산하고 險함을 푸는 것이다. 그러므로 이것을 일러 '渙'이라 하니, 능히 험난함을 풀어냄은 형통함이 되는 까닭이다. 그러므로 "渙은 형통하다."라고 한 것이다.

〔王假有廟〕 왕이 능히 難을 풀어내어 형통하면 宗廟를 건립함에 이를 수 있다. 그러므로 "왕이 사당을 둠에 이른다."라고 한 것이다.

〔利涉大川〕 德이 神과 사람에게 흡족하면 큰 難을 구제할 수 있다. 그러므로 "大川을 건넘이 이롭다."라고 한 것이다.

〔利貞〕 큰 어려움이 이미 흩어지면 마땅히 正道로써 부드럽게 하여 모아야 한다. 그러므로 "貞함이 이롭다."라고 한 것이다.

彖曰 渙亨은 剛來而不窮하고 柔得位乎外而上同일새라

〈彖傳〉에 말하였다.

"'渙亨'은 剛이 와서 곤궁하지 않고 柔가 밖에서 지위를 얻어 위(九五)와 함께하기 때문이다.

【注】 二以剛來居內하여 而不窮於險하고 四以柔得位乎外하여 而與上同이라 內剛而无險困之難하고 外順而无違逆之乖라 是以로 亨하니 利涉大川하고 利貞也라 凡剛得暢而无忌回之累하고 柔履正而同志乎剛이면 則皆亨하니 利涉大川하고 利貞也[1]라

1) 凡剛得暢而无忌回之累……利貞也 : 아래 孔穎達의 疏에 의하면 王弼의 이 말은, '剛來而不窮'과 '柔得位乎外而上同'이 다만 '渙亨'에 대한 해석이 아니라 卦辭 전체에 대한 해석이라는 의미이며, 또 '剛來而不窮'과 '柔得位乎外而上同'이 특정 卦辭에 각각 해당하는 것이 아니라 이 둘이 卦辭 전체에 모두 해당한다는 의미이다.

九二가 剛으로서 와서 안에 거하여 험함에 곤궁하지 않고, 六四가 柔로서 밖에서 지위를 얻어 위(九五)와 함께한다. 안이 剛하나 험함에 곤궁한 어려움이 없고, 밖이 순하여 어기고 거스르는 괴리가 없다. 이 때문에 형통하니, 大川을 건넘이 이롭고 貞함이 이로운 것이다. 무릇 剛이 通暢함을 얻어 두려워하고 간사한 累가 없고 柔가 바름을 밟아 剛과 뜻을 함께하면 모두 형통하니, 大川을 건넘이 이롭고 貞함이 이로운 것이다.

【疏】 '彖曰渙亨'至'上同' ○ 正義曰 : '渙 亨'者, 疊經文, 略擧名德也. '剛來而不窮 柔得位乎外而上同'者, 此就九二剛德居險, 六四得位從上, 釋所以能散釋險難而致亨通, 乃至利涉大川・利貞等也. 二以剛德來居險中, 而不窮於險, 四以柔順得位於外, 而上與五同. 內剛无險困之難, 外柔无違逆之乖, 所以得散釋險難而通亨, 建立宗廟而祭亨, 利涉大川而克濟, 利以正道而鳩民也.

經의 〔彖曰渙亨〕에서 〔上同〕까지

○ 正義曰：〔渙 亨〕 經文을 거듭하여 卦의 이름과 德을 간략히 거론한 것이다.

〔剛來而不窮 柔得位乎外而上同〕 이는 九二가 剛德으로 험함에 거하고 六四가 지위를 얻고 위를 따름을 가지고 '능히 험난함을 해산하고 풀어 형통함을 이루어서 마침내 大川을 건넘이 이로움과 貞함이 이로움 등에 이름'을 해석한 것이다. 九二가 剛德으로 와서 험한 가운데 거하였으나 험함에 곤궁하지 않고, 六四가 柔順함으로 밖에서 지위를 얻어 위로 九五와 함께한다. 안은 강하여 험함에 곤궁한 어려움이 없고 밖은 유순하여 어기고 거스르는 괴리가 없다. 이 때문에 '험난함을 해산하고 풀어서 형통하니, 宗廟를 건립하여 祭享(祭享)을 하고, 大川을 건너 능히 구제함이 이로우며, 正道를 가지고 백성을 모음이 이로움'을 얻는 것이다.

【疏】 ○ 注'凡剛得暢'至'利貞也' ○ 正義曰：'凡剛得暢而无忌回之累'者, 此還言九二居險不窮, 是剛得暢遂, 剛旣得暢, 无復畏忌回邪之累也. '柔履正而同志乎剛'者, 此還言六四得位履正, 同志乎五也. 剛德不暢, 柔不同剛, 何由得亨通而濟難, 利貞而不邪乎. 故言"則皆亨, 利涉大川, 利貞也." 注於此言皆者, 凡有二意. 一則彖雖疊渙亨二字,[1] 卽以剛來而不窮柔得位乎外而上同釋之, 下別言"王假有廟, 王乃在中, 利涉大川, 乘木有功", 恐剛來之言, 惟釋亨德, 不通在下. 二則先儒有以剛來不窮釋亨德, 柔得位乎外釋利貞, 故言皆以通之. 明剛柔皆釋亨以下至于利貞也.

1) 一則彖雖疊渙亨二字：'雖'는 문맥이 잘 통하지 않는바, 誤字가 있는 것으로 보이나 확실하지 않으므로 우선 雖자를 해석하지 않았음을 밝혀둔다.

○ 注의 〔凡剛得暢〕에서 〔利貞也〕까지

○ 正義曰：〔凡剛得暢而无忌回之累〕 이는 또한 '九二가 險에 거하였으나 곤궁하지 않음은 剛이 通暢하게 이룸을 얻음'을 말한 것이니, 剛이 이미 通暢함을 얻으면 다시 두려워하고 간사한 累가 없는 것이다.

〔柔履正而同志乎剛〕 이는 또한 '六四가 지위를 얻고 바름을 밟고 있어서 九五와 뜻이 같음'을 말한 것이다. 剛한 德이 通暢하지 못하고 柔가 剛과 함께하지 않으면 어떻게 亨通하여 어려움을 구제할 수 있으며 貞함이 이로워 간사하지 않을 수 있겠는가. 그러므로 〈注에〉 "모두〔皆〕 형통하니, 大川을 건넘이 이롭고 貞함이 이롭다."라고 말한 것이다.

注에 여기에서 '皆'를 말한 것은 무릇 두 가지 뜻이 있다. 첫 번째는, 〈彖傳〉에 '渙'과 '亨' 두 글자를 거듭 말하였으니, 이는 '剛來而不窮 柔得位乎外而上同'을 가지고 이를 해석한 것이요, 아래에 별도로 "王이 사당을 둠에 이름은 왕이 中에 있기 때문이요, 大川을 건넘이 이로움은 나무를 타서 功이 있는 것이다."라고 말하였으니, '剛來'란 말이 오직 '亨'의 德만을 해석한 것이어서 아래에 있는 말에는 통하지 않을까 염려한 것이다. 두 번째는, 先儒 중에 '剛來不窮'으로 '亨'의 德을 해석하고 '柔得位乎外'로 '利貞'을 해석한 자가 있었다. 그러므로 '皆'라고 말하여 둘을 통하게 한 것이다. '剛來不窮'과 '柔得位乎外'가 '亨'에서 '利貞'까지를 모두 해석하는 것임을 밝힌 것이다.

王假有廟는 王乃在中也일새요

'왕이 사당을 둠에 이름'은 왕이 中에 있기 때문이요,

【注】 王乃在乎渙然之中이라 故로 至有廟也라

왕이 마침내 渙散하는 가운데에 있다. 그러므로 사당을 둠에 이른 것이다.

【疏】 正義曰 : 此重明渙時可以有廟之義. 險難未夷, 方勞經略[1), 今在渙然之中, 故至於有廟也.[2)]

1) 經略 : ≪春秋左氏傳≫ 昭公 7년조에 "天子는 經略한다."라고 하였는데, 杜預의 注에 "천하를 경영하고 四海를 略有하기 때문에 經略이라고 한 것이다.〔經營天下 略有四海 故曰經略〕"라고 하였으며, 孔穎達의 疏에 "莊公 21년의 注에 '略은 界이다.'라고 하였으니, 여기에서의 略 역시 '界'의 뜻이다. 천하를 경영하여 四海를 경계로 삼으니, 경계 안이 모두 자신의 소유이다. 그래서 '四海를 경계로 삼아 소유한다.'라고 말한 것이니, 四海의 안을 소유함을 이른다.〔莊二十一年注云略界也 則此略亦爲界也 經營天下 以四海爲界 界內皆爲已有 故言略有四海 謂有四海之內也〕"라고 하였다.

2) 今在渙然之中 故至於有廟也 : '中'을 王弼과 孔穎達은 '渙散하는 가운데'의 뜻으로 보았는바, 經文을 '왕이 환산하는 가운데에 있어 환난을 환산할 수 있으므로 사당을 둠에 이르게 됨'의 의미로 본 것이다.

반면 程伊川은 '中'을 '마음을 상징하는 것'으로 보았는바, ≪程傳≫은 다음과 같다. "天下가 離散하는 때에 王者가 人心을 收合하여 사당을 둠에 이르면 이는 바로 中에 있는 것이다. 中에 있다는 것은 中을 구하여 얻음을 이르니, 그 마음을 잡음을 이른다. 中은 마음의 象이다. 剛이 옴에 궁극하지 않고 柔가 지위를 얻어 위와 함께하니, 卦才의 뜻이 모두 中을 위주로 한 것이다. 王者가 渙散을 구원하는 道는 中을 얻음에 있을 뿐이니, ≪孟子≫ 〈離婁 上〉에 '백성을 얻는 것이 방법이 있으니, 마음을 얻으면 백성을

얻는다.'라고 하였다. 上帝에게 祭享하고 사당을 세움은 民心이 돌아오고 따르는 바이니, 人心을 돌아오게 하는 방도가 이보다 큼이 없다. 그러므로 '사당을 둠에 이른다.' 하였으니, 渙散을 구원하는 道가 여기에 지극한 것이다.〔天下離散之時 王者收合人心 至於有廟 乃是在其中也 在中 謂求得其中 攝其心之謂也 中者 心之象 剛來而不窮 柔得位而上同 卦才之義 皆主於中也 王者拯渙之道 在得其中而已 孟子曰 得其民有道 得其心 斯得民矣 享帝立廟 民心所歸從也 歸人心之道 无大於此 故云至于有廟 拯渙之道 極於此也〕"

한편 朱子는 '王假有廟'를 '왕이 사당에 이름'으로 해석하여, '中'을 "사당의 가운데를 이른다.〔謂廟中〕"라고 하였다.

正義曰 : 이는 渙의 때에 사당을 둘 수 있는 義를 거듭 밝힌 것이다. 험난함이 아직 평정되지 못했으면 막 經略하는 수고로움이 있는데, 지금 渙散하는 가운데에 있으므로 사당을 둠에 이르는 것이다.

利涉大川은 乘木有功也라

'大川을 건넘이 이로움'은 나무를 타서 功이 있는 것이다."

【注】 乘木은 卽涉難也라 木者는 專所以涉川也니 涉難而常用渙道면 必有功也라

'나무를 탐'은 바로 어려움을 건너는 것이다. 나무는 오로지 냇물을 건너는 것이니, 어려움을 건널 때에 항상 渙散하는 道를 사용하면 반드시 功이 있는 것이다.

【疏】 '利涉'至'有功也' ○ 正義曰 : 重明用渙可以濟難之事. 乘木涉川, 必不沈溺, 以渙濟難, 必有成功, 故曰"乘木有功"也.

經의 〔利涉〕에서 〔有功也〕까지

○ 正義曰 : 渙散을 사용하여 어려움을 구제할 수 있는 일을 거듭 밝힌 것이다. 나무를 타고 냇물을 건너면 반드시 침몰하지 않고, 渙散으로 어려움을 구제하면 반드시 성공이 있게 된다. 그러므로 "나무를 타서 功이 있는 것이다."라고 한 것이다.

【疏】 ○ 注'乘木'〈至〉[1]'有功也' ○ 正義曰 : 先儒皆以此卦坎下巽上, 以爲乘木水上, 涉川之象, 故言乘木有功, 王不用象, 直取況喩之義, 故言此以序之也.[2]

1) 〈至〉 : 저본에는 '至'가 없으나, 毛本에 의거하여 보충하였다.(阮元의 〈校勘記〉 참조)

2) 先儒皆以此卦坎下巽上……故言此以序之也 : 程伊川 역시 先儒와 마찬가지로 "위의 巽은 나무이고 아래의 坎은 물이며 大川이니, 험한 것을 건너 渙散을 구제함이 이로운 것이다. 나무가 물 위에 있음은 나무를 타는 象이니, 나무를 탐은 냇물을 건너는 것이다.〔上巽 木也 下坎 水 大川也 利涉險以濟渙也 木在水上 乘木之象 乘木 所以涉川也〕"라고 하였다.

○ 注의 〔乘木〕에서 〔有功也〕까지

○ 正義曰 : 先儒들은 모두 이 卦가 坎卦(水)가 아래에 있고 巽卦(木)가 위에 있다 하여 "물 위에서 나무를 타고 냇물을 건너는 象이기 때문에 '나무를 타서 功이 있는 것이다.'라 한 것이다."라고 하였는데, 王輔嗣(王弼)는 象을 사용하지 않고 다만 비유하는 뜻을 취하였다. 그러므로 이것을 말하여 서술한 것이다.

象曰 風行水上이 渙이니 先王以享于帝하고 立廟하니라

〈象傳〉에 말하였다. "바람이 물 위로 다님이 渙卦이니, 先王이 보고서 上帝에게 제향하고 사당을 세운다."

【疏】 正義曰 : '風行水上 渙'者, 風行水上, 激動波濤, 散釋之象, 故曰"風行水上, 渙." '先王以享于帝 立廟'者, 先王以渙然无難之時, 享于上帝, 以告太平, 建立宗廟, 以祭祖考, 故曰"先王以享于帝, 立廟"也.

正義曰 : 〔風行水上 渙〕 바람이 물 위로 다님은 파도를 激動하여 물이 흩어지는 象이다. 그러므로 "바람이 물 위로 다님이 渙卦이다."라고 한 것이다.

〔先王以享于帝 立廟〕 先王이 渙散하여 어려움이 없는 때에 上帝에게 제향하여 太平을 고하고, 宗廟를 건립하여 祖考에게 제향한다. 그러므로 "先王이 보고서 上帝에게 제향하고 사당을 세운다."라고 한 것이다.

初六은 用拯馬壯하면 吉하리라

初六은 구원하는 말을 사용하되 건장하면 吉하리라.

【注】 渙은 散也라 處散之初하여 乖散未甚이라 故로 可以遊行하여 得其志而違於難也요 不在危劇而後에 乃逃竄이라 故로 曰 用拯馬壯하면 吉이라하니라

'渙'은 해산함이다. 해산하는 처음에 처해서 괴리하여 해산함이 심하지 않다. 그러므로 멀리 떠나가서 그 뜻을 얻어 험난함을 피할 수 있는 것이요, 위험이 지극해진 뒤에 비로소 도망하는 것이 아니다. 그러므로 "구원하는 말을 사용하되 건장하면 吉하리라."라고 한 것이다.

【疏】正義曰：初六處散之初，乖散未甚，可用馬以自拯拔而得壯，吉也，故曰"用拯馬壯，吉."[1)]

1) 初六處散之初……故曰用拯馬壯吉：程伊川과 朱子는 經文을 "구원하되 말이 건장하니, 길하다."로 해석하였는바, ≪程傳≫은 다음과 같다. "六이 卦의 初에 거하였으니, 渙散의 초기이다. 처음 흩어질 때에 구원하고 또 말이 건장함을 얻었으니, 이 때문에 길한 것이다. 여섯 爻 중에 오직 初爻에만 渙을 말하지 않은 것은, 離散하는 형세를 분변하기를 마땅히 일찍 하여야 하니, 막 시작할 때에 구원하면 渙散함에 이르지 않는바, 가르침이 깊은 것이다. 말은 사람이 의탁하는 것이니, 건장한 말에 의탁하기 때문에 渙散을 구원할 수 있는 것이다. 말은 九二를 이른다. 九二는 剛中의 재질이 있고 初陰은 유순하며 九二와 初六이 모두 應이 없으니, 應이 없으면 친하고 가까워 서로 求한다. 初가 유순한데 剛中의 재질에게 의탁하여 渙散을 구원하니, 이는 마치 건장한 말을 얻어 먼 길을 가는 것과 같아 반드시 구제함이 있을 것이다. 그러므로 吉한 것이다.〔六居卦之初 渙之始也 始渙而拯之 又得馬壯 所以吉也 六爻獨初不云渙者 離散之勢 辨之宜早 方始而拯之 則不至於渙也 爲教深矣 馬 人之所託也 託於壯馬 故能拯渙 馬 謂二也 二有剛中之才 初陰柔順 兩皆无應 无應則親比相求 初之柔順而託於剛中之才 以拯其渙 如得壯馬以致遠 必有濟矣 故吉也〕"

正義曰：初六이 해산하는 처음에 처해서 괴리하여 해산함이 심하지 않으니, 말을 사용하여 스스로 구원하되 건장한 말을 얻으면 吉하다. 그러므로 "구원하는 말을 사용하되 건장하면 길하리라."라고 한 것이다.

象曰 初六之吉은 順也일새라

〈象傳〉에 말하였다. "初六의 吉함은 순하기 때문이다."

【注】觀難而行하여 不與險爭이라 故로 曰 順也라

어려움을 보고 떠나가서 험함과 다투지 않는다. 그러므로 "순하다."라고 한 것이다.

【疏】正義曰：觀難而行，不與險爭，故曰"順也."[1)]

1) 觀難而行……故曰順也：程伊川은 '順'을 두 가지 의미로 보았는바, ≪程傳≫은 다음과 같다. "初六이 길한 까닭은 剛中의 재질(九二)에게 순종하기 때문이다. 처음 渙散할 때에 구원하니, 이는 때를 순히 하는 것이다.〔初之所以吉者 以其能順從剛中之才也 始渙而用拯 能順乎時也〕"

正義曰：어려움을 보고 떠나가서 험함과 다투지 않는다. 그러므로 "순하다."라고 한 것이다.

九二는 渙奔에 其机(궤)니 悔亡하리라

九二는 흩어져 달아남에 그 机(几)를 얻으니, 뉘우침이 없어지리라.

机(几)

【注】机는 承物者也니 謂初也라 二俱无應하여 與初相得이어늘 而初得散道하니 離散而奔에 得其所安이라 故로 悔亡也라

'机'는 물건을 받드는 것이니, 初六을 이른다. 〈初六과 九二〉 두 爻가 모두 應이 없어서 〈九二가〉 初六과 뜻이 서로 맞는데 初六이 흩어지는 道를 얻으니, 離散하여 달아남에 그 편안한 바를 얻었다. 그러므로 뉘우침이 없어진 것이다.

【疏】正義曰：'渙奔其机'者，机，承物者也，初承於二，謂初爲机. 二俱无應，與初相得，而初得遠難之道，今二散奔歸初，故曰"渙奔其机"也.[1)] '悔亡'者，初得散道而二往歸之，得其所安，故悔亡也.

1) 渙奔其机者……故曰渙奔其机也：王弼과 孔穎達은 '渙奔其机'를 '九二가 渙散의 道를 얻은 初六에게 나아가 편안한 바를 얻음'의 의미로 보았는데, 이를 '九二가 初六에게 나아감'으로 본 것은 程伊川도 같다.

다만 程伊川은 '悔亡'을 얻는 이유를 '初六이 험함(坎卦)의 中에 있지 않고, 渙散의 때에는 힘을 합하는 것을 우세로 여기기 때문'이라고 보았다. ≪程傳≫은 다음과 같다. "九二와 初六이 비록 正應이 아니나 渙離의 때를 당하여 둘이 모두 應與가 없어 陰과 陽이 친하고 가까워 서로 구하니, 서로 의뢰하는 자이다. 그러므로 九二는 初六을 지목

하여 机라 하고, 初六은 九二를 일러 馬라 한 것이다. 九二가 급히 初六에게 나아가 편안하게 여기면 뉘우침을 없앨 수 있으니, 初六이 비록 坎의 體이나 험한 가운데에 있지 않기 때문이다. 혹자는 '初六의 柔弱함을 어찌 의뢰할 수 있겠는가?' 하고 의심하는데, 渙散의 때에는 힘을 합하는 것을 우세함으로 여긴다. 先儒는 모두 九五를 机라 하였는데, 잘못이다. 渙離의 때를 당하여 〈九二와 九五〉 두 陽이 어찌 함께할 수 있겠는가. 만약 함께한다면 渙散을 구제하는 功을 이룸이 마땅히 클 것이니, 어찌 다만 뉘우침이 없어질 뿐이겠는가. 机는 구부려 나아감을 말한 것이다.〔二與初雖非正應 而當渙離之時 兩皆无與 以陰陽親比相求 則相賴者也 故二目初爲机 初謂二爲馬 二急就於初以爲安 則能亡其悔矣 初雖坎體 而不在險中也 或疑初之柔微 何足賴 蓋渙之時 合力爲勝 先儒皆以五爲机 非也 方渙離之時 二陽豈能同也 若能同 則成濟渙之功當大 豈止悔亡而已 机 謂俯就也〕"

한편 朱子는 '渙奔其机'를 '九로서 오되 二位로 옴'의 의미로 해석하였는바, ≪本義≫는 다음과 같다. "九로서 二에 거하였으니, 마땅히 뉘우침이 있을 것이나 渙散의 때를 당하여 옴에 궁극하지 않으니, 그 뉘우침을 없앨 수 있는 자이다. 그러므로 그 象과 占이 이와 같으니, 九는 달려감이고 二는 机인 것이다.〔九而居二 宜有悔也 然當渙之時 來而不窮 能亡其悔者也 故其象占如此 蓋九奔而二机也〕" 朱子는 渙卦를 漸卦(䷴)로부터 온 것이라고 보았는바, 즉 九가 二로 오고 六이 三으로 가서 渙卦가 되었다고 본 것이다.

正義曰 : 〔渙奔其机〕 '机'는 물건을 받드는 것이니, 初六이 九二를 받들므로 初六을 일러 '机'라 한 것이다. 〈初六과 九二〉 두 爻가 모두 應이 없어서 〈九二가〉 初六과 뜻이 서로 맞는데 初六이 難을 멀리하는 道를 얻으니, 지금 九二가 흩어져 달아나 初六으로 돌아간다. 그러므로 "흩어져 달아남에 그 机을 얻는다."라고 한 것이다.

〔悔亡〕 初六이 흩어지는 道를 얻었는데 九二가 初六에게 돌아가면 그 편안한 바를 얻는다. 그러므로 뉘우침이 없어진 것이다.

象曰 渙奔其机는 得願也라

〈象傳〉에 말하였다. "'흩어져 달아남에 그 机를 얻음'은 所願을 얻은 것이다."

【疏】 正義曰 : '得願'者, 違難奔散, 願得所安, 奔初獲安, 是得其願也.

正義曰 : 〔得願〕 難을 피하여 달아나 흩어져서 편안한 곳을 얻기를 원하니, 初六으로 달아나 편안함을 얻으면 이는 소원을 얻은 것이다.

六三은 渙其躬이니 无悔리라

六三은 몸을 흩으니, 뉘우침이 없으리라.

【注】 渙之爲義는 內險而外安者也라 散躬志外하여 不固所守하고 與剛合志라 故로 得无悔也라

渙의 뜻은 안이 險하고 밖이 편안한 것이다. 몸을 흩고 뜻이 밖에 있어서 지키는 바를 견고히 하지 않고 剛(上九)과 뜻이 합한다. 그러므로 뉘우침이 없을 수 있는 것이다.

【疏】 正義曰 : '渙其躬 无悔'者, 渙之爲義, 內險外安, 六三內不比二, 而外應上九, 是不固所守, 能散其躬, 故得无悔. 故曰"渙其躬, 无悔."[1)]

1) 渙其躬无悔者……无悔 : 王弼과 孔穎達은 經文을 '六三이 지키는 바를 견고히 하지 않고서 上九에 응하여 뉘우침이 없음'의 의미로 보았는바, 內卦는 험하고 外卦는 편안한데 六三이 자신이 소속되어 있는 內卦에 뜻을 두지 않고 上九가 속해 있는 外卦에 뜻을 두고 있으므로 无悔를 얻는다고 풀이한 것이다.

반면 程伊川은 經文을 '渙散의 때에 그 몸만 뉘우침이 없음'으로 해석하였는바, ≪程傳≫은 다음과 같다. "六三은 渙의 때에 있어 홀로 應與가 있으니, 渙散하는 뉘우침이 없을 것이나 陰柔의 자질과 中正하지 못한 재질로서 위로 지위가 없는 자리에 거하였으니, 어찌 세상의 渙散을 구원하여 남에게 미치겠는가. 그 몸이 뉘우침이 없음에 그칠 뿐이다. 위에 '渙'자를 더한 것은 渙散하는 때에 있어 몸에 渙散하는 뉘우침이 없는 것이다.〔三在渙時 獨有應與 无渙散之悔也 然以陰柔之質 不中正之才 上居无位之地 豈能拯時之渙而及人也 止於其身可以无悔而已 上加渙字 在渙之時 躬无渙之悔也〕"

한편 朱子는 經文을 '몸의 사사로움을 渙散함이니, 뉘우침이 없음'으로 해석하였는바, ≪本義≫는 다음과 같다. "陰柔로서 中正하지 못하니, 자기에게 사사로움이 있는 象이나 거함이 陽位를 얻어 뜻이 때를 구제함에 있으니, 사사로움을 흩어 뉘우침이 없을 수 있다. 그러므로 그 占이 이와 같은 것이다. 대체로 이 위의 네 爻는 渙散함으로 인하여 환산을 구원하는 자이다.〔陰柔而不中正 有私於己之象也 然居得陽位 志在濟時 能散其私 以得无悔 故其占如此 大率此上四爻 皆因渙以濟渙者也〕"

正義曰 : 〔渙其躬 无悔〕 渙의 뜻은 안이 험하고 밖이 편안한 것이다. 六三이 안으로 九二와 친하지 않고 밖으로 上九에 應하니, 이는 지키는 바를 견고히 하지 아니하여 능히 자기 몸을 흩는 것이다. 그러므로 뉘우침이 없을 수 있는 것이다. 이 때문에 "몸을 흩으니, 뉘우침이 없으리라."라고 한 것이다.

象曰 渙其躬은 志在外也일새라

〈象傳〉에 말하였다. "'몸을 흩음'은 뜻이 밖에 있기 때문이다."

【疏】 正義曰：'志在外'者, 釋六三所以能渙其躬者, 正爲身在於內, 而應在上九, 是志意在外也.

正義曰：〔志在外〕'六三이 능히 그 몸을 흩을 수 있는 이유는 바로 몸이 안에 있으나 應이 上九에게 있기 때문임'을 해석한 것이니, 이는 뜻이 밖에 있는 것이다.

六四는 渙其群이라 元吉이나 渙에 有丘匪夷하여 所思로다

六四는 여러 사람의 험난함을 해산한다. 크게 吉하나, 渙에 언덕이 평탄하지 못한 우려가 있어서 생각(우려)하는 바로다.

【注】 踰乎險難하고 得位體巽하여 與五合志하여 內掌機密하고 外宣化命者也라 故로 能散群之險하여 以光其道라 然이나 處於卑順하여 不可自專이요 而爲散之任하여 猶有丘虛匪夷之慮하니 雖得元吉이나 所思를 不可忘也라

險難함을 넘었고 正位를 얻고 體가 공손하여 九五와 뜻이 합해서 안으로 機密을 관장하고 밖으로 교화의 명령을 베푸는 자이다. 그러므로 능히 여러 사람의 험함을 해산하여 그 道를 빛나게 할 수 있는 것이다. 그러나 낮고 순한 자리에 처하여 자기 마음대로 할 수가 없고 해산하는 임무를 맡아서 오히려 언덕이 평탄하지 못한 우려가 있으니, 비록 크게 吉함을 얻으나 〈우려하는〉 생각을 잊을 수 없는 것이다.

【疏】 正義曰：'渙其群'者, 六四出在坎上, 已踰於險, 得位體巽, 與五合志, 內掌機密, 外宣化命者也. 能爲群物, 散其險害, 故曰"渙其群"也.[1] '元吉 渙 有丘匪夷 所思'者, 能散群險, 則有大功, 故曰"元吉." 然處上體之下, 不可自專, 而得位承尊, 憂責復重, 雖獲元吉, 猶宜於散難之中, 有丘墟未平之慮, 爲其所思, 故曰"渙, 有丘匪夷, 所思"也.[2]

1) 渙其群者……故曰渙其群也：'渙其群'을 王弼과 孔穎達은 '六四가 여러 사람의 험난함을 해산함'의 의미로 보았는데, 程伊川은 '六四가 渙散함에 柔를 써서 사람들을 떼 지어 모이게 함'으로 보았고, 朱子는 '六四가 應이 없어서 朋黨을 해산함'으로 보았다.

2) 然處上體之下……所思也 : '有丘匪夷 所思'를 王弼과 孔穎達은 '六四가 專斷할 수가 없는 자리에 있으면서 渙散의 임무를 맡았으므로 언덕이 평탄하지 못한 우려가 있어 그 우려를 잊을 수 없음'의 의미로 해석하였다.

반면 程伊川과 朱子는 '有丘 匪夷所思'로 句를 떼었는바, ≪程傳≫은 다음과 같다. "渙卦의 六四와 九五 두 爻는 뜻이 서로 필요로 하기 때문에 통틀어 말하였으니, 〈象傳〉에 이 때문에 위와 함께한다고 말한 것이다. 六四는 巽順으로 바르면서 大臣의 지위에 있고 九五는 剛中으로 바르면서 君位에 거하였으니, 君臣이 힘을 합치고 剛柔가 서로 구제하여 天下의 渙散을 구원하는 자이다. 渙散의 때를 당하여 剛을 쓰면 상대방을 품어 따르게 할 수 없고 柔를 쓰면 상대방을 依歸하게 할 수 없는데, 六四는 巽順한 正道로 剛中正의 君主를 보필하여 君臣이 功을 함께하니, 이 때문에 渙散을 구제하는 것이다. 天下가 渙散하는데 떼 지어 모이게 한다면 大善의 吉함이라고 이를 만하다. '渙有丘匪夷所思'는 贊美한 말이다. 언덕은 모임이 큰 것이니, 渙散할 때를 당하여 큰 모임을 이룬다면 그 功이 매우 크고 그 일이 매우 어렵고 그 쓰임이 지극히 신묘하다. 夷는 보통이니, 보통 사람의 소견으로는 생각하여 미칠 바가 아닌 것이다. 크게 어질고 지혜로운 자가 아니면 누가 이와 같이 하겠는가.〔渙四五二爻義相須 故通言之 象故曰上同也 四 巽順而正 居大臣之位 五 剛中而正 居君位 君臣合力 剛柔相濟 以拯天下之渙者也 方渙散之時 用剛則不能使之懷附 用柔則不足爲之依歸 四以巽順之正道 輔剛中正之君 君臣同功 所以能濟渙也 天下渙散而能使之群聚 可謂大善之吉也 渙有丘匪夷所思 贊美之辭也 丘 聚之大也 方渙散而能致其大聚 其功甚大 其事甚難 其用至妙 夷 平常也 非平常之見所能思及也 非大賢智 孰能如是〕" 이 해석을 따르면 經文은 "渙散할 때에 언덕처럼 많이 모임은 보통 사람이 생각할 바가 아니다."로 번역된다.

한편 朱子의 ≪本義≫는 다음과 같다. "〈六四는〉 陰에 거하여 正位를 얻고 위로 九五를 받드니 渙散을 구제할 임무를 담당한 자이며, 아래에 應與가 없으니 朋黨을 해산하는 象이 된다. 점치는 자가 이와 같이 하면 大善하여 吉하다. 또 작은 무리를 흩어서 큰 무리를 이루어 흩어진 자들로 하여금 언덕처럼 많이 모이게 한다면 보통 사람들의 思慮로는 미칠 바가 아님을 말한 것이다.〔居陰得正 上承九五 當濟渙之任者也 下无應與 爲能散其朋黨之象 占者如是 則大善而吉 又言能散其小群 以成大群 使所散者聚而若丘 則非常人思慮之所及也〕"

正義曰 : 〔渙其群〕 六四가 나가 坎의 위에 있어서 이미 험난함을 넘었고, 正位를 얻고 體가 공손하다. 그리하여 九五와 뜻이 합해서 안으로 機密을 관장하고 밖으로 교화의 명령을 베푸는 자이다. 능히 여러 사람을 위하여 그 험함과 해로움을 해산한다. 그러므로 "여러 험난함을 해산한다."라고 한 것이다.

〔元吉 渙 有丘匪夷 所思〕 능히 여러 험함을 해산하면 큰 功이 있다. 그러므로 "크게

吉하다."라고 한 것이다. 그러나 上體의 아래에 처하여 자기 마음대로 하지 못하고, 正位를 얻고 높은 사람을 받들어서 근심과 책임이 다시 중하니, 비록 크게 吉함을 얻었으나 오히려 어려움을 해산하는 가운데에 언덕이 평탄하지 못한 우려가 있어서 그 생각하는 바가 됨이 마땅하다. 그러므로 "渙에 언덕이 평탄하지 못한 우려가 있어서 생각하는 바로다."라고 한 것이다.

象曰 渙其群元吉은 光大也라

〈象傳〉에 말하였다. "'여러 사람의 험난함을 해산하여 크게 吉함'은 光大한 것이다."

【疏】 正義曰 : '光大也'者, 能散群險而獲元吉, 是其道光大也.

正義曰 : 〔光大也〕 능히 여러 사람의 험난함을 해산하여 크게 吉함을 얻으니, 이는 그 道가 光大한 것이다.

九五는 渙汗其大號니 渙에 王居라야 无咎리라

九五는 어려움을 해산함에 크게 호령함이니, 渙에 王이 거하여야 허물이 없으리라.

【注】 處尊履正하고 居巽之中하여 散汗大號하여 以盪險阨者也라 爲渙之主하니 唯王居之라야 乃得无咎也라

尊位에 처하고 正位를 밟으며 巽의 가운데에 있어서 어려움을 해산함에 크게 호령하여 험난함을 소탕하는 자이다. 渙의 주체가 되었으니, 오직 王이 이 자리에 있어야 비로소 허물이 없을 수 있는 것이다.

【疏】 正義曰 : '渙汗其大號'者, 人遇險阨, 驚怖而勞, 則汗從體出, 故以汗喩險阨也. 九五處尊履正, 在號令之中, 能行號令, 以散險阨者也, 故曰"渙汗其大號"也.[1] '渙 王居 无咎'者, 爲渙之主, 名位不可假人, 惟王居之, 乃得无咎, 故曰"渙, 王居, 无咎."[2]

1) 渙汗其大號者……故曰渙汗其大號也 : 孔穎達은 '汗'을 '험난함을 비유한 말'로 보았으

나, 程伊川은 이를 '民心에 무젖게 함'을 상징하는 말로 보았는바, ≪程傳≫은 다음과 같다. "九五와 六四는 君臣이 德을 합하여 剛中正과 巽順의 道로 渙散을 다스리니, 그 道를 얻은 것이다. 오직 人心에 浹洽하게 함에 달려 있으니, 〈人心에 浹洽하면〉 순종한다. 마땅히 호령을 民心에 무젖게 하여 사람 몸의 땀이 四體에 젖어들듯이 하면 믿고 복종하여 따를 것이다.〔五與四君臣合德 以剛中正巽順之道治渙 得其道矣 唯在浹洽於人心 則順從也 當使號令洽於民心 如人身之汗浹於四體 則信服而從矣〕"

한편 朱子는 "汗은 땀이 나오듯 하여 되돌아가지 않음을 이른다.〔汗 謂如汗之出而不反也〕"라고 하였는바, '호령을 내되 번복하지 않음'의 의미로 經文을 해석한 것이다.

2) 渙王居无咎者……无咎 : '渙 王居'를 程伊川은 '渙散에 대처함에 이와 같이 하면 천하의 渙散을 구제할 수 있으므로 王位에 거함이 걸맞음'의 의미로 보았다. 반면 朱子는 '居'를 居積(재화)으로 訓하여 經文을 '왕의 재화를 흩어 나누어줌'의 의미로 해석하였다.

正義曰 : 〔渙汗其大號〕 사람이 험난함을 만나서 놀라 수고로우면 땀이 몸에서 나온다. 그러므로 땀으로 험난함을 비유하였고, 九五가 尊位에 처하고 正位를 밟으며 호령하는 가운데에 있으니, 능히 호령을 행하여 험난함을 해산하는 자이다. 그러므로 "어려움을 해산함에 크게 호령한다."라고 한 것이다.

〔渙 王居 无咎〕 渙의 주체가 되었으니 명칭과 지위를 남에게 빌려주어서는 안 되고 오직 王이 이 자리에 있어야 비로소 허물이 없을 수 있다. 그러므로 "渙에 王이 거하여야 허물이 없으리라."라고 한 것이다.

象曰 王居无咎는 正位也일새라

〈象傳〉에 말하였다. "'王이 거하여야 허물이 없음'은 바른 자리이기 때문이다."

【注】 正位는 不可以假人이라

바른 자리는 남에게 빌려주어서는 안 된다.

【疏】 正義曰 : '正位'者, 釋王居无咎之義, 以九五是王之正位, 若非王居之, 則有咎矣.

正義曰 : 〔正位〕 '王이 거하여야 허물이 없음'의 뜻을 해석하였으니, 九五는 바로 王의 바른 자리이니, 만약 왕이 아닌 자가 이 자리에 있으면 허물이 있을 것이다.

上九는 渙其血하여 去逖出이니 无咎니라

上九는 피를 해산하여 떠나가 멀리 나가니, 허물하는 이가 없다.

【注】 逖은 遠也니 最遠於害하여 不近侵害하니 散其憂傷하여 遠出者也라 散患於遠害之地면 誰將咎之哉리오

'逖'은 멂이니, 해로움과 가장 멀어서 侵害를 가까이하지 않으니, 그 근심과 서글픔을 해산하여 멀리 나가는 자이다. 害를 멀리한 자리에서 환란을 해산하면 누가 장차 허물하겠는가.

【疏】 正義曰 : '渙其血 去逖出'者, 血, 傷也. 逖, 遠也. 上九處於卦上, 最遠於險, 不近侵害, 是能散其憂傷, 去而逖出者也. 故曰"渙其血, 去逖出"也.[1] '无咎'者, 散患於遠害之地, 誰將咎之矣, 故曰"无咎."[2]

1) 渙其血去逖出者……去逖出也 : 程伊川과 朱子는 모두 '逖'을 '惕'으로 보아 經文을 '其血去, 逖出'로 句를 떼었는바, ≪本義≫는 다음과 같다. "上九가 陽으로서 渙散의 極에 거하여 渙散에서 벗어날 수 있기 때문에 그 象과 占이 이와 같은 것이다. 血은 傷害를 이른다. 逖은 마땅히 惕이 되어야 하니, 小畜卦의 六四爻와 같으니, 피를 흩으면 피가 제거되고 두려움을 흩으면 두려움에서 벗어남을 말한 것이다.〔上九以陽居渙極 能出乎渙 故其象占如此 血 謂傷害 逖當作惕 與小畜六四同 言渙其血則去 渙其惕則出也〕" 小畜卦의 六四爻辭는 "六四 有孚 血去 惕出 无咎"이다.

2) 无咎者……故曰无咎 : 王弼과 孔穎達은 '无咎'를 '허물하는 사람이 없음'으로 해석하였으나, 程伊川과 朱子는 '허물이 없음'으로 풀이하였는바, ≪程傳≫은 다음과 같다. "渙卦의 여러 爻가 모두 係應이 없으니, 또한 渙離의 象이다. 오직 上九는 六三과 應하나 六三이 험함의 極에 거하였으니, 上九가 만약 아래로 六三을 따르면 渙散에서 벗어나지 못한다. 險은 傷害와 畏懼의 象이 있으므로 血惕이라고 말한 것이다. 그러나 上九가 陽剛으로 渙의 밖에 처하여 渙을 벗어날 象이 있고, 또 巽의 極에 거하여 사리에 巽順함이 된다. 그러므로 만약 그 피가 제거되게 하고 두려움에서 벗어나게 하면 허물이 없다고 한 것이니, '其'는 〈上九가〉 가지고 있는 것이다.〔渙之諸爻 皆无係應 亦渙離之象 唯上應於三 三居險陷之極 上若下從於彼 則不能出於渙也 險有傷害畏懼之象 故云血惕 然九以陽剛處渙之外 有出渙之象 又居巽之極 爲能巽順於事理 故云若能使其血去 其惕出 則无咎也 其者所有也〕"

正義曰 : 〔渙其血 去逖出〕 '血'은 상함이다. '逖'은 멂이다. 上九가 卦의 위에 처하여 험함과 가장 멀어서 侵害를 가까이하지 않으니, 이는 능히 그 근심과 서글픔을 해산하여

떠나가서 멀리 나가는 자이다. 그러므로 "피를 해산하여 떠나가 멀리 나간다."라고 한 것이다.

〔无咎〕 害를 멀리한 자리에서 환란을 해산하면 누가 장차 허물하겠는가. 그러므로 "허물하는 이가 없다."라고 한 것이다.

象曰 渙其血은 **遠害也**일새라

〈象傳〉에 말하였다. "'피를 해산함'은 해로움을 멀리했기 때문이다."

【疏】 正義曰：'遠害'者, 釋渙其血也, 是居遠害之地故也.

正義曰：〔遠害〕 '피를 해산함'을 해석한 것이니, 이는 해로움을 멀리한 자리에 있기 때문이다.

60. 節䷻ 兌下坎上

節은 亨하니 苦節은 不可貞이니라

節은 형통하니, 괴로운 節(節制)은 바르게 할 수가 없다.

【疏】 正義曰 : 節, 卦名也. 彖曰"節以制度", 雜卦云"節, 止也", 然則節者, 制度之名. 節, 止之義, 制事有節, 其道乃亨, 故曰"節, 亨." 節須得中, 爲節過苦, 傷於刻薄, 物所不堪, 不可復正, 故曰"苦節, 不可貞"也.[1)]

1) 節須得中……不可貞也 : 孔穎達은 '貞'을 '사람을 바로잡음'으로 訓하였는데, 程伊川과 朱子는 '貞固함(항상함)'으로 訓하였는바, 程伊川은 "節制함은 適中함을 귀하게 여긴다. 지나치면 괴로우니 절제함이 괴로움에 이르면 어찌 항상할 수 있겠는가. 굳게 지켜 항상할 수 없으니, 이는 貞固할 수 없는 것이다.〔節貴適中 過則苦矣 節至於苦 豈能常也 不可固守以爲常 不可貞也〕"라고 하였다.

正義曰 : '節'은 卦의 이름이다. 〈彖傳〉에 "制度(法令과 禮制)로써 節(節制)해야 한다." 라고 하였고, 〈雜卦傳〉에 "節은 그침이다."라고 하였으니, 그렇다면 制度의 명칭인 것이다. 節은 그친다는 뜻이니, 일을 制裁하여 節度가 있으면 그 道가 비로소 형통하다. 그러므로 "節은 형통하다."라고 한 것이다.

節는 모름지기 中을 얻어야 한다. 節을 하기를 지나치게 괴롭게 해서 刻薄함에 상하면 사람들이 견뎌내지 못하니, 다시 바르게 할 수가 없다. 그러므로 "괴로운 節은 바르게 할 수가 없다."라고 한 것이다.

彖曰 節亨은 剛柔分而剛得中일새요

〈彖傳〉에 말하였다.

"'節은 형통함'은 剛과 柔가 나뉘고 剛이 中을 얻었기 때문이요,

【注】坎陽而兌陰也니 陽上而陰下는 剛柔分也라 剛柔分而不亂하고 剛得中而爲制主는 節之義也니 節之大者는 莫若剛柔分, 男女別也라

坎은 陽이고 兌는 陰이니, 陽이 위에 있고 陰이 아래에 있는 것은 剛과 柔가 나뉜 것이다. 剛과 柔가 나뉘어 혼란하지 않고 剛이 中을 얻어 節制하는 주체가 됨은 節의 뜻이니, 節의 큰 것은 剛과 柔가 나뉘고 남자와 여자가 분별되는 것보다 더한 것이 없다.

【疏】正義曰 : 此就上下二體居二・五剛中, 釋所以爲節得亨之義也. 坎剛居上, 兌柔處下, 是剛柔分也, 剛柔分, 男女別, 節之大義也.[1] 二・五以剛居中, 爲制之主, 所以得節, 節不違中, 所以得亨, 故曰"節, 亨, 剛柔分而剛得中"也.

1) 坎剛居上……節之大義也 : '剛柔分'을 王弼과 孔穎達은 陽卦가 위에 있고 陰卦가 아래에 있는 것을 가리키는 말로 보았는데, 程伊川은 이를 陰爻와 陽爻가 각각 반씩인 것을 가리키는 말로 보았다.

正義曰 : 이는 위아래 두 體에 九二와 九五가 剛中에 거함을 가지고 '節制를 하여 형통함을 얻는 뜻'을 해석한 것이다. 坎의 剛이 위에 있고 兌의 柔가 아래에 처하였으니, 이는 剛과 柔가 나뉜 것인바, 剛과 柔가 나뉘고 남자와 여자가 분별됨은 節의 큰 뜻이다. 九二와 九五가 剛으로서 中에 거하여 節制하는 주체가 되었으니, 이 때문에 '節'을 얻은 것이니, 節이 中을 어기지 않음은 형통함을 얻을 수 있는 까닭이다. 그러므로 "'節은 형통함'은 剛과 柔가 나뉘고 剛이 中을 얻었기 때문이다."라고 한 것이다.

苦節不可貞은 其道窮也라

'괴로운 節은 바르게 할 수가 없음'은 그 道가 곤궁한 것이다.

【注】爲節過苦는 則物所不能堪也니 物不能堪이면 則不可復正也라

절제하기를 지나치게 괴롭게 함은 사람들이 견뎌내지 못하는 바이니, 사람들이 견뎌내지 못하면 다시 바르게 할 수가 없는 것이다.

【疏】正義曰 : 爲節過苦, 不可爲正, 若以苦節爲正, 則其道困窮, 故曰"苦節不可貞, 其道窮也."

正義曰 : 절제를 하여 지나치게 괴롭게 하면 바르게 할 수가 없으니, 만약 괴로운 절제를 바름으로 삼으면 그 道가 곤궁하다. 그러므로 "'괴로운 節은 바르게 할 수가 없음'은 그 道가 곤궁한 것이다."라고 한 것이다.

說(열)**以行險**하고 **當位以節**하여 **中正以通**하니라

기쁨으로써 험함을 행하고 자리에 마땅하게 節制하여 中正하여 형통하다.

【注】 然後(及)〔乃〕[1] 亨也라 无說而行險하고 過中而爲節이면 則道窮也라

1) (及)〔乃〕: 저본에는 '及'으로 되어 있으나, 岳本과 古本에 의거하여 '乃'로 바로잡았다. (阮元의 〈校勘記〉 참조)

그런 뒤에야 비로소 형통한 것이다. 기쁨이 없이 험함을 행하고, 알맞음을 넘어 절제하면 道가 곤궁하다.

【疏】 正義曰 : 上言苦節, 不可貞, 其道窮者, 正由爲節不中, 則物所不說, 不可復正, 其道困窮, 故更就二體及四・五當位, 重釋行節得亨之義, 以明苦節之窮也. 行險以說, 則爲節得中, 當位以節, 則可以爲正. 良由中而能正, 所以得通, 故曰"中正以通", 此其所以爲亨也.

正義曰 : 위에서 '苦節 不可貞 其道窮'이라고 말한 것은 바로 절제함이 알맞지 못함에 연유한 것이니, 이렇게 되면 사람들이 기뻐하지 않아 다시(더 이상) 바로잡을 수가 없어서 그 道가 곤궁하다. 그러므로 다시 두 體와 六四・九五가 자리에 마땅함을 가지고 '절제를 행하여 형통함을 얻는 義'를 거듭 해석해서 괴로운 절제의 곤궁함을 밝힌 것이다.

험함을 행하기를 기쁨으로써 함은 절제함이 中을 얻은 것이요, 자리에 마땅하게 하여 절제하면 바르게 할 수 있다. 진실로 '中하고 능히 바름'으로 말미암아 이 때문에 형통함을 얻는다. 그러므로 "中正하여 형통하다."라고 하였으니, 이것이 형통함이 되는 이유이다.

天地節而四時成하나니 **節以制度**하여 **不傷財**하고 **不害民**하나니라

천지가 節序가 있어 四時가 이루어지니, 制度로써 절제하여 재물을 傷하게 하지

않고 백성을 해치지 않는다."

【疏】 正義曰 : '天地節而四時成'者, 此下就天地與人, 廣明節義. 天地以氣序爲節, 使寒暑往來, 各以其序, 則四時功成之也. 王者以制度爲節, 使用之有道, 役之有時, 則不傷財, 不害民也.

正義曰 : 〔天地節而四時成〕 이 아래는 하늘과 땅과 사람을 가지고 節의 뜻을 넓혀 밝힌 것이다. 하늘과 땅이 節氣의 순서를 가지고 절제하여 추위와 더위를 왕래하게 해서 각각 그 節序에 따르게 하면, 四時의 功이 이루어지는 것이다. 王者가 제도로써 절제하여 재물을 씀에 방도가 있고 부역함에 철(농한기)이 있게 하면, 재물을 상하게 하지 않고 백성을 해치지 않게 된다.

象曰 澤上有水 節이니 君子以制數度하고 議德行하나니라

〈象傳〉에 말하였다. "못 위에 물이 있는 것이 節卦이니, 君子가 보고서 數度를 제정하고 德行을 의논한다."

【疏】 正義曰 : '澤上有水 節'者, 水在澤中, 乃得其節, 故曰"澤上有水, 節"也. '君子以制數度 議德行'者, 數度, 謂尊卑禮命之多少, 德行, 謂人才堪任之優劣.[1] 君子象節, 以制其禮數等差, 皆使有度, 議人之德行任用, 皆使得宜.

1) 君子以制數度……謂人才堪任之優劣 : 孔穎達은 '數度'와 '德行'을 각각 하나의 合成語로 보았으나 程伊川은 數와 度, 德과 行으로 나누어 풀이하였으며, '議德行'을 孔穎達은 '중용할 사람의 덕행이 임용할 만한가를 의논함'으로 보았으나 程伊川은 사람의 덕과 행실이 절도에 맞는가를 의논하는 것으로 풀이하였다. ≪程傳≫은 다음과 같다. "君子가 節의 象을 관찰하여 數와 度를 제정하여 세우니, 무릇 물건의 大와 小, 輕과 重, 高와 下, 文과 質이 모두 數와 度가 있으니, 이는 節制하는 것이다. 數는 多寡이고, 度는 法制이다. '議德行'은, 마음속에 둠을 德이라 하고 밖에 발함을 行이라 하니, 사람의 덕행이 義에 마땅하면 節度에 맞는다. 議는 헤아려서 절도에 맞음을 구함을 이른다.〔君子觀節之象 以制立數度 凡物之大小輕重高下文質 皆有數度 所以爲節也 數 多寡 度 法制 議德行者 存諸中爲德 發於外爲行 人之德行 當義則中節 議 謂商度求中節也〕"

正義曰 : 〔澤上有水 節〕 물이 못 가운데에 있으면 바로 節(절도)을 얻은 것이다. 그러

므로 "못 위에 물이 있는 것이 節卦이다."라고 한 것이다.

〔君子以制數度 議德行〕'數度'는 〈신분의〉 높고 낮음에 따른 禮命(禮와 爵命)의 많고 적음을 이르고, '德行'은 人才에 따라 임무를 감당할 만한 優劣을 이른다. 君子가 節卦를 본받아서 禮數의 차등을 제정하여 모두 법도가 있게 하고, 사람의 德行에 따른 임용을 의논하여 모두 마땅함을 얻게 하는 것이다.

初九는 不出戶庭이면 无咎리라

初九는 문과 뜰을 나가지 않으면 허물이 없으리라.

【注】爲節之初하여 將整離散而立制度者也라 故로 明於通塞하고 慮於險(僞)〔僞〕[1]하여 不出戶庭하여 愼密不失이니 然後에 事濟而无咎也라

1) (僞)〔僞〕: 저본에는 '僞'로 되어 있으나, 아래 疏와 毛本에 의거하여 '僞'로 바로잡았다. (阮元의 〈校勘記〉 참조)

節의 처음이 되어 장차 離散함을 정돈해서 제도를 확립하는 자이다. 그러므로 때의 통하고 막힘에 밝고 험함과 거짓을 염려하여 문과 뜰을 나가지 않고서 愼密하여 실수하지 않으니, 그런 뒤에야 일이 이루어져 허물이 없는 것이다.

【疏】'初九'至'无咎' ○ 正義曰：初九處節之初, 將立制度, 宜其愼密, 不出戶庭, 若不愼而泄, 則民情姦險, 應之以僞, 故愼密不失, 然後事濟而无咎, 故曰"不出戶庭, 无咎."[1]

1) 初九處節之初……无咎：王弼과 孔穎達은 '不出戶庭'의 이유를 '初九가 때의 通塞과 백성의 姦僞를 살펴 삼가기 때문'이라고 보았다.

반면 程伊川은 "初九가 陽으로서 아래에 있고 위에 다시 應(六四)이 있으니, 절제할 수 있는 자가 아니고, 또 節의 초기를 당하였다. 그러므로 삼가 지켜서 戶庭을 나가지 않음에 이르면 허물이 없다고 경계한 것이다.〔初以陽在下 上復有應 非能節者也 又當節之初 故戒之謹守 至於不出戶庭 則无咎也〕"라고 하여, 初九를 '節制하지 못하는 자'로 보았다.

朱子는, 程伊川과 상반되게, "〈初九는〉 陽剛이 正을 얻고 節의 초기에 거하여 행할 수 없으니, 능히 절제하여 그치는 자이다.〔陽剛得正 居節之初 未可以行 能節而止者也〕"라고 하였다.

經의 〔初九〕에서 〔无咎〕까지

○ 正義曰 : 初九가 節의 처음에 처하여 장차 제도를 확립하려 하니, 마땅히 愼密하여 문과 뜰을 나가지 않아야 하는바, 만약 愼密하지 않고 漏泄하면 백성의 마음이 간사하고 험악하여 應하기를 거짓으로써 한다. 그러므로 愼密하여 실수하지 않은 뒤에야 일이 이루어져 허물이 없는 것이다. 그러므로 "문과 뜰을 나가지 않으면 허물이 없으리라."라고 한 것이다.

【疏】 ○ 注'將整離散而立制度者也' ○ 正義曰 : 序卦云"物不可以終離, 故受之以節." 此卦承渙之後, 初九居節之初, 故曰"將整離散而立法度"也.

○ 注의 〔將整離散而立制度者也〕

○ 正義曰 : 〈序卦傳〉에 "물건은 끝내 離散할 수 없다. 그러므로 節卦로써 받았다."라고 하였으니, 이 卦가 渙卦의 뒤를 잇고 初九가 節卦의 처음에 거하였으므로 "장차 離散함을 정돈해서 제도를 확립한다."라고 한 것이다.

象曰 不出戶庭은 知通塞也일새라

〈象傳〉에 말하였다. "'문과 뜰을 나가지 않음'은 〈때의〉 통하고 막힘을 알기 때문이다."

【疏】 正義曰 : '知通塞'者, 識時通塞, 所以不出也.

正義曰 : 〔知通塞〕 때의 통하고 막힘을 아는 것이니, 이 때문에 나가지 않는 것이다.

九二는 不出門庭이면 凶하리라

九二는 문과 뜰을 나가지 않으면 凶하리라.

【注】 初已造之하니 至二면 宜宣其制矣어늘 而故匿之하야 失時之極이면 則遂廢矣라 故로 不出門庭이면 則凶也라

初九가 이미 제도를 만들었으니, 九二에 이르면 마땅히 그 제도를 펴야 하는데 일부러 숨겨서 때의 알맞음〔極〕을 잃으면 마침내 廢해진다. 그러므로 문과 뜰을 나가지 않으면

흉한 것이다.

【疏】 正義曰 : 初已制法, 至二宜宣, 若猶匿之, 則失時之極, 可施之事, 則遂廢矣. 不出門庭, 所以致凶, 故曰"不出門庭, 凶."[1)]

1) 初已制法……凶 : 程伊川은 '不出門庭'을 '九五를 따르지 않음'을 의미한다고 보았는바, ≪程傳≫은 다음과 같다. "九二가 비록 剛中의 자질이나 陰位에 처하고 기뻐함에 거하고 柔를 받들고 있으니, 陰位에 처함은 바르지 못함이요, 기뻐함에 거함은 剛함을 잃은 것이요, 柔를 받듦은 邪를 가까이하는 것이다. 節制하는 道는 마땅히 剛中正을 써야 하는데 九二가 剛中의 德을 잃었으니, 九五의 剛中正과는 다르다. 門庭을 나가지 않는다는 것은 밖에 나가지 않는 것이니, 九五를 따르지 않음을 이른다. 二爻와 五爻는 陰陽의 正應이 아니기 때문에 서로 따르지 않는 것이다. 만약 剛中의 道로 서로 합한다면 節의 功을 이룰 수 있는데 오직 德을 잃고 때를 잃었기 때문에 흉한 것이니, 九五에게 합하지 않음은 곧 바르지 못한 節制이다.〔二雖剛中之質 然處陰居說而承柔 處陰 不正也 居說 失剛也 承柔 近邪也 節之道 當以剛中正 二失其剛中之德 與九五剛中正異矣 不出門庭 不之於外也 謂不從於五也 二五非陰陽正應 故不相從 若以剛中之道相合 則可以成節之功 唯其失德失時 是以凶也 不合於五 乃不正之節也〕"

正義曰 : 初九가 이미 법을 만들었으니, 九二에 이르면 마땅히 법을 펴야 하는데 만약 여전히 숨기면 때의 알맞음을 잃어서 시행할 수 있는 일이 마침내 廢해진다. 문과 뜰을 나가지 않음은 흉함을 이루는 까닭이다. 그러므로 "문과 뜰을 나가지 않으면 凶하리라."라고 한 것이다.

象曰 不出門庭凶은 失時極也라

〈象傳〉에 말하였다. "'문과 뜰을 나가지 않으면 凶함'은 때의 알맞음을 잃은 것이다."

【疏】 正義曰 : '失時極'者, 極, 中也, 應出不出, 失時之中, 所以爲凶.[1)]

1) 失時極者……所以爲凶 : 孔穎達은 '極'을 '中'으로 訓하였는데, 程伊川은 '至極'으로 訓하였는바, ≪程傳≫은 다음과 같다. "위로 九五의 剛中正한 道를 따라 節制함의 功을 이루지 못하고 마침내 사사롭고 친한 陰柔(六三)에게 얽매여 있으니, 이는 때를 잃음이 지극한 것이니, 이 때문에 흉한 것이다. 때를 잃음은 마땅한 바를 잃는 것이다.〔不能上

從九五剛中正之道 成節之功 乃係於私暱之陰柔 是失時之至極 所以凶也 失時 失其所宜也〕"

正義曰 : 〔失時極〕 '極'은 中이니, 응당 나가야 하는데 나가지 않으면 때의 中을 잃으니, 이 때문에 흉함이 되는 것이다.

六三은 不節若이면 則嗟若하리니 无咎로다

六三은 節制하지 않으면 슬피 한탄하리니, 허물할 곳이 없도다.

【注】 若은 辭也라 以陰處陽하고 以柔乘剛은 違節之道하여 以至哀嗟라 自己所致하여 无所怨咎라 故로 曰 无咎也라하니라

'若'은 어조사이다. 陰으로서 陽의 자리에 처하고 柔로서 剛을 타고 있음은 節의 道를 어겨서 슬피 한탄함에 이르는 것이다. 자기가 부른 바여서 원망하고 허물할 곳이 없다. 그러므로 "허물할 곳이 없다."라고 한 것이다.

【疏】 正義曰 : 節者, 制度之卦, 處節之時, 位不可失, 六三以陰處陽, 以柔乘剛, 失位驕逆, 違節之道, 禍將及己, 以至哀嗟, 故曰"不節(苦)〔若〕[1], 則嗟若"也. 禍自己致, 无所怨咎, 故曰"无咎."

1) (苦)〔若〕: 저본에는 '苦'로 되어 있으나, 經文의 '不節若'에 의거하여 '若'으로 바로잡았다.

正義曰 : 節은 制度의 卦이니, 節의 때에 처하여 正位를 잃어서는 안 되는데, 六三이 陰으로서 陽의 자리에 처하고 柔로서 剛을 타고 있어서 正位를 잃어 교만하고 거슬려 절제하는 道를 어겨서 禍가 장차 자기에게 미치게 되어 슬피 한탄함에 이르렀다. 그러므로 "절제하지 않으면 슬피 한탄하리라."라고 한 것이다.

禍가 자기가 부른 것이어서 원망하고 허물할 곳이 없다. 그러므로 "허물할 곳이 없다." 라고 한 것이다.

象曰 不節之嗟를 又誰咎也리오

〈象傳〉에 말하였다. "不節의 한탄을 또 누구에게 허물하겠는가."

【疏】 正義曰 : '又誰咎'者, 由己不節, 自致禍災, 又欲怨咎誰乎.

正義曰 : 〔又誰咎〕 자기가 절제하지 않음으로 말미암아 스스로 禍와 재앙을 불렀으니, 또 누구를 원망하고 허물하고자 하는가.

六四는 安節이면 亨하리라

六四는 節制를 편안히 하면 형통하리라.

【注】 得位而順하여 不改其節하여 而能亨者也라 承上以斯면 得其道也라

正位를 얻고 순하여 그 節을 바꾸지 아니하여 형통할 수 있는 자이다. 위를 받들기를 이로써 하면 그 道를 얻은 것이다.

【疏】 正義曰 : 六四得位, 而上順於五, 是得節之道. 但能安行此節而不改變, 則何往不通, 故曰"安節亨",[1] 明六三以失位乘剛, 則失節而招咎, 六四以得位承陽, 故安節而致亨.

1) 但能安行此節而不改變……故曰安節亨 : '安節'을 王弼과 孔穎達, 程伊川은 '절제를 편안히 여김'으로 해석하였으나, 朱子는 '편안히 행하는 절제'로 보았는바, 《本義》는 다음과 같다. "柔順하면서 正을 얻고 위로 九五를 받드니, 자연스럽게 節制가 있는 자이다. 그러므로 그 象과 占이 이와 같은 것이다.〔柔順得正 上承九五 自然有節者也 故其象占如此〕"

正義曰 : 六四가 正位를 얻고 위로 九五에 순하니, 이는 節의 道를 얻은 것이다. 다만 이 절제를 편안히 행하여 고치거나 변하지 않으면 어디로 간들 형통하지 않겠는가. 그러므로 "절제를 편안히 하면 형통하리라."라고 하였으니, '六三은 正位를 잃고 剛을 타고 있으니 절제를 잃어서 허물을 부른 것이요, 六四는 正位를 얻고 陽을 받들기 때문에 절제를 편안히 하여 형통함을 이룰 수 있는 것임'을 밝힌 것이다.

象曰 安節之亨은 承上道也라

〈象傳〉에 말하였다. "安節의 형통함은 위를 받들어 道에 맞는 것이다."

【疏】 正義曰 : '承上道'者, 以能承於上, 故不失其道也.

正義曰 : 〔承上道〕 능히 윗사람을 받들기 때문에 그 道를 잃지 않는 것이다.

九五는 甘節이라 吉하니 往하면 有尙하리라

九五는 감미로운 절제여서 吉하니, 가면 嘉尙한 일이 있으리라.

【注】 當位居中하여 爲節之主하여 不失其中하니 不傷財하고 不害民之謂也라 爲節之不苦면 非甘而何오 術斯以往이면 往有尙也라

자리에 마땅하고 中에 거하여 節의 주체가 되어서 그 中을 잃지 않으니, 재물을 상하게 하지 않고 백성을 해치지 않음을 이른다. 절제하기를 괴롭게 하지 않으면 단 것이 아니고 무엇이겠는가. 이것을 따라가면 감에 嘉尙함이 있는 것이다.

【疏】 正義曰 : '甘'者, 不苦之名也.[1] 九五居於尊位, 得正履中, 能以中正爲節之主, 則當彖曰"節以制度, 不傷財, 不害民"之謂也. 爲節而无傷害, 則是不苦而甘, 所以得吉, 故曰"甘節, 吉." 以此而行, 所往皆有嘉尙, 故曰"往有尙"也.

1) 甘者 不苦之名也 : 九五의 爻辭에 '甘節'이라 하고, 上六의 爻辭에 '苦節'이라 하였는바, 甘은 맛이 단 것이고, 苦는 쓴 것이어서 괴로움이 된다. 그리하여 '甘節'은 '감미로운 절제여서 마음에 달갑게 여기는 절제'이고, '苦節'은 '견디기 어려운 고달픈 절제여서 괴로운 절제'가 되는 것이다.

正義曰 : 〔甘〕 쓰지(괴롭지) 않음의 명칭이다.

九五가 높은 지위에 거하여 正位를 얻고 中을 밟아서 능히 中正으로써 節의 주체가 되었으니, 〈彖傳〉에 "制度로써 절제하여 재물을 상하게 하지 않고 백성을 해치지 않는다."라고 말한 것에 해당한다. 절제하면서 상함과 해로움이 없으면 이는 쓰지(괴롭지) 않고 단 것이니, 이 때문에 吉함을 얻는다. 그러므로 "감미로운 절제여서 길하다."라고 한 것이다.

이로써 가면 가는 곳마다 모두 嘉尙한 일이 있다. 그러므로 "가면 가상한 일이 있으리라."라고 한 것이다.

象曰 甘節之吉은 居位中也일새라

〈象傳〉에 말하였다. "甘節의 吉함은 〈높은〉 지위에 거하고 中하기 때문이다."

【疏】正義曰：'居位中'者, 以居尊位而得中, 故致甘節之吉也.

正義曰：〔居位中〕 높은 지위에 거하고 中을 얻었기 때문에 甘節의 吉함을 이룬 것이다.

上六은 苦節이니 貞凶이요 悔亡이리라

上六은 괴로운 절제이니, 正道가 흉하고 뉘우침이 없어지리라.

【注】過節之中하여 以致亢極하니 苦節者也라 以斯施(正)〔人〕[1]이면 物所不堪이니 正之凶也요 以斯修身이면 行在无妄이라 故로 得悔亡이라

1) (正)〔人〕: 저본에는 '正'으로 되어 있으나, 閩本·監本·毛本에 의거하여 '人'으로 바로잡았다.(阮元의 〈校勘記〉 참조)

節의 中을 지나서 亢極을 이루었으니, 괴롭게 절제하는 자이다. 이것을 남에게 베풀면 남들이 견디지 못하는 바이니 正道가 흉하며, 이것을 가지고 몸을 닦으면 행실이 无妄에 있다. 그러므로 뉘우침이 없어짐을 얻는 것이다.

【疏】正義曰：上六處節之極, 過節之中, 節不能甘, 以至於苦, 故曰"苦節"也. 爲節過苦, 物所不堪, 不可復正, 正之凶也, 故曰"貞凶."[1] 若以苦節施人, 則是正道之凶, 若以苦節修身, 則儉約无妄, 可得亡悔, 故曰"悔亡"也.[2]

1) 上六處節之極……故曰貞凶：'貞凶'을 程伊川은 '苦節을 굳게 지키면 흉함'으로 해석하였고, 朱子는 '過極에 처했으므로 바르더라도 흉함'으로 해석하였다.

2) 若以苦節施人……故曰悔亡也：'悔亡'을 王弼과 孔穎達은 '苦節을 자기 수양에 베풀면 悔亡하게 됨'의 의미로 해석하였다.

朱子는 "禮는 사치하기보다는 차라리 검소하여야 하므로 비록 뉘우침이 있으나 끝내 없어질 수 있는 것이다.〔禮奢寧儉 故雖有悔而終得亡之也〕"라고 하여, 上六의 지나친 절제가 그래도 지나친 사치보다는 낫기 때문에 悔亡하게 된다고 보았다.

한편 程伊川은 이를 '뉘우치면 흉함이 없어짐'으로 해석하였는바, ≪程傳≫은 다음과 같다. "굳게 지키면 흉하고 뉘우치면 흉함이 없어질 것이니, 悔는 過함을 덜어 中을 따름을 이른다. 節卦의 悔亡은 다른 卦의 悔亡과 말은 같으나 뜻은 다르다.〔固守則凶 悔則凶亡 悔 損過從中之謂也 節之悔亡 與他卦之悔亡 辭同而義異也〕"

正義曰 : 上六이 節의 極에 처하여 節의 中을 넘어 절제를 달갑게 여기지 못하여 괴로움에 이르렀다. 그러므로 "괴로운 절제이다."라고 한 것이다.

절제함이 지나치게 괴로우면 사람들이 감당하지 못하는 바여서 다시 바로잡을 수가 없으니, 正道가 흉하다. 그러므로 "正道가 흉하다."라고 한 것이다.

만약 괴로운 절제를 가지고 남에게 베풀면 이는 正道가 흉한 것이지만, 만약 괴로운 절제를 가지고 자기 몸을 닦으면 검약하고 망령됨이 없어서 뉘우침이 없어질 수 있다. 그러므로 "뉘우침이 없어지리라."라고 한 것이다.

象曰 苦節貞凶은 其道窮也라

〈象傳〉에 말하였다. "'괴로운 절제이니, 正道가 흉함'은 그 道가 곤궁한 것이다."

61. 中孚䷼ 兌下巽上

中孚는 **豚魚吉**하니 **利涉大川**하고 **利貞**하니라

中孚는 돼지와 물고기에게도 〈믿음이 미쳐〉 吉하니, 大川을 건넘이 이롭고 貞함이 이롭다.

【疏】 正義曰 : '中孚 豚魚吉'者, 中孚, 卦名也. 信發於中, 謂之中孚. 魚者, 蟲之幽隱. 豚者, 獸之微賤. 人主內有誠信, 則雖微隱之物, 信皆及矣, 莫不得所而獲吉, 故曰"豚魚吉也." '利涉大川 利貞'者, 微隱獲吉, 顯者可知. 旣有誠信, 光被萬物, 萬物得宜, 以斯涉難, 何往不通. 故曰"利涉大川." 信而不正, 凶邪之道, 故利在貞也.

正義曰 : 〔中孚 豚魚吉〕 '中孚'는 卦의 이름이다. 믿음(誠信)이 中心에서 發함을 '中孚'라 이른다. '물고기'는 벌레 중에 그윽하고 숨어 있는 것이고, '돼지'는 짐승 중에 미천한 것이다. 군주가 안에 誠信이 있으면 비록 미천하고 숨어 있는 물건이라도 믿음이 모두 미쳐서 제자리를 얻어 吉함을 얻지 않는 것이 없다. 그러므로 "돼지와 물고기에게도 〈믿음이 미쳐〉 吉하다."라고 한 것이다.

〔利涉大川 利貞〕 미천하고 숨어 있는 물건까지도 吉함을 얻으면 드러난 것은 〈말하지 않아도〉 알 수 있다. 이미 誠信이 있어서 광채가 萬物에 입혀져서 만물이 마땅함을 얻었으니, 이로써 어려움을 건너가면 어디로 간들 형통하지 않겠는가. 그러므로 "大川을 건넘이 이롭다."라고 한 것이다. 믿으면서 바르지 못함은 흉하고 간사한 道이다. 그러므로 이로움이 貞에 있는 것이다.

彖曰 中孚는 **柔在內而剛得中**하고 **說**(열)**而巽**일새 **孚**니

〈彖傳〉에 말하였다.

"'中孚'는 柔가 안에 있고 剛이 中을 얻고 기뻐하고 공손하므로 믿으니,

【注】 有上四德[1]然後에 乃孚라

1) 四德 : 陰柔(六三·六四)가 內(六畫卦의 內)에 있음과, 陽剛(九二·九五)이 中(三畫卦의 中)에 있음과, 下卦 兌卦의 德인 說과, 上卦 巽卦의 德인 巽, 네 가지를 가리킨다.

위에 네 德이 있은 뒤에야 비로소 믿는 것이다.

【疏】 正義曰 : 此就三·四陰柔併在兩體之內, 二·五剛德各處一卦之中,[1] 及上下二體說而以巽, 釋此卦名爲中孚之義也. 柔內剛中, 各當其所, 說而以巽, 乖爭不作, 所以信發於內, 謂之中孚, 故曰"柔在內而剛得中, 說而巽, 孚"也.

1) 三四陰柔併在兩體之內 二五剛德各處一卦之中 : '兩體'는 두 개의 小成卦(三畫卦)로 이루어진 大成卦(六畫卦)를 가리키는바, 六畫卦의 內(中)는 三位와 四位이며, '一卦'는 小成卦 하나를 가리키는바, 三畫卦의 中은 二位와 五位이다.

正義曰 : 이는 '六三과 六四가 陰柔로서 함께 두 體의 안에 있고 九二와 九五가 剛德으로 각각 한 卦의 중앙에 있으며 상하의 두 體가 기뻐하고 공손함으로써 함'을 가지고 이 卦의 이름이 '中孚'가 된 뜻을 해석한 것이다.

柔가 안에 있고 剛이 中에 있음은 각각 제자리에 마땅한 것이고, 기뻐하고 공손함으로써 하면 괴리와 다툼이 일어나지 않으니, 이 때문에 믿음이 안에 發함을 '中孚'라 한 것이다. 그러므로 "柔가 안에 있고 剛이 中을 얻고 기뻐하고 공손하므로 믿는다."라고 한 것이다.

乃化邦也니라

마침내 나라를 교화시킨다.

【注】 信立而後에 邦乃化也라 柔在內而剛得中은 各當其所也라 剛得中이면 則直而正하고 柔在內면 則靜而順하며 說而以巽이면 則乖爭不作이니 如此면 則物无巧競하여 敦實之行著하여 而篤信發乎其中矣라

믿음이 확립된 뒤에 나라가 비로소 교화되는 것이다. 柔가 안에 있고 剛이 中을 얻음은 각각 제자리에 마땅한 것이다. 剛이 中을 얻으면 곧고 바르며 柔가 안에 있으면 고요하고 순하며 기뻐하고 공손함으로써 하면 괴리와 다툼이 일어나지 않으니, 이와 같이 하

면 사람들이 공교롭게 경쟁함이 없어서 돈후하고 진실한 행실이 드러나 돈독한 믿음이 마음속에서 발하게 될 것이다.

【疏】正義曰：誠信發於內, 則邦國化於外, 故曰"乃化邦也."[1)]

1) 誠信發於內……故曰乃化邦也：程伊川은 '中孚 柔在內而剛得中'를 한 節로 삼고 '說而巽 孚乃化邦也'를 한 節로 삼았는데, '孚乃化邦也'를 한 句로 본 것은 朱子도 같다.

첫 번째 절에 대한 ≪程傳≫은 다음과 같다. "두 柔爻가 안에 있어 中이 虛함은 誠信의 象이 되고, 두 剛爻가 上體와 下體의 中을 얻어 中이 實함은 孚信의 象이 되니, 卦가 이 때문에 中孚가 된 것이다.〔二柔在內 中虛 爲誠之象 二剛得上下體之中 中實 爲孚之象 卦所以爲中孚也〕" 中孚卦(☴☱)는 두 爻씩 합하여 볼 경우 小成卦인 離卦(☲)가 되어 虛中의 象이 되므로 '中이 虛함은 誠信의 象이 된다.'라고 한 것이다.

두 번째 절에 대한 ≪程傳≫은 다음과 같다. "두 體로 卦의 用을 말하였다. 위가 巽이고 아래가 說인 것은 윗사람이 至誠으로 아랫사람에게 巽順하고 아랫사람이 孚信이 있어 윗사람을 기뻐하여 따름이 되니, 이와 같이 하면 孚信이 마침내 나라를 감화시킬 수 있다. 만약 사람이 기뻐하여 따르지 않고 혹 事理를 어긴다면 어찌 天下를 감화시키겠는가.〔以二體言卦之用也 上巽下說 爲上至誠以順巽於下 下有孚以說從其上 如是 其孚乃能化於邦國也 若人不說從 或違拂事理 豈能化天下乎〕"

正義曰：誠信이 안에서 發하면 나라가 밖에서 교화된다. 그러므로 "마침내 나라를 교화시킨다."라고 한 것이다.

豚魚吉은 信及豚魚也일새요

'돼지와 물고기까지도 吉함'은 믿음이 돼지와 물고기에게도 미쳤기 때문이요,

【注】魚者는 蟲之隱者也요 豚者는 獸之微賤者也라 爭競之道不興하고 中信之德淳著면 則雖微隱之物이라도 信皆及之라

'물고기'는 벌레 중에 숨어 있는 것이고, '돼지'는 짐승 중에 미천한 것이다. 경쟁하는 道가 일어나지 않고 마음에 誠信한 德이 淳厚하게 드러나면 비록 미천하고 숨어 있는 물건이라도 믿음이 모두 미치게 된다.

【疏】正義曰：釋所以得吉, 由信及豚魚故也.

正義曰 : 吉함을 얻은 이유가 믿음이 돼지와 물고기에게도 미쳤기 때문임을 해석한 것이다.

利涉大川은 **乘木舟虛也**일새요

'大川을 건넘이 이로움'은 나무를 타되 배가 비어 있기 때문이요,

【注】乘木於川舟之虛면 則終已无溺也니 用中孚以涉難은 若乘木舟虛也라

나무를 탈 적에 냇물의 배 중에 빈 배를 타면 끝내 빠짐이 없으니, 中孚를 사용하여 어려움을 건넘은 나무를 타되 배가 빈 것과 같은 것이다.

【疏】正義曰 : 釋此涉川所以得利, 以中信而濟難, 若乘虛舟以涉川也.

正義曰 : 이 냇물을 건넘이 이로움을 얻는 까닭은 中心이 誠信함으로써 어려움을 구제하여 마치 빈 배를 타고 냇물을 건너는 것과 같기 때문임을 해석한 것이다.

中孚以利貞은 **乃應乎天也**일새니라

中孚가 貞함이 이로운 까닭은 마침내 하늘에 應하기 때문이다."

【注】盛之至也라

盛함이 지극하다.

【疏】正義曰 : 釋中孚所以利貞者, 天德剛正而氣序不差, 是正而信也. 今信不失正, 乃得應於天, 是中孚之盛, 故須濟以利貞也.

正義曰 : '中孚가 貞함이 이로운 까닭은 하늘의 德이 剛正하여 기후의 節序가 어긋나지 않기 때문이니, 이는 바르고 믿는 것임'을 해석한 것이다. 지금 믿음이 바름을 잃지 않으면 마침내 하늘에 應하니, 이는 中孚의 盛함이다. 그러므로 모름지기 건너서 貞함이 이로운 것이다.

象曰 澤上有風이 **中孚**니 **君子以議獄緩死**하나니라

〈象傳〉에 말하였다. "못 위에 바람이 있는 것이 中孚卦이니, 君子가 보고서 獄事를 의논하고 死刑을 늦춘다."

【注】 信發於中하니 雖過나 可亮이라

믿음이 中心에서 發하니, 비록 과실을 범하였으나 亮察(諒察)할 수 있는 것이다.

【疏】 正義曰 : '澤上有風 中孚'者, 風行澤上, 无所不周, 其猶信之被物, 无所不至, 故曰"澤上有風, 中孚."[1] '君子以議獄緩死'者, 中信之世, 必非故犯, 過失爲辜, 情在可恕, 故君子以議其過失之獄, 緩捨當死之刑也.

1) 澤上有風中孚者……中孚 : 孔穎達은 '澤上有風'을 '誠信이 모든 물건에 두루 입혀짐을 의미하는 象'으로 보았는데, 程伊川과 朱子는 이를 '바람이 못을 감동시키는 象'으로 보았는바, ≪程傳≫은 다음과 같다. "못 위에 바람이 있으면 못 가운데를 감동시키니, 물의 體가 비어 있기 때문에 바람이 들어갈 수 있고 사람의 마음이 비어 있기 때문에 물건이 감동시킬 수 있는 것이니, 바람이 못을 감동시킴은 물건이 사람의 心中을 감동시킴과 같다. 그러므로 中孚의 象이 된 것이다.〔澤上有風 感于澤中 水體虛 故風能入之 人心虛 故物能感之 風之動乎澤 猶物之感于中 故爲中孚之象〕"
한편 朱子의 ≪本義≫는 다음과 같다. "바람이 감동시킴에 물이 받아들임은 中孚의 象이요, 獄事를 의논하고 사형을 늦춤은 中孚의 뜻이다.〔風感水受 中孚之象 議獄緩死 中孚之意〕"

正義曰 : 〔澤上有風 中孚〕 바람이 못 위를 지나가면 두루하지 않는 바가 없으니, 이는 믿음이 물건에 입혀짐에 이르지 않는 바가 없는 것과 같다. 그러므로 "못 위에 바람이 있는 것이 中孚卦이다."라고 한 것이다.

〔君子以議獄緩死〕 中心이 믿는 세상에서는 반드시 고의로 죄를 범하는 것이 아니요 과실로 죄를 지은 것이어서 情狀이 용서할 만한 처지에 있다. 그러므로 君子는 과실의 獄事를 의논하고 마땅히 죽여야 하는 형벌을 늦추고 놓아주는 것이다.

初九는 虞吉이니 有它면 不燕하리라

初九는 專一한 吉함이니, 다른 것을 구함이 있으면 편안하지 못하리라.

【注】 虞는 猶專也라 爲信之始하여 而應在四하니 得乎專吉者也라 志未能變하여 繫心於

一이라 故로 有它면 不燕也라

'虞'는 '專'과 같다. 信의 시초가 되어 應이 六四에 있으니, 專一한 吉함을 얻은 자이다. 뜻이 변치 않아서 마음이 하나에 매여 있다. 그러므로 다른 것을 구함이 있으면 편안하지 못한 것이다.

【疏】 正義曰：虞, 猶專也. 燕, 安也. 初爲信始, 應在于四, 得其專一之吉, 故曰"虞吉."[1] 旣係心於一, 故更有他求, 不能與之共相燕安也, 故曰"有它, 不燕"也.[2]

1) 初爲信始……故曰虞吉：'虞吉'을 王弼과 孔穎達은 '마음이 專一해서 얻어지는 길함'으로 訓하였는바, 初九가 六四에 마음이 전일하게 매여 있으므로 이러한 길함을 얻는다고 본 것이다.

반면 程伊川과 朱子는 '虞'를 '헤아림〔度〕'으로 訓하였는바, ≪程傳≫은 다음과 같다. "九가 中孚의 初를 당하였으므로 경계함이 믿을 바를 살핌에 있는 것이다. 虞는 헤아림이니, 믿을 만한 사람을 헤아린 뒤에 따르는 것이다. 비록 지극한 믿음이 있으나 만약 제자리를 얻지 못하면 뉘우침과 허물이 있을 것이다. 그러므로 헤아린 뒤에 믿으면 吉한 것이다.〔九當中孚之初 故戒在審其所信 虞 度也 度其可信而後從也 雖有至信 若不得其所 則有悔咎 故虞度而後信則吉也〕"

2) 旣係心於一……不燕也：'有它 不燕'을 王弼과 孔穎達은 '初九가 六四가 아닌 다른 것을 구하면 편안하지 못할 것임'의 의미로 보았다.

반면 程伊川은 初九와 六四의 正應 관계를 가지고 이를 해석해서는 안 된다고 하였는바, ≪程傳≫은 다음과 같다. "이미 믿을 바를 얻었으면 마땅히 정성스럽게 하고 한결같이 하여야 하니, 만약 다른 마음을 두면 편안함을 얻지 못할 것이다. 燕은 安裕함이요 有他(有它)는 마음이 定해지지 못한 것이니, 사람의 마음이 定해지지 못하면 의혹하여 편안하지 못하다. 初九는 六四와 正應이니, 六四는 巽體로서 正에 거하여 不善함이 없으나 爻가 시작을 도모하는 뜻이 크므로 서로 應하는 뜻을 취하지 않았으니, 만약 應을 쓴다면 헤아림이 아니다.〔旣得所信 則當誠一 若有他 則不得其燕安矣 燕 安裕也 有他 志不定也 人志不定 則惑而不安 初與四爲正應 四巽體而居正 无不善也 爻以謀始之義大 故不取相應之義 若用應 則非虞也〕"

正義曰：'虞'는 '專'과 같다. '燕'은 편안함이다. 初九는 信의 시초가 되고 應이 六四에 있어서 그 專一한 吉함을 얻었다. 그러므로 "전일한 길함이다."라고 한 것이다.

이미 마음이 하나에 매여 있으므로 다시 다른 것을 구함이 있으면 그와 서로 함께 편안하지 못하다. 그러므로 "다른 것을 구함이 있으면 편안하지 못하리라."라고 한 것이다.

象曰 初九虞吉은 志未變也일새라

〈象傳〉에 말하였다. "初九의 전일한 吉함은 뜻이 변치 않기 때문이다."

【疏】 正義曰：'志未變'者, 所以得專一之吉, 以志未改變, 不更親於他也.

正義曰：〔志未變〕 專一한 吉함을 얻은 이유는 뜻이 고쳐지고 바뀌지 않아서 다시 다른 사람과 친하지 않기 때문이다.

九二는 (鶴鳴)〔鳴鶴〕[1]在陰이어늘 其子和之로다 我有好爵하여 吾與爾靡之로다

1) (鶴鳴)〔鳴鶴〕: 저본에는 '鶴鳴'으로 되어 있으나, 阮元의 〈校勘記〉에, "살펴보건대, 十行本의 初刻과 여러 本이 같은데, 正德補板에 '鳴鶴'이 '鶴鳴'으로 잘못되어 있으니, 이제 訂正한다."라고 한 것에 의거하여 '鳴鶴'으로 바로잡았다.

九二는 우는 鶴이 陰地에 있는데 그 새끼가 화답하도다. 내가 좋은 관작을 소유하여 내 너에게 흩어주겠다.

【注】 處內而居重陰之下로되 而履不失中하니 不徇於外하여 任其眞者也라 立誠篤至하면 雖在闇昧나 物亦應焉이라 故로 曰 鳴鶴在陰이어늘 其子和之也라하니라 不私權利하고 唯德是與는 誠之至也라 故로 曰 我有好爵하여 與物散之라하니라

안에 처하고 거듭된 陰의 아래에 거하였으나 밟고 있는 것이 中을 잃지 않았으니, 밖을 따르지 아니하여 그 진솔함에 맡기는 자이다. 성실함을 세움이 돈독하고 지극하면 비록 어두운 곳에 있으나 물건(남)들이 또한 應한다. 그러므로 "우는 鶴이 음지에 있는데 그 새끼가 화답한다."라고 한 것이다.

權利를 사사로이 하지 않고 오직 德이 있는 사람에게 줌은 誠信이 지극한 것이다. 그러므로 "내 좋은 관작을 소유하여 남(너)에게 흩어주겠다."라고 한 것이다.

【疏】 正義曰：'鳴鶴在陰 其子和之'者, 九二體剛, 處於卦內, 又在三・四重陰之下, 而履不失中, 是不徇於外, 自任其眞者也. 處於幽昧, 而行不失信, 則聲聞于外, 爲同類之所應焉, 如鶴之鳴於幽遠, 則爲其子所和, 故曰"鳴鶴在陰, 其子和之"也. '我有好爵 吾與爾靡之'者, 靡, 散也.[1] 又无偏應, 是不私權利, 惟德是與. 若我有好爵, 吾願與爾賢者, 分散而共之, 故曰"我有好爵, 吾與爾靡之."

1) 靡 散也 : 程伊川과 朱子는 '靡'를 '縻'와 통하는 것으로 보아 '係慕' 혹은 '繫戀'으로 訓하였는바, 係慕는 마음이 거기에 매여 있어 잊지 못하고 사모하는 것이다. 이 訓釋에 따르면 '吾與爾靡之'는 "내 그대와 함께 나의 좋은 벼슬을 戀慕한다."로 해석되는데, 程伊川은 이에 대하여 "좋은 벼슬을 내(군주)가 가지고 있으면 저 賢者 또한 戀慕함은 좋은 벼슬을 좋아하는 뜻이 같기 때문이요, 마음속에 孚信이 있으면 물건이 應하지 않음이 없음은 정성이 같기 때문이다.〔好爵我有而彼亦係慕 說好爵之意同也 有孚於中 物无不應 誠同故也〕"라고 설명하였다.

한편 李光地는 ≪周易折中≫에서, "好爵은 맛있는 술을 이르고, 靡는 취함을 이른다.〔好爵 謂旨酒也 靡 謂醉也〕"라고 하여 經文을 "내 맛있는 술이 있어 내 그대와 함께 취한다."로 해석하였다.

正義曰 : 〔鳴鶴在陰 其子和之〕 九二가 體가 剛하면서 卦의 안에 처하고 또 六三과 六四의 거듭된 陰 아래에 있으나 밟고 있는 자리가 中을 잃지 않았으니, 이는 밖을 따르지 아니하여 스스로 그 진솔함에 맡기는 자이다. 어두운 곳에 처하였으나 행실이 믿음을 잃지 않으면 명성이 밖에 알려져서 同類들이 應하는 바가 되니, 鶴이 그윽하고 먼 곳에서 울면 새끼가 화답하는 것과 같다. 그러므로 "우는 鶴이 陰地에 있는데 그 새끼가 화답한다."라고 한 것이다.

〔我有好爵 吾與爾靡之〕 '靡'는 흩어줌이다. 〈九二는〉 또 치우친 應이 없으니, 이는 權利를 사사로이 하지 아니하여 오직 德이 있는 이에게 주는 것이다. 만약 내가 좋은 벼슬을 소유하였으면 내가 너 賢者들에게 나누어 흩어주어서 함께하기를 원한다. 그러므로 "내가 좋은 관작을 소유하여 내 너에게 흩어주겠다."라고 한 것이다.

象曰 其子和之는 中心願也라

〈象傳〉에 말하였다. "'그 새끼가 화답함'은 中心에 원하는 것이다."

【疏】 正義曰 : '中心願'者, 誠信之人, 願與同類相應, 得誠信而應之, 是中心願也.

正義曰 : 〔中心願〕 誠信한 사람은 同類와 서로 應하되 誠信함을 얻어 應하기를 원하니, 이는 中心에 원하는 것이다.

六三은 得敵하여 或鼓或罷하고 或泣或歌로다

六三은 敵을 얻어 혹은 북을 치고 혹은 罷하며, 혹은 울고 혹은 노래를 부르도다.

【注】三居少陰之上하고 四居長陰之下[1]하여 對而不相比하니 敵之謂也라 以陰居陽은 欲進者也니 欲進而閡敵故로 或鼓也요 四履正而承五하니 非己所克故로 或罷也라 不勝而退면 懼見侵陵故로 或泣也요 四履乎順하여 不與物校하여 退而不見害故로 或歌也라 不量其力하고 進退无恒이면 憊를 可知也라

1) 三居少陰之上 四居長陰之下 : 六三이 속해 있는 兌卦(☱)는 가족의 상징으로 보면 少女에 해당하고, 六四가 속해 있는 巽卦(☴)는 長女에 해당하므로 이렇게 말한 것이다.

六三은 少陰의 위에 거하고 六四는 長陰의 아래에 거하여 각각 應待(正應)가 있어서 서로 친하지 못하니, 이것을 '敵'이라 이른다. 陰으로서 陽의 자리에 거함은 나아가고자 하는 자이니, 나아가고자 하면서 敵을 꺼리므로 혹은 북을 치는 것이요, 六四가 正位를 밟고 九五를 받들고 있으니, 자기가 이길 수 있는 바가 아니므로 혹은 罷하는 것이다. 이기지 못하고 후퇴하면 적에게 침공과 능멸을 당할까 두려우므로 혹은 우는 것이요, 六四가 順을 밟고 있어서 남과 잘잘못을 따지지 아니하여 물러가도 해로움을 받지 않으므로 혹은 노래를 부르는 것이다. 자기 힘을 헤아리지 않고 나아가고 물러가기를 항상함이 없게 하면 피곤함을 알 수 있다.

【疏】正義曰 : 六三與四, 俱是陰爻, 相與爲類. 然三居少陰之上, 四居長陰之下, 各自有應對, 而不相比, 敵之謂也, 故曰"得敵." 欲進礙四, 恐其害己, 故或鼓而攻之, 而四履正承尊, 非己所勝, 故或罷而退敗也. 不勝而退, 懼見侵陵, 故或泣而憂悲也, 四履于順, 不與物校, 退不見害, 故或歌而歡樂也, 故曰"或鼓或罷, 或泣或歌"也.[1]

1) 六三與四……或泣或歌也 : 王弼과 孔穎達은 '敵'을 六四를 가리키는 것으로 보고, '或鼓或罷 或泣或歌'를 '六三이 六四와 대적하여 북을 치며 공격하나 이기지 못하고 후퇴해서 두려워 울기도 하고 해로움을 받지 않아 노래하기도 함'의 의미로 해석하였다.

반면 程伊川과 朱子는 '敵'을 上九를 가리키는 것으로 보았는바, ≪程傳≫은 다음과 같다. "敵은 對敵함이니, 서로 믿는 자를 이르는바, 正應인 上九가 이것이다. 六三과 六四가 모두 虛中으로 孚信을 이룬 주체가 되었으나 처한 바가 다르다. 六四는 제자리를 얻고 正에 거하였으므로 짝을 잃어 위를 따르고, 六三은 中하지 못하고 正을 잃었으므로 짝을 얻어 뜻을 매어둔다. 柔說의 자질로 이미 매여 있는 바가 있으니, 오직 믿는 바를 따라서 혹 북을 펼쳐놓고 치기도 하고 혹 그만두기도 하며 혹 슬피 울기도 하고 혹

노래하며 즐거워하기도 하니, 동하고 쉬며 근심하고 즐거워함이 모두 믿는 바에 매여 있는 것이다. 오직 믿는 바에 매여 있으므로 吉凶을 알지 못한다. 그러나 밝고 통달한 君子의 소행은 아니다.〔敵 對敵也 謂所交孚者 正應上九是也 三四皆以虛中爲成孚之主 然所處則異 四 得位居正 故亡匹以從上 三 不中失正 故得敵以累志 以柔說之質 旣有所係 唯所信是從 或鼓張 或罷廢 或悲泣 或歌樂 動息憂樂 皆係乎所信也 唯係所信 故未知吉凶 然非明達君子之所爲也〕"

正義曰 : 六三과 六四가 모두 陰爻로서 서로 더불어 同類가 된다. 그러나 六三은 少陰의 위에 거하고 六四는 長陰의 아래에 거하여 각각 저마다의 應對가 있어서 서로 친하지 못하니, 이것을 '敵'이라 이른다. 그러므로 "敵을 얻는다."라고 한 것이다.

나아가고자 하면 六四에게 막혀서 자기를 해칠까 두려우므로 혹은 북을 쳐 공격하나, 六四가 正位를 밟고 尊位을 반들어서 자기가 이길 수 있는 바가 아니므로 혹은 罷하고 후퇴하여 패하는 것이다. 이기지 못하고 물러가면 적에게 침공과 능멸을 당할까 두려우므로 혹 눈물을 흘려 근심하고 슬퍼하는 것이요, 六四가 順을 밟고 있어서 남과 잘잘못을 따지지 아니하여 후퇴하여도 해로움을 받지 않으므로 혹은 노래하여 즐거워하는 것이다. 그러므로 "혹은 북을 치고 혹은 罷하며 혹은 울고 혹은 노래를 부른다."라고 한 것이다.

象曰 或鼓或罷는 位不當也일새라

〈象傳〉에 말하였다. "'혹은 북을 치고 혹은 罷함'은 자리가 마땅하지 않기 때문이다."

【疏】 正義曰 : '位不當'者, 所以或鼓或罷, 進退无恒者, 止爲不當其位, 妄進故也.

正義曰 : 〔位不當〕 혹은 북을 치고 혹은 罷하여 나아가고 물러감이 항상함이 없는 까닭은 다만 자리에 마땅하지 못하여 망령되이 나아가기 때문이다.

六四는 月幾望이니 馬匹亡이라야 无咎리라

六四는 달이 거의 보름이 되었으니, 말이 짝을 잃어야 허물이 없으리라.

【注】 居中孚之時하여 處巽之始하고 應說之初하고 居正履順하여 以承於五하니 內毗元首하고

外宣德化者也라 充乎陰德之盛이라 故로 曰 月幾望이라하니라 馬匹亡者는 棄群類也라 若夫居盛德之位하여 而與物校其競爭이면 則失其所盛矣라 故로 曰 絶類而上하여 履正承尊하여 不與三爭이라야 乃得无咎也라하니라

中孚의 때에 거하여 巽의 시초(六四)에 처하고 기뻐하는(兌) 처음(初九)에 應하며 正位에 거하고 順함을 밟으면서 九五를 받드니, 안으로는 元首를 돕고 밖으로는 德化를 베푸는 자이다. 陰德의 盛함이 충만하므로 "달이 거의 보름이 되었다."라고 한 것이다.

'馬匹亡'은 여러 동류를 버리는 것이다. 만약 盛한 德의 지위에 거하여 남과 경쟁을 다투면 그 盛한 바를 잃는다. 그러므로 "무리를 끊고 올라가서 正位를 밟고 尊位를 받들어 六三과 다투지 않아야 비로소 허물이 없을 수 있다."고 말한 것이다.

【疏】 正義曰 : '月幾望'者, 六四居中孚之時, 處巽應說, 得位履順, 上承於五, 內毗元首, 外宣德化, 充乎陰德之盛, 如月之近望, 故曰"月幾望"也. '馬匹亡 无咎'者, 三與己敵, 進來攻己, 己若與三校戰, 則失其所盛, 故棄三之類, 如馬之亡匹, 上承其五, 不與三爭, 乃得无咎, 故曰"馬匹亡, 无咎"也.[1)]

1) 馬匹亡无咎者……无咎也 : '馬匹亡'을 王弼과 孔穎達은 '六四가 六三과 다투지 않고 九五를 받듦'의 의미로 보았는바, '匹'을 六三을 가리키는 말로 본 것이다.

반면 程伊川과 朱子는 '匹'을 初九를 가리키는 말로 보았는바, ≪程傳≫은 다음과 같다. "말〔馬〕은 가는 물건이니, 初九가 위로 六四에 應하고 六四 또한 나아가 九五를 따라 모두 위로 가기 때문에 말을 象으로 삼은 것이다. 孚信의 道는 專一함에 있으니, 六四가 이미 九五를 따르고 만약 다시 아래로 初六에 매여 있으면 專一하지 못하여 孚信을 해치니, 허물이 있음이 된다. 그러므로 말의 짝이 없어지면 허물이 없는 것이니, 위로 九五를 따르고 初六에 얽매이지 않으면 이는 그 짝을 잃는 것이다. 初六에 매여 있으면 나아가지 못하여 孚信의 功을 이루지 못한다.〔馬者 行物也 初上應四而四亦進從五 皆上行 故以馬爲象 孚道在一 四旣從五 若復下係於初 則不一而害於孚 爲有咎矣 故馬匹亡則无咎也 上從五而不係於初 是亡其匹也 係初則不進 不能成孚之功也〕"

正義曰 : 〔月幾望〕 六四가 中孚의 때에 거하여 巽에 처하고 기뻐함에 應하며 正位를 얻고 順을 밟고 있어서 위로 九五를 받들어 안으로는 元首를 돕고 밖으로는 德化를 베푸니, 陰德의 盛함이 충만하여 마치 달이 보름에 가까운 것과 같다. 그러므로 "달이 거의 보름이 되었다."라고 한 것이다.

〔馬匹亡 无咎〕 六三이 자기와 敵이 되어서 나아와 자기를 공격하니, 자기가 만약 六

三과 더불어 잘잘못을 따지고 싸우면 자기의 盛한 바를 잃는다. 그러므로 동류인 六三을 버리기를 말이 짝을 잃는 것과 같이 하여, 위로 九五를 받들고 六三과 다투지 않아야 비로소 허물이 없을 수 있다. 그러므로 "말이 짝을 잃어야 허물이 없으리라."라고 한 것이다.

象曰 馬匹亡은 絶類하여 上也라

〈象傳〉에 말하였다. "'말이 짝을 잃음'은 同類를 끊고 위로 올라가는 것이다."

【注】 類는 謂三이니 俱陰爻故로 曰 類也라

'類'는 六三을 이르니, 〈六三과 六四가〉 모두 陰爻이다. 그러므로 類(同類)라고 한 것이다.

【疏】 正義曰 : '絶類 上'者, 絶三之類, 不與(二)〔三〕[1]爭, 而上承於五也.

1) (二)〔三〕: 저본에는 '二'로 되어 있으나, 六四 爻辭의 注에 '不與三爭'이라고 한 것에 의거하여 '三'으로 바로잡았다.

正義曰 : 〔絶類 上〕 동류인 六三을 끊어 六三과 다투지 아니하여 위로 九五를 받드는 것이다.

九五는 有孚攣(련)如라야 无咎리라

九五는 孚信이 있어 매어두어야 허물이 없으리라.

【注】 攣如者는 繫其信之辭也라 處中誠以相交之時하여 居尊位以爲群物之主하니 信何可舍리오 故로 有孚攣如라야 乃得无咎也라

'攣如'는 孚信을 매어둔다는 말이다. 中心이 誠信하여 서로 사귀는 때에 처해서 높은 지위에 거하여 여러 물건의 주체가 되었으니, 誠信을 어찌 버릴 수 있겠는가. 그러므로 孚信이 있어 매어두어야 비로소 허물이 없을 수 있는 것이다.

【疏】 正義曰 : '有孚攣如 无咎'者, 攣如者, 相牽繫不絶之名也. 五在信時, 處於尊位,爲群物之主, 恒須以中誠交物, 孚信何可暫舍, 故曰"有孚攣如."[1)] 繫信不絶, 乃得无咎, 故曰"有孚攣如, 无咎"也.

1) 有孚攣如……故曰有孚攣如 : 程伊川은 '攣如'를 '잡아당기듯이 함〔如拘攣然〕'으로 訓하였는바, 《程傳》은 다음과 같다. "九五가 君位에 거하였으니, 人君의 도리는 마땅히 至誠으로 天下를 感通시켜 天下의 마음으로 하여금 굳게 맺어 믿게 하기를 잡아당기듯이 하면 허물이 없는 것이다. 人君의 孚信이 天下의 사람들로 하여금 굳게 믿게 하기를 이와 같이 하지 못한다면 億兆의 마음이 떠나지 않음을 어찌 보장하겠는가.〔五居君位 人君之道 當以至誠感通天下 使天下之心信之固結 如拘攣然 則爲无咎也 人君之孚 不能使天下固結如是 則億兆之心 安能保其不離乎〕"

正義曰 : 〔有孚攣如 无咎〕 '攣如'는 서로 끌고 매여 있어 끊어지지 않는 이름이다. 九五가 誠信의 때에 있으면서 높은 지위에 처하여 여러 물건의 주체가 되었으니, 항상 모름지기 中心의 誠信으로 물건(남)과 사귀어야 하니, 孚信을 어찌 잠시라도 버릴 수 있겠는가. 그러므로 "孚信이 있어 매어둔다."라고 한 것이다. 孚信을 매어두어 끊지 않아야 비로소 허물이 없을 수 있다. 그러므로 "孚信이 있어 매어두어야 허물이 없으리라."라고 한 것이다.

象曰 有孚攣如는 位正當也일새라

〈象傳〉에 말하였다. "'孚信이 있어 매어둠'은 자리가 바로 여기에 當했기 때문이다."

【疏】 正義曰 : '位正當'者, 以其正當尊位, 故戒以繫信, 乃得无咎. 若(眞)〔直〕[1)]以陽得正位, 而无有繫信, 則招有咎之嫌也.

1) (眞)〔直〕: 저본에는 '眞'으로 되어 있으나, 錢本·宋本에 의거하여 '直'으로 바로잡았다.(阮元의 〈校勘記〉 참조)

正義曰 : 〔位正當〕 바로 높은 자리에 당했기 때문에 '孚信을 매어두어야 비로소 허물이 없을 수 있다.'고 경계한 것이다. 만약 단지 陽으로서 正位를 얻기만 하고 孚信을 매어둠이 없다면 허물이 있는 혐의를 초래할 것이다.

上九는 翰音登于天이니 貞凶하니라

上九는 날아가는 소리가 하늘에 오르니, 正道가 흉하다.

【注】翰은 高飛也니 飛音者는 音飛而實不從之謂也라 居卦之上하고 處信之終하니 信終則衰하여 忠篤內喪하고 華美外揚이라 故로 曰 翰音登于天也라하니라 翰音登天이면 正亦滅矣라

'翰'은 높이 날아가는 것이니, 날아가는 소리는 소리만 날고 실제가 따르지 않음을 말한 것이다. 卦의 위에 거하고 信의 끝에 처하였으니, 信이 끝나면 쇠하여 忠信과 독실함을 안에서 잃고 화려함과 아름다움을 밖에서 드날린다. 그러므로 "날아가는 소리가 하늘로 올라간다."라고 말한 것이다. 날아가는 소리가 하늘로 올라가면 正道가 또한 滅한다.

【疏】正義曰 : 翰, 高飛也, 飛音者, 音飛而實不從之謂也. 上九處信之終, 信終則衰也. 信衰則詐起, 而忠篤內喪, 華美外揚, 若鳥(於)〔之〕[1]翰音登于天, 虛聲遠聞也, 故曰"翰音登于天." 虛聲无實, 正之凶也, 故曰"貞凶."[2]

1) (於)〔之〕: 저본에는 '於'로 되어 있으나, 錢本·宋本에 의거하여 '之'로 바로잡았다.(阮元의 〈校勘記〉 참조)

2) 虛聲无實……故曰貞凶 : 程伊川은 '貞凶'을 '貞固하여 흉함'으로 해석하였는데, 즉 上九가 위로 나아감에 성실하여 이를 貞固히 지키고 변통할 줄 모르면 흉하다고 본 것이다.
반면 朱子는 '貞凶'을 '貞하더라도 흉함'으로 보았으며, '翰音'을 ≪禮記≫ 〈曲禮〉를 따라 '닭'으로 풀이하였는바, ≪本義≫는 다음과 같다. "信의 極에 거하여 변통할 줄을 모르니, 비록 貞을 얻더라도 흉한 道이다. 그러므로 그 象과 占이 이와 같은 것이다. 닭을 翰音이라고 하니 닭은 바로 巽의 象이요, 巽의 極에 처하였으니 하늘에 오름이 된다. 닭은 하늘에 오르는 물건이 아닌데 하늘에 오르고자 하니, 믿을 바가 아닌 것을 믿어 변통할 줄을 모름이 또한 이와 같은 것이다.〔居信之極而不知變 雖得其貞 亦凶道也 故其象占如此 鷄曰翰音 乃巽之象 居巽之極 爲登于天 鷄非登天之物 而欲登天 信非所信而不知變 亦猶是也〕"

正義曰 : '翰'은 높이 나는 것이니, 나는 소리는 소리만 날고 실제가 따르지 않음을 이른다. 上九가 信의 끝에 처하였으니, 信이 끝나면 쇠한다. 信이 쇠하면 속임수가 일어나서 忠信과 독실함을 안에서 잃고 화려함과 아름다움을 밖에서 드날리니, 마치 새의 나는 소리가 하늘로 올라가서 빈 소리가 멀리 들리는 것과 같다. 그러므로 "날아가는 소리가 하늘에 오른다."라고 한 것이다.

빈 소리여서 실제가 없음은 正道가 凶한 것이다. 그러므로 "正道가 흉하다."라고 한 것

이다.

象曰 翰音登于天하니 **何可長也**리오

〈象傳〉에 말하였다. "날아가는 소리가 하늘에 올라가니, 어찌 長久할 수 있겠는가."

【疏】 正義曰 : '何可長也'者, 虛聲无實, 何可久長.

正義曰 : 〔何可長也〕 빈 소리여서 실제가 없으니, 어찌 長久할 수 있겠는가.

62. 小過䷽ 艮下震上

小過는 **亨**하고 **利貞**하니 **可小事**요 **不可大事**라 **飛鳥遺之音**에 **不宜上**이요 **宜下**니 **大吉**하리라

小過는 형통하고 貞함이 이로우니, 작은 일은 可하고 큰 일은 不可하다. 나는 새가 〈슬피 울어〉 음성을 잃음에 위로 올라가서는 안 되고 아래로 내려와야 하니, 〈내려오면〉 크게 吉하리라.

【注】 飛鳥遺其音聲하여 哀以求處에 上愈无所適이요 下則得安이니 愈上則愈窮은 莫若飛鳥也라

나는 새가 〈슬피 울어〉 그 음성을 잃고서 슬퍼하며 거처를 구할 적에 위로 올라가면 더욱 갈 곳이 없고 내려오면 편안함을 얻으니, 더욱 올라가면 더욱 곤궁함은 나는 새보다 더한 것이 있지 않다.

【疏】 '小過亨'至'大吉' ○ 正義曰 : '小過 亨'者, 小過, 卦名也. 王於大過卦下注云"音相過之過", 恐人作罪過之義, 故以音之, 然則小過之義, 亦與彼同也. 過之小事, 謂之小過, 卽行過乎恭, 喪過乎哀之謂, 是也. 褚氏云"謂小人之行, 小有過差, 君子爲過厚之行以矯之也, 如晏子狐裘之比也."[1] 此因小人有過差, 故君子爲過厚之行, 非卽以過差釋卦名. 彖曰"小過, 小者過而亨", 言因過得亨, 明非罪過, 故王於大過音之, 明雖義兼罪過得名, (上)〔止〕[2]在君子, 爲過行也. 而周氏等不悟此理, 兼以罪過釋卦名, 失之遠矣. 過爲小事, 道乃可通, 故曰"小過, 亨"也.

1) 如晏子狐裘之比也 : 晏子는 춘추시대 齊나라의 어진 재상 晏嬰을 가리킨다. 晏嬰은 지나치게 節儉하기로 유명하였는바, ≪禮記≫ 〈檀弓 下〉에 "晏子는 30년 동안 한 벌의 여우 갖옷을 입었다.〔晏子一狐裘三十年〕"라고 한 有若의 말이 보인다.

2) (上)〔止〕 : 저본에는 '上'으로 되어 있으나, 錢本・宋本에 의거하여 '止'로 바로잡았다.

(阮元의 〈校勘記〉 참조)

經의 〔小過亨〕에서 〔大吉〕까지

○ 正義曰 : 〔小過 亨〕 '小過'는 卦의 이름이다. 王輔嗣(王弼)는 大過卦 아래의 注에 "〈'過'는〉 음이 相過(서로 過越함)의 過이다."라고 하였으니, 사람들이 죄와 허물〔罪過〕의 뜻으로 볼까 염려하였으므로 음을 단 것인바, 그렇다면 小過卦의 뜻도 저 大過卦와 같은 것이다.

작은 일에 지나침을 '小過'라 하니, 바로 〈《象傳》에서〉 "행실은 공손함을 지나치게 하고 초상은 슬픔을 지나치게 한다."라고 한 것이 이것이다. 褚氏(褚仲都)는 "小人의 행실에 조금 過差(잘못)가 있으면 君子가 지나치게〔過〕 후한 행실을 하여 바로잡는 것이니, 晏子가 여우 갖옷을 입었다는 비유와 같은 것이다."라고 하였다. 이는 소인에게 過差가 있기 때문에 군자가 지나치게 후한 행실을 하는 것이요, 곧바로 過差를 가지고 卦의 이름을 해석한 것이 아니다. 〈彖傳〉에 "'小過'는 작은 것이 지나쳐 형통하다."라고 하였으니, 지나침을 인하여 형통함을 얻음을 말하여 罪過가 아님을 밝혔다. 그러므로 王輔嗣가 大過卦에 음을 달아서 過의 뜻이 비록 罪過를 겸하여 이름을 얻었으나 다만 군자에 있어서 지나친 행실이 됨을 밝힌 것이다. 그런데 周氏(周宏正) 등은 이러한 이치를 깨닫지 못하고 罪過의 뜻을 겸하여 卦의 이름을 해석하였으니, 크게 잘못되었다. 작은 일을 지나치게 행하면 道가 비로소 통할 수 있다. 그러므로 "小過는 형통하다."라고 한 것이다.

【疏】 '利貞'者, 矯世勵俗, 利在歸正, 故曰"利貞"也.[1] '可小事 不可大事'者, 時也, 小有過差, 惟可矯以小事, 不可正以大事, 故曰"可小事, 不可大事"也. '飛鳥遺之音 不宜上宜下 大吉'者, 借喩以明過厚之行, 有吉有凶. 飛鳥遺其音聲, 哀以求處, 過上則愈无所適, 過下則不失其安, 以譬君子處過差之時, 爲過厚之行, 順而(立)〔止〕[2]之則吉, 逆而忤鱗則凶,[3] 故曰"飛鳥遺之音, 不宜上, 宜下, 大吉." 順則執卑守下, 逆則犯君陵上, 故以臣之逆順, 類鳥之上下也.

1) 利貞者……故曰利貞也 : '利貞'을 王弼과 孔穎達, 程伊川은 '세속을 바로잡되 때의 마땅함〔時宜〕을 잃지 않음'으로 해석하였는바, 利貞과 時宜를 연결시키는 王弼과 孔穎達의 설명은 아래 〈彖傳〉의 '過以利貞 與時行也'에 대한 注疏에 보인다.

반면 朱子는 小過의 뜻을 설명하고 '利貞'을 '正道를 지킴이 이로움'으로 해석하였는바, 《本義》는 다음과 같다. "小는 陰을 이른다. 卦됨이 네 陰이 밖에 있고 두 陽이 안에 있어서 陰이 陽보다 많으니, 작은 것이 過한 것이다. 이미 陽보다 過하면 亨通할 수 있으나 반드시 貞을 지킴이 이로우니, 또 경계하지 않을 수 없는 것이다.〔小謂陰也 爲卦四陰在外 二陽在內 陰多於陽 小者過也 旣過於陽 可以亨矣 然必利於守貞 則又不可以不戒也〕"

2) (立)〔止〕: 저본에는 '立'으로 되어 있으나, 錢本·宋本에 의거하여 '止'로 바로잡았다. (阮元의 〈校勘記〉 참조)

3) 逆而忤鱗則凶 : '忤鱗'은 '逆鱗'과 같은바, 신하가 군주의 노여움을 범함을 이른다. ≪韓非子≫ 〈說難〉에 "용의 턱 아래에 거꾸로 난 비늘〔逆鱗〕이 있는데 이것을 건드리면 용이 크게 노한다."라고 하였다.

〔利貞〕 세상을 바로잡아 풍속을 장려함은 이로움이 바름으로 돌아감에 있다. 그러므로 "貞함이 이롭다."라고 한 것이다.

〔可小事 不可大事〕 이때는 조금 過差가 있으면 오직 작은 일로써 바로잡아야 하고 큰 일로써 바로잡아서는 안 된다. 그러므로 "작은 일은 可하고 큰 일은 不可하다."라고 한 것이다.

〔飛鳥遺之音 不宜上 宜下 大吉〕 비유를 빌려서 지나치게 후한 행실에 吉함이 있고 흉함이 있음을 밝힌 것이다. 나는 새가 〈슬피 울어〉 그 음성을 잃고서 슬퍼하며 거처를 구할 적에 지나치게 올라가면 더욱 갈 곳이 없고 지나치게 내려오면 그 편안함을 잃지 않으니, 이로써 君子가 過差의 때에 처해서 지나치게 후한 행실을 하여 順히 그치면 吉하고 거슬러 비늘을 건드리면 흉함을 비유하였다. 그러므로 "나는 새가 〈슬피 울어〉 음성을 잃음에 위로 올라가서는 안 되고 아래로 내려와야 하니, 〈내려오면〉 크게 吉하다."라고 한 것이다. 順하면 낮춤을 잡아 아래를 지키고, 거스르면 군주를 犯하고 윗사람을 능멸한다. 그러므로 신하의 逆順이 새의 올라가고 내려옴과 같다고 한 것이다.

【疏】 ○ 注'飛鳥'至'求處' ○ 正義曰 : '飛鳥遺其音聲 哀以求處'者, 遺, 失也. 鳥之失聲, 必是窮迫, 未得安處. 論語曰"鳥之將死, 其鳴也哀".[1] 故知遺音卽哀聲也.

1) 論語曰……其鳴也哀 : ≪論語≫ 〈泰伯〉에 보이는 曾子의 말이다.

○ 注의 〔飛鳥〕에서 〔求處〕까지

○ 正義曰 : 〔飛鳥遺其音聲 哀以求處〕 '遺'는 잃음이다. 새가 〈슬피 울어〉 그 음성을 잃음은 반드시 窮迫하여 편안한 거처를 얻지 못한 것이다. ≪論語≫에 "새가 장차 죽을 적에 그 울음소리가 슬프다."라고 하였으니, 그러므로 '遺音'이 바로 '슬픈 소리'임을 알 수 있는 것이다.

彖曰 小過는 小者過而亨也니

〈彖傳〉에 말하였다.

"小過는 작은 일이 지나쳐 형통한 것이니,

【注】 小者는 謂凡諸小事也니 過於小事而通者也라

'小'는 모든 여러 가지 작은 일을 이르니, 작은 일에 지나쳐 통하는 것이다.

【疏】 正義曰 : 此釋小過之名也. 幷明小過有亨德之義, 過行小事, 謂之小過, 順時矯俗, 雖過而通, 故曰"小者過而亨也."

正義曰 : 이는 小過의 이름을 해석한 것이다. 小過에 亨德의 뜻이 있음을 아울러 밝혔으니, 작은 일을 지나치게 행함을 일러 '小過'라 하니, 때를 順히 하여 풍속을 바로잡음은 비록 지나치더라도 통한다. 그러므로 "작은 일이 지나쳐 형통하다."라고 한 것이다.

過以利貞은 與時行也라

지나치되 貞함이 이로움은 때와 더불어 행하는 것이다.

【注】 過而得以利貞은 應時宜也니 施過於恭儉은 利貞者也라

지나치되 貞함이 이로움을 얻음은 때의 마땅함에 應한 것이니, 지나침을 공손과 검소함에 베풂은 貞함이 이로운 것이다.

【疏】 正義曰 : 此釋利貞之德, 由爲過行而得利貞. 然矯枉過正, 應時所宜, 不可常也, 故曰"與時行也."

正義曰 : 이는 利貞의 德이 지나치게 행함으로 말미암아 利貞을 얻은 것임을 해석한 것이다. 그러나 굽은 것을 바로잡아 바름을 지나치게 함은 때의 마땅한 바에 應해야 하고 항상 해서는 안 된다. 그러므로 "때와 더불어 행한다."라고 한 것이다.

柔得中이라 是以小事吉也요 剛失位而不中이라 是以不可大事也니라

柔가 中을 얻었기 때문에 작은 일이 吉한 것이요, 剛이 正位를 잃고 中하지 못하

기 때문에 큰 일을 해서는 안 되는 것이다.

【注】 成大事者는 必在剛也니 柔而浸大는 剝之道也[1]라

1) 柔而浸大 剝之道也 : 剝卦(䷖)는 陰이 자라나 점점 커져서 陽을 모두 깎아 없앰을 상징한다.

큰 일을 이루는 자는 반드시 剛에 있으니, 柔가 점점 커짐은 剝卦의 道이다.

【疏】 正義曰 : 此就六二·六五以柔居中, 九四失位不中, 九三得位不中, 釋可小事不可大事之義. 柔順之人, 惟能行小事, 柔而得中, 是行小中時, 故曰"小事吉也." 剛健之人, 乃能行大事, 失位不中, 是行大不中時, 故曰"不可大事也."

正義曰 : 이는 六二와 六五가 柔로서 中에 있고 九四가 正位를 잃고 中하지 못하고 九三이 正位를 얻었으나 中하지 못함을 가지고 '可小事 不可大事'의 뜻을 해석한 것이다.

柔順한 사람은 오직 작은 일을 행할 수 있으니, 柔로서 中을 얻음은 이는 작은 일을 행하여 때에 알맞게 하는 것이다. 그러므로 "작은 일이 吉하다."라고 한 것이다.

剛健한 사람이어야 비로소 큰 일을 행할 수 있으니, 正位를 잃고 中하지 못함은 이는 큰 일을 행함이 때에 알맞지 못한 것이다. 그러므로 "큰 일을 해서는 안 된다."라고 한 것이다.

有飛鳥之象焉이니라

나는 새의 象이 있다.

【注】 不宜上宜下는 卽飛鳥之象이라

올라가서는 안 되고 내려와야 함은 바로 나는 새의 象이다.

【疏】 正義曰 : 釋不取餘物爲況, 惟取飛鳥者, 以不宜上宜下, 有飛鳥之象故也.[1]

1) 釋不取餘物爲況……有飛鳥之象故也 : 程伊川은 '有飛鳥之象焉'의 일곱 字를 經文을 해석하는 자의 글이 잘못 들어간 것으로 보았는바, ≪程傳≫은 다음과 같다. "'有飛鳥之象焉'이란 한 句는 〈彖傳〉의 문체와 유사하지 않으니, 아마도 해석하는 자의 말이 잘못 〈彖傳〉의 내용 가운데로 들어간 듯하다.〔有飛鳥之象焉此一句 不類彖體 蓋解者之辭 誤

入彖中〕"

正義曰 : 다른 물건을 취하여 비유로 삼지 않고 오직 나는 새를 취한 까닭은 올라가서는 안 되고 내려와야 함에 나는 새의 象이 있기 때문임을 해석한 것이다.

飛鳥遺之音에 不宜上이요 宜下니 大吉은 上逆而下順也일새라

'나는 새가 〈슬피 울어〉 그 음성을 잃음에 올라가서는 안 되고 내려와야 하니, 〈내려오면〉 크게 吉함'은 위로 올라가면 거스르고 아래로 내려오면 순하기 때문이다."

【注】 上則乘剛하니 逆也요 下則承陽하니 順也라 施過於不順이면 凶莫大焉이요 施過於順이면 過更變而爲吉也라

올라가면 剛을 타니 이는 거스르는 것이고, 내려오면 陽을 받드니 이는 순함이다. 지나침을 不順함에 베풀면 흉함이 이보다 더 큰 것이 없고, 지나침을 순함에 베풀면 허물을 고쳐 吉함이 되는 것이다.

【疏】 正義曰 : 此就六五乘九四之剛, 六二承九三之陽, 釋所以不宜上宜下大吉之義也. 上則乘剛而逆, 下則承陽而順, 故曰"不宜上, 宜下, 大吉, 以上逆而下順也."

正義曰 : 이는 六五가 九四의 剛을 탐과 六二가 九三의 陽을 받듦을 가지고 '위로 올라가서는 안 되고 아래로 내려와야 하니, 〈내려오면〉 크게 吉함'의 뜻을 해석한 것이다. 위로 올라가면 剛을 타서 거스르고 내려오면 陽을 받들어 순종한다. 그러므로 "'올라가서는 안 되고 내려와야 하니, 내려오면 크게 吉함'은 위로 올라가면 거스르고 아래로 내려오면 순하기 때문이다."라고 한 것이다.

象曰 山上有雷 小過니 君子以行過乎恭하고 喪過乎哀하고 用過乎儉하나니라

〈象傳〉에 말하였다. "산 위에 우레가 있는 것이 小過卦이니, 君子가 보고서 행실은 공손함을 지나치게 하고 초상은 슬픔을 지나치게 하고 씀은 검소함을 지나치게 한다."

【疏】 正義曰：雷之所出，不出於地，今出山上，過其本所，故曰"小過." 小人過差，失在慢易奢侈，故君子矯之，以行過乎恭，喪過乎哀，用過乎儉也.

正義曰：우레가 나오는 곳은 땅에서 나오지 않는데 지금 산 위에서 나오니, 본래의 장소를 지나쳤다. 그러므로 "小過"라고 한 것이다.

小人의 過差는 잘못이 함부로 하고 사치함에 있다. 그러므로 君子가 이것을 바로잡되 '행실은 공손함을 지나치게 하고 초상은 슬픔을 지나치게 하고 씀은 검소함을 지나치게 함'으로 하는 것이다.

初六은 飛鳥以凶이로다

初六은 나는 새가 凶하도다.

【注】 小過는 上逆下順이어늘 而應在上卦하여 進而之逆이면 无所錯(조)足하니 飛鳥之凶也라

小過는 위로 올라가면 거스르고 아래로 내려오면 순한데 應이 上卦에 있어서 나아가 거스름으로 가면 발을 둘 곳이 없으니, 나는 새가 凶한 것이다.

【疏】 正義曰：小過之義，上逆下順，而初應在上卦，進而之逆，同於飛鳥，无所錯足，故曰"飛鳥以凶"也.[1]

1) 小過之義……故曰飛鳥以凶也：'飛鳥以凶'을 王弼과 孔穎達은 '나는 새의 흉함'으로 해석하였으나, 程伊川과 朱子는 '初六이 나는 새처럼 빨라 흉함'으로 해석하였는바, ≪程傳≫은 다음과 같다. "初六은 陰柔가 아래에 있으니 小人의 象이요, 또 위로 九四에 應하니, 九四는 다시 動하는 體이다. 소인은 성질이 조급하고 함부로 하며 위에 應助가 있으니, 過하게 해야 할 경우에 반드시 너무 過함에 이른다. 하물며 過하게 해서는 안 될 경우에 過함에 있어서랴. 그 지나침이 나는 새처럼 빠르니, 이 때문에 흉한 것이다. 〔初六陰柔在下 小人之象 又上應於四 四復動體 小人躁易而上有應助 於所當過 必至過甚 況不當過而過乎 其過如飛鳥之迅疾 所以凶也〕"

正義曰：小過의 뜻은 위로 올라가면 거스르고 아래로 내려오면 순한데 初六의 應이 上卦에 있어서 나아가 거스름으로 가면 나는 새와 같아서 발을 둘 곳이 없다. 그러므로 "나는 새가 凶하다."라고 한 것이다.

象曰 飛鳥以凶은 **不可如何也**라

〈象傳〉에 말하였다. "'나는 새가 凶함'은 어쩔 수 없는 것이다."

【疏】 正義曰 : '不可如何也'者, 進而之逆, 孰知不可. 自取凶咎, 欲如何乎.

正義曰 : 〔不可如何也〕 나아가서 거스름으로 가면 누가 불가함을 알겠는가. 스스로 흉함과 허물을 취하니, 어찌하고자 하는가.

六二는 **過其祖**하여 **遇其妣**니 **不及其君**하고 **遇其臣**하여 **无咎**리라

六二는 할아버지를 지나 어머니를 만나니, 임금에 미치지 않고 신하를 만나서 허물이 없으리라.

【注】 過而得之를 謂之遇니 在小過而當位는 過而得之之謂也라 祖는 始也니 謂初也요 妣者는 居內하여 履中而正者也라 過初而履二位라 故로 曰 過其祖而遇其妣라하니라 過而不至於僭하여 盡於臣位而已라 故로 曰 不及其君하고 遇其臣하여 无咎라하니라

지나가다가 얻어 보는 것을 '遇'라 하니, 小過에 있으면서 자리에 마땅함은 지나가다가 얻어 봄을 이르는 것이다. 할아버지는 시작이니 初六을 이르고, 어머니는 안에 거하여 中을 밟고 바른 자이다. 初六을 지나 二位를 밟고 있다. 그러므로 "할아버지를 지나 어머니를 만났다."라고 한 것이다. 지나쳐도 참람함에 이르지 아니하여 신하의 지위를 다할 뿐이다. 그러므로 "임금에 미치지 않고 신하를 만나서 허물이 없으리라."라고 한 것이다.

【疏】 正義曰 : 過而得之, 謂之遇, 六二在小過而當位, 是過而得之也. 祖, 始也, 謂初也, 妣者, 母之稱. 六二居內, 履中而正, 固謂之妣. 已過於初, 故曰"過其祖"也.[1] 履得中正, 故曰"遇其妣"也. 過不至於僭, 盡於臣位而已, 故曰"不及其君, 遇其臣, 无咎."

1) 過而得之……故曰過其祖也 : 王弼과 孔穎達은 '祖'를 初六을 가리키는 것으로, '妣'를 六二를 가리키는 것으로, '遇'를 만나봄으로 보아, 六二가 初九를 지났으므로 '過其祖'라 하고 六二가 中正을 얻었으므로 '遇其妣'라 한 것이라고 해석하였다.

반면 程伊川은 九三은 父를, 九四는 祖를, 六五는 祖妣를 가리키며, '遇'는 '마땅함에 적합하게 함'으로 풀이하였는데, 王弼과 孔穎達도 六四 爻辭의 '弗過 遇之'의 '遇'는 '마땅함에 적합하게 함'으로 풀이하였다.≪程傳≫은 다음과 같다. "陽이 위에 있는 것은 아

버지의 象이요 아버지보다 높은 것은 할아버지의 象이니, 九四가 九三 위에 있기 때문에 祖라 한 것이다. 六二는 六五와 서로 應하는 자리에 거하여 함께 柔中의 德이 있으니, 뜻이 九三과 九四를 따르지 않는다. 그러므로 九四를 지나가 六五를 만나니, 이는 할아버지를 지나간 것이다. 六五는 陰으로서 높으니 祖妣의 象이다. 〈六五는〉 六二와 德이 같아 서로 應하니, 다른 卦에 있으면 陰陽이 서로 구하나 過의 때에는 반드시 그 보통을 넘는다. 그러므로 다른 것이니, 過하지 않은 바가 없으므로 六二가 六五를 따름에도 그 過함을 경계한 것이다. '不及其君 遇其臣'은 위로 나아가되 능멸하여 君主에게 미치지 않고 신하의 道에 맞게 하면 허물이 없는 것이니, 遇는 맞게 하는 것이다. 신하의 분수를 넘으면 허물이 있음을 알 수 있다.〔陽之在上者 父之象 尊於父者 祖之象 四在三上 故爲祖 二與五居相應之地 同有柔中之德 志不從於三四 故過四而遇五 是過其祖也 五陰而尊 祖妣之象 與二同德相應 在它卦則陰陽相求 過之時 必過其常 故異也 无所不過 故二從五 亦戒其過 不及其君 遇其臣 謂上進而不陵及於君 適當臣道 則无咎也 遇 當也 過臣之分 則其咎可知〕"

한편 朱子는 '遇'를 만나는 것으로 보았는바, ≪本義≫는 다음과 같다. "六二가 柔順中正으로 나아가면 九三과 九四를 지나가 六五를 만나니, 이는 陽을 지나 도리어 陰을 만나는 것이다. 이와 같이 하면 六五에 미치지 않고 스스로 그 분수를 얻는 것이니, 이는 군주에 미치지 않고 마침 그 신하를 만나는 것이다. 모두 過하되 너무 過하게 하지 아니하여 正을 지키고 中을 얻은 뜻이니, 无咎의 道이다. 그러므로 그 象과 占이 이와 같은 것이다.〔六二柔順中正 進則過三四而遇六五 是過陽而反遇陰也 如此則不及六五而自得其分 是不及君而適遇其臣也 皆過而不過守正得中之意 无咎之道也 故其象占如此〕"

正義曰 : 지나가다가 얻어 보는 것을 '遇'라 하니, 六二가 小過에 있으면서 자리에 마땅하니, 이는 지나가다가 얻어 보는 것이다. 할아버지는 시작이니 初六을 이르고, '妣'는 어머니의 칭호이다. 六二가 안에 있으면서 中을 밟고 바르니, 진실로 '어머니'라 이를 수 있다. 이미 初六을 지났으므로 "할아버지를 지났다."라고 하였고, 밟음이 中正을 얻었으므로 "어머니를 만났다."라고 한 것이다.

지나쳐도 참람함에 이르지 아니하여 신하의 지위를 다할 뿐이다. 그러므로 "임금에 미치지 않고 신하를 만나서 허물이 없으리라."라고 한 것이다.

象曰 不及其君은 臣不可過也라

〈象傳〉에 말하였다. "'임금에 미치지 않음'은 신하는 지나쳐서는 안 되는 것이다."

【疏】 正義曰 : '臣不可過'者, 臣不可自過其位也.

正義曰：〔臣不可過〕 신하는 스스로 자기 지위를 지나쳐서는 안 되는 것이다.

九三은 弗過防之하고 從或戕(장)之리니 凶하니라

九三은 지나치게 방비하지 않고 따르면 혹 해칠 것이니, 凶하다.

【注】 小過之世에는 大者不立이라 故로 令小者得過也라 居下體之上하여 以陽當位로되 而不能先過防之하여 至令小者或過하고 而復(부)應而從焉하니 其從之也면 則戕之凶이 至矣라 故로 曰 弗過防之하고 從或戕之리니 凶也라하니라

小過의 세상에서는 큰 것이 확립되지 못한다. 그러므로 작은 것으로 하여금 지나치게 할 수 있는 것이다. 下體의 위에 거하여 陽으로서 자리에 마땅하나, 미리 지나치게 방비하지 못하여 작은 것(小人)으로 하여금 혹 지나치게 하고 다시 작은 것에 應하여 따름에 이르니, 따르면 해침의 凶함이 이른다. 그러므로 "지나치게 방비하지 않고 따르면 혹 해칠 것이니, 흉하다."라고 한 것이다.

【疏】 正義曰：'弗過防之'者, 小過之世, 大者不能立德, 故令小者得過. 九三居下體之上, 以陽當位, 不能先過爲防, 至令小者或過. 上六小人最居高顯, 而復應而從焉, 其從之也, 則有殘害之凶至矣, 故曰"弗過防之." '從或戕之 凶'者, 春秋傳曰"在內曰弒, 在外曰戕."[1] 然則戕者, 皆[2]殺害之謂也. 言或者, 不必之辭也, 謂爲此行者, 有幸而免也.[3]

1) 春秋傳曰……在外曰戕：≪春秋左氏傳≫ 宣公 18년조에 "內國人이 자기의 임금을 살해하는 것을 '弒'라 하고, 外國人이 그 나라로 와서 임금을 살해하는 것을 '戕'이라 한다. 〔自虐其君曰弒 自外曰戕〕"라고 보인다.

2) 者 皆：阮元의 〈校勘記〉에, "盧文弨가 말하기를 '「皆」가 衍文이거나 그렇지 않으면 「者」자가 「弒」가 되어야 한다.'라고 하였다."고 하였다. '皆'는 글 뜻이 되지 않아 번역하지 않았음을 밝혀둔다.

3) 從或戕之……有幸而免也：'從或戕之 凶'을 王弼과 孔穎達은 '九三이 正應이자 小人인 上六을 따르면 흉함'으로 보았으나, 程伊川은 上六을 가리키는 것으로 보지 않고 '小人을 지나치게 막지 않으면 小人이 따라서 해침'으로 보았으며, 九三이 陽爻로서 陽의 자리에 있어 重剛이므로 지나치게 剛함 또한 경계해야 하는 것으로 해석하였는바, ≪程傳≫은 다음과 같다. "小過는 陰이 過하고 陽이 지위를 잃은 때이니, 九三이 홀로 正에 거했으나 아래에 있어 일을 할 수 없고, 陰에게 시기와 미움을 받는다. 그러므로 마땅히

過하게 하여야 할 것이 있으니, 小人을 지나치게 방비함에 있는 것이다. 만약 지나치게 방비하지 않으면 혹 따라서 해칠 것이니, 이와 같으면 흉하다.〔小過 陰過陽失位之時 三獨居正 然在下 无所能爲 而爲陰所忌惡(오) 故有當過者 在過防於小人 若弗過防之 則或從而戕害之矣 如是則凶也〕" ≪程傳≫대로 해석할 경우 經文을 "九三은 지나치게 방비하지 않으면 따라서 혹 해친다. 그래서 흉할 것이다."로 해석해야 할 것이다.

한편 朱子는 九三이 자신의 剛함을 스스로 믿어 지나치게 방비하려 하지 않으므로 이와 같이 경계한 것으로 보았는바, ≪本義≫는 다음과 같다. "小過의 때에는 일을 언제나 過하게 하여야 하니, 그런 뒤에야 中을 얻는다. 九三은 剛으로 正位에 거하여 여러 陰이 해치고자 하는 대상이나 스스로 剛함을 믿어서 지나치게 방비하려고 하지 않는다. 그러므로 그 象과 占이 이와 같은 것이니, 점치는 자가 지나치게 방비하면 이를 면할 것이다.〔小過之時 事每當過 然後得中 九三以剛居正 衆陰所欲害者也 而自恃其剛 不肯過爲之備 故其象占如此 若占者能過防之 則可以免矣〕"

正義曰：〔弗過防之〕 小過의 세상에서는 큰 것이 德을 세우지 못한다. 그러므로 작은 것으로 하여금 지나치게 할 수 있는 것이다. 九三이 下體의 위에 거하여 陽으로서 자리에 마땅하나, 미리 지나치게 방비하지 못하여 작은 것으로 하여금 혹 지나치게 함에 이른다. 上六이 小人으로서 가장 높고 현달한 지위에 있는데 다시 應하여 따르니, 그를 따르면 殘害의 凶함이 이른다. 그러므로 "지나치게 방비하지 않는다."라고 한 것이다.

〔從或戕之 凶〕 ≪春秋左氏傳≫에 "안에 있는 것을 '弑'라 하고, 밖에 있는 것을 '戕'이라 한다."라고 하였으니, 그렇다면 '戕'은 살해함을 이른다. '或'이라고 말한 것은 '반드시'가 아니라는 말이니, 이런 행실을 하는 자가 요행으로 면할 수 있음을 말한 것이다.

象曰 從或戕之니 凶如何也오

〈象傳〉에 말하였다. "혹 해칠 것이니, 凶함을 어찌하겠는가."

【疏】 正義曰：'凶如何'者, 從於小人, 果致凶禍, 將如何乎. 言不可如何也.[1]

1) 凶如何者……言不可如何也：'凶如何'를 孔穎達은 '흉함을 어찌할 수 없음'으로 해석하였으나, 程伊川은 '흉함이 어떠한가'로 해석하여, 흉함이 심함을 말한 것으로 보았는바, ≪程傳≫은 다음과 같다. "陰이 過할 때에는 반드시 陽을 해치고, 小人의 道가 성하면 반드시 君子를 해치니, 마땅히 지나치게 방비하여야 하니, 방비함이 지극하지 않으면 해침을 당한다. 그러므로 '흉함이 어떠한가' 하였으니, 심함을 말한 것이다.〔陰過之時 必害於陽 小人道盛 必害君子 當過爲之防 防之不至 則爲其所戕矣 故曰凶如何也 言其甚也〕"

正義曰：〔凶如何〕 小人을 따르면 과연 凶한 禍를 부르니, 장차 어찌하겠는가. 어찌할 수 없음을 말한 것이다.

九四는 无咎하니 弗過하여 遇之하고 往厲必戒니 勿用永貞이니라

九四는 허물이 없으니, 지나치지 않아서 〈허물 없음에〉 적합하고, 가면 위태로워 반드시 경계하니, 永貞(바름을 길게 행함)에 쓰지 말아야 한다.

【注】 雖體陽爻나 而不居其位하여 不爲責主라 故로 得无咎也라 失位在下하여 不能過者也니 以其不能過故로 得合於免咎之宜라 故로 曰 弗過遇之라하니라 夫宴安酖毒은 不可懷也[1)]니 處於小過不寧之時하여 而以陽居陰하여 不能有所爲者也니 以此自守면 免咎可也요 以斯攸往이면 危之道也라 不交於物하고 物亦弗與하여 无援之助라 故로 危則必戒而已니 无所告救也라 沈沒怯弱하여 自守而已니 以斯而處於群小之中이면 未足任者也라 故로 曰 勿用永貞이라하니 言不足用之於永貞이라

1) 宴安酖毒 不可懷也 : 이 말은 ≪春秋左氏傳≫ 閔公 元年조에 보이는바, 자세한 설명은 아래 疏의 譯註 참조.

비록 體가 陽爻이나 지위(제자리)에 있지 아니하여 책임을 맡는 주인이 되지 않는다. 그러므로 허물이 없음을 얻는 것이다. 지위를 잃고 아래에 있어서 지나치게 하지 못하는 자이니, 지나치게 하지 못하기 때문에 허물을 면하는 마땅함에 적합할 수 있다. 그러므로 "지나치지 않아서 〈허물 없음에〉 적합하다."라고 한 것이다.

宴安은 酖毒이어서 연연해서는 안 되니, 小過의 편안하지 않은 때에 처해서 陽으로서 陰의 자리에 거하여 능히 훌륭한 일을 할 수 있는 자가 아니니, 이로써 스스로 지키면 허물을 면할 수 있고, 이로써 나아가면 위태로운 방도이다. 남과 사귀지 못하고 남도 더불지 않아서 구원하여 도와주는 이가 없다. 그러므로 위태로우면 반드시 경계할 뿐이니, 구원을 알릴 곳이 없는 것이다. 침몰하고 겁내고 약하여 스스로 지킬 뿐이니, 이런 방식으로 여러 小人의 가운데에 처하면 책임을 맡을 수 없는 자이다. 그러므로 "永貞에 쓰지 말라."라고 하였으니, 永貞에 쓸 수 없음을 말한 것이다.

【疏】 '九四无咎'至'永貞' ○ 正義曰：居小過之世, 小人有過差之行, 須大德之人, 防使无過, 今九四雖體陽爻, 而不居其位, 不防之責, 責不在己, 故得无咎. 所以无其咎者,以其失位在下, 不能爲過厚之行, 故得遇於无咎之宜, 故曰"无咎, 弗過, 遇之"也.[1] 旣能无爲, 自守則无咎, 有往則危厲, 故曰"往厲." 不交於物, 物亦不與, 无援之助, 故危則必自戒愼而已, 无所告救, 故曰(不)〔必〕[2]戒.[3] 以斯而處於群小之中, 未足委任, 不可用之以長行其正也, 故曰"勿用永貞"也.

1) 所以无其咎者……遇之也 : 朱子는 "혹자는 말하기를 '「弗過遇之」는 만약 六二爻의 준례로 보면 마땅히 이 말과 같아야 하겠지만, 만약 九三爻의 준례에 따른다면 過遇는 마땅히 過防(지나치게 방비함)의 뜻과 같이 하여야 한다.'라고 하니, 누가 옳은지 자세하지 않다. 마땅히 빼놓아 아는 자를 기다려야 할 것이다.〔或曰 弗過遇之 若以六二爻例 則當如此說 若依九三爻例 則過遇 當如過防之義 未詳孰是 當闕以俟知者〕"라고 하였으며, 〈象傳〉에 대해서도 "爻의 뜻이 분명치 않으니, 이 또한 마땅히 빼놓아야 할 것이다.〔爻義未明 此亦當闕〕"라고 하였다.
2) (不)〔必〕 : 저본에는 '不'로 되어 있으나, 經文에 의거하여 '必'로 바로잡았다.
3) 旣能无爲自守……故曰(不)〔必〕戒 : '往厲'를 王弼과 孔穎達은 '九四가 이미 훌륭한 일을 할 수 없으므로 스스로 지키면 허물이 없고 나아감이 있으면 위태로움'으로 보았으며, '必戒'를 '九四가 남과 사귀지 못하고 남도 함께하지 않아서 구원해줄 사람이 없으므로 위태로우면 스스로 삼가고 경계해야 함'으로 해석하였다.
 반면 程伊川은 '往厲必戒'를 '九四가 만약 柔를 버리고 剛으로 나아가면 위태로움이 있으니 마땅히 경계해야 함'으로 풀이하였는바, ≪程傳≫은 다음과 같다. "이미 過하지 않으면 마땅함에 합하므로 맞게 한다고 하였으니, 그 道에 맞음을 이른다. 만약 가면 위태로움이 있으니, 반드시 마땅히 경계하고 두려워하여야 하니, 往은 柔를 버리고 剛으로 나아가는 것이다.〔旣弗過 則合其宜矣 故云遇之 謂得其道也 若往則有危 必當戒懼也 往 去柔而以剛進也〕"

經의 〔九四无咎〕에서 〔永貞〕까지

○ 正義曰 : 小過의 세상에 거하여 小人에게 過差의 행실이 있으니, 모름지기 大德을 간직한 사람이어야 방비하여 〈소인으로〉 하여금 잘못이 없게 할 수 있는데, 지금 九四가 비록 體가 陽爻이나 지위에 있지 아니하여 방비하는 책임이 없으니, 책임이 자기에게 있지 않기 때문에 허물이 없음을 얻는 것이다. 허물이 없는 까닭은 지위를 잃고 아래에 있어서 지나치게 厚한 행실을 하지 못하므로 허물이 없는 마땅함에 적합하기 때문이다. 그러므로 "허물이 없으니, 지나치지 않아서 〈허물 없음에〉 적합하다."라고 한 것이다.

이미 훌륭한 일을 하지 못하여서 스스로 지키면 허물이 없고, 나아감이 있으면 위태롭다. 그러므로 "가면 위태롭다."라고 한 것이다.

남과 사귀지 못하고 남도 더불지 않아서 구원하여 도와주는 이가 없다. 그러므로 위태로우면 반드시 스스로 경계하고 삼갈 뿐이니, 구원을 알릴 곳이 없다. 그러므로 "반드시 경계한다."라고 한 것이다.

이런 방식으로 여러 小人의 가운데에 처하면 책임을 맡을 수가 없으니, 바름을 길게 행함에 사용할 수가 없다. 그러므로 "永貞에 쓰지 말아야 한다."라고 한 것이다.

【疏】 ○ 注'夫宴安'至'懷也' ○ 正義曰 : '夫宴安酖毒 不可懷也'者, 此春秋狄伐邢, 管仲勸齊侯救邢, 爲此辭. 言宴安不救邢, 卽酖鳥之毒, 不可懷而安之也.[1)]

1) 夫宴安酖毒……不可懷而安之也 : 親近한 제후국을 돕지 않고 戎狄을 제재하지 않는 것은 전쟁이 없는 宴樂에 연연하는 데에서 연유하므로 邢나라를 돕지 않음을 酖鳥의 毒에 비유한 것이다. 狄人이 邢나라를 侵攻하자, 管仲이 齊侯에게 "戎狄은 이리・승냥이와 같으니 만족할 줄을 모르고, 諸夏는 서로 친근하니 버려서는 안 되며, 안일은 독약과 같으니 연연해서는 안 됩니다.〔戎狄豺狼 不可厭也 諸夏親暱 不可棄也 宴安酖毒 不可懷也〕"라고 하였다. ≪春秋左氏傳 閔公 元年≫

○ 注의 〔夫宴安〕에서 〔懷也〕까지

○ 正義曰 : 〔夫宴安酖毒 不可懷也〕 이는 ≪春秋≫에, 狄人이 邢나라를 侵攻하자 管仲이 齊侯에게 邢나라를 구원할 것을 권하면서 이 말을 하였다. 편안하여 邢나라를 구원하지 않으면 이는 바로 酖鳥의 毒이니, 연연하여 편안히 여겨서는 안 됨을 말한 것이다.

象曰 弗過遇之는 位不當也일새요 往厲必戒는 終不可長也라

〈象傳〉에 말하였다. "'지나치지 않아서 〈허물 없음에〉 적합함'은 지위를 담당하지 않기 때문이요, '가면 위태로워 반드시 경계함'은 끝내 길게(長久하게) 할 수가 없어서이다."

【疏】 正義曰 : '位不當'者, 釋所以弗過而遇, 得免於咎者, 以其位不當故也. '終不可長'者, 自身有危, 无所告救, 豈可任之長, 以爲正也.

〔位不當〕 지나치지 않아서 〈허물 없음에〉 적합하여 허물을 면함을 얻는 까닭은 지위를 담당하지 않기 때문임을 해석한 것이다.

〔終不可長〕 자신에게 위태로움이 있어도 구원을 알릴 곳이 없으니, 어찌 길게 맡겨서

바름을 행할 수 있겠는가.

六五는 密雲不雨하여 自我西郊니 公弋(익)取彼在穴이로다

六五는 구름이 빽빽이 끼었으나 비가 내리지 아니하여 우리 西郊에서 하니, 公이 주살로 저 구멍에 있는 짐승을 잡도다.

【注】 小過는 小者過於大也라 六得五位하니 陰之盛也라 故로 密雲不雨하여 至于西郊也라 夫雨者는 陰在於上에 而陽薄之而不得通이면 則烝而爲雨하나니 今艮止於下而不交焉이라 故로 不雨也라 是故로 小畜은 尙往而亨이면 則不雨也[1]요 小過는 陽不上交하면 亦不雨也라 雖陰盛于上이나 未能行其施也라 公者는 臣之極也니 五極陰盛故로 稱公也라 弋은 射也요 在穴者는 隱伏之物也라 小過者는 過小而難未大作하여 猶在隱伏者也라 以陰質로 治小過하여 能獲小過者也라 故로 曰 公弋取彼在穴也라하니라 除過之道는 不在取之하니 是乃密雲未能雨也라

1) 小畜……則不雨也 : 小畜卦(䷈)의 卦辭에 "小畜 亨 密雲不雨 自我西郊"라 하였는데, 〈彖傳〉에서 '密雲不雨'를 해석하여 "密雲不雨는 위로 가는 것이다.[尙往也]"라고 하였다. 王弼은 이를 해석하기를 "비가 될 수 있는 것은 陽이 위로 올라가서 陰과 부딪치면 陰이 陽을 굳게 막으니, 그런 뒤에 증기가 되어서 비가 되는 것이다. 그런데 지금 初九의 復道를 제지하지 못하고 九二의 牽復을 굳게 막지 못하며, 九三이 다시 돌아가지 못해서 열악함이 되는 것이다. 아래가 막 위로 올라가니, 베풂이 어찌 행해질 수 있겠는가. 그러므로 빽빽한 구름이 끼었으나 비가 되지 못함은 위로 가기 때문인 것이다."라고 하였다. 즉 小畜卦에서 비가 내리지 않는 이유는 陰卦인 上卦가 陽卦인 下卦를 굳게 저지하지 못하기 때문인바, 그래서 "올라가 형통하면 비가 오지 않는다."라고 한 것이다.

小過는 작은 것이 큰 것보다 지나친 것이다. 六이 五의 자리를 얻었으니, 陰이 盛하다. 그러므로 구름이 빽빽이 끼었으나 비가 내리지 아니하여 西郊에 이른 것이다. '비'란 陰이 위에 있을 적에 陽이 다가가 통하지 못하면 〈증기가 되어〉 데워져서 비가 되는데, 지금 艮(☶)이 아래에 그쳐 있어서 사귀지 못한다. 그러므로 비가 내리지 않은 것이다. 이 때문에 小畜은 위로 올라가 형통하면 비가 내리지 않고, 小過는 陽이 위로 사귀지 않으면 또한 비가 내리지 않는 것이다. 비록 陰이 위에서 盛하나 그 베풂을 행하지 못하는 것이다.

'公'은 신하의 지극함이니, 六五가 陰이 지극히 盛하므로 '公'이라 칭한 것이다. '弋'은 활로 쏘는 것이요, '구멍에 있는 것'은 숨어 있고 엎드려 있는 동물이다. 小過는 지나침이 적어서 難이 크게 일어나지 아니하여 아직 숨어 있고 엎드려 있는 자이다. 陰의 재질로 小過를 다스려서 능히 小過를 잡은 자이다. 그러므로 "公이 주살로 저 구멍에 있는 짐승을 잡는다."라고 한 것이다. 지나침을 제거하는 道는 취함(잡음)에 있지 않으니, 이는 바로 빽빽이 끼었으나 비가 내리지 못하는 것이다.

【疏】'六五密雲'至'在穴' ○正義曰:'密雲不雨 自我西郊'者, 小過者, 小者過於大也. 六得五位, 是小過於大, 陰之盛也. 陰盛於上, 而艮止之, 九三陽止於下, 是陰陽不交, 雖復至盛, 密雲至于西郊, 而不能爲雨也. 施之於人, 是柔得過而處尊, 未能行其恩施, 廣其風化也, 故曰"密雲不雨, 自我西郊"也.[1] '公弋取彼在穴'者, 公者, 臣之極, 五極陰盛, 故稱公也. 小過之時, 爲過猶小, 而難未大作, 猶在隱伏. 以小過之才, 治小過之失, 能獲小過在隱伏者, 有如公之弋獵, 取得在穴隱伏之獸也, 故曰"公弋取彼在穴"也.[2]

1) 密雲不雨自我西郊者……自我西郊也:小畜卦(☴☰)의 卦辭도 이와 같은바, 王弼과 孔穎達은, '小畜卦는 위로 올라가 형통하면 비가 오지 않고 小過卦는 陽이 위로 사귀지 않으면 또한 비가 오지 않는다.'고 하여 글은 같아도 비가 오지 않는 이유는 다른 것으로 보았다.

반면 程伊川은 小畜卦와 마찬가지로 비가 오지 않는 이유를 陽方인 우리(나) 西郊에서 구름이 일어났기 때문으로 해석하였다.

朱子는 小畜卦를 해석하면서는 "빽빽한 구름은 陰物이고 西郊는 陰方이며 我는 文王 자신이다. 文王이 ≪周易≫을 羑里(유리)의 獄에서 연역할 때에 岐周를 보면 西方이 되니, 바로 小畜의 때였다.〔蓋密雲 陰物 西郊 陰方 我者 文王自我也 文王演易於羑里 視岐周爲西方 正小畜之時也〕"라고 하였고, 여기서는 "陰으로서 尊位에 거하고 또 陰이 과한 때를 당하여 훌륭한 일을 할 수 없는 것이다.〔以陰居尊 又當陰過之時 不能有爲〕"라고 하였다.

2) 公弋取彼在穴者……故曰公弋取彼在穴也:王弼과 孔穎達은 '弋取彼在穴'을 '작은 잘못을 저지르고서 구멍 속에 숨어 있는 자를 잡음'으로 해석하였으나, 程伊川과 朱子는 '在穴'이 六二를 가리키는 것으로 보았는바, ≪程傳≫은 다음과 같다. "弋은 쏘아서 취함이니, 射는 다만 쏘는 것이요, 弋은 취하는 뜻이 있다. 穴은 山 가운데의 구멍이니, 中虛가 바로 구멍이니, 구멍에 있다는 것은 六二를 가리킨다. 六五와 六二는 본래 서로 應하는 것이 아니니, 바로 쏘아 취한 것이다. 六五가 지위를 담당했기 때문에 公이라고 말했으니, 公上을 이른다. 같은 類끼리 서로 취하여 비록 만나나 두 陰이 어찌 大事를

이루겠는가. 빽빽한 구름이 비를 이루지 못함과 같은 것이다.〔弋 射取之也 射 止是射 弋有取義 穴 山中之空 中虛乃空也 在穴 指六二也 五與二本非相應 乃弋而取之 五當位 故云公 謂公上也 同類相取 雖得之 兩陰豈能濟大事乎 猶密雲之不能成雨也〕"

經의〔六五密雲〕에서〔在穴〕까지

○ 正義曰 :〔密雲不雨 自我西郊〕小過는 작은 것이 큰 것보다 지나친 것이다. 六이 五의 자리를 얻었으니, 이는 작은 것이 큰 것보다 지나친 것이니, 陰이 盛한 것이다. 陰이 위에서 盛한데 艮(☶)이 그치게 하여 九三이 陽으로서 아래에 그쳐 있으니, 이는 陰과 陽이 사귀지 못하는 것인바, 비록 다시 지극히 성하여 빽빽한 구름이 西郊에 이르렀으나 비가 되지 못하는 것이다. 이것을 사람에게 베풀면 柔가 지나침을 얻어 높은 자리에 처하여 은혜 베풂을 행하고 風化를 넓히지 못하는 것이다. 그러므로 "구름이 빽빽이 끼었으나 비가 내리지 아니하여 우리 西郊에서 한다."라고 한 것이다.

〔公弋取彼在穴〕'公'은 신하의 지극함이니, 六五가 陰이 지극히 盛하므로 '公'이라 칭한 것이다. 小過의 때에는 지나침이 아직 작아서 難이 크게 일어나지 아니하여 아직도 숨어 엎드려 있다. 小過의 재주로 小過의 잘못을 다스리면 능히 작은 잘못으로 숨어 있고 엎드려 있는 자를 잡을 수 있으니, 公이 주살질하여 사냥할 적에 구멍에서 숨어 있고 엎드려 있는 짐승을 취하는 것과 같다. 그러므로 "公이 주살로 저 구멍에 있는 짐승을 잡는다."라고 한 것이다.

【疏】 ○ 注'除過'至'能雨也' ○ 正義曰 : '除過'至'能雨也'者, 雨者, 以喩德之惠化也. (際)〔除〕[1]過差之道, 在於文德懷之, 使其自服, 弋而取之, 是尙威武, 尙威武, 卽密雲不雨之義也.

1) (際)〔除〕: 저본에는 '際'로 되어 있으나, 宋本에 의거하여 '除'로 바로잡았다.

○ 注의〔除過〕에서〔能雨也〕까지

○ 正義曰 :〔除過에서 能雨也까지〕'雨'는 德의 은혜로운 교화를 비유한 것이다. 過差를 제거하는 방도는 文德으로 회유하여 그들로 하여금 스스로 복종하게 함에 있으니, 주살질하여 잡는 것은 위엄과 무력을 숭상하는 것인바, 위엄과 무력을 숭상함은 바로 구름이 빽빽이 끼었으나 비가 내리지 않는 뜻이다.

象曰 密雲不雨는 **已上也**일새라

〈象傳〉에 말하였다. "'구름이 빽빽이 끼었으나 비가 내리지 아니함'은 이미 올라갔기 때문이다."

【注】 陽已上이라 故止也라

陽이 이미 올라갔기 때문에 그친 것이다.

【疏】 正義曰 : '已上'者, 釋所以密雲不雨也. 以艮之陽爻, 已上於一卦之上而成止, 故不上交而爲雨也.[1)]

1) 已上者……故不上交而爲雨也 : '已上'을 王弼과 孔穎達은 '陽이 이미 올라감'으로 해석하였으나, 程伊川은 '陰(六五)이 이미 위에 있음'으로 해석하였고, 朱子는 '已'를 '太'로 보아 '陰이 너무 높이 올라간 것'으로 해석하였다.

正義曰 : 〔已上〕 '구름이 빽빽이 끼었으나 비가 내리지 않음'의 이유를 해석한 것이니, 艮의 陽爻(九三)로서 이미 한 卦의 위에 올라가서 그쳤다. 그러므로 위로 사귀어 비가 되지 못하는 것이다.

上六은 弗遇過之니 飛鳥離之하여 凶하니 是謂災眚이니라

上六은 적합하게 하지 못하고 지나치니, 나는 새가 〈주살에〉 걸려서 凶하니, 이것을 災眚이라 한다.

【注】 小人之過 遂至上極하여 過而不知限하여 至於亢也라 過至于亢이면 將何所遇며 飛而不已면 將何所託이리오 災自己致하니 復何言哉아

小人의 지나침이 마침내 上極에 이르러서 지나쳐도 한계를 알지 못하여 亢極에 이르렀다. 지나침이 亢極에 이르면 장차 어떻게 적합하게 하겠으며, 날고 그치지 않으면 장차 어디에 의탁하겠는가. 재앙을 자기가 불렀으니, 다시 무슨 말을 하겠는가.

【疏】 正義曰 : 上六處小過之極, 是小人之過, 遂至上極, 過而不知限, 至于亢者也. 過至於亢, 无所復遇, 故曰"弗遇過之"也. 以小人之身, 過而弗遇, 必遭羅網, 其猶飛鳥, 飛而无託, 必離矰繳, 故曰"飛鳥離之, 凶"也.[1)] 過亢離凶, 是謂自災而致眚, 復何言哉.

故曰"是謂災眚"也.

1) 以小人之身……凶也 : '飛鳥離之'를 孔穎達은 '나는 새가 주살에 걸림'으로 해석하였는데, 程伊川은 '나는 새가 멀리 지나쳐 감'으로 보았는바, ≪程傳≫은 다음과 같다. "六은 陰이며 動體로 過의 極에 처하여 이치에 맞게 하지 못하고 동함을 모두 과하게 하니, 이치를 어기고 常道를 넘음이 나는 새의 신속함과 같으니, 이 때문에 흉한 것이다. 離는 과함이 먼 것이다.〔六 陰而動體 處過之極 不與理遇 動皆過之 其違理過常 如飛鳥之迅速 所以凶也 離 過之遠也〕"

正義曰 : 上六이 小過의 極에 처하였으니, 이는 小人의 지나침이 마침내 上極에 이르러서 지나쳐도 한계를 알지 못하여 亢極에 이른 자이다. 지나침이 亢極에 이르면 다시 적합하게 할 수 없다. 그러므로 "적합하게 하지 못하고 지나친다."라고 한 것이다.

소인의 몸으로서 지나치고 적합하게 하지 못하면 반드시 그물을 만나니, 이는 마치 나는 새가 날면서 의탁할 곳이 없으면 반드시 주살에 걸리는 것과 같다. 그러므로 "나는 새가 〈주살에〉 걸려서 凶하다."라고 한 것이다.

지나치게 높아 凶에 걸리면 이것을 일러 '스스로 재앙을 불러 잘못을 이룬 것'이라 하니, 다시 무슨 말을 하겠는가. 그러므로 "이를 災眚이라 한다."라고 한 것이다.

象曰 弗遇過之는 已亢也일새라

〈象傳〉에 말하였다. "'적합하게 하지 못하고 지나침'은 이미 亢極하기 때문이다."

【疏】 正義曰 : '已亢'者, 釋所以弗遇過之, 以其已在亢極之地故也.

正義曰 : 〔已亢〕 '적합하게 하지 못하고 지나침'의 이유는 자기가 이미 亢極의 자리에 있기 때문임을 해석한 것이다.

63. 旣濟䷾ 離下坎上

旣濟는 **亨小**하고 **利貞**하니 **初吉終亂**이리라

旣濟는 작은 것도 형통하고 貞함이 이로우니, 처음은 吉하나 종말에는 그쳐 어지러우리라.

【疏】 正義曰 : '旣濟 亨小 利貞 初吉終亂'者, 濟者, 濟渡之名, 旣者, 皆盡之稱, 萬事皆濟, 故以旣濟爲名. 旣萬事皆濟, 若小者不通, 則有所未濟, 故曰"旣濟, 亨小"也.[1] 小者尙亨, 何況于大. 則大小剛柔, 各當其位, 皆得其所. 當此之時, 非正不利, 故曰"利貞"也. 但人皆不能居安思危[2], 愼終如始,[3] 故戒以今日旣濟之初, 雖皆獲吉, 若不進德修業[4], 至於終極, 則危亂及之, 故曰"初吉終亂"也.

1) 旣萬事皆濟……亨小也 : 王弼과 孔穎達은 '亨小'를 '작은 것도 형통함'의 의미로 해석하였는데, 이는 旣濟의 때에는 모든 것이 이미 다 이루어졌다고 보았기 때문인바, 이는 아래 〈彖傳〉의 '小者亨也'의 해석에서도 마찬가지이다.

반면 程伊川과 朱子는 '旣濟의 때에도 아직 형통하지 못함이 있다.'고 보았는데, 다만 程伊川은 經文의 '亨小'를 그대로 두고 이를 '작은 것이 형통함'으로 해석하였고, 朱子는 "亨小는 小亨이 되어야 한다."라고 하여, 經文을 '조금 형통하다'로 해석하였다. ≪程傳≫은 다음과 같다. "旣濟의 때에 큰 것은 이미 亨通하였으나 작은 것은 아직 亨通할 것이 있다. 비록 旣濟의 때라도 조금 亨通하지 못한 것이 없지 못하니, '小'자가 아래에 있는 것은 말이 마땅히 그래야 하는 것이다. 만약 小亨이라고 말하면 亨通함이 작음이 된다.〔旣濟之時 大者旣已亨矣 小者尙有亨也 雖旣濟之時 不能无小未亨也 小字在下 語當然也 若言小亨 則爲亨之小也〕" 즉, 작은 것은 아직 형통하지 못한 것이 남아 있어서 앞으로 형통할 일이 있으므로 이렇게 말했다고 본 것이다.

2) 居安思危 : 이 말은 ≪春秋左氏傳≫ 襄公 11년조에, "≪書經≫에 이르기를 '편안함에 거하여 위태로움을 생각하라.'고 하였으니, 생각을 하면 대비가 있고, 대비가 있으면 患難이 일어나지 않는다.〔書曰 居安思危 思則有備 有備無患〕"라고 보이는데, 杜預의 注에 "이것은 逸書이다."라고 하였다.

3) 愼終如始 : ≪道德經≫에, "사람들이 종사할 적에 항상 거의 성공할 단계에서 실패한다. 終을 삼가기를 처음과 같이 한다면 실패하는 일이 없을 것이다.〔民之從事 常於幾成而敗之 愼終如始 則無敗事〕"라고 보인다.

4) 進德修業 : 乾卦 〈文言傳〉에, "君子는 德을 進益하고 業을 닦으니, 忠信함은 德을 進益하는 것이요, 말을 닦고 성실함을 세움은 業을 쌓는 것이다.〔君子進德修業 忠信所以進德也 修辭立其誠 所以居業也〕"라고 보인다.

正義曰 : 〔旣濟 亨小 利貞 初吉終亂〕 '濟'는 물을 건넘〔濟渡〕의 이름이고, '旣'는 '모두 다'의 칭호이니, 萬事가 모두 이루어졌기〔濟〕 때문에 '旣濟'로 卦의 이름을 삼은 것이다.

이미 萬事가 모두 이루어졌는데 만약 작은 것이 통하지 못하면 아직 이루어지지 못한 바가 있는 것이다. 그러므로 "旣濟는 작은 것도 형통하다."라고 한 것이다.

작은 것도 오히려 형통하면 하물며 큰 것에 있어서랴. 그렇다면 大와 小, 剛과 柔가 각각 자기 자리에 합당하고 모두 그 처소를 얻은 것이다. 이때를 당하여 바름이 아니면 이롭지 못하다. 그러므로 "貞함이 이롭다."라고 한 것이다.

다만 사람들이 모두 '편안함에 거하여 위태로움을 생각하고, 終을 삼가기를 처음과 같이 함'을 하지 못한다. 그러므로 오늘 旣濟의 처음에 비록 모두 吉함을 얻었으나 만약 德을 進益하고 業을 닦지 아니하여 終極에 이르면 위태로움과 혼란이 미친다고 경계하였다. 그러므로 "처음은 吉하나 종말에는 그쳐 어지러우리라."라고 한 것이다.

彖曰 旣濟亨은 小者亨也니

〈彖傳〉에 말하였다.
"'旣濟가 형통함'은 작은 것도 형통한 것이니,

【注】 旣濟者는 以皆濟爲義者也니 小者不遺라야 乃爲皆濟라 故로 擧小者하여 以明旣濟也라

'旣濟'는 '모두 이룸'을 뜻으로 삼는 것이니, 작은 것을 빠트리지 아니하여야 비로소 '모두 이룸'이 된다. 그러므로 작은 것을 들어서 旣濟를 밝힌 것이다.

【疏】 正義曰 : 此釋卦名德, 旣濟之亨, 必小者皆亨也. 但擧小者, 則大者可知, 所以爲旣濟也. 具足爲文, 當更有一小字, 但旣疊經文, 略足以見, 故從省也.[1]

1) 具足爲文……故從省也 : 經文 그대로 '旣濟亨小'라고 쓰지 않고 '旣濟亨'이라고 줄여

쓴 것에 대한 설명이다. 朱子는 "濟 아래에 '小'자가 빠진 듯하다.〔濟下疑脫小字〕"라고 하였다.

正義曰 : 이는 卦의 이름과 德을 해석한 것이니, 旣濟의 형통함은 반드시 작은 것도 모두 형통한 것이다. 다만 작은 것을 들면 큰 것을 알 수 있으니, 이 때문에 〈卦 이름을〉 '旣濟'라 한 것이다. 모두 충족하여 글을 지으면 마땅히 〈'旣濟亨' 아래에〉 다시 한 '小'자가 있어야 하나 다만 이미 經文을 중첩하였으므로 대략 충족하여 나타내었다. 이 때문에 생략을 따른 것이다.

利貞은 剛柔正而位當也일새라

'貞함이 이로움'은 剛과 柔가 바르고 자리가 마땅하기 때문이다.

【注】 剛柔正而位當이면 則邪不可以行矣라 故로 唯正이라야 乃利貞也라

剛과 柔가 바르고 자리가 마땅하면 간사함이 행해질 수가 없다. 그러므로 오직 바루어야 비로소 貞함이 이로운 것이다.

【疏】 正義曰 : 此就二・三・四・五並皆得正, 以釋利貞也.[1] 剛柔皆正, 則邪不可行, 故惟正, 乃利貞也.

1) 此就二三四五並皆得正 以釋利貞也 : 陰爻가 陰位에 거하고 陽爻가 陽位에 거함이 '正位를 얻음'이 되는바, 旣濟卦는 初九부터 上六까지 모두 正位를 얻었다. 다만 王弼과 孔穎達은 初爻와 上爻에는 陰陽의 定位가 없다고 보기 때문에 六二부터 九五까지만 언급한 것이다.

正義曰 : 이는 六二・九三・六四・九五가 모두 다 正位를 얻음을 가지고 '利貞'을 해석한 것이다. 剛과 柔가 모두 바르면 간사함이 행해질 수가 없다. 그러므로 오직 바루어야 비로소 貞함이 이로운 것이다.

初吉은 柔得中也일새요 終止則亂은 其道窮也라

'처음에 吉함'은 柔가 中을 얻었기 때문이요, 종말에는 그쳐 어지러움은 그 道가 窮極한 것이다."

【注】柔得中이면 則小者亨也요 柔不得中이면 則小者未亨이니 小者未亨이면 雖剛得正이나 則爲未旣濟也라 故로 旣濟之要는 在柔得中也라 以旣濟爲安者는 道極无進하여 終唯有亂이라 故로 曰 初吉終亂이라하니 終亂은 不爲自亂이요 由止故亂이라 故로 曰 終止則亂也라하니라

柔가 中을 얻으면 작은 것도 형통하고, 柔가 中을 얻지 못하면 작은 것이 형통하지 못하니, 작은 것이 형통하지 못하면 비록 剛이 正位를 얻었으나 旣濟가 되지 못한다. 그러므로 旣濟의 요점은 柔가 中을 얻는 데에 있는 것이다.

旣濟를 편안함으로 삼는 것은, 道가 窮極하여 進益함이 없어서 종말에만 어지러움이 있다. 그러므로 "처음은 吉하고 종말에는 어지럽다."라고 하였으니, '종말에 어지러움'은 스스로 亂을 하는 것이 아니요, 그치기 때문에 어지러운 것이다. 그러므로 "종말에는 그쳐 어지럽다."라고 한 것이다.

【疏】正義曰：'初吉 柔得中'者, 此就六二以柔居中, 釋初吉也. 以柔小尙得其中, 則剛大之理, 皆獲其濟. 物无不濟, 所以爲吉, 故曰"初吉"也. '終止則亂 其道窮'者, 此正釋戒. 若能進修不止, 則旣濟无終, 旣濟終亂, 由止故亂. 終止而亂, 則旣濟之道窮矣, 故曰"終止則亂, 其道窮也."[1)]

1) 終止則亂……其道窮也：王弼과 孔穎達은 '終止則亂'을 '進德修業하는 일을 그치면 종말에 어지러워짐'의 의미로 보고, '其道窮也'를 '종말에 그쳐 어지러워지면 旣濟의 道가 窮極해짐'의 의미로 보았다.

반면 程伊川은 '終止則亂'을 '終에 이르기 전에 멈추지 못하고 終에서 멈추면 어지러워짐'의 의미로 보고, '其道窮也'를 '終에 멈추면 어지러워지는 이유는 終에는 그 道가 窮極하기 때문임'의 의미로 보았다. ≪程傳≫은 다음과 같다. "天下의 일은 나아가지 않으면 물러나서 일정한 이치가 없다. 濟의 終에 나아가지 않고 멈추면 떳떳하지 못한 멈춤이어서 衰亂이 이르게 되니, 그 道가 이미 궁극한 것이다. 九五의 재질은 不善한 것이 아니나 때가 極에 이르고 道가 궁하니, 이치에 반드시 변해야 한다. 聖人이 이에 이르면 어찌해야 하는가? 오직 聖人은 궁극하지 않을 때에 변통하여 極에 이르지 않게 하니, 堯·舜이 이에 해당된다. 그러므로 終이 있고 혼란함이 없었던 것이다.〔天下之事 不進則退 无一定之理 濟之終 不進而止矣 无常止也 衰亂至矣 蓋其道已窮極也 九五之才 非不善也 時極道窮 理當必變也 聖人至此 奈何 曰唯聖人爲能通其變於未窮 不使至於極也 堯舜是也 故有終而无亂〕"

正義曰：〔初吉 柔得中〕이는 六二가 柔로서 中에 거함을 가지고 '처음에 吉함'을 해석

한 것이다. 柔하고 작은 것도 오히려 中을 얻었으면 剛하고 큰 이치는 모두 그 이루어짐을 얻는다. 물건이 이루어지지 않음이 없으니, 이 때문에 吉함이 된다. 그러므로 "처음에 吉하다."라고 한 것이다.

〔終止則亂 其道窮〕 이는 바로 경계하는 말을 해석한 것이다. 만약 德을 進益하고 業을 닦음을 그치지 않으면 旣濟가 종말이 없으니, 旣濟가 종말에 어지러움은 그치기 때문에 어지러운 것이다. 종말에 그쳐 어지러우면 旣濟의 道가 窮極하다. 그러므로 "종말에 그쳐 어지러움은 그 道가 궁극한 것이다."라고 한 것이다.

象曰 水在火上이 旣濟니 君子以思患而豫防之하나니라

〈象傳〉에 말하였다. "물이 불 위에 있는 것이 旣濟卦이니, 君子가 보고서 患難을 생각하여 미리 방비한다."

【注】 存不忘亡이니 旣濟에 不忘未濟也라

보존될 때에 망함을 잊지 않으니, 旣濟에 未濟를 잊지 않는 것이다.

【疏】 正義曰：水在火上, 炊爨之象, 飮食以之而成, 性命以之而濟, 故曰"水在火上, 旣濟"也. 但旣濟之道, 初吉終亂, 故君子思其後患, 而豫防之.

正義曰：물이 불 위에 있음은 불을 때어 밥을 짓는 象이니, 음식이 이로써 이루어지고 생명이 이로써 구제된다. 그러므로 "물이 불 위에 있는 것이 旣濟卦이다."라고 한 것이다.

다만 旣濟의 道가 처음은 吉하나 종말에는 어지럽다. 그러므로 君子가 뒤에 있을 患難을 생각하여 미리 방비하는 것이다.

初九는 曳其輪하며 濡其尾나 无咎라

初九는 수레바퀴를 끌고 꼬리를 적시나 허물이 없다.

【注】 最處旣濟之初하여 始濟者也니 始濟엔 未涉於燥라 故로 輪曳而尾濡也라 雖未造易나 心无顧戀하여 志棄難者也니 其爲義也 无所咎也라

既濟의 가장 초기에 처하여 처음 건너가는 자이니, 처음 건너서 아직 마른 땅에 건너가지 못하였다. 그러므로 수레바퀴가 끌리고 꼬리가 젖는 것이다. 비록 아직 평탄한 곳으로 나아가지 못하였으나 마음에 돌아보고 연연함이 없어서 뜻에 어려움을 버리는 자이니, 그 의리에 허물될 바가 없는 것이다.

【疏】 正義曰：初九處既濟之初, 體剛居(中)〔下〕[1), 是始欲濟渡也. 始濟未涉於燥, 故輪曳而尾濡, 故云"曳其輪, 濡其尾"也. 但志在棄難, 雖復曳輪濡尾, 其義不有咎, 故云"无咎."[2)

1) (中)〔下〕: 저본에는 '中'으로 되어 있으나, 錢本·宋本에 의거하여 '下'로 바로잡았다. (阮元의 〈校勘記〉 참조)

2) 初九處既濟之初……故云无咎 : 王弼과 孔穎達은 '曳其輪 濡其尾'를 '처음 물을 건너서 아직 뭍으로 건너가지 못한 象'으로 보고, '无咎'를 '아직 물을 완전히 건너가지 못했으나 患難을 버리려는 뜻을 가지고 있으므로 의리상 허물이 없음'의 의미로 해석하였다.
반면 程伊川과 朱子는 '曳其輪 濡其尾'를 '전진하지 않는 象'으로 보았는바, ≪程傳≫은 다음과 같다. "初九는 陽으로서 아래에 거하여 위로 六四에 應하고 또 火의 體이니, 그 나아가려는 뜻이 예리하다. 그러나 때가 이미 이루어졌는데도 나아감을 그치지 않으면 뉘우침과 허물에 미친다. 그러므로 수레바퀴를 〈뒤로〉 끌고 꼬리를 적셔 허물이 없을 수 있는 것이다. 수레바퀴는 굴러가는 것이니, 거꾸로 끌어서 나아가지 못하게 하는 것이다. 짐승(여우)은 물을 건널 때에 반드시 꼬리를 드니, 꼬리를 적시면 건너가지 못한다. 既濟의 초기를 당하여 그 나아감을 그치면 이에 허물이 없을 수 있으니, 그칠 줄 모르면 허물에 이른다.〔初以陽居下 上應於四 又火體 其進之志銳也 然時既濟矣 進不已則及於悔咎 故曳其輪 濡其尾 乃得无咎 輪 所以行 倒曳之 使不進也 獸之涉水 必揭其尾 濡其尾則不能濟 方既濟之初 能止其進 乃得无咎 不知已則至於咎也〕"
朱子의 ≪本義≫는 다음과 같다. "수레바퀴는 아래에 있고 꼬리는 뒤에 있으니, 初의 象이다. 수레바퀴를 〈뒤로〉 끌면 수레가 전진하지 못하고 꼬리를 적시면 여우가 건너가지 못한다. 既濟의 초기에 삼가고 경계하기를 이와 같이 하면 无咎의 道이니, 점치는 자가 이와 같이 하면 허물이 없을 것이다.〔輪 在下 尾 在後 初之象也 曳輪則車不前 濡尾則狐不濟 既濟之初 謹戒如是 无咎之道 占者如是 則无咎矣〕"

正義曰：初九가 既濟의 초기에 처하여 體가 剛하고 아래에 거하였으니, 이는 처음 물을 건너고자 하는 것이다. 처음 건너서 아직 마른 땅에 건너가지 못했으므로 수레바퀴가 끌리고 꼬리가 젖는다. 그러므로 "수레바퀴를 끌고 꼬리를 적신다."라고 한 것이다.

다만 뜻이 患難을 버림에 있어서 비록 다시 수레바퀴를 끌고 꼬리를 적시나 그 의리에 허물이 있지 않다. 그러므로 "허물이 없다."라고 한 것이다.

象曰 曳其輪은 **義无咎也**라

〈象傳〉에 말하였다. "'수레바퀴를 끎'은 의리상 허물이 없는 것이다."

六二는 **婦喪其茀**(불)이니 **勿逐**이라도 **七日得**하리라

六二는 부인이 자기의 머리꾸미개를 잃었으니, 쫓아가지 않더라도 7일 만에 얻으리라.

【注】 居中履正하고 處文明之盛하여 而應乎五하니 陰之光盛者也라 然居初・三之間하여 而近不相得하여 上不承三하고 下不比初라 夫以光盛之陰으로 處於二陽之間하여 近而不相得이면 能无見侵乎아 故로 曰 喪其茀也라하니라 稱婦者는 以明自有夫어늘 而它人侵之也라 茀은 首飾也라 夫以中道로 執乎貞正이어늘 而見侵者는 衆之所助也요 處旣濟之時하여 不容邪道者也라 時旣明峻하고 衆又助之하여 竊之者逃竄而莫之歸矣라 量斯勢也하면 不過七日에 不須己逐이라도 而自得也라

中에 거하고 正位를 밟고 있으며 文明의 盛함에 처하여 九五와 應하니, 陰으로서 광채가 성한 자이다. 그러나 初九와 九三의 사이에 거하여 가까이 있으면서 뜻이 서로 맞지 못해서 위로는 九三을 받들지 않고 아래로는 初九와 친하지 않다. 광채가 성한 陰으로서 두 陽의 사이에 처하여 가까이 있으면서 뜻이 서로 맞지 않으면 침탈을 당하지 않을 수 있겠는가. 그러므로 "머리꾸미개를 잃었다."라고 한 것이다. '부인'이라 칭한 것은 본래 남편이 있는데 타인이 침탈함을 밝힌 것이다. '茀'은 머리꾸미개이다.

中道로써 貞正을 지키고 있는데 남에게 침탈을 당하는 자는 여러 사람이 도와주는 바요, 旣濟의 때에 처하여 간사한 道를 용납하지 않는 자이다. 때가 이미 밝음이 높고 여러 사람이 또 도와주어서 도둑질한 자가 도망가서 돌아오지 못한다. 이 형세를 헤아려보면 불과 7일 만에 자기가 굳이 쫓아가지 않더라도 스스로 얻을 것이다.

【疏】 '六二'至'七日得' ○ 正義曰 : '婦喪其茀 勿逐 七日得'者, 茀者, 婦人之首飾也. 六二居中履正, 處文明之盛, 而應乎五, 陰之光盛者也. 然居初・三之間, 而近不相得, 夫以光盛之陰, 處於二陽之間, 近而不相得, 能无見侵乎. 故曰"婦喪其茀."[1] 稱婦者, 以明自有夫, 而他人侵之也. 夫以中道執乎貞正, 而見侵者, 物之所助也, 處旣濟之時, 不容邪道者也. 時旣明峻, 衆又助之, 竊之者逃竄而莫之歸矣. 量斯勢也, 不過七日, 不須己逐而自得, 故曰"勿逐, 七日得."[2]

1) 婦喪其茀……故曰婦喪其茀 : 王弼과 孔穎達은 '茀'을 '부인의 머리꾸미개'로 해석하였으나, 程伊川은 이를 '부인의 얼굴가리개'로 보아 "茀은 부인이 문을 나갈 때에 스스로 가리는 것이니, 가리개를 잃으면 갈 수가 없다.〔茀 婦人出門以自蔽者也 喪其茀 則不可行矣〕"라 하였고, 朱子는 이를 '부인의 수레가리개'로 보아 "茀은 부인의 수레의 가리개이니, 행할 바를 잃음을 말한 것이다.〔茀 婦車之蔽 言失其所以行也〕"라고 하였다.

그리하여 '喪其茀'이 '군주에게 등용되지 못하여 자신의 道를 행하지 못함'을 상징하는 것으로 보고, '喪其茀'하게 되는 이유를 '이미 이루어진 시대에는 군주가 아래에 있는 賢才를 등용해 쓰려 하지 않기 때문'이라고 보았다. ≪程傳≫은 다음과 같다. "六二는 文明中正한 德으로써 위로 九五의 剛陽中正한 君主에게 應하니, 마땅히 그 뜻을 행할 것이다. 그러나 九五가 이미 尊位를 얻고 때가 이미 旣濟여서 다시 나아가 할 일이 없으니, 〈군주가〉 아래에 있는 賢才에 대하여 어찌 구하여 쓰려는 뜻이 있겠는가. 그러므로 六二가 그 행함을 이루지 못하는 것이다. 예로부터 이미 이루고서 사람을 등용한 자가 드무니, 唐 太宗처럼 諫言을 받아들인 사람도 오히려 끝에는 게을러졌으니, 하물며 그보다 아래인 자에 있어서랴. 이러한 때에는 九五의 剛中이 도리어 中滿(마음속에 자만함)이 되고 坎과 離가 서로 어그러짐이 된다.〔二以文明中正之德 上應九五剛陽中正之君 宜得行其志也 然五旣得尊位 時已旣濟 无復進而有爲矣 則於在下賢才 豈有求用之意 故二不得遂其行也 自古旣濟而能用人者鮮矣 以唐太宗之用言 尙怠於終 況其下者乎 於斯時也 則剛中反爲中滿 坎離乃爲相戾矣〕"

2) 量斯勢也……七日得 : '七日得'에 대하여 程伊川은 卦가 딴 卦로 변하는 것으로 보아, '때가 변함'으로 풀이하였는바, ≪程傳≫은 다음과 같다. "卦에는 여섯 자리가 있는데 일곱이면 변하니, 7일에 얻는다는 것은 때가 변함을 말한 것이다. 비록 윗사람에게 쓰이지 않으나 中正의 道가 끝내 폐해질 이치가 없으니, 지금에 행하지 못하면 반드시 다른 때에 행해질 것이니, 聖人의 勸戒하심이 깊도다.〔卦有六位 七則變矣 七日得 謂時變也 雖不爲上所用 中正之道 无終廢之理 不得行於今 必行於異時也 聖人之勸戒深矣〕"

經의 〔六二〕에서 〔七日得〕까지

○ 正義曰 : 〔婦喪其茀 勿逐 七日得〕 '茀'은 부인의 머리꾸미개이다. 六二가 中에 거하고 正位를 밟고 있으며 文明의 盛함에 처하여 九五와 應하니, 陰으로서 광채가 성한 자

이다. 그러나 初九와 九三의 사이에 거하여 가까이 있으면서 뜻이 서로 맞지 못하니, 광채가 성한 陰으로서 두 陽의 사이에 처하여 가까이 있으면서 뜻이 서로 맞지 못하면 침탈을 당하지 않을 수 있겠는가. 그러므로 "부인이 자기의 머리꾸미개를 잃었다."라고 한 것이다. '부인'이라고 칭한 것은 본래 남편이 있는데 타인이 침탈함을 밝힌 것이다.

中道로써 貞正을 지키고 있는데 남에게 침탈을 당하는 자는 사람들이 도와주는 바요, 旣濟의 때에 처하여 간사한 道를 용납하지 않는 자이다. 때가 이미 밝음이 높고 여러 사람이 또 도와주어서 도둑질한 자가 도망하여 돌아오지 못한다. 이 형세를 헤아려보면 불과 7일 만에 자기가 굳이 쫓아가지 않더라도 스스로 얻을 것이다. 그러므로 "쫓아가지 않아도 7일 만에 얻는다."라고 한 것이다.

象曰 七日得은 以中道也일새라

〈象傳〉에 말하였다. "'7일 만에 얻음'은 中道를 지키기 때문이다."

【疏】正義曰 : '以中道'者, 釋不須追逐而自得者, 以執守中道故也.

正義曰 : 〔以中道〕 굳이 쫓아가지 않아도 스스로 얻는 까닭은 中道를 잡아 지키기 때문임을 해석한 것이다.

九三은 高宗伐鬼方하여 三年克之하니 小人勿用이니라

九三은 高宗이 鬼方을 정벌하여 3년 만에 이기니, 小人은 쓰지 말아야 한다.

殷 高宗(武丁)

【注】處旣濟之時하고 居文明之終하여 履得其位하니 是居衰末而能濟者라 高宗伐鬼方하여 三年乃克也는 君子處之故로 能興也니 小人居之면 遂喪邦也라

旣濟의 때에 처하고 文明의 끝에 거하여 밟은 것이 正位를 얻었으니, 이는 衰末의 시대에 거하여 능히 이루는 자이다. 高宗이 鬼方을 정벌하여 3년 만에 비로소 이긴 것은,

君子가 여기에 처했기 때문에 능히 일으킨 것이니, 小人이 여기에 거하면 마침내 나라를 잃는다.

【疏】 正義曰 : '高宗伐鬼方 三年克之'者, 高宗者, 殷王武丁之號也.[1] 九三處旣濟之時, 居文明之終, 履得其位, 是居衰末, 而能濟者也. 高宗伐鬼方, 以中興殷道, 事同此爻, 故取譬焉.[2] 高宗德實文明, 而勢甚衰憊, 不能卽勝, 三年乃克, 故曰"高宗伐鬼方, 三年克之"也. '小人勿用'者, 勢旣衰弱, 君子處之, 能建功立德, 故興而復之, 小人居之, 日就危亂, 必喪邦也, 故曰"小人勿用."

1) 高宗者 殷王武丁之號也 : 高宗은 殷王 武丁의 廟號이다. 武丁은 名宰相 傅說을 얻어 盤庚이 별세한 이후 쇠약해진 殷나라를 中興시켰다.
2) 高宗伐鬼方……故取譬焉 : 樓宇烈은 이것이 殷 高宗 武丁이 西北쪽 부족의 鬼方을 정벌한 고사를 가리킨다고 하고, 이 내용이 ≪竹書紀年≫에 실려 있는데, 淸代 고증학자들과 근래의 학자들은 ≪竹書紀年≫의 이 기록이 ≪詩經≫의 〈商頌〉편과 ≪周易≫의 이 爻辭와 함께 모두 위조된 것이라고 주장했다고 하였다. ≪王弼集校釋≫(華正書局, 1983) 529쪽 참조.

正義曰 : 〔高宗伐鬼方 三年克之〕 '高宗'은 殷王 武丁의 칭호이다. 九三이 旣濟의 때에 처하고 文明의 끝에 거하여 밟은 것이 正位를 얻었으니, 이는 衰末의 시대에 거하여 능히 이루는 자이다. 高宗이 鬼方을 정벌하여 殷나라의 道(政治)를 中興하였으니, 일이 이 爻와 같으므로 취하여 비유한 것이다. 高宗의 德이 실로 文明하였으나 세력이 심히 쇠하고 고단하여 즉시 승리하지 못하고 3년 만에 비로소 이겼다. 그러므로 "高宗이 鬼方을 정벌하여 3년 만에 이겼다."라고 한 것이다.

〔小人勿用〕 세력이 이미 쇠약하니, 君子가 여기에 처하면 功을 세우고 德을 수립할 수 있으므로 중흥하여 회복할 수 있지만, 小人이 여기에 거하면 날로 위태로움과 혼란함에 나아가서 반드시 나라를 잃는다. 그러므로 "소인은 쓰지 말아야 한다."라고 한 것이다.

象曰 三年克之는 憊也라

〈象傳〉에 말하였다. "'3년 만에 이김'은 고단한 것이다."

【疏】 正義曰 : '憊也'者, 以衰憊之故, 故三年乃克之.

正義曰 : 〔憊也〕 쇠하고 고단하기 때문에 3년 만에 비로소 이긴 것이다.

六四는 繻(유)有衣袽(여)하고 終日戒로다

六四는 〈배가 물이 새어〉 젖는데 헌옷이 있고 종일토록 경계하도다.

【注】 繻는 宜曰濡요 衣袽는 所以塞舟漏也라 履得其正이로되 而近不與三・五相得하니 夫有隙之棄舟로되 而得濟者는 有衣袽也일새요 隣於不親이로되 而得全者는 終日戒也일새라

'繻'는 마땅히 '濡'가 되어야 하고, '헌옷〔衣袽〕'은 배에 물이 새는 것을 막는 것이다. 밟은 것이 正位를 얻었으나 가까이 九三・九五와 뜻이 서로 맞지 못하니, 〈물이 새는〉 틈이 있어 버려야 할 배이나 건너갈 수 있는 것은 헌옷이 있기 때문이요, 친하지 않은 사람과 이웃이 되었으나 온전함을 얻는 것은 종일토록 경계하기 때문이다.

【疏】 正義曰 : '繻有衣袽 終日戒'者, 王注云"繻, 宜曰濡, 衣袽, 所以塞舟漏者也."[1] 六四處旣濟之時, 履得其位, 而近不與三・五相得, 如在舟而漏矣. 而舟漏則濡濕, 所以得濟者, 有衣袽也. 隣於不親而得全者, 終日戒也, 故曰"繻有衣袽, 終日戒"也.

1) 衣袽 所以塞舟漏者也 : 衣袽에 대하여 모두 분명한 해석이 없고 諺解에도 衣袽를 하나로 묶어서 해석하였으며, 李鼎祚의 ≪周易集解≫에는 虞翻의 說을 인용하여 "袽는 敗衣(헌옷)이다." 하였으므로 衣袽를 '헌옷'으로 번역하였으나, '衣'를 헌옷으로, '袽'를 '헌솜'으로 보아도 無理하지 않다고 생각한다.

正義曰 : 〔繻有衣袽 終日戒〕 王輔嗣(王弼)의 注에 "'繻'는 마땅히 '濡'가 되어야 하고, '헌옷〔衣袽〕'은 배에 물이 새는 것을 막는 것이다."라고 하였다. 六四가 旣濟의 때에 처하여 밟은 것이 正位를 얻었으나 가까이 九三・九五와 뜻이 서로 맞지 못하니, 마치 배에 있으면서 물이 새는 것과 같다. 배가 물이 새면 옷이 젖으나 물을 건널 수 있는 것은 헌옷이 있기 때문이요, 친하지 않은 사람과 이웃이 되었으나 온전함을 얻는 것은 종일토록 경계하기 때문이다. 그러므로 "〈배가 물이 새어〉 젖는데 헌옷이 있고 종일토록 경계한다."라고 한 것이다.

象曰 終日戒는 有所疑也일새라

〈象傳〉에 말하였다. "'종일토록 경계함'은 의심하는 바가 있기 때문이다."

【疏】 正義曰 : '有所疑'者, 釋所以終日戒, 以不與三・五相得, 懼其侵克, 有所疑故也.

正義曰 : 〔有所疑〕 '종일토록 경계함'의 이유를 해석한 것이니, 九三・九五와 뜻이 서로 맞지 못하여 그들이 침탈하고 공격할까 두려워해서 의심하는 바가 있기 때문이다.

九五는 東隣殺牛 不如西隣之禴(약)祭에 實受其福이로다

九五는 동쪽 이웃집에서 소를 잡아 祭祀함이 서쪽 이웃집의 禴제사에 실제로 그 福을 받음만 못하다.

【注】 牛는 祭之盛者也요 禴은 祭之薄者也라 居旣濟之時하여 而處尊位하여 物皆盛矣하니 將何爲焉고 其所務者 祭祀而已니 祭祀之盛은 莫盛修德이라 故로 沼沚之毛와 蘋蘩之菜도 可羞於鬼神이라 故로 黍稷非馨이요 明德惟馨[1]이라 是以로 東隣殺牛 不如西隣之禴祭에 實受其福也니라

1) 黍稷非馨 明德惟馨 : 黍稷은 기장과 피로, 대표적인 祭需이다. ≪書經≫ 〈君陳〉에 "지극한 정치는 향기로워 神明을 감동시키니, 기장과 피가 향기로운 것이 아니요, 밝은 德이 향기로운 것이다.〔至治馨香 感于神明 黍稷非馨 明德惟馨〕"라고 보인다. 이 말은, 군주가 밝은 德이 있어 제사하면 神明이 이를 흠향하고 福을 내리는데 이것은 제수가 향기로워서가 아니라 군주의 밝은 덕이 있기 때문임을 말한 것이다. 이 내용은 ≪春秋左氏傳≫ 僖公 5년조에도 보인다.

'소'는 祭物 중에 盛한 것이요, '禴'은 제사 중에 薄한 것이다. 旣濟의 때에 거하여 높은 지위에 처해서 물건이 모두 풍성하니, 장차 무엇을 하겠는가. 힘써야 할 것은 제사뿐이니, 제사의 盛함은 德을 닦는 것보다 더 盛한 것이 없다. 그러므로 연못과 저수지의 물풀과, 마름과 다북쑥의 채소도 귀신에게 올릴 수 있다. 그러므로 기장과 피가 향기로운 것이 아니요, 밝은 德이 향기로운 것이다. 이 때문에 동쪽 이웃집에서 소를 잡아 祭祀함이 서쪽 이웃집의 禴제사에 실제로 그 福을 받음만 못한 것이다.

【疏】 '九五東隣'至'受其福' ○ 正義曰 : 牛, 祭之盛者也. 禴, 殷春祭之名, 祭之薄者也. 九五居旣濟之時, 而處尊位, 物旣濟矣, 將何爲焉. 其所務者, 祭祀而已, 祭祀之盛, 莫盛修德. 九五履正居中, 動不爲妄, 修德者也. 苟能修德, 雖薄可饗. 假有東隣不能修德, 雖復殺牛至盛, 不爲鬼神歆饗, 不如我西隣禴祭雖薄, 能修其德, 故神明降福, 故曰

"東隣殺牛, 不如西隣之禴祭, 實受其福也."[1]

1) 九五履正居中……實受其福也 : 孔穎達은 '西隣'이 九五를 가리키는 것으로 보았으나, 程伊川과 朱子는 '西隣'이 六二를 가리키고 '東隣'이 九五를 가리킨다고 보았는바, 그 이유는 東隣은 陽의 방위이고 西隣은 陰의 방위이기 때문이다. 陰陽五行說에 의하면 동쪽은 陽方, 서쪽은 陰方에 해당하는바, ≪程傳≫은 다음과 같다. "九五의 가운데가 實함은 믿음이요, 六二의 가운데가 虛함은 정성이다. 그러므로 제사를 취하여 뜻으로 삼은 것이다. 동쪽 이웃은 陽이니 九五를 이르고, 서쪽 이웃은 陰이니 六二를 이른다. 소를 잡음은 성대한 제사이고 禴은 박한 제사이니, 성대함이 박함만 못한 것은 때가 똑같지 않기 때문이다. 二爻와 五爻가 모두 孚誠과 中正의 德이 있으나 六二는 旣濟의 아래에 있어서 아직 나아갈 곳이 있으므로 福을 받고, 九五는 旣濟의 極에 처하여 나아갈 곳이 없으니, 至誠과 中正으로 지키면 진실로 뒤집힘에 이르지 않을 뿐이다. 이치는 極에 이르고서 끝내 뒤집히지 않는 것이 없으니, 이미 極에 이르렀으면 비록 잘 대처하나 어찌할 방도가 없다. 그러므로 爻와 象에 오직 그 때를 말한 것이다.〔五中實 孚也 二虛中 誠也 故皆取祭祀爲義 東隣 陽也 謂五 西隣 陰也 謂二 殺牛 盛祭也 禴 薄祭也 盛不如薄者 時不同也 二五皆有孚誠中正之德 二在濟下 尙有進也 故受福 五處濟極 无所進矣 以至誠中正守之 苟未至於反耳 理无極而終不反者也 已至於極 雖善處 无如之何矣 故爻象唯言其時也〕"

經의 〔九五東隣〕에서 〔受其福〕까지

○ 正義曰 : '소'는 제물 중에 盛한 것이다. '禴'은 殷나라 봄 제사의 이름이니, 제사 중에 薄한 것이다. 九五가 旣濟의 때에 거하여 높은 지위에 처해서 물건이 이미 이루어졌으니, 장차 무엇을 하겠는가. 힘써야 할 것은 제사뿐이니, 제사의 盛함은 德을 닦는 것보다 더 盛한 것이 없다. 九五가 正位를 밟고 中에 거해서 動함에 망령된 짓을 하지 않으니, 德을 닦는 자이다. 진실로 능히 德을 닦는다면 비록 祭需가 薄하더라도 제향할 수 있다. 가령 동쪽 이웃에서 德을 닦지 못했으면 비록 다시 소를 잡아 제수가 지극히 풍성하더라도 귀신이 흠향하지 않으니, 이는 '우리 서쪽 이웃의 禴제사가 비록 薄하나 능히 德을 닦기 때문에 神明이 福을 내리는 것'만 못하다. 그러므로 "동쪽 이웃집에서 소를 잡아 祭祀함이 서쪽 이웃집의 禴제사에 실제로 그 福을 받음만 못하다."라고 한 것이다.

【疏】 ○ 注'沼沚之毛'至'鬼神' ○ 正義曰 : '沼沚之毛 蘋蘩之菜 可羞於鬼神'者, 並略左傳之文也.[1]

1) 沼沚之毛……並略左傳之文也 : 沼沚之毛와 蘋蘩之菜는 제물 중에 매우 薄한 것이다. ≪春秋左氏傳≫ 隱公 3년조에, "만약 마음이 光明하고 信實하다면 澗·溪·沼·沚에

서 자라는 물풀과, 蘋・蘩・薀藻 등의 야채와, 筐・筥・錡・釜 등의 기물과, 潢汚・行潦의 물도 鬼神에게 바칠 수 있고 王公에게 올릴 수 있다.〔苟有明信 澗溪沼沚之毛 蘋蘩薀藻之菜 筐筥錡釜之器 潢汚行潦之水 可薦於鬼神 可羞於王公〕"라고 보이는데, 杜預의 注에 "沼는 연못이고, 沚는 작은 저수지이고, 毛는 풀이다."라 하고, 또 "蘋은 大蓱이고, 蘩은 皤蒿이다."라고 하였다.

○ 注의 〔沼沚之毛〕에서 〔鬼神〕까지

○ 正義曰 : 〔沼沚之毛 蘋蘩之菜 可羞於鬼神〕 모두 ≪春秋左氏傳≫의 글을 요약한 것이다.

象曰 東隣殺牛 不如西隣之時也니

〈象傳〉에 말하였다.

"동쪽 이웃집에서 소를 잡아 제사함이 서쪽 이웃집에서 때에 맞게 제사하는 것만 못하니,

【注】 在於合時요 不在於豐也라

때에 합당함에 달려 있고, 제수의 풍성함에 달려 있지 않은 것이다.

【疏】 正義曰 : '不如西隣之時'者, 神明饗德,[1] 能修德致敬, 合於祭祀之時, 雖薄降福, 故曰"時也."

1) 神明饗德 : ≪禮記≫ 〈禮器〉에, "君子인 사람이 이 禮를 소유하기 때문에 밖의 사람으로서 疎遠한 자가 화합하지 않음이 없고, 안의 사람으로서 親近한 자가 원망하는 바가 없어서 사람은 그 仁에 귀의하고 鬼神은 그 德을 흠향하는 것이다.〔君子之人 惟其有此禮也 故外人之疎遠者 無不諧協 內人之親近者 無所怨憾 人歸其仁 神歆其德也〕"라고 보인다.

正義曰 : 〔不如西隣之時〕 神明은 德을 흠향하니, 능히 德을 닦고 공경을 지극히 하여 제사의 때에 합당하면 비록 제수가 薄하더라도 福을 내린다. 그러므로 "때에 맞다."라고 한 것이다.

【疏】 ○ 注'在於合時' ○ 正義曰 : '在於合時'者, 詩云"威儀孔時",[1] 言周王廟中, 群臣助祭, 並皆威儀肅敬, 甚得其時, 此合時之義, 亦當如彼也.

1) 詩云威儀孔時 : ≪詩經≫ 〈大雅 旣醉〉에, "威儀가 매우 때에 알맞는데 君子가 孝子를 두었다. 孝子가 다하지 아니하니 길이 너에게 좋음을 주리로다.〔威儀孔時 君子有孝子 孝子不匱 永錫爾類〕"라고 하였다.

○ 注의 〔在於合時〕

○ 正義曰 : 〔在於合時〕 ≪詩經≫에 "威儀가 매우 때에 알맞다."라고 하였으니, 이는 周王의 사당 가운데에 여러 신하들이 제사를 도우면서 모두 威儀가 엄숙하고 공경스러워 심히 그 때에 맞음을 말한 것이니, 여기의 '때에 합당하다.'는 뜻도 마땅히 ≪詩經≫과 같은 것이다.

實受其福은 吉大來也라

'실제로 그 福을 받음'은 吉함이 크게 오는 것이다."

【疏】 正義曰 : '吉大來'者, 非惟當身, 福流後世.

正義曰 : 〔吉大來〕 비단 자신뿐만이 아니요 福이 후세에까지 흐르는 것이다.

上六은 濡其首니 厲니라

上六은 머리를 적시니 위태롭다.

【注】 處旣濟之極하여 旣濟道窮이면 則之於未濟요 之於未濟면 則首先犯焉이라 過(惟)〔進〕[1]不已면 則遇於難이라 故로 濡其首也니 將沒不久하니 危莫先焉이라

1) (惟)〔進〕 : 저본에는 '惟'로 되어 있으나, 疏의 '若進而不已'와 岳本·錢本·宋本·足利本에 의거하여 '進'으로 바로잡았다.(阮元의 〈校勘記〉 참조)

旣濟의 極에 처하여 旣濟의 道가 窮極하면 未濟로 가고, 未濟로 가면 머리가 먼저 犯한다. 지나치게 나아가고 그치지 않으면 患難을 만나므로 머리를 적시는 것이다. 장차 침몰할 날이 오래지 않으리니, 위태로움이 이보다 앞서는 것이 없는 것이다.

【疏】 正義曰 : 上六處旣濟之極, 則反於未濟, 若反於未濟, 則首先犯焉. 若進而不已, 必遇於難, 故濡其首也. 旣被濡首, 將沒不久, 危莫先焉, 故曰"濡其首, 厲"也.

正義曰 : 上六이 旣濟의 極에 처하였으니 未濟로 돌아가고, 만약 未濟로 돌아가면 머리가 먼저 犯한다. 만약 나아가고 그치지 않으면 반드시 患難을 만나므로 머리를 적시는 것이다. 이미 머리가 적셔지면 장차 침몰할 날이 오래지 않으리니, 위태로움이 이보다 앞서는 것이 없다. 그러므로 "머리를 적시니 위태롭다."라고 한 것이다.

象曰 濡其首厲니 何可久也리오

〈象傳〉에 말하였다. "머리가 적셔져 위태로우니, 어찌 長久할 수 있겠는가."

【疏】 正義曰 : '何可久'者, 首旣被濡, 身將陷沒, 何可久長者也.

正義曰 : 〔何可久〕 머리가 이미 적셔지면 몸이 장차 빠지고 침몰될 것이니, 어찌 長久할 수 있겠는가.

64. 未濟䷿ 坎下離上

未濟는 **亨**하니 **小狐汔**(흘)**濟**니 **濡其尾**면 **无攸利**하니라

未濟는 형통하니, 작은(어린) 여우가 물이 말라야 건너가니, 그 꼬리를 적시면 이로운 바가 없다.

【疏】 正義曰 : '未濟 亨'者, 未濟者, 未能濟渡之名也. 未濟之時, 小才居位, 不能建功立德, 拔難濟險. 若能執柔用中, 委任賢哲, 則未濟有可濟之理, 所以得通, 故曰"未濟, 亨." '小狐汔濟 濡其尾 无攸利'者, 汔者, 將盡之名, 小才不能濟難, 事同小狐雖(難)〔能〕[1]渡水, 而无餘力, 必須水汔, 方可涉川. 未及登岸, 而濡其尾, 濟不免濡, 豈有所利. 故曰"小狐汔濟, 濡其尾, 无攸利"也.[2]

1) (難)〔能〕: 저본에는 '難'으로 되어 있으나, 宋本에 의거하여 '能'으로 바로잡았다.

2) 小狐汔濟……无攸利也 : 程伊川은 '汔'을 '仡(용감함)'로 보았는바, '汔濟'를 '삼가지 못하고서 과감히 물을 건넘'의 의미로 해석하였다. ≪程傳≫은 다음과 같다. "未濟의 때에는 亨通할 이치가 있고 卦의 재질이 다시 亨通함을 이룰 道가 있으니, 오직 신중히 대처함에 달려 있을 뿐이다. 여우는 물을 건너갈 수 있으나 꼬리를 적시면 건너가지 못하니, 늙은 여우는 의심과 두려움이 많기 때문에 얼음을 밟으면서 물소리를 들으니 빠질까 두려워해서요, 어린 여우는 두려워하고 삼가지 못하기 때문에 건넘에 용감한 것이다. 汔은 마땅히 仡이 되어야 하니, 壯勇한 모양이다. ≪書經≫에 '仡仡勇夫'라 하였다. 어린 여우가 건넘에 과감하면 꼬리를 적시어 건너지 못한다. 未濟의 때에 이루기를 구하는 방도를 마땅히 지극히 신중히 하면 亨通할 것이요, 만일 어린 여우처럼 과감히 하면 이루지 못할 것이니, 이미 이루지 못하면 이로운 바가 없는 것이다.〔未濟之時 有亨之理 而卦才復有致亨之道 唯在愼處 狐能渡水 濡尾則不能濟 其老者多疑畏 故履冰而聽 懼其陷也 小者則未能畏愼 故勇於濟 汔當爲仡 壯勇之狀 書曰 仡仡勇夫 小狐果於濟 則濡其尾而不能濟也 未濟之時 求濟之道 當至愼 則能亨 若如小狐之果 則不能濟也 旣不能濟 无所利矣〕"

한편 朱子는 '汔'을 '거의'로 보았는바, 井卦의 卦辭인 '汔至亦未繘井'에서는 程伊川도 '汔'을 '幾'로 해석한 바 있다. ≪本義≫는 다음과 같다. "汔은 거의이니, 거의 건너가서

꼬리를 적심은 건너가지 않음과 같다.〔汔 幾也 幾濟而濡尾 猶未濟也〕"

正義曰 : 〔未濟 亨〕 '未濟'는 아직 물을 건너가지 못함의 이름이다. 未濟의 때에 작은 재주의 사람이 지위에 있으면 功을 세우고 德을 수립하지 못하여 어려움(患難)에서 벗어나고 험함을 건너가지 못한다. 만약 柔를 지키고 中을 써서 賢哲한 자에게 위임하면 未濟에 건너갈 수 있는 이치가 있게 되니, 이 때문에 통할 수 있다. 그러므로 "未濟는 형통하다."라고 한 것이다.

〔小狐汔濟 濡其尾 无攸利〕 '汔'은 장차 다하는 이름이니, 작은 재주의 사람이 어려움을 구제하지 못하여 그 일이 마치 작은 여우가 비록 물을 건너갈 수 있으나 남은 힘이 없어서 반드시 물이 마르기를 기다려야 비로소 냇물을 건너가는 것과 같다. 미쳐 江岸에 오르기 전에 그 꼬리를 적셔서 건넘에 젖음을 면치 못하면 어찌 이로운 바가 있겠는가. 그러므로 "작은 여우가 물이 말라야 건너가니, 그 꼬리를 적시면 이로운 바가 없다."라고 한 것이다.

彖曰 未濟亨은 柔得中也일새요

〈彖傳〉에 말하였다.

"'未濟가 형통함'은 柔가 中을 얻었기 때문이요,

【注】 以柔處中은 不違剛也니 能納剛健故로 得亨也라

柔로서 中에 처함은 剛을 어기지 않는 것이니, 능히 剛健함을 받아들이기 때문에 형통함을 얻는 것이다.

【疏】 正義曰 : 此就六五以柔居中, 下應九二, 釋未濟所以得亨. 柔而得中, 不違剛也. 與二相應, 納剛自輔, 故於未濟之世, 終得亨通也.

正義曰 : 이는 六五가 柔로서 中에 거하고 아래로 九二에 應함을 가지고 未濟가 형통함을 얻은 이유를 해석하였다. 柔하면서 中을 얻음은 剛을 어기지 않는 것이요, 九二와 서로 應함은 剛을 받아들여 스스로 돕는 것이다. 그러므로 未濟의 세상에 끝내 형통함을 얻는 것이다.

小狐汔濟는 未出中也일새요

'작은 여우가 물이 말라야 건너감'은 험한 가운데를 벗어나지 못하기 때문이요,

【注】 小狐不能涉大川하여 須汔然後에야 乃能濟라 處未濟之時하여 必剛健拔難然後에야 乃能濟하니 汔乃能濟는 未能出險之中이라

작은 여우는 큰 냇물을 건너가지 못하여 물이 마르기를 기다린 뒤에야 비로소 건너갈 수 있다. 未濟의 때에 처하여 반드시 剛健함으로 어려움에서 벗어난 뒤에야 비로소 건너갈 수 있으니, 물이 말라야 비로소 건너감은 험한 가운데를 벗어나지 못하기 때문이다.

【疏】 正義曰 : '小狐汔濟 未出中也'者, 釋小狐涉川, 所以必須水汔乃濟, 以其力薄, 未能出險之中故也.

正義曰 : 〔小狐汔濟 未出中也〕 작은 여우가 물을 건널 적에 반드시 물이 마르기를 기다려야 비로소 건너가는 이유는, 그 힘이 적어서 능히 그 험한 가운데를 벗어나지 못하기 때문임을 해석한 것이다.

濡其尾면 无攸利는 不續終也일새라

'그 꼬리를 적시면 이로운 바가 없음'은 계속하여 끝마치지 못하기 때문이다.

【注】 小狐雖能渡나 而无餘力이라 將濟而濡其尾는 力竭於斯하여 不能續終하니 險難을 猶未足以濟也라 濟未濟者는 必有餘力也라

작은 여우가 비록 물을 건널 수 있으나 남은 힘이 없다. 장차 건너려 하는데 꼬리를 적심은 힘이 여기에서 다해서 계속하여 끝마치지 못하는 것이니, 험난함을 아직도 건너가지 못한 것이다. 未濟를 건너는 자는 반드시 남은 힘이 있어야 한다.

【疏】 正義曰 : 濡尾力竭, 不能相續而終, 至於登岸, 所以无攸利也.

正義曰 : 꼬리가 젖어 힘이 다해서 서로 계속하여 끝마쳐서 江岸에 오름에 이르지 못하니, 이 때문에 이로운 바가 없는 것이다.

雖不當位나 **剛柔應也**라

비록 자리가 마땅하지 않으나 剛과 柔가 應한다."

【注】 位不當故로 未濟요 剛柔應故로 可濟라

자리가 마땅하지 않기 때문에 아직 건너가지 못한 것이요, 剛과 柔가 應하기 때문에 건너갈 수 있는 것이다.

【疏】 正義曰 : '雖不當位 剛柔應'者, 重釋未濟之義, 凡言未者, 今日雖未濟, 復有可濟之理. 以其不當其位, 故卽時未濟, 剛柔皆應, 是得相拯, 是有可濟之理. 故稱未濟, 不言不濟也.

正義曰 : 〔雖不當位 剛柔應〕'未濟'의 뜻을 거듭 해석한 것이니, 무릇 '未'라고 말한 것은 금일에는 비록 건너지 못하였으나 다시 건널 수 있는 이치가 있는 것이다. 자기 자리에 마땅하지 않기 때문에 즉시 건너가지는 못하나, 剛과 柔가 모두 應하니 이는 서로 구원해줌을 얻는 것이니 이는 건너갈 수 있는 이치가 있는 것이다. 그러므로 '未濟'라고 일컫고 '不濟'라고 말하지 않은 것이다.

象曰 火在水上이 **未濟**니 **君子以愼辨物居方**하나니라

〈象傳〉에 말하였다. "불이 물 위에 있는 것이 未濟卦이니, 君子가 보고서 삼가 물건을 분별하여 方所(제자리)에 있게 한다."

【注】 辨物居方하여 令物各當其所也라

물건을 분별하여 方所에 있게 하여 물건으로 하여금 각각 제자리에 마땅하게 하는 것이다.

【疏】 正義曰 : '火在水上 未濟'者, 火在水上, 不成烹飪, 未能濟物. 故曰"火在水上, 未濟." '君子以愼辨物居方'者, 君子見未濟之時, 剛柔失正, 故用愼爲德, 辨別衆物, 各居其方, 使皆得安其所, 所以濟也.[1)]

1) 君子以愼辨物居方者……所以濟也 : 朱子는 불이 위에 있고 물이 아래에 있는 것이 불

과 물이 각각 제자리에 머무는 것이라고 보아, "물과 불의 다른 물건이 각기 제자리에 머물러 있다. 그러므로 君子가 象을 관찰하여 살펴 분별하는 것이다.〔水火異物 各居其所 故君子觀象而審辨之〕"라고 하였다.

正義曰 : 〔火在水上 未濟〕 불이 물 위에 있으면 음식을 삶음을 이루지 못하여 물건을 이루지 못한다. 그러므로 "불이 물 위에 있는 것이 未濟卦이다."라고 한 것이다.

〔君子以愼辨物居方〕 君子가 未濟의 때에 剛과 柔가 正位를 잃음을 보았다. 그러므로 삼감을 德으로 삼아서 여러 가지 물건을 변별해서 각각 方所에 거하게 하여 모두 方所에 편안히 있게 하니, 이 때문에 건너가는 것이다.

初六은 濡其尾니 吝하니라

初六은 여우가 꼬리를 적시니, 부끄럽다.

【注】 處未濟之初하여 最居險下하여 不可以濟者也어늘 而欲之其應하여 進則溺身이라 未濟之始는 始於旣濟之上六也니 濡其首로되 猶不反하여 至於濡其尾하면 不知紀極者也라 然이나 以陰處下하여 非爲進亢하여 遂其志者也니 困則能反이라 故로 不曰凶이라 事在已量이어늘 而必困乃反하니 頑亦甚矣라 故로 曰 吝也라하니라

未濟의 처음(시초)에 처해서 가장 험한 아래에 거하여 건너갈 수 없는 자인데, 자기 應에게 가고자 하여 나아가면 몸을 빠뜨린다. 未濟卦의 시초는 旣濟卦의 上六에서 시작되니, 〈旣濟卦의 上六에서〉 머리를 적시었으나 오히려 돌이키지 아니하여 그 꼬리를 적심에 이르면 그칠 줄〔紀極〕을 알지 못하는 자이다. 그러나 陰으로서 아래에 처해서 나아가기를 亢極하게 하여 그 뜻을 이루는 자가 아니니, 곤궁하면 능히 돌아온다. 그러므로 "흉하다."라고 말하지 않은 것이다. 일은 잘 헤아림에 달려 있는데 반드시 곤궁하여야 비로소 돌아오니, 頑惡함이 또한 심하다. 그러므로 "부끄럽다."라고 한 것이다.

【疏】 '初六'至'吝' ○正義曰 : 初六處未濟之初, 最居險下, 而欲上之其應, 進則溺身, 如小狐之渡川, 濡其尾也. 未濟之始, 始於旣濟之上六也, 旣濟上六, 但云"濡其首", 言始入於難, 未沒其身, 此言"濡其尾"者, 進不知極, 已沒其身也. 然以陰處下, 非爲進亢, 遂其志者也, 困則能反, 故不曰"凶." 不能豫昭事之幾萌, 困而後反, 頑亦甚矣, 故曰"吝"也.

經의 〔初六〕에서 〔吝〕까지

○ 正義曰 : 初六이 未濟의 처음에 처해서 가장 험한 아래에 거하여 위로 應에게 가고자 해서 나아가면 몸을 빠뜨리니, 이는 작은 여우가 냇물을 건널 적에 그 꼬리를 적시는 것과 같다. 未濟卦의 시초는 旣濟卦의 上六에서 시작되니, 旣濟卦의 上六에 다만 "머리를 적신다."라고 말한 것은 처음 患難으로 들어가서 아직 그 몸을 빠뜨리지 않음을 말한 것이요, 여기에서 "꼬리를 적신다."라고 말한 것은 나아감에 그칠 줄을 알지 못하여 이미 그 몸을 빠뜨린 것이다. 그러나 陰으로서 아래에 처해서 나아가기를 亢極하게 하여 그 뜻을 이루는 자가 아니니, 곤궁하면 능히 돌아온다. 그러므로 "흉하다."라고 말하지 않은 것이다. 일의 기미와 싹을 미리 밝게 알지 못하여 곤궁한 뒤에 돌아오니, 頑惡함이 또한 심하다. 그러므로 "부끄럽다."라고 한 것이다.

【疏】 ○ 注'不知紀極' ○ 正義曰 : '不知紀極'者, 春秋傳曰"聚斂積實, 不知紀極, 謂之饕餮(도철)",[1] 言无休已也.

1) 春秋傳曰……謂之饕餮(도철) : ≪春秋左氏傳≫ 文公 18년조에, "음식을 탐하고 재물을 탐하여 침탈하려는 욕심이 많아서 만족할 줄을 몰라 聚斂하고 재물을 축적하여 그 紀極을 알지 못해서 孤兒나 寡婦에게 나눠주지 않고 궁핍한 사람을 구휼하지도 않으니, 천하의 백성이 이를 三凶에 비교하여 '饕餮'이라고 한다.〔貪于飮食 冒于貨賄 侵欲崇侈 不可盈厭 聚斂積實 不知紀極 不分孤寡 不恤窮匱 天下之民以比三凶 謂之饕餮〕"라고 보인다.

○ 注의 〔不知紀極〕

○ 正義曰 : 〔不知紀極〕 ≪春秋左氏傳≫에 "聚斂하고 재물을 축적하여 그 紀極을 알지 못하는 것을 '饕餮'이라 한다."라고 하였으니, 〈'不知紀極'은〉 쉬고 그침이 없음을 말한 것이다.

象曰 濡其尾는 亦不知極也라

〈象傳〉에 말하였다. "'여우가 꼬리를 적심'은 또한 極을 알지 못하는 것이다."

【疏】 正義曰 : '亦不知極'者, 未濟之初, 始於旣濟之上六, 濡首而不知, 遂濡其尾, 故曰"不知極也."[1]

1) 亦不知極者……故曰不知極也 : 程伊川은 '不知極'을 '不知가 지극함'으로 보아, "자신의

재주와 힘을 헤아리지 않고 나아가서 꼬리를 적심에 이름은 이는 알지 못함이 지극한 것이다.〔不度其才力而進 至於濡尾 是不知之極也〕"라고 하였다. 반면 朱子는 "極字는 未詳이다. 上下의 韻을 상고해도 맞지 않으니, 혹 敬字일 듯하니, 이제 우선 빼놓는다.〔極字未詳 考上下韻 亦不叶 或恐是敬字 今且闕之〕"라고 하였다.

正義曰:〔亦不知極〕未濟卦의 처음은 旣濟卦의 上六에서 시작되니, 머리를 적시는데도 알지 못하고 마침내 그 꼬리를 적셨다. 그러므로 "極을 알지 못하는 것이다."라고 한 것이다.

九二는 曳其輪이나 貞하여 吉하니라

九二는 수레바퀴를 끄나 貞하여 吉하다.

【注】體剛履中하여 而應於五하고 五體陰柔하여 應與而不自任者也라 居未濟之時하고 處險難之中하여 體剛中之質로 而見任與하여 拯救危難하고 經綸屯蹇者也라 用健拯難하여 靖難在正하여 而不違中이라 故로 曳其輪이나 貞하여 吉也라

〈九二는〉體가 剛하고 中을 밟고 있으면서 六五에 應하고, 六五는 體가 陰柔여서 應에게 맡겨주고 스스로 맡지 않는 자이다.〈九二는〉未濟의 때에 거하고 險難한 가운데에 처하여 體가 剛中의 자질로서 위임을 받아서 危難을 구원하고 患亂을 經綸하는 자이다. 강건함을 사용하여 환난을 구제해서 환난을 안정시킴이 바름에 있어서 中을 어기지 않는다. 그러므로 수레바퀴를 끄나 貞하여 吉한 것이다.

【疏】正義曰:'曳其輪 貞吉'者, 九二居未濟之時, 處險難之內, 體剛中之質, 以應於五, 五體陰柔, 委任於二, 令其濟難者也. 經綸屯蹇, 任重憂深, 故曰"曳其輪." 曳其輪者, 言其勞也.[1] 靖難在正, 然後得吉, 故曰"曳其輪, 貞吉"也.

1) 曳其輪貞吉者……言其勞也:'曳其輪'을 孔穎達은 수고로움을 상징하는 것으로 보았는데, 朱子는 旣濟卦의 初九 爻辭에서와 마찬가지로 이를 '멈추고 나아가지 않음의 象'으로 보았다. 한편 程伊川은 이를 '천천히 나아가는 象'으로 보았는바, ≪程傳≫은 다음과 같다. "다른 卦에 있어서는 九가 二에 거함이 柔에 거하고 中을 얻음이 되어 지나치게 剛한 뜻이 없으나 未濟에 있어서는 聖人이 卦象을 깊이 취하여 경계해서 윗사람을 섬김에 恭順히 하는 도리를 밝히셨다. 未濟는 君主의 道가 艱難한 때이다. 六五가 柔로서 君位에 처하였고, 九二가 剛陽의 재질로 서로 應하는 위치에 처하였으니, 마땅히 쓰여

질 자이다. 剛은 柔를 능멸하는 뜻이 있고 물은 불을 이기는 象이 있다. 군주가 艱難한 때를 당하여 군주가 의뢰할 것은 재주 있는 신하이니, 신하는 더욱 마땅히 恭順한 도리를 다하여야 한다. 그러므로 수레를 뒤로 끌 듯하여 급속히 하지 않으면 正을 얻어 吉하다고 경계한 것이다. 수레바퀴를 뒤로 끌어 그 氣勢를 줄이고 그 나아감을 늦춰야 하니, 剛을 쓰기를 지나치게 함을 경계한 것이니, 剛함이 지나치면 윗사람을 범하기 좋아하여 순함이 부족하다.〔在他卦 九居二 爲居柔得中 无過剛之義也 於未濟 聖人深取卦象以爲戒 明事上恭順之道 未濟者 君道艱難之時也 五以柔處君位 而二乃剛陽之才 而居相應之地 當用者也 剛有陵柔之義 水有勝火之象 方艱難之時 所賴者 才臣耳 尤當盡恭順之道 故戒曳其輪則得正而吉也 倒曳其輪 殺其勢 緩其進 戒用剛之過也 剛過則好犯上而順不足〕

正義曰 :〔曳其輪 貞吉〕 九二가 未濟의 때에 거하고 험난한 안에 처하여 體가 剛中의 자질로서 六五에 應하며, 六五는 體가 陰柔여서 九二에게 委任하여 〈九二로〉 하여금 患難을 구제하게 하는 자이다. 〈九二는〉 환난을 經綸하여 임무가 무겁고 근심이 깊다. 그러므로 "수레바퀴를 끈다."라고 한 것이니, '수레바퀴를 끎'은 그 수고로움을 말한 것이다.

어려움을 안정시킴이 바름에 있은 뒤에야 吉함을 얻는다. 그러므로 "수레바퀴를 끄나 貞하여 吉하다."라고 한 것이다.

象曰 九二貞吉은 中以行正也일새라

〈象傳〉에 말하였다. "九二의 貞吉은 中으로써 바름을 행하기 때문이다."

【注】 位雖不正이나 中以行正也라

자리가 비록 바르지 않으나 中으로써 바름을 행하는 것이다.

【疏】 正義曰 : '中以行正'者, 釋九二失位而稱貞吉者, 位雖不正, 以其居中, 故能行正也.

正義曰 :〔中以行正〕 '九二가 正位를 잃었는데도 貞吉이라고 칭한 이유는 자리가 비록 바르지 않으나 中에 거했기 때문에 바름을 행할 수 있는 것임'을 해석한 것이다.

六三은 未濟에 征凶하나 利涉大川하니라

六三은 未濟에 가면 흉하나 大川을 건넘이 이롭다

【注】以陰之質로 失位居險하여 不能自濟者也라 以不正之身으로 力不能自濟어늘 而求進焉이면 喪其身也라 故로 曰 征凶也라하니라 二能拯難이어늘 而已比之하니 棄已委二하여 載二而行이면 溺可得乎아 何憂未濟리오 故로 曰 利涉大川이라하니라

陰의 자질로서 正位를 잃고 험함에 거하여 스스로 건너가지 못하는 자이다. 바르지 못한 몸으로 힘이 스스로 구제하지 못하는데 나아가기를 구하면 그 몸을 망친다. 그러므로 "가면 흉하다."라고 한 것이다.

九二가 어려움을 구제할 수 있는데 자기가 九二와 가까이 있으니, 자기를 버리고 九二에게 맡겨서 九二를 싣고 가면 물에 빠질 수 있겠는가. 어찌 건너지 못함을 근심하겠는가. 그러므로 "大川을 건넘이 이롭다."라고 한 것이다.

【疏】正義曰 : '未濟 征凶'者, 六三以陰柔之質, 失位居險, 不能自濟者也. 身既不能自濟, 而欲自進求濟, 必喪其身. 故曰"未濟, 征凶"也. '利涉大川'者, 二能拯難, 而已比之, 若能棄已委二, 則沒溺可免, 故曰"利涉大川."[1)]

1) 利涉大川者……故曰利涉大川 : '利涉大川'을 王弼과 孔穎達은 '六三이 자기를 버리고 九二에게 맡기면 大川을 건널 수 있음'의 의미로 보았다.

그러나 程伊川은 이를 '上九를 따름'으로 보았는바, ≪程傳≫은 다음과 같다. "위에 剛陽의 應이 있으니, 만약 험함을 건너고 가서 따른다면 구제할 것이다. 그러므로 大川을 건넘이 이로운 것이다. 그러나 六三의 陰柔가 어찌 험함을 벗어나서 갈 수 있겠는가. 때가 不可한 것이 아니요, 재주가 능하지 못한 것이다.〔上有剛陽之應 若能涉險而往從之 則濟矣 故利涉大川也 然三之陰柔 豈能出險而往 非時不可 才不能也〕"

朱子의 ≪本義≫는 다음과 같다. "陰柔이고 中正하지 못함으로 未濟의 때에 거하였으니, 그대로 가면 흉하다. 그러나 柔로서 剛을 타고 장차 坎에서 벗어나게 되었으니, 利涉大川의 象이 있다. 그러므로 그 占이 이와 같은 것이다. 길을 가는 자는 水上으로 떠갈 것이요 陸地로 달려가서는 안 된다. 혹자는 '利'자 위에 마땅히 '不'자가 있어야 한다고 의심한다.〔陰柔不中正 居未濟之時 以征則凶 然以柔乘剛 將出乎坎 有利涉之象 故其占如此 蓋行者可以水浮 而不可以陸走也 或疑利字上 當有不字〕"

朱子가 말한 혹자의 說대로라면 '不利涉大川'이 되어 '大川을 건넘에 이롭지 못함'이 되는바, 程伊川 역시 "때가 불가한 것이 아니요, 재주가 능하지 못한 것이다."라고 하였다. '征凶'과 '利涉大川'은 뜻이 서로 맞지 않고 중간에 역접사가 없으며, 〈象傳〉에서 '利涉大川'을 따로 해석하지 않은 것으로 보아 혹자의 설이 옳은 것으로 보인다.

正義曰 : 〔未濟 征凶〕 六三이 陰柔의 자질로서 正位를 잃고 험함에 거하여 스스로 건

너가지 못하는 자이다. 몸이 이미 스스로 건너가지 못하는데 스스로 나아가 건너기를 구하고자 하면 반드시 그 몸을 망친다. 그러므로 "未濟에 가면 凶하다."라고 한 것이다.

〔利涉大川〕 九二가 어려움을 구제할 수 있는데 자기가 九二와 가까이 있으니, 만약 능히 자기를 버리고 九二에게 맡기면 물에 빠짐을 면할 수 있다. 그러므로 "大川을 건넘이 이롭다."라고 한 것이다.

象曰 未濟征凶은 位不當也일새라

〈象傳〉에 말하였다. "'未濟에 가면 흉함'은 자리가 마땅하지 않기 때문이다."

【疏】 正義曰 : '位不當'者, 以不當其位, 故有征則凶.

正義曰 : 〔位不當〕 그 자리에 마땅하지 않기 때문에 가면 흉한 것이다.

九四는 貞하면 吉하여 悔亡하리니 震用伐鬼方하여 三年에 有賞于大國이로다

九四는 貞하면 吉해서 뉘우침이 없어질 것이니, 진동하여 鬼方을 정벌해서 3년 만에 큰 나라로 賞을 주도다.

【注】 處未濟之時하여 而出險難之上하고 居文明之初하여 體乎剛質하여 以近至尊하니 雖履非其位나 志在乎正이면 則吉而悔亡矣라 其志得行하여 靡禁其威라 故로 曰 震用伐鬼方也라하니라 伐鬼方者는 興衰之征也라 故로 每至興衰而取義焉이라 處文明之初하여 始出於難하여 其德未盛이라 故로 曰 三年也라하니라 五居尊以柔하여 體乎文明之盛하여 不奪物功者也라 故로 以大國賞之也라

未濟의 때에 처하여 험난함(坎)의 위로 나오고 文明(離)의 처음에 거하여 體가 剛한 자질이면서 至尊과 가까우니, 비록 밟고 있는 것이 正位가 아니나 뜻이 바름에 있으면 吉하여 뉘우침이 없어지는 것이다.

그 뜻이 행해져 그 위엄을 禁하는 이가 없다. 그러므로 "진동하여 鬼方을 정벌한다."라고 한 것이다. '伐鬼方'은 쇠약함을 일으키는 정벌이다. 그러므로 매번 쇠약함을 일으킴에 이르면 여기에서 뜻을 취한 것이다.

文明의 초기에 처하여 처음으로 험난함에서 나와 그 德이 아직 盛하지 못하다. 그러므

로 "3년"이라고 한 것이다. 六五가 柔로서 높은 지위에 거하여 文明의 盛함을 體行해서 남의 功을 빼앗지 않는 자이다. 그러므로 큰 나라로써 상을 주는 것이다.

【疏】 正義曰 : 居未濟之時, 履失其位, 所以爲悔. 但出險難之外, 居文明之初, 以剛健之質, 接近至尊, 志行其正, 正則貞吉而悔亡, 故曰"貞吉, 悔亡." 正志既行, 靡禁其威, 故震發威怒, 用伐鬼方也. 然處文明之初, 始出於險, 其德未盛, 不能卽勝, 故曰"三年"也. 五以順柔文明而居尊位, 不奪物功, 九四旣克而還, 必得百里大國之賞, 故曰"有賞於大國"也.

正義曰 : 未濟의 때에 거하여 밟은 것이 正位를 잃었으니, 이 때문에 뉘우침이 되는 것이다. 다만 험난함의 밖으로 나오고 文明한 처음에 거하여 剛健한 자질로 至尊에 접근해서 뜻이 바름을 행하려 하니, 바르면 貞吉하여 후회가 없어진다. 그러므로 "貞하면 吉해서 뉘우침이 없어질 것이다."라고 한 것이다.

바른 뜻이 이미 행해졌으면 그 위엄을 禁하는 이가 없다. 그러므로 위엄과 노여움을 진동하여 발해서 鬼方을 정벌한 것이다. 그러나 文明의 초기에 처하여 처음으로 험난함에서 나와 그 德이 아직 盛하지 못하여 즉시 승리하지 못한다. 그러므로 "3年"이라 한 것이다.

六五가 順柔하고 文明함으로서 높은 지위에 거하여 남의 功을 빼앗지 않으니, 九四가 이미 승리하고 돌아오면 반드시 百里가 되는 큰 나라를 賞으로 얻는다. 그러므로 "큰 나라로 賞을 준다."라고 한 것이다.

象曰 貞吉悔亡은 志行也일새라

〈象傳〉에 말하였다. "'貞하면 吉해서 뉘우침이 없어짐'은 뜻이 행해지기 때문이다."

【疏】 正義曰 : '志行'者, 釋九四失位而得貞吉悔亡者也, 以其正志得行, 而終吉故也.

正義曰 : 〔志行〕 九四가 正位를 잃었으나 '貞하면 吉해서 뉘우침이 없어짐'을 얻은 이유를 해석한 것이니, 바른 뜻이 행해져서 끝내 吉하기 때문이다.

六五는 貞吉이라야 无悔니 君子之光이 有孚라 吉하니라

六五는 貞하여 吉하여야 뉘우침이 없으니, 君子의 광채가 믿음이 있어 吉하다.

【注】以柔居尊하고 處文明之盛하여 爲未濟之主라 故로 必正然後乃吉이요 吉乃得无悔也라 夫以柔順文明之質로 居於尊位하여 付與於能하고 而不自役하여 使武以文하고 御剛以柔하면 斯誠君子之光也라 付物以能[1)]하여 而不疑也하면 物則竭力하여 功斯克矣라 故로 曰有孚라 吉이라하니라

1) 付物以能 : 각 사람의 능력에 따라 그에 맞는 일을 맡긴다는 뜻이다.

柔로서 높은 지위에 거하고 文明의 盛함에 처하여 未濟의 주체가 되었다. 그러므로 반드시 바른 뒤에야 비로소 吉하고, 吉하여야 비로소 뉘우침이 없을 수 있는 것이다. 柔順하고 文明한 자질로 높은 지위에 있으면서 능한 자에게 맡겨주고 스스로 일하지 아니하여 武를 부리기를 文으로써 하고 剛을 어거하기를 柔로써 하면 이는 진실로 군자의 광채이다. 남에게 맡기기를 능함으로써 하고 의심하지 않으면 남이 힘을 다하여 功이 이루어진다. 그러므로 "믿음이 있어 吉하다."라 한 것이다.

【疏】正義曰 : '貞吉 无悔'者, 六五以柔居尊, 處文明之盛, 爲未濟之主, 故必正然後乃吉, 吉乃得无悔, 故曰"貞吉, 无悔"也.[1)] '君子之光'者, 以柔順文明之質, 居於尊位, 有應於二, 是能付物以能, 而不自役, 有君子之光華矣, 故曰"君子之光"也. '有孚 吉'者, 付物以能, 而无疑焉, 則物竭其誠, 功斯克矣, 故曰"有孚, 吉"也.[2)]

1) 貞吉无悔者……无悔也 : 王弼과 孔穎達은 无悔의 조건을 吉로 보고, 또 吉의 조건을 貞으로 보았는바, 이는 "貞吉 无悔"를 경계의 말로 본 것이다.

반면 程伊川과 朱子는 六五가 이미 貞吉을 얻은 것으로 보아 이를 경계의 말로 보지 않았다. ≪程傳≫은 다음과 같다. "六五는 文明의 주체로 剛에 거하고 剛에 應하며 그 처함이 中을 얻어서 마음을 비워 陽에게 보필을 받으니, 비록 柔로서 尊位에 거하였으나 처하기를 지극히 바르게 하고 지극히 善하게 하니, 부족함이 없다. 이미 貞正함을 얻었기 때문에 吉하여 뉘우침이 없는 것이다. 貞은 固有한 것으로 경계함이 아니니, 이와 같이 하여 구제하면 구제하지 못함이 없을 것이다.〔五 文明之主 居剛而應剛 其處得中 虛其心而陽爲之輔 雖以柔居尊 處之至正至善 无不足也 旣得貞正 故吉而无悔 貞其固有 非戒也 以此而濟 无不濟也〕"

2) 有孚吉者……吉也 : 위에는 '貞吉'이 있고 아래에는 '有孚吉'이 있어 '吉'자가 중첩되는바, 이에 대하여 程伊川은 "위에서 말한 吉은 貞하기 때문이니 柔하면서 貞함은 德의

吉함이요, 아래에서 말한 吉은 功 때문이니, 이미 빛나고 진실함이 있으면 당시를 구제할 수 있는 것이다.〔上云吉 以貞也 柔而能貞 德之吉也 下云吉 以功也 旣光而有孚 時可濟也〕" 라고 하였다. 한편 朱子는 "吉하고 또 吉하다.〔吉而又吉也〕"라고 하였다.

正義曰 : 〔貞吉 无悔〕 六五가 柔로서 높은 지위에 거하고 文明의 盛함에 처하여 未濟의 주체가 되었다. 그러므로 반드시 바른 뒤에야 비로소 吉하고, 吉하여야 비로소 뉘우침이 없을 수 있다. 그러므로 "貞하여 吉하여야 뉘우침이 없다."라고 한 것이다.

〔君子之光〕 柔順하고 文明한 자질로 높은 지위에 있고 二에 應이 있으니, 이는 남에게 맡기기를 능함으로써 하고 스스로 일하지 아니하여 君子의 光華가 있는 것이다. 그러므로 "君子의 광채"라고 한 것이다.

〔有孚 吉〕 남에게 맡기기를 능함으로써 하고 의심하지 않으면 남이 그 정성을 다하여 功이 이루어진다. 그러므로 "믿음이 있어 吉하다."라고 한 것이다.

象曰 君子之光은 其暉吉也라

〈象傳〉에 말하였다. "'君子의 광채'는 그 빛이 吉한 것이다."

【疏】 正義曰 : '其暉吉'者, 言君子之德, 光暉著見,[1] 然後乃得吉也.

1) 光暉著見 : '暉'에 대하여 孔穎達은 '光暉著見'으로 해석하여 '暉'를 '輝'와 동일하게 보아 '광채'로 해석하였으나, 程伊川과 朱子는 모두 "暉는 빛이 발산된 것이다.〔暉 光之散也〕" 라고 하여 앞의 '光'이 광채이고 '暉'는 광채가 더욱 발산된 것으로 해석하였다.

正義曰 : 〔其暉吉〕 君子의 德이 그 광채가 밝게 드러난 뒤에 비로소 吉함을 얻음을 말한 것이다.

上九는 有孚于飮酒면 无咎어니와 濡其首하니 有孚하여 失是로다

上九는 믿음이 있어 술을 마시면 허물이 없으나, 머리를 적시니 믿음이 있어서 이것을 잃은 것이다.

【注】 未濟之極이면 則反於旣濟하나니 旣濟之道는 所任者當也라 所任者當이면 則可信之无疑하여 而已逸焉이라 故로 曰 有孚于飮酒하면 无咎也라하니라 以其能信於物故로 得逸豫而不憂於事之廢하니 苟不憂於事之廢하고 而耽於樂之甚이면 則至于失節矣라 由於有孚하여

失於是矣라 故로 曰 濡其首하니 有孚하여 失是也라하니라

未濟가 지극하면 旣濟로 돌아오니, 旣濟의 道는 맡긴 자가 합당한 것이다. 맡긴 자가 합당하면 믿고 의심하지 않아서 자기가 편안할 수 있다. 그러므로 "믿음이 있어 술을 마시면 허물이 없다."라고 한 것이다.

능히 남을 믿기 때문에 편안함을 얻어서 일이 폐해짐을 근심하지 않을 수 있는 것이니, 만약 일이 폐해짐을 근심하지 않고 즐거움을 탐하기를 심하게 하면 절제함을 잃는 데에 이른다. 이는 믿음이 있음으로 말미암아 이것을 잃은 것이다. 그러므로 "머리를 적시니 믿음이 있어서 이것을 잃은 것이다."라고 한 것이다.

【疏】 正義曰 : '有孚于飮酒 无咎'者, 上九居未濟之極, 則反於旣濟. 旣濟之道, 則所任者當也. 所任者當, 則信之无疑, 故得自逸飮酒而已, 故曰"有孚于飮酒, 无咎."[1] '濡其首'者, 旣得自逸飮酒, 而不知其節, 則濡首之難, 還復及之, 故曰"濡其首"也.[2] '有孚 失是'者, 言所以濡首之難及之者, 良由信任得人, 不憂事廢, 故失於是矣. 故曰"有孚, 失是"也.[3]

1) 有孚于飮酒无咎者……无咎 : '有孚于飮酒'를 王弼과 孔穎達은 '일을 남에게 맡기고서 그 사람을 믿으므로 자기는 편안함을 얻어 술을 마심'의 의미로 보았다.

반면 程伊川은 이를 '義와 命을 편안히 여기고 스스로 즐거워함'의 의미로 보았는데, 未濟는 極이 되었다고 해서 구제할 이치가 생기는 것은 아니라고 보았기 때문이다. ≪程傳≫은 다음과 같다. "上九는 剛으로서 위에 있으니 剛함이 지극하고, 밝음의 위에 거하였으니 밝음이 지극하다. 剛함이 지극하면서도 밝으면 조급함이 되지 않고 결단함이 되니, 밝으면 사리를 밝힐 수 있고 剛하면 義理로 결단할 수 있다. 未濟의 極에 거하여 구제할 수 있는 지위를 얻지 않으면 구제할 수 있는 이치가 없으니, 마땅히 하늘을 즐거워하고 命을 순히 할 뿐이다. 否가 끝나면 기욺이 있는 것은 때가 변했기 때문이요, 未濟는 極이 되었다고 하여 스스로 구제할 이치가 없다. 그러므로 다만 未濟의 極이 될 뿐이니, 至誠으로 義와 命을 편안히 여기고 스스로 즐거워하면 허물이 없을 수 있다. 〔九以剛在上 剛之極也 居明之上 明之極也 剛極而能明 則不爲躁而爲決 明能燭理 剛能斷義 居未濟之極 非得濟之位 无可濟之理 則當樂天順命而已 若否終則有傾 時之變也 未濟則无極而自濟之理 故止爲未濟之極 至誠安於義命而自樂 則可无咎〕"

한편 朱子는, 程伊川과 다르게, 未濟의 極에 이르면 이제 곧 훌륭한 일을 할 수 있게 될 것이므로 그 때를 기다려야 한다고 보았는바, ≪本義≫는 다음과 같다. "剛明으로 未濟의 極에 거하여 때가 장차 일을 할 수 있으며 스스로 믿고 스스로 기르면서 命을 기다리니, 无咎의 道이다.〔以剛明居未濟之極 時將可以有爲 而自信自養以俟命 无咎之道也〕"

2) 濡其首者……故曰濡其首也 : 王弼과 孔穎達은 旣濟卦 上六의 '濡其首'와 未濟卦 初六의 '濡其尾', 上九의 '濡其首'를 서로 연관시켜, 旣濟卦 上六의 '濡其首'는 '머리만 적신 것'이고 未濟卦의 '濡其尾'는 '꼬리까지 완전히 적신 것'이고 上九의 '濡其首'는 '머리를 적시는 患難이 또다시 이르는 것'으로 보았다. 그러나 程伊川과 朱子는 이 셋을 서로 연관시키지 않았다.

3) 有孚失是者……失是也 : '失是'를 王弼과 孔穎達은 '失於是'로 주석하여 '이것을 잃은 것'으로 보았으나, 程伊川과 朱子는 모두 '是'를 '옳음과 마땅함'으로 해석하였는바, ≪程傳≫은 다음과 같다. "有孚는 스스로 마음속에 믿는 것이요, 失是는 그 마땅함을 잃는 것이니, 이와 같으면 有孚에 잃음이 된다.〔有孚 自信于中也 失是 失其宜也 如是則於有孚爲失也〕"

正義曰 :〔有孚于飮酒 无咎〕 上九가 未濟의 極에 거하였으니 旣濟로 돌아간다. 旣濟의 道는 맡긴 자가 합당한 것이다. 맡긴 자가 합당하면 믿고 의심하지 않는다. 그러므로 스스로 편안하여 술을 마실 뿐이다. 이 때문에 "믿음이 있어 술을 마시면 허물이 없다."라고 한 것이다.

〔濡其首〕 이미 '스스로 편안하여 술을 마심'을 얻었으나 절제할 줄을 알지 못하면 머리를 적시는 患難이 또다시 미치게 된다. 그러므로 "머리를 적신다."라고 한 것이다.

〔有孚 失是〕 머리를 적시는 환난이 미치게 된 이유는 진실로 사람을 얻음에 신임하여 일이 폐지됨을 근심하지 않았기 때문에 이를 잃은 것이다. 그러므로 "믿음이 있어서 이것을 잃은 것이다."라고 한 것이다.

象曰 飮酒濡首는 亦不知節也일새라

〈象傳〉에 말하였다. "술을 마셔서 머리를 적심은 또한 절제를 모르기 때문이다."

【疏】 正義曰 : '亦不知節'者, 釋飮酒所以致濡首之難, 以其不知止節故也.

正義曰 :〔亦不知節〕 술을 마심이 머리를 적시는 患難을 불러온 이유는 그치고 절제할 줄을 알지 못했기 때문임을 해석한 것이다.

〔附 錄〕

1. 參考圖版 目錄 및 出處

(1) 27쪽 : 〈商陸(莧陸)〉, 王圻(明) 撰, ≪三才圖會≫.
(2) 44쪽 : 〈包瓜(匏瓜)〉, 岡元鳳(日) 纂輯, ≪毛詩品物圖攷≫.
(3) 74쪽 : 〈周 文王〉, 田琦(朝鮮) 畫, ≪萬古際會圖像≫.
(4) 85쪽 : 〈蔽膝(1)〉, 王圻(明) 撰, ≪三才圖會≫.
(5) 85쪽 : 〈蔽膝(2)〉, 皇甫仁(朝鮮) 외, ≪世宗實錄≫.
(6) 89쪽 : 〈蒺藜〉, 岡元鳳(日) 纂輯, ≪毛詩品物圖攷≫.
(7) 101쪽 : 〈漢 古井(청동기)〉, 臺灣國立故宮博物院.
(8) 119쪽 : 〈殷 湯王〉, 田琦(朝鮮) 畫, ≪萬古際會圖像≫.
(9) 119쪽 : 〈周 武王〉, 田琦(朝鮮) 畫, ≪萬古際會圖像≫.
(10) 133쪽 : 〈鼎(周穆公鼎)〉, 王黼(宋) 외, ≪宣和博古圖錄≫.
(11) 142쪽 : 〈曾侯乙鼎〉, 湖北省博物館.
(12) 145쪽 : 〈獸面紋扁足方鼎〉, 臺灣國立故宮博物院.
(13) 151쪽 : 〈匕〉, 聶崇義(宋), ≪新定三禮圖≫.
(14) 153쪽 : 〈畢〉, 聶崇義(宋), ≪新定三禮圖≫.
(15) 154쪽 : 〈鼎冪〉, 聶崇義(宋), ≪新定三禮圖≫.
(16) 189쪽 : 〈鴻〉, 寺島良安(日) 撰, ≪和漢三才圖會≫.
(17) 248쪽 : 〈꿩(雉)〉, 王圻(明) 撰, ≪三才圖會≫.
(18) 289쪽 : 〈机(几)〉, 寺島良安(日) 撰, ≪和漢三才圖會≫.
(19) 352쪽 : 〈殷 高宗(武丁)〉, 田琦(朝鮮) 畫, ≪萬古際會圖像≫.

2. '≪周易≫의 이해' 강의

QR코드를 스캔하면 '≪周易≫의 이해'에 대한 譯者(成百曉)의 강의를 들을 수 있습니다.

≪周易≫의 이해

3. ≪周易正義≫ 總目次

QR코드를 스캔하면 ≪周易正義≫ 總目次를 볼 수 있습니다.

≪周易正義≫ 總目次

責任飜譯者

成百曉

忠南 禮山 出生
家庭에서 父親 月山公으로부터 漢文 修學
月谷 黃璟淵, 瑞巖 金熙鎭 先生 師事
民族文化推進會 國譯硏修院 修了
高麗大學校 敎育大學院 漢文敎育科 수료
韓國古典飜譯院 부설 고전번역교육원 名譽漢學敎授(現)
傳統文化硏究會 副會長(現) 해동경사연구소 소장(現)
古典國譯賞 受賞

論文 및 譯書
〈艮齋의 性理說小考〉〈燕岩의 學問思想硏究〉
四書集註 《詩經集傳》 《書經集傳》 《周易傳義》
《古文眞寶》 《牛溪集》 등 數十種 國譯
《宣祖實錄》 《宋子大全》 《茶山集》 《退溪集》 등 共譯

共同飜譯者

申相厚

梨花女子大學校 哲學科 졸업
梨花女子大學校 대학원 철학과 석사과정 졸업
梨花女子大學校 대학원 철학과 박사과정 수료
韓國古典飜譯院 부설 교육원 연수과정 졸업
韓國古典飜譯院 부설 교육원 전문과정(구 상임연구원) 졸업
誠信女子大學校 古典硏究所 연구원

論文 및 譯書
〈朱熹의 未發 知覺論 연구〉
〈四書의 經文 및 註文 해석에서 懸吐 논란 사례에 관한 고찰〉
〈梅山 洪直弼의 心說 연구 －心體本善說과 明德說을 중심으로－〉
共譯 《陶谷集》, 《梅山集》

十三經注疏

譯註 周易正義 3

정가 32,000원

2017년 12월 20일 초판 발행
2022년 04월 30일 초판 4쇄

責任飜譯 成百曉
共同飜譯 申相厚
潤文校訂 南賢熙 田炳秀 郭成龍
編　　輯 東洋古典飜譯編輯委員會
發 行 人 朴洪植
發 行 處 社團法人 傳統文化硏究會
서울시 종로구 삼일대로 428 낙원빌딩 411호
전화 : (02)762-8401 전송 : (02)747-0083
전자우편 : juntong@juntong.or.kr
홈페이지 : juntong.or.kr
사이버書堂 : cyberseodang.or.kr
온라인서점 : book.cyberseodang.or.kr
등록 : 1989. 7. 3. 제1-936호

인쇄처 : 한국법령정보주식회사(02-462-3860)
총　판 : 한국출판협동조합(070-7119-1750)

ISBN 979-11-5794-149-0 94140
　　　978-89-91720-93-0(세트)

※ 이 책은 2017년도 교육부 고전문헌 국역지원사업 지원비에 의해 초판(비매품) 간행.

전통문화연구회 도서목록

新編 基礎漢文教材

- 新編 四字小學·推句 고전교육연구실 編譯 11,000원
- 新編 啓蒙篇·童蒙先習 고전교육연구실 編譯 11,000원
- 新編 明心寶鑑 李祉坤·元周用 譯註 15,000원
- 新編 擊蒙要訣 咸賢贊 譯註 12,000원
- 新編 註解千字文 李忠九 譯註 13,000원
- 新編 原文으로 읽는 故事成語 元周用 編譯 15,000원
- 新編 唐音註解選 權卿相 譯註 22,000원

漢文讀解捷徑시리즈

- 漢文독해 기본패턴 고전교육연구실 著 15,000원
- 四書독해첩경 고전교육연구실 著 20,000원
- 한문독해첩경 文學篇 朴相水 李和春 李祉坤 元周用 著 15,000원
- 한문독해첩경 史學篇 朴相水 李和春 李祉坤 元周用 著 15,000원
- 한문독해첩경 哲學篇 朴相水 李和春 李祉坤 元周用 著 15,000원

東洋古典國譯叢書

- 大學·中庸集註 - 개정증보판 成百曉 譯註 10,000원
- 論語集註 - 개정증보판 成百曉 譯註 27,000원
- 孟子集註 - 개정증보판 成百曉 譯註 30,000원
- 詩經集傳 上·下 成百曉 譯註 各 35,000원
- 書經集傳 上·下 成百曉 譯註 各 35,000원
- 周易傳義 上·下 成百曉 譯註 各 40,000원
- 小學集註 成百曉 譯註 30,000원
- 古文眞寶 後集 成百曉 譯註 32,000원

五書五經讀本

- 論語集註 上·下 鄭太鉉 譯註 各 25,000원
- 孟子集註 上·下 田炳秀·金東柱 譯註 各 30,000원
- 大學·中庸集註 李光虎·田炳秀 譯註 15,000원
- 小學集註 上·下 李忠九 外 譯註 各 25,000원
- 詩經集傳 上·中·下 朴小東 譯註 各 30,000원
- 書經集傳 上·中·下 金東柱 譯註 各 30,000원
- 周易傳義 元·亨·利·貞 崔英辰 外 譯註 各 30,000원
- 詳說古文眞寶大全後集 上·下 李相夏 外 譯註 各 32,000원
- 春秋左氏傳 上·中·下 許鎬九 外 譯註 各 36,000원~38,000원
- 禮記 上·中·下 成百曉 外 譯註 各 30,000원

東洋古典譯註叢書

〈經部〉

- 十三經注疏
  - 周易正義 1~4 成百曉·申相厚 譯註 各 30,000원~40,000원
  - 尙書正義 1~7 金東柱 譯註 各 25,000원~36,000원
  - 毛詩正義 1~6 朴小東 外 譯註 各 32,000원~37,000원
  - 禮記正義 中庸·大學 李光虎·田炳秀 譯註 20,000원
  - 論語注疏 1~3 鄭太鉉·李聖敏 譯註 各 25,000원~40,000원
  - 孟子注疏 1~2 崔彩基·梁基正 譯註 各 30,000원
  - 孝經注疏 鄭太鉉·姜珉廷 譯註 35,000원
  - 周禮注疏 1~2 金容天·朴禮慶 譯註 30,000원
- 春秋左氏傳 1~8 鄭太鉉 譯註 各 18,000원~35,000원
- 禮記集說大全 1~2 辛承云 外 譯註 各 25,000원~30,000원
- 東萊博議 1~5 鄭太鉉·金炳愛 譯註 各 25,000원~35,000원
- 韓詩外傳 1~2 許敬震 外 譯註 各 29,000원~33,000원
- 說文解字注 1 李忠九 外 譯註 35,000원

〈史部〉

- 思政殿訓義 資治通鑑綱目 1~21 辛承云 外 譯註 各 18,000원~35,000원
- 通鑑節要 1~9 成百曉 譯註 各 18,000원~40,000원
- 唐陸宣公奏議 1~2 沈慶昊·金愚政 譯註 各 35,000원~45,000원
- 貞觀政要集論 1~4 李忠九 外 譯註 各 25,000원~32,000원
- 列女傳補注 1~2 崔秉準·孔勤植 譯註 各 30,000원~38,000원
- 歷代君鑑 1~4 洪起殷·全百燦 譯註 各 32,000원~35,000원

〈子部〉

- 近思錄集解 1~3 成百曉 譯註 各 25,000원/35,000원
- 孔子家語 1~2 許敬震 外 譯註 各 35,000원/36,000원
- 老子道德經注 金是天 譯註 30,000원
- 大學衍義 1~5 辛承云 外 譯註 各 26,000원~30,000원
- 墨子閒詁 1~5 李相夏 外 譯註 各 32,000원~38,000원
- 說苑 1~2 許鎬九 譯註 各 25,000원
- 世說新語補 1~4 金鎭玉 外 譯註 各 29,000원~38,000원
- 荀子集解 1~7 宋基采 譯註 各 25,000원~38,000원
- 心經附註 成百曉 譯註 35,000원
- 顔氏家訓 1~2 鄭在書·盧暻熙 譯註 各 22,000원/25,000원
- 揚子法言 1 朴勝珠 譯註 24,000원
- 二程全書 1~4 崔錫起·姜導顯 譯註 各 36,000원~38,000원
- 莊子 1~4 安炳周·田好根 共譯 各 25,000원~30,000원
- 政經·牧民心鑑 洪起殷·全百燦 譯註 27,000원
- 韓非子集解 1~5 許鎬九 外 譯註 各 32,000원~38,000원
- 武經七書直解
  - 孫武子直解·吳子直解 成百曉·李蘭洙 譯註 35,000원
  - 六韜直解·三略直解 成百曉·李鍾德 譯註 26,000원
  - 尉繚子直解·李衛公問對直解 成百曉·李蘭洙 譯註 26,000원
  - 司馬法直解 成百曉·李蘭洙 譯註 26,000원
- 管子 1~2 李錫明·金帝蘭 譯註 各 30,000원
- 列子鬳齋口義 崔秉準·孔勤植·權憲俊 共譯 34,000원

〈集部〉

- 古文眞寶 前集 成百曉 譯註 30,000원
- 唐詩三百首 1~3 宋載卲 外 譯註 各 25,000원~36,000원
- 唐宋八大家文抄 韓愈 1~3 鄭太鉉 譯註 各 22,000원/28,000원
- 〃 歐陽脩 1~7 李相夏 譯註 各 25,000원~35,000원
- 〃 王安石 1~2 申用浩·許鎬九 共譯 各 20,000원/25,000원
- 〃 蘇洵 李章佑 外 譯註 25,000원
- 〃 蘇軾 1~5 成百曉 譯註 各 22,000원
- 〃 蘇轍 1~3 金東柱 譯註 各 20,000원~22,000원
- 〃 曾鞏 宋基采 譯註 25,000원
- 〃 柳宗元 1~2 宋基采 譯註 各 22,000원
- 明清八大家文鈔 1 歸有光·方苞 李相夏 外 譯註 35,000원
- 〃 2 劉大櫆·姚鼐 李相夏 外 譯註 35,000원

東洋古典新譯

- 당시선 송재소·최경렬·김영죽 편역 22,000원
- 손자병법 성백효 역주 14,000원
- 장자 안병주·전호근·김형석 역주 13,000원
- 고문진보 후집 신용호 번역 28,000원
- 노자도덕경 김시천 역주 15,000원
- 고문진보 전집 上·下 신용호 번역 각 28,000원

동양문화총서

- 동양사상 해설과 원전 정규훈 外 저 22,000원
- 화합의 길 《중용》 읽기 금장태 저 20,000원
- 호설과 시장 신용호 저 20,000원

문화문고

- 경전으로 본 세계종교 그리스도교 이정배 편저 10,000원
- 〃 도교 이강수 편역 10,000원
- 〃 천도교 윤석산·홍성엽 편저 10,000원
- 〃 힌두교 길희성 편역 10,000원
- 〃 유교 이기동 편저 10,000원
- 〃 불교 김용표 편저 10,000원
- 〃 이슬람 김영경 편역 10,000원
- 논어·대학·중용 / 맹자 조수익·박승주 공역 각 10,000원
- 소학 박승주·조수익 공역 10,000원
- 십구사략 1~2 정광호 저 각 12,000원
- 무경칠서 손자병법·오자병법 성백효 역 10,000원
- 〃 육도·삼략 성백효 역 10,000원
- 〃 사마법·울료자·이위공문대 성백효 역 10,000원
- 당시선 송재소·최경렬·김영죽 편역 10,000원
- 한문문법 이상진 저 10,000원
- 한자한문전통교재 조수익·이성민 공역 10,000원
- 士小節 선비 집안의 작은 예절 이동희 편역 12,000원
- 儒學이란 무엇인가 이동희 저 10,000원
- 동아시아의 유교와 전통문화 이동희 저 13,000원
- 현대인, 동양고전에서 길을 찾다 이동희 저 10,000원
- 100자에 담긴 한자문화 이야기 김경수 저 12,000원
- 우리 설화 1~2 김동주 편역 각 10,000원
- 대한민국 국무총리 이재원 저 10,000원
- 백운거사 이규보의 문학인생 신용호 저 14,000원